高等院校精品系列教材·财务会计类

审计基础与实务

主　编　蔡维灿　林克明
副主编　罗春梅　陈由辉
　　　　张华金　姜媚珍

北京理工大学出版社
BEIJING INSTITUTE OF TECHNOLOGY PRESS

内 容 简 介

本书是为满足新形势下高等院校审计教学需要，在吸收高等院校审计教学的最新成果，总结高等院校审计教学经验的基础上编写而成。

全书正文内容共两篇14章：第一篇为审计基本原理，包括第一章至第八章，主要介绍审计基本理论和方法；第二篇为审计实务操作，包括第九章至第十四章，主要以公司的财务报表项目审计为对象，介绍业务循环审计的具体内容和审计报告的编制方法。为加强理论联系实际，突出对学生技能的培养，提高学生实际应用能力，每章章首设有技能目标，章中穿插案例，章后附有案例实训项目；为加强对学生自学能力的培养，便于学生复习和巩固所学内容，每章开始设有知识目标，章后附有本章小结、同步测试、思考与练习；为了便于教师开展教学活动，还配有网络开放课程、教学课件和习题答案。

本书适用于高等院校财务会计类专业学生的学习，也可作为企业财会、审计人员及财经类院校教师的参考用书。

版权专有　侵权必究

图书在版编目（CIP）数据

审计基础与实务/蔡维灿，林克明主编 .—北京：北京理工大学出版社，2020.6（2020.7重印）

ISBN 978－7－5682－8510－0

Ⅰ．①审⋯　Ⅱ．①蔡⋯　②林⋯　Ⅲ．①审计学－高等学校－教材　Ⅳ．①F239.0

中国版本图书馆 CIP 数据核字（2020）第 090355 号

出版发行 /	北京理工大学出版社有限责任公司
社　　址 /	北京市海淀区中关村南大街5号
邮　　编 /	100081
电　　话 /	（010）68914775（总编室）
	（010）82562903（教材售后服务热线）
	（010）68948351（其他图书服务热线）
网　　址 /	http://www.bitpress.com.cn
经　　销 /	全国各地新华书店
印　　刷 /	涿州市新华印刷有限公司
开　　本 /	787 毫米×1092 毫米　1/16
印　　张 /	21.75
字　　数 /	515 千字
版　　次 /	2020 年 6 月第 1 版　2020 年 7 月第 2 次印刷
定　　价 /	49.90 元

责任编辑 /	李玉昌
文案编辑 /	李玉昌
责任校对 /	周瑞红
责任印制 /	施胜娟

图书出现印装质量问题，请拨打售后服务热线，本社负责调换

Preface 前言

随着我国资本市场的不断发展和完善,审计在保证会计信息公允性和真实性方面的作用日益凸显,审计理论与实务受到了社会公众前所未有的关注和重视。新审计准则的颁布和实施,实现了我国审计理论与实务的国际趋同。

现代高等教育的基本特征是根据市场需求办专业,按照专业进行高等技术应用型人才培养。高等教育重视实践教学环节,把实践性教学贯穿于人才培养的全过程,是提高人才培养质量的关键。本书是根据人才培养目标的要求,针对我国目前高等教育的特点,为满足新形势下审计教学需要,在吸收审计教学的最新成果,总结审计教学经验的基础上编写的。

本书有以下特点:

1. 以注册会计师审计为主线,比较全面地阐述了注册会计师审计的职业规范、审计内容、审计程序、审计报告、业务循环审计等问题。

2. 以审计基本理论适度、够用为原则,在内容阐述方面着重理论联系实际,特别是在审计实务部分,既注重阐述相关审计方法及其运用,又注重结合实例加以讲解分析。

3. 以最新发布的注册会计师执业准则与企业会计准则为指导,全面引入风险导向审计理念,充分体现了现代风险导向审计模式。

4. 为加强理论联系实际,突出对学生技能的培养,提高学生实际应用能力,每章章首设有技能目标,章中穿插案例,章后附有案例实训项目。

5. 注重对学生自学能力的培养,为便于学生复习和巩固所学内容,每章开始设有知识目标,章后附有本章小结、同步测试、思考与练习。

本书由蔡维灿教授和林克明副教授担任主编,罗春梅副教授、陈由辉注册会计师、张华金高级会计师和姜媚珍高级会计师担任副主编。蔡维灿编写第一、二、三、五、八、九、十三章,林克明编写第十、十一、十二章,罗春梅编写第四章,陈由辉编写第十四章,张华金编写第七章,姜媚珍编写第六章。全书由蔡维灿总纂定稿。

本书在编写过程中参考了大量的相关著作、网络资料、教材和文献,吸取和借鉴了同行的相关成果,在此谨向有关作者表示诚挚的谢意和敬意!

限于编者水平,书中难免有不妥和疏漏之处,敬请读者批评指正。

编　者

Contents 目录

第一篇　审计基本原理

第一章　总论 ··· 2
　第一节　审计的产生与发展 ··· 2
　第二节　审计的一般概念 ·· 6
　第三节　审计分类 ··· 11
　第四节　审计与会计的关系 ··· 13
　本章小结 ··· 14
　同步测试 ··· 14
　实训案例分析 ··· 16
　思考与练习 ··· 17

第二章　审计目标与审计过程 ··· 18
　第一节　审计目标 ··· 18
　第二节　审计过程 ··· 22
　本章小结 ··· 25
　同步测试 ··· 25
　实训案例分析 ··· 27
　思考与练习 ··· 28

第三章　审计方法与审计范围 ··· 29
　第一节　审计方法 ··· 29
　第二节　审计的抽样方法 ·· 32
　第三节　审计范围 ··· 50
　本章小结 ··· 52
　同步测试 ··· 52
　实训案例分析 ··· 54
　思考与练习 ··· 55

第四章 审计证据与审计工作底稿 ... 56
第一节 审计证据 ... 56
第二节 审计工作底稿 ... 65
本章小结 ... 72
同步测试 ... 72
实训案例分析 ... 75
思考与练习 ... 76

第五章 审计业务约定书与审计计划 ... 77
第一节 审计业务约定书 ... 77
第二节 审计计划 ... 82
第三节 审计重要性 ... 84
本章小结 ... 92
同步测试 ... 92
实训案例分析 ... 95
思考与练习 ... 97

第六章 注册会计师职业准则 ... 98
第一节 注册会计师执业准则概述 ... 98
第二节 中国注册会计师鉴证业务基本准则 ... 101
第三节 会计师事务所业务质量控制准则 ... 110
本章小结 ... 111
同步测试 ... 112
实训案例分析 ... 113
思考与练习 ... 114

第七章 注册会计师职业道德和法律责任 ... 115
第一节 注册会计师的职业道德 ... 115
第二节 注册会计师的法律责任 ... 119
本章小结 ... 122
同步测试 ... 122
实训案例分析 ... 124
思考与练习 ... 125

第八章 风险评估与风险应对 ... 126
第一节 风险评估概述 ... 126
第二节 了解被审计单位的内部控制 ... 135
第三节 评估重大错报风险 ... 144

第四节　风险应对 ………………………………………………………………… 149
　　本章小结 ……………………………………………………………………………… 163
　　同步测试 ……………………………………………………………………………… 164
　　实训案例分析 ………………………………………………………………………… 167
　　思考与练习 …………………………………………………………………………… 168

第二篇　审计实务操作

第九章　销售与收款循环审计 ………………………………………………………… 170
　　第一节　销售与收款循环概述 …………………………………………………… 171
　　第二节　销售与收款循环的风险识别与评估 …………………………………… 176
　　第三节　销售与收款循环的控制测试 …………………………………………… 178
　　第四节　销售与收款循环的实质性程序 ………………………………………… 181
　　第五节　营业收入审计 …………………………………………………………… 183
　　第六节　应收账款和坏账准备审计 ……………………………………………… 188
　　第七节　其他相关账户审计 ……………………………………………………… 196
　　本章小结 ……………………………………………………………………………… 197
　　同步测试 ……………………………………………………………………………… 198
　　实训案例分析 ………………………………………………………………………… 200
　　思考与练习 …………………………………………………………………………… 202

第十章　采购与付款循环审计 …………………………………………………………… 203
　　第一节　采购与付款循环概述 …………………………………………………… 203
　　第二节　采购与付款循环的风险识别与评估 …………………………………… 207
　　第三节　采购与付款循环的控制测试 …………………………………………… 210
　　第四节　采购与付款循环的实质性程序 ………………………………………… 214
　　第五节　应付账款审计 …………………………………………………………… 215
　　第六节　固定资产审计 …………………………………………………………… 217
　　第七节　相关账户审计 …………………………………………………………… 220
　　本章小结 ……………………………………………………………………………… 225
　　同步测试 ……………………………………………………………………………… 225
　　实训案例分析 ………………………………………………………………………… 227
　　思考与练习 …………………………………………………………………………… 228

第十一章　存货与生产循环审计 ………………………………………………………… 229
　　第一节　存货与生产循环概述 …………………………………………………… 229
　　第二节　存货与生产循环的风险识别与评估 …………………………………… 232
　　第三节　存货与生产循环的控制测试 …………………………………………… 235

第四节　存货与生产循环的实质性程序…………………………………………………… 237
   第五节　存货审计…………………………………………………………………………… 238
   第六节　存货成本审计……………………………………………………………………… 243
   第七节　应付职工薪酬审计………………………………………………………………… 245
   第八节　相关账户审计……………………………………………………………………… 247
   本章小结……………………………………………………………………………………… 248
   同步测试……………………………………………………………………………………… 249
   实训案例分析………………………………………………………………………………… 251
   思考与练习…………………………………………………………………………………… 252

第十二章　筹资与投资循环审计………………………………………………………………… 253
   第一节　筹资与投资循环概述……………………………………………………………… 253
   第二节　筹资与投资循环的风险识别与评估……………………………………………… 255
   第三节　筹资与投资循环的控制测试……………………………………………………… 258
   第四节　借款相关项目审计………………………………………………………………… 259
   第五节　所有者权益相关账户审计………………………………………………………… 260
   第六节　投资相关项目审计………………………………………………………………… 264
   第七节　其他相关项目审计………………………………………………………………… 267
   本章小结……………………………………………………………………………………… 269
   同步测试……………………………………………………………………………………… 270
   实训案例分析………………………………………………………………………………… 273
   思考与练习…………………………………………………………………………………… 274

第十三章　货币资金审计………………………………………………………………………… 275
   第一节　货币资金审计概述………………………………………………………………… 275
   第二节　货币资金的风险识别与评估……………………………………………………… 279
   第三节　货币资金的控制测试……………………………………………………………… 281
   第四节　库存现金审计……………………………………………………………………… 283
   第五节　银行存款审计……………………………………………………………………… 287
   本章小结……………………………………………………………………………………… 295
   同步测试……………………………………………………………………………………… 295
   实训案例分析………………………………………………………………………………… 297
   思考与练习…………………………………………………………………………………… 299

第十四章　审计报告……………………………………………………………………………… 300
   第一节　审计报告编制前的工作…………………………………………………………… 300
   第二节　审计报告的种类…………………………………………………………………… 314
   第三节　简式审计报告……………………………………………………………………… 319

第四节　审计报告的编制程序……………………………………………………327
　　本章小结……………………………………………………………………………329
　　同步测试……………………………………………………………………………329
　　实训案例分析………………………………………………………………………332
　　思考与练习…………………………………………………………………………334

参考文献……………………………………………………………………………………335

第一篇　审计基本原理

第一章

总　论

知识目标

1. 了解审计的产生与发展。
2. 理解审计的定义。掌握审计主体、对象及依据。明确审计目标、特征、职能及作用。
3. 熟悉审计的基本分类和其他分类。明确审计与会计的区别与联系。

技能目标

1. 试运用审计主体相关理论知识，分析现实中政府审计、注册会计师审计和内部审计三者的区别和联系。
2. 试运用审计的理论知识，分析现实中审计与会计的区别与联系。

第一节　审计的产生与发展

一、国家审计的产生与发展

（一）国家审计在世界各国的发展状况

国家审计即政府审计，最初为官厅审计，它起源于奴隶制度下的古罗马、古希腊和古埃及等国家。世界各国大多在议会下设置专门审计机构，对政府及国有企业、事业单位的财政、财务收支进行审计监督，这是立法系统的国家审计机关；另有一些国家的审计机关隶属于行政系统或司法系统或者完全独立。国家审计体制的主要类型如下：

1. 立法型审计体制。审计机关设在议会，向议会负责并报告工作。立法型审计机关的主要职能是协助立法机构对政府进行监督，并在一定程度上影响立法机构的决策。它依法独立履行职责，完全不受政府的干预，如英国、美国、加拿大等国。

2. 司法型审计体制。司法型审计体制下，最高审计机构称审计法院，属于司法系列或具有司法性质，如法国和意大利等国。在这种审计体制下，审计机关拥有最终判决权，有权直接对违反财经法规、制度的任何事项和人进行处理。其审计范围包括政府部门、国有企业等。司法型审计体制将审计法院介于议会和政府之间，成为司法体系的组成部分，具有处置和处罚的权利，其独立性和权威性得到进一步加强。

3. 独立型审计体制。审计机关独立设置，不隶属于任何机构，只服从法律，如德国、日本。在独立性审计体制下，国家审计机构独立于立法、司法和行政三权之外，它与议会没有隶属关系，也不是政府的职能部门。在审计监督过程中，坚持依法审计的原则，客观公正地履行监督职能，只对法律负责，不受议会各政党或任何政治因素的干扰。但对审计出来的问题没有处理权，而交与司法机关审理。

4. 行政型审计体制。审计机关设在政府，向政府负责并报告工作，如泰国、瑞典和沙特阿拉伯。审计机关根据国家法律赋予的权限，对政府所属各部门、各单位的财政预算和收支活动进行审计。它们对政府负责，保证政府财经政策、法令、计划和预算等工作的正常实施。行政型最高审计机构时效性强，但其独立性不如以上三种国家审计类型。

我国的审计机关设在政府，属于行政机关。《宪法》《审计法》和《审计法实施条例》都规定，中央审计机关为审计署，由国务院总理直接领导。

(二) 国家审计在我国的发展状况

我国是世界上最早实行政府审计制度的国家之一，并在审计官职、机构和制度上形成一套较为完整的体系。

早在西周，我国就有了审计的萌芽。当时朝廷在天官之下设有"小宰"一职，小宰之下设有"宰夫"。"宰夫"是我国有史料记载的最早的兼职审计官员，主要负责查核官吏经管财物和履行职责的情况，并可直接向皇帝汇报。"宰夫"标志着我国国家审计的产生。

秦汉时期，是我国国家审计确立的阶段，其标志是"上计"制度的建立和完善。所谓"上计"制度，就是皇帝亲自听取和审核各级地方官吏的财政会计报告，以确定赏罚的制度。秦朝时期，我国又设置了"御史大夫"一职，行使政治、军事和经济的监察大权，三十六郡设监察御史，形成全国性的监察系统。汉承秦制，仍由御史大夫掌管审计监督大权。

隋唐至宋时代，是封建经济的鼎盛时期，我国审计也进入日臻完善的阶段。隋刑部下设"比部"，审计成为国家司法监督部门的组成部分，"比部"是我国历史上最早的审计机构。唐除设比部外，还将稽查职能划归御史台，使比部和最高监察机关配合。宋设"审计院"，成为中国"审计"一词最早的来源。这一时期，不仅有独立行使经济监察职权的专门审计机构，如比部、审计院等，同时也出现了较为完善的监察制度和专职经济监察人员。

元明清三代，封建经济渐趋衰败，与此相适应，国家审计也逐步衰退，没有再设置专门的审计机构，户部自己行使"审计"权力，审计监督流于形式。这一时期审计制度发展停滞不前。

中华民国时期，封建帝制被推翻，审计进入了近代演进时期。1912年北洋政府在国务院设立审计处，1914年颁布了《审计法》，这是我国历史上第一部审计法典。1928年国民政府成立审计院，后改为审计部，隶属监察院，并引进了西方的审计制度，形成了比较完整的国家审计体系。但由于政治腐败，审计没有起到应有的作用。

新中国成立之后相当长的时间内，国家没有设置独立的审计机构，而是通过定期和不定期的会计检查，对政府的财政情况和企业的财务情况进行监督。1982年在修改的《宪法》中正式明确了实行审计监督制度，1983年9月正式成立国家审计署，隶属于国务院，随后又在县以上各级政府设置了各级审计机关。1985年8月发布了《国务院关于审计工作的暂行规定》，1988年11月颁布了《中华人民共和国审计条例》，1994年8月颁布了《中华人民共和国审计法》，2000年1月颁布了《中华人民共和国国家审计基本准则》，2000年8月又颁布了《审计机关审计方案准则》《审计机关审计证据准则》《审计机关审计工作底稿准则》《审计机关审计报告编审准则》和《审计机关审计复核准则》等五个具体准则。这些都标志着新中国国家审计的迅速发展和完善。

二、注册会计师审计的产生与发展

(一) 注册会计师审计在西方的发展状况

注册会计师审计起源于意大利合伙制度，形成于英国股份制企业制度，发展和完善于美国发达的资本市场。

最早的民间查账员出现于公元 9 世纪地中海沿岸的一些意大利主要城市。当时的佛罗伦萨、热那亚和威尼斯已逐渐发展成为贸易中心，大量的商品购销、储运业务，使账目核对工作日益复杂化，由此而产生了专职民间查账员。这是注册会计师审计的萌芽。16 世纪，威尼斯出现了最早的合伙企业，不参与企业经营管理的合伙人和参与企业经营管理的合伙人都希望聘请第三者对合伙企业的会计报表进行监督、检查，以说明企业经营管理活动的正常和履行合伙契约责任的情况。一支具有良好会计知识、专门从事这种查账和公证工作的专业队伍应运而生，并于 1581 年成立了威尼斯会计师协会。

英国在创立和传播注册会计师审计职业的过程中发挥了重要作用。18 世纪中叶的英国工业革命使资本主义经济得到迅速发展，企业的生产组织形式出现了股份有限公司，标志着社会经济领域中股东和债权人与企业管理当局之间新型"经济责任关系"的确立，从而产生了注册会计师审计的"驱动力"，也就是客观上需要对经营管理者提供的财务报告信息进行公正审查。在 1721 年著名的"南海公司事件"中，英国议会聘请的会计师查尔斯·斯耐尔对南海公司进行审计，并出具了世界上第一份审计报告，他成为世界上第一位注册会计师，从而揭开了注册会计师审计走向现代的序幕。1844 年，英国颁布了《公司法》，并规定股份公司的账目必须经过董事以外的人员审计。1853 年，苏格兰爱丁堡创立了第一个注册会计师的专业团体——爱丁堡会计师协会。该协会的成立，标志着注册会计师职业的诞生。

美国对注册会计师职业在全球的迅速发展发挥了重要的作用。1882 年，美国第一个注册会计师审计组织"美国公共会计师协会"成立；1897 年，全美注册会计师协会成立；1916 年创立美利坚合众国会计师协会，到 1957 年这一民间组织改名为美国注册会计师协会，至此美国建立了一套完整的现代注册会计师审计体系。

实际上，当经济发展的重心从英国转到美国后，注册会计师审计的发展重心也由英国转到美国，而注册会计师审计的范围、审计目标、审计技术都得到了彻底的改变，并且形成了现代注册会计师审计的三大支柱：内部控制、审计标准和会计准则，使审计方法、目标、范围都发生了根本性的变化，实现了从传统审计到现代审计的转化。

注册会计师审计的发展具有其特殊的规律性。公司制的两权分离所产生的新型"经济责任关系"是注册会计师审计产生的主要原因，市场经济秩序尤其是资本市场是注册会计师审计的主要阵地；信息使用者尤其是财务信息使用者是注册会计师审计的直接服务对象。经济越发展，注册会计师审计越重要。这就是注册会计师审计发展的客观规律。

注册会计师审计发展各阶段情况可总结为表 1-1。

表 1-1 注册会计师审计发展各阶段情况

时间	阶段	审计对象	审计目的	审计方法	其他	报表使用人
1844 年—20 世纪初，英国	英式详细审计	会计账目	查错防弊	对会计账目进行详细审计	注册会计师审计的法律地位得到了法律确认	股东

续表

时间	阶段	审计对象	审计目的	审计方法	其他	报表使用人
20世纪初—1933年，美国	美式资产负债表审计	账目及资产负债表	判断企业信用状况	从详细审计转向抽样审计		股东、债权人
1933年—第二次世界大战	会计报表审计	以资产负债表和收益表为中心的全部会计报表及相关财务资料	对会计报表发表审计意见，以确定会计报表的可信性，查错防弊转为次要目的	测试相关的内控，广泛采用抽样审计	审计准则开始拟订，审计工作向标准化、规范化过渡，注册会计师资格考试制度广泛推行	社会公众
第二次世界大战后	管理审计和国际审计			抽样审计方法得到普遍运用，制度基础审计方法得到推广，计算机辅助审计技术得到广泛采用	业务扩大到代理纳税、会计服务、管理咨询等领域	社会公众

（二）注册会计师审计在我国的发展状况

中华民国时期，我国资本主义工商业有所发展，注册会计师审计应运而生。1918年，北洋政府颁布了我国第一部注册会计师法规——《会计师暂行章程》，著名会计学家谢霖先生成为我国第一位注册会计师，他创办了中国第一家会计师事务所"正则会计师事务所"，随后在全国各地建立了大批会计师事务所。但在半封建半殖民地的旧中国，注册会计师审计未能发挥应有的作用。

在新中国成立初期，注册会计师审计在平抑物价、保障国家税收、恢复经济中发挥了积极作用。但后来由于推行苏联高度集中的计划经济模式，中国注册会计师审计制度退出了经济舞台。

改革开放后，注册会计师职业得到了恢复和长足的发展。1980年12月14日财政部颁布的《中华人民共和国中外合资经营企业所得税法实施细则》规定，外资企业会计报表必须经中国注册会计师审计，这为恢复我国注册会计师审计制度提供了法律依据。1980年12月23日，财政部又发布了《关于成立会计顾问处的暂行规定》，标志着我国注册会计师行业开始复苏。1981年1月1日，"上海会计师事务所"宣告成立，成为新中国第一家由财政部批准独立承办注册会计师业务的会计师事务所。我国注册会计师制度恢复后，注册会计师的服务对象主要是"三资"企业。1986年7月3日，国务院颁布《中华人民共和国注册会计师条例》，同年10月1日起实施。1991年，恢复全国注册会计师统一考试。1993年10月31日，八届全国人大常委会第四次会议审议通过了《中华人民共和国注册会计师法》，自1994年1月1日起实施。从1996年开始，我国又发布了独立审计准则，为完善注册会计师审计理论和实务做出了很大的努力。2006年2月15日，我国财政部颁发了中国注册会计师执业准则共48项,并于2007年1月1日开始实施。2010年11月,我国财政部为了规范注册会计师的执业行为,提高执业质量,维护社会公众利益,促进社会主义市场经济的健康发展,中国注册会计师协会修订了《中国注册会计师审计准则第1101号——注册会计师的总体目标和审计工作的基本要求》等38项准则,自2012年1月1日起施行。新的审计准则为进一步规范注册会计师审计行为,与国际审计准则趋同,迈出了实质性的步伐。1996年10月4日,中国注册会计师协会加入亚太会计师联合会,并于1997年4月亚太会计师联合会第四十八次理事会上当选为理事。1997年5月8日,国际会计师联合会全票通过接纳中国注册会计师协会为正式会员。按照国际会计师联合会章程的规定,中国注册会计师协会同时成为国际会计准则委员会的正式成员。

三、审计产生与发展的基础

社会经济环境决定着审计的产生与发展。当社会经济发展到一定程度,经济组织规模扩大了,经济活动过程复杂了,管理层次增多了,致使财产所有者无法亲自掌管全部经济活动,只好委托他人代为经管,这样就形成了财产所有权与经营管理权的分离及受托责任关系。为了监督经营管理者的经济行为和受托责任的履行程度,财产所有者授权或委托专职机构与人员代替自己进行监督检查,于是就产生了审计。

在审计活动中,产生了审计关系和审计关系人。审计关系就是参与审计活动的各方之间所形成的关系。审计关系人就是参与审计活动的各有关方面。任何一项审计活动都必须有三方面的关系人参与:审计主体(审计者)、审计客体(经营管理者)和审计委托人(财产所有者),这三方面的关系人缺一不可。审计关系人之间审计关系的形成是审计活动产生的必要条件。当审计关系人各方就审计事项达成一致时,审计活动就产生了。这三个方面的关系人形成的审计关系如图1-1所示。

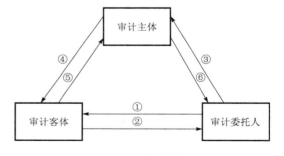

图1-1 审计关系

说明:① 委托经营;② 承担经营责任;③ 委托审计;
④ 进行审计;⑤ 提供资料;⑥ 报告审计结果

图1-1说明了审计关系人之间的相互关系。审计者之所以会接受审计委托,是为了维护其职业地位和保障其职业利益;财产所有者之所以要聘请审计者,是为了有效地了解真实、公允的会计信息;经营管理者之所以会接受审计,是为了满足法律的要求和履行其受托责任。

可见,审计是社会经济发展到一定阶段的产物,是在财产所有权与经营管理权相分离而形成的受托经济责任关系下,基于经济监督的客观需要而产生的,也就是说,受托经济责任关系是审计产生与发展的基础。

第二节 审计的一般概念

一、审计的定义

一般而言,审计是指由专职机构或人员接受委托或根据授权,依法对被审计单位在一定时期的财务报表和其他资料及其所反映的经济活动的真实性、合法性、合规性、公允性和有效性进行审核检查,并发表审计意见的一种具有独立性的监督、评价和鉴证的活动。对于该定义可从审计主体、审计对象、审计特征、审计职能、审计作用等几方面来理解。

二、审计主体

审计主体是指审计行为的执行者,为审计第一关系人。审计主体包括审计组织和注册会计师。

（一）政府审计组织和人员

政府审计组织是代表政府行使审计监督权的行政机关。政府审计组织在我国称为国家审计机关,分为两个层次。

1. 国家最高审计机关即审计署。隶属于国务院,受国务院领导,属于行政模式。它负责组织领导全国的审计工作,对国务院各部门和地方各级政府的财政收支、国家金融机构和企事业组织的财务收支进行审计监督。

2. 地方审计机关。受双重领导,在业务上受上一级审计机关的领导,在其他方面受本级人民政府的领导。它负责本级审计机关范围内的审计事项,对上级审计机关和本级人民政府负责并报告工作。

（二）注册会计师审计组织和人员

注册会计师审计组织是指由具有一定资格的专业人员组成,从事审计、咨询等业务的审计组织。在我国主要指会计师事务所。

我国会计师事务所有有限责任会计师事务所和合伙会计师事务所两种形式。

目前,我国会计师事务所的业务范围主要包括:

1. 审计业务。审计业务属于会计师事务所的法定业务,非注册会计师不得承办。具体包括审查企业会计报表,验证企业资本,办理企业合并、分立、清算及其他事宜中的审计业务。

2. 会计咨询、会计服务业务。会计咨询、会计服务业务属于非法定业务,具体包括:设计财务会计制度,担任会计顾问,提供会计、财务、税务和经济管理咨询,代理记账,代理纳税申报,代理申请注册登记,协助拟订合同、章程和其他经济文件等。

民间注册会计师主要是指注册会计师。要想成为注册会计师必须通过注册会计师资格考试。在我国,注册会计师考试划分为专业阶段考试和综合阶段考试。考生在通过专业阶段考试的全部科目后,才能参加综合阶段考试。专业阶段考试设会计、审计、财务成本管理、公司战略与风险管理、经济法、税法6个科目;综合阶段考试设职业能力综合测试1个科目。要想成为执业注册会计师,除了全科成绩合格证书外还要满足从事审计工作两年以上及其他条件;取得全科成绩合格证书可以注册成为非执业会员。

（三）内部审计组织和人员

内部审计组织也称内部审计机构,是指本部门或本单位内部建立的审计机构。它负责执行内部审计。内部审计机构的设置主要有以下几种形式:

（1）受本单位总会计师或主管财务的副总裁领导。

（2）受本单位总裁或总经理领导。

（3）受本单位董事会领导或审计委员会领导。

从审计的独立性和有效性来看,领导层次越高,内部审计工作就越有成效。在我国,内部审计的从业人员要取得岗位资格证书。资格证书的取得采取资格认证和考试两种办法。凡具备下列条件之一者，可通过认证发给资格证书：

（1）具有审计、会计、经济及相关专业中级或中级以上专业技术职称的人员。

（2）具有国际注册内部审计师证书的人员。

（3）具有注册会计师、造价工程师、资产评估师等相关执业证书的人员。

（4）审计、会计及相关专业本科以上学历工作满两年以上，以及大专学历工作满4年以上的人员。

不具备上述条件者，须参加中国内部审计协会统一组织的资格考试，考试合格者发给资格证书。资格证书考试内容有内部审计原理与技术、有关法律法规与内部审计准则、计算机基础知识与应用。

三、审计对象

审计对象是指审计监督的范围和内容。通常把审计对象概括为被审计单位的经济活动。

具体地说，审计对象包括两个方面内容：

（1）被审计单位财政、财务收支及其有关的经营管理活动。

（2）被审计单位的各种作为提供财政、财务收支及其有关经营管理活动信息载体的会计资料以及相关资料。

综上所述，审计对象是指被审计单位的财政、财务收支及其有关的经营管理活动，以及作为提供这些经济活动信息载体的会计资料和其他有关资料。会计资料和其他有关资料是审计对象的形式，其所反映的被审计单位的财政、财务收支及有关的经营管理活动是审计对象的本质。

四、审计依据

审计依据是注册会计师用来对被审计事项进行判断和评价的根据，也就是注册会计师对被审计事项是非曲直作出判断的准绳。要作出审计结论，提出审计意见，就必须有明确的、权威性的评判被审计事项的依据。只有对审计工作和审计对象都有鲜明的判断依据，才能使审计结论被社会公众所接受。由于审计对象和审计目标不同，不同类型的审计所遵循的审计依据也不一样。根据审计依据的性质和内容分类，审计依据有以下4类：

第一类是国家的法律、法规和各项方针政策，如会计法、审计法、公司法等。

第二类是中央和地方政府主管部门制定的规章制度，如企业会计准则、企业会计制度、注册会计师审计准则和内部审计准则等。

第三类是各级政府和企业、事业单位编制的预算、计划和签订的合同等。

第四类是各级政府部门制定的业务规范和技术经济指标等。

五、审计目标

审计目标是在一定环境中，审计主体通过审计活动所期望达到的最终结果。

（一）国家审计目标

根据我国《审计法》的规定，国家审计目标定位在真实性、合法性与效益性上。鉴于目前会计信息失真比较严重，国家审计目标更加侧重于真实性。

（二）内部审计目标

根据有关法律的规定，内部审计目标也定位在真实性、合法性与效益性上，更加侧重于效益性。

（三）注册会计师审计目标

根据我国注册会计师审计准则的规定，财务报表审计的总目标是合法性和公允性。

所谓合法性是指被审计单位财务报表的编制是否符合适用的会计准则和相关会计制度的规定。

所谓公允性是指被审计单位的财务报表是否在所有重大方面公允地反映了其财务状况、经营成果和现金流量。

六、审计特征

审计特征是指审计区别于其他监督形式的独有的特点。审计与其他经济监督相比具有以下特征：

（一）独立性

独立性是审计的本质特征，它要求审计者在审计过程中独立于审计利害关系人。审计的独立性是由审计者在审计中所处的地位所决定的，也是由国家的法律、法规给予保障的。我国《宪法》第九十一条规定："审计机关在国务院总理的领导下，依照法律规定独立行使审计监督权，不受其他行政机关、社会团体和个人的干涉。"这就为国家审计机关的独立性提供了法律保障。内部审计也具有相对的独立性，它要求在本部门、本单位主要负责人的领导下独立地开展内部审计工作。要保证审计的独立性，必须做到组织独立、工作独立和经济独立。

在现代审计体系中，审计的独立性在注册会计师审计中表现得最为充分。注册会计师审计的独立性是指注册会计师在执行审计业务、出具审计报告时，应当在实质上和形式上独立于委托单位和其他机构。所谓实质上的独立是要求注册会计师与委托单位之间必须实实在在地毫无利害关系。注册会计师只有与委托单位保持实质上的独立，才能够以客观、公正的心态表示意见。所谓形式上的独立是对第三者而言的。注册会计师必须在第三者面前呈现一种独立于委托单位的身份，即在他人看来注册会计师是独立的。由于注册会计师的审计意见是相关方面决策的依据，因此，注册会计师除了保持实质上的独立外，还必须保持形式上的独立，只有这样才会得到社会公众的信任。

（二）公正性

审计的公正性反映了审计工作的基本要求。公正性与独立性密切相关，没有独立性就没有公正性。公正性主要表现在：审计人员独立于审计委托人和被审计单位，站在第三者的立场上进行审计，可以对审计对象作出不带任何偏见的、符合客观实际的、正确的判断，从而对被审计人做出公平合理的评价。

（三）权威性

审计的权威性与公正性相联系，没有公正性就没有权威性，有关权威性的各种法律规定都建立在审计公正性的基础上。审计权威性具体表现在：审计监督具有一定的法律地位；审计人员依法审计，被审计人不得拒绝；审计结论和决定具有法律效力，被审计人必须执行。因此，审计监督在社会主义市场经济监督体系中居于首要地位，是一种具有权威性的较高层次的经济监督活动。

七、审计职能

审计的职能是指审计本身所具有的内在功能，是审计所具备的完成特定任务的能力，它由审计的本质特征所决定，是审计本质的客观反映。

在学术界关于审计的职能有各种论述，但比较一致的意见认为：审计具有独立性的经济监督、经济评价和经济鉴证三个方面的职能。

（一）经济监督职能

审计的经济监督职能，就是由专职机构和人员，依法对被审计单位的经济活动进行审查，查处错误和舞弊，促进被审计单位经济活动合理、合法和有效进行。经济监督是审计最基本的职能。审计的本质特征就在于它是一种具有独立性的经济监督活动。通过审计监督：一方面，可以查清财政、财务收支等经济活动的真实情况，查处违法乱纪事项，促进国家财经法规和经济政策的贯彻实施，以提高经济效益；另一方面，可以促进正确处理有关方面的经济利益关系，促进经济责任的履行。政府审计最能体现审计监督的实质。

（二）经济评价职能

审计的经济评价职能是指对被审计单位经济活动的效率、效果，以及经济责任的履行情况等做出评判。经济评价职能也是审计基本职能的延伸和发展。一方面，对被审计单位经济活动的评价要建立在对有关数据资料审查核实的基础上，只有数据资料真实可靠，评价结果才有意义；另一方面，经济评价还必须依照规定的标准，这些标准必须是公认的、能够作为判断经济效益高低的依据，能够作为判断经济责任的履行是否适当的依据。内部审计最能发挥经济评价的职能。

（三）经济鉴证职能

审计的经济鉴证职能是指对有关经济信息的真实性和可靠性做出鉴定和证明。这一职能是审计基本职能的延伸和发展。在履行审计的经济鉴证职能时，首先，必须对被审计事项的有关资料（主要是有关的会计记录和会计报表等）进行有效的审查与核实，收集必要的证据；其次，根据所收集的审计证据，再对照有关的标准（主要是财务、会计法规和会计准则等），对财务信息的真实性和公允性作出评判；最后，根据审计结果，出具审计鉴定证明。注册会计师最能发挥经济鉴证的职能。例如，会计师事务所受企业的委托，对投入资本进行验资后出具验资报告；对年度报告审查后出具查账报告；对解散清算事项进行审核后出具清算报告等，这些工作都具有经济鉴证的职能。

随着经济的发展，审计业务会日趋信息化、网络化、国际化，从而会有更多的社会公众向审计机构提出各类审计服务需求，如会计咨询服务、税务咨询服务、投资咨询服务、管理咨询服务等。因此，审计咨询服务的职能必将成为审计的又一重要职能。

八、审计的作用

审计的作用是指在审计实践中履行审计职能所产生的客观影响。审计的作用是由审计的职能所决定的。

（一）防护性作用

防护性作用是指审计工作在执行批判性的监督活动中，通过监督、鉴证和评价，来制约经济活动中的各种消极因素，有助于受托经济责任者正确履行经济责任和保证社会经济的健康发展。

（二）建设性作用

建设性作用是指审计在执行指导性的监督活动中，通过监督、鉴证和评价，对被审计单位存在的问题提出改进的建议与意见，从而使其经营管理水平与状况得到改善与提高。

（三）鉴证性作用

鉴证性作用是在完成经济鉴证职能所赋予的任务之后发挥出来的。审计通过审核检查，对于被审单位经济活动的真相有所了解，然后以审计报告的形式将审查结果反映出来。审计报告能起到证明被审单位某些经济情况、经济行为、经济事实真相的作用。

第三节 审计分类

一、审计的基本分类

审计的基本分类是以审计的本质属性为标准进行的分类，包括按审计主体分类、按审计内容和目的分类。

（一）审计按主体分类

按审计活动执行主体的性质分类，审计可分为国家审计、注册会计师审计和内部审计三种。

1. 国家审计。国家审计是由政府审计机关依法进行的审计，在我国一般称为政府审计。我国国家审计机关包括国务院设置的审计署及其派出机构和地方各级人民政府设置的审计厅（局）两个层次。

2. 注册会计师审计。注册会计师审计即独立审计，由注册会计师受托有偿进行的审计活动，也称为民间审计。

3. 内部审计。内部审计是指由本单位内部专门的审计机构和人员对本部门和本单位财政、财务收支和经济活动实施的独立审查和评价，审计结果向本部门和本单位主要负责人报告。这种审计具有显著的建设性和内向服务性，其目的在于帮助本部门和本单位健全内部控制，改善经营管理，提高经济效益。

（二）审计按内容和目的分类

审计按其内容和目的可以分为：财政财务审计、财经法纪审计和经济效益审计。

1. 财政财务审计。财政财务审计是指审计机构对被审计单位财务报表及有关资料的公允性及其所反映的财政、财务收支的合法性、合规性所进行的审计，主要包括：财务报表审计、经济责任审计、离任审计、企业破产审计、企业兼并审计等。财政财务审计也称传统审计或常规审计。

2. 财经法纪审计。财经法纪审计是指审计机关对被审计单位和个人严重侵占国家资财，严重损失浪费以及其他严重损害国家经济利益和违反财经法纪的行为所进行的专项审计，其目的在于维护财经法纪，保护国家和人民财产的安全与完整。财经法纪审计也称专案审计。

3. 经济效益审计。经济效益审计是指审计机构对被审计单位的财政财务收支及其经营管理活动的经济性和效益性所实施的审计。目的是促使被审计单位改善经营管理，提高经济效益和工作效率。

二、审计的其他分类

除上述基本分类外，审计还可按其他标准分类。

（一）按审计范围分类

1. 全面审计。全面审计又称全部审计，是指对被审计单位一定时期内的财政、财务收支及与其有关的经济活动，以及作为提供这些经济活动信息载体的会计资料和其他有关资料进行全面审计。

2. 局部审计。局部审计又称部分审计，是指对被审计单位一定期间的财务收支或经营管理活动的某些方面及其资料进行部分的、有目的和重点的审计。

3. 专项审计。专项审计又称专题审计，是指对某一特定项目所进行的审计，如对支农扶贫资金的审计、对救灾款项的审计、对自筹基建资金来源的审计等。

（二）按审计时间分类

1. 事前审计。事前审计是指在经济业务发生之前所进行的预先审计。如对未正式签订的合同、未收付的原始凭证、初步拟定的可行性研究报告、单位的财务计划以及费用预算等进行审计，能收到"防患于未然"的效果。

2. 事中审计。事中审计是一种在被审计业务进行期间或过程之中所实施的审计。如工程投资完成状况的审计、期中经济责任履行状况的审计、期中预算执行情况的审计等，均属事中审计范畴。

3. 事后审计。事后审计是一种在被审计业务发生之后进行的审计。注册会计师所从事的会计报表审计，以及国家审计、内部审计中的财务审计，一般都侧重于事后审计。事后审计是一种较传统、常规的审计形式。

（三）按审计采用的技术模式分类

按采用的技术模式，审计可以分为账项基础审计、系统基础审计和风险基础审计三种。

这三种审计代表着审计技术不同的发展阶段，但即使在审计技术十分先进的国家也往往同时采用。而且，无论采用何种审计技术模式，在会计报表审计中最终都要用到许多共同的方法来检查报表项目金额的真实、公允性。

1. 账项基础审计。账项基础审计是审计技术发展的第一阶段，它是指顺着或逆着会计报表的生成过程，通过对会计账簿和凭证进行详细审阅，对会计账表之间的勾稽关系进行逐一核实，来检查是否存在会计舞弊行为。在进行财务报表审计，特别是专门的舞弊审计时，采用这种技术有利于得出可靠的审计结论。

2. 系统基础审计。系统基础审计是审计技术发展的第二阶段，它建立在健全的内部控制系统的基础上。系统基础审计首先进行内部控制系统的测试和评价，当评价结果表明被审单位的内部控制系统健全且运行有效、值得信赖时，在随后对报表项目的实质性程序工作中，审计人员可以仅抽取小部分样本进行审查；相反，则需扩大实质性程序的审计范围。这样能够提高审计的效率，有利于保证抽样审计的质量。

3. 风险基础审计。风险基础审计是审计技术的最新发展阶段。采用这种审计技术时，审计人员一般从对被审单位委托审计的动机、经营环境、财务状况等方面进行全面的风险评估，利用审计风险模型，规划审计工作，积极运用分析性复核，力争将审计风险控制在可以接受的水平上。

（四）按审计地点分类

1. 报送审计。报送审计是指由被审计单位将有关资料报送到审计机构的驻地进行的审计。

2. 就地审计。就地审计是指审计人员到被审计单位所在地所实施的现场审计。这种审计还可以再分为巡回审计、驻在审计与专程审计三种形式。

（五）按审计的动机分类

1. 强制审计。强制审计又称为法定审计，它是指根据法律规定，依法行使审查权的审计。

2. 自愿审计。自愿审计又称任意审计，它是被审计单位出于自身的需要，自行委托审计机构进行的审计。

第四节　审计与会计的关系

一、审计与会计的联系

审计与会计的联系主要表现在：审计需要以会计资料为前提和基础。

在审计产生之初，审计主要从审查会计资料入手，对会计资料中反映的问题进行审查。当然，审计发展至今，早已超越了查账的范畴，涉及对各项活动的经济性、效率性和效果性的审计。会计活动作为经济管理的重要组成部分，其本身是审计监督的主要对象，审计实质上是对企业会计监督的内容进行再监督，对企业会计认定的内容进行再认定。

二、审计和会计的区别

（一）两者产生的基础不同

会计是随着人类社会生产的发展和经济管理的需要而产生的；审计则是在财产的所有权与经营权相分离的条件下基于对经济监督的需要而产生的。

（二）两者目的不同

会计的目的是为会计信息的使用者提供会计信息；审计的目的是帮助会计信息使用者确定会计信息的可信赖程度。

（三）两者性质不同

会计是经营管理的重要组成部分，主要是对生产经营或管理过程进行核算和监督；审计则处于具体的经营管理之外，是经济监督的重要组成部分，主要对财政、财务收支及其他经济活动的真实、合法和效益进行审查，具有外在性和独立性。

（四）两者对象不同

会计的对象主要是资金运动过程，审计的对象主要是会计资料和其他经济信息所反映的经济活动。

（五）两者方法不同

会计的基本方法包括设置会计科目、复式记账、填制和审核凭证、登记账簿、成本计算、财产清查、编制财务报表等；审计获取证据的具体方法主要有检查记录或文件、检查有形资产、观察、询问、函证、重新计算、重新执行、分析程序等。

（六）两者职能不同

会计的基本职能是核算与监督；审计的基本职能是监督、鉴证、评价。

本 章 小 结

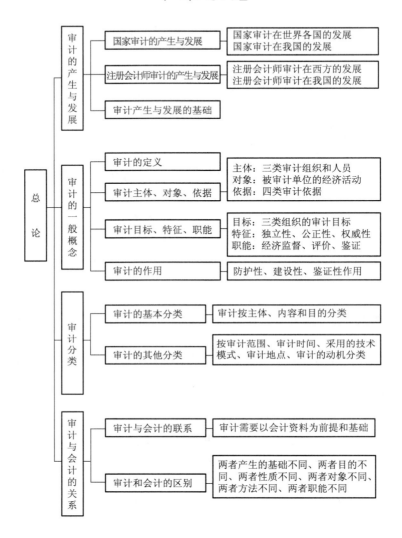

同 步 测 试

一、单项选择题

1. 最具经济监督职能的是（　　）。
   A. 注册会计师审计　　　　　　　　B. 政府审计
   C. 经济效益审计　　　　　　　　　D. 内部审计
2. 在由审计主体、审计客体和审计委托人组成的三角关系中，处于独立的第一关系人地位的是（　　）。
   A. 审计主体　　　　　　　　　　　B. 审计客体
   C. 审计委托人　　　　　　　　　　D. 审计主体和审计委托人

3. （　　）主要监督检查各级政府及其部门的财政收支及公共资金的收支、运用情况。
   A. 国家审计　　　　　　　　　　　　B. 注册会计师审计
   C. 内部审计　　　　　　　　　　　　D. 国家审计和注册会计师审计
4. 综观中外审计发展史，最早出现的审计是（　　）。
   A. 国家审计　　　　　　　　　　　　B. 注册会计师审计
   C. 内部审计　　　　　　　　　　　　D. 财经法纪审计
5. （　　）是审计的本质特征。
   A. 独立性　　　　　　　　　　　　　B. 公正性
   C. 权威性与公正性　　　　　　　　　D. 权威性
6. 经济效益审计的对象是（　　）。
   A. 财政财务收支活动
   B. 财政、财务收支的合法性和合规性
   C. 严重侵占国家资财和严重损失浪费行为
   D. 财政财务收支及其经营管理活动的经济性和效益性
7. 审计的经济监督职能的发挥主要是达到（　　）。
   A. 促进被审计单位经济活动合理、合法和有效进行
   B. 提高被审计单位经济活动的效率性和效果性
   C. 提高有关经济信息的真实性和可靠性
   D. 促使被审计单位经营管理水平与状况得到改善与提高
8. 《中华人民共和国注册会计师法》是于（　　）获全国人大常委会审议通过的。
   A. 1994 年　　　B. 2000 年　　　C. 1988 年　　　D. 1993 年
9. 在我国"审计"一词最早出现于（　　）。
   A. 西周　　　　　B. 秦汉　　　　C. 唐代　　　　D. 宋代
10. 在现代审计体系中，审计的独立性在（　　）中表现得最为充分。
    A. 注册会计师审计　　　　　　　　　B. 国家审计
    C. 内部审计　　　　　　　　　　　　D. 专项审计

二、多项选择题

1. 国家审计体制的主要类型有（　　）。
   A. 立法型审计体制　　　　　　　　　B. 独立型审计体制
   C. 司法型审计体制　　　　　　　　　D. 行政型审计体制
2. 审计的作用是指在审计实践中履行审计职能所产生的客观影响，主要包括（　　）。
   A. 防护性作用　　B. 建设性作用　　C. 鉴证性作用　　D. 仲裁性作用
3. 我国审计监督体系的组成内容包括（　　）。
   A. 专项审计　　　　　　　　　　　　B. 国家审计
   C. 内部审计　　　　　　　　　　　　D. 注册会计师审计
4. 下列叙述正确的有（　　）。
   A. 注册会计师审计组织是指由具有一定资格的专业人员组成
   B. 注册会计师审计组织在我国主要指会计师事务所
   C. 审计业务属于会计师事务所的法定业务，由注册会计师和非注册会计师承办

D. 从审计的独立性和有效性来看，领导层次越高，内部审计工作就越有成效
5. 关于审计职能，学术界比较一致的意见认为（　　）。
　　A. 经济监督　　　　B. 经济评价　　　　C. 经济鉴证　　　　D. 经济促进
6. 审计的特征有（　　）。
　　A. 权威性　　　　　B. 批判性　　　　　C. 独立性　　　　　D. 建设性
7. 审计的独立性表现在（　　）。
　　A. 组织上独立　　　B. 人员上独立　　　C. 工作上独立　　　D. 经济上独立
8. 审计按其的目的与内容分为（　　）。
　　A. 财政财务审计　　　　　　　　　　　B. 经济效益审计
　　C. 财经法纪审计　　　　　　　　　　　D. 离任审计
9. 审计按其采用的技术模式分为（　　）。
　　A. 账项基础审计　　　　　　　　　　　B. 风险基础审计
　　C. 系统基础审计　　　　　　　　　　　D. 专项审计
10. 注册会计师审计目标是财务报表审计的（　　）。
　　A. 合法性　　　　　　　　　　　　　　B. 公允性
　　C. 效益性　　　　　　　　　　　　　　D. 合法性和效益性

实训案例分析

英国南海股份公司审计案概述如下：英国政府在银行家的建议下，将发行中奖债券所募集到的资金于1710年创立了南海股份有限公司。经过近10年的经营，该公司业绩依然平平。该公司趁股票投机热在英国方兴未艾之机，于1719年发行了大量股票。该年底，一方面政府扫除了殖民地贸易的障碍，另一方面，公司的董事们开始对外散布利好消息，并预测在1720年的圣诞节，公司可能要按面值的60%支付股利。这一消息的宣布，加上公众对股价上扬的预期，促进了债券转换股票，进而带动了股价上升。1719年，南海公司股价为114英镑，1720年3月，股价劲升至300英镑以上，到了1720年7月，股票价格已高达1 050英镑。此时，南海公司老板布伦特又想出了新主意：以数倍于面额的价格，发行可分期付款的新股。同时，南海公司将获取的现金，转贷给购买股票的公众。这样，随着南海股价的扶摇直上，一场投机浪潮席卷全国。由此，170多家新成立的股份公司股票以及原有的公司股票，都成了投机对象。

1720年6月英国国会已通过了《泡沫公司取缔法》，许多公司被解散，公众的怀疑逐渐扩展到南海公司，继股价高达1 050英镑后，外国投资者首先开始抛售南海的股票。1720年12月公司股票下跌到124英镑，投资者损失惨重。

迫于舆论的压力，1720年9月，英国议会组织了一个由13人参加的特别委员会，对"南海泡沫"事件进行秘密查证。在调查过程中，特别委员会发现该公司的会计记录严重失实，明显存在蓄意篡改数据的舞弊行为，于是特邀了一名叫查尔斯·斯耐尔（Charles Snell）的资深会计师，对南海公司的会计账目进行检查。查尔斯·斯耐尔通过对南海公司账目的查询、审核，开创了民间会计师行业的先河。他于1721年向英国议会提交了的一份会计账簿审查意见报告。在报告中，查尔斯指出了南海公司存在舞弊行为、会计记录严重不实等问题。该报告被公认为世界上第一份民间审计报告。议会根据这份查账报告，将南海公司董事

之一的雅各希·布伦特以及他的合伙人的不动产全部予以没收。其中一位叫乔治·卡斯韦尔的爵士，被关进了著名的伦敦塔监狱。

直到1828年，英国政府在充分认识到股份有限公司利弊的基础上，通过设立民间审计的方式，将股份公司中因所有权与经营权分离所产生的不足予以制约，才完善了股份有限公司这一现代化的企业制度。据此，英国政府撤销了《泡沫公司取缔法》，重新恢复了股份公司这一现代企业制度的形式。

要求：通过对英国南海公司的舞弊审计实务的讨论与分析，指出英国南海公司舞弊审计案的历史意义，并分析近代审计与古代审计的区别。

思考与练习

1. 什么是审计？
2. 审计有哪些基本特征？
3. 什么是审计对象？试说明审计对象包含的内容。
4. 简述会计师事务所的业务范围。
5. 审计有哪些基本职能？又有哪些作用？
6. 审计和会计的关系是怎样的？

第二章

审计目标与审计过程

知识目标

1. 明确财务报表审计的责任划分。理解注册会计师的责任与被审计单位管理层、治理层的责任不能相互取代。
2. 明确被审计单位管理层的认定的含义。掌握被审计单位管理层的认定的类别。
3. 了解审计总目标演变过程。理解审计总目标与审计具体目标的关系。

技能目标

能运用管理层认定、审计目标和审计程序三者关系的原理，针对不同的审计事项识别管理层认定，确定具体审计目标，选择具体审计程序。

第一节 审计目标

一、财务报表审计的责任划分

在掌握审计目标之前，首先必须明确被审计单位治理层、管理层和注册会计师对财务报表的责任。

（一）被审计单位管理层的责任

管理层是指对被审计单位经营活动的执行负有管理责任的人员或组织，管理层负责编制财务报表，并受到治理层的监督。如经理、副经理、财务负责人等。

在治理层的监督下，管理层作为会计工作的行为人，对编制财务报表负有直接责任。《会计法》第二十一条规定，财务会计报告应当由单位负责人和主管会计工作的负责人、会计机构负责人（会计主管人员）签名并盖章；设置总会计师的单位，还须由总会计师签名并盖章。单位负责人应当保证财务会计报告真实、完整。《公司法》第一百七十一条规定，公司应当向聘用的会计师事务所提供真实、完整的会计凭证、会计账簿、财务会计报告及其他会计资料，不得拒绝、隐匿、谎报。

因此，在被审计单位治理层的监督下，按照适用的会计准则和相关会计制度的规定编制财务报表是被审计单位管理层的责任。管理层对编制财务报表的责任具体包括：

（1）选择适用的会计准则和相关会计制度。
（2）选择和运用恰当的会计政策。

（3）根据企业的具体情况，作出合理的会计估计。
（4）设计、实施和维护与财务报表编制相关的内部控制。
（5）向注册会计师提供必要的工作条件。

（二）被审计单位治理层的责任

治理层是指对被审计单位战略方向以及管理层履行经营管理责任负有监督责任的人员或组织，治理层的责任包括对财务报告过程的监督。治理层一般指董事会、监事会、审计委员会等。

治理层的责任包括对财务报告过程的监督，管理层负责编制财务报表，并受到治理层的监督。平时治理层不参与经营管理，主要负责对管理层经营活动和按相关法律法规编制财务报表进行监督。治理层对财务报告过程的审核或监督职责主要有：审核或监督企业的重大会计政策；审核或监督企业财务报告和披露程序；审核或监督与财务报告相关的企业内部控制；组织和领导企业内部审计；聘任和解聘负责企业外部审计的注册会计师，并与其进行沟通。

（三）注册会计师的责任

注册会计师的责任是按照《中国注册会计师审计准则》的规定对财务报表发表审计意见。注册会计师作为独立的第三方，对财务报表发表审计意见，有利于提高财务报表的可信赖程度。为履行这一职责，注册会计师应当遵守职业道德规范，按照审计准则的规定计划和实施审计工作，获取充分、适当的审计证据，并根据获取的审计证据得出合理的审计结论，发表恰当的审计意见。注册会计师通过签署审计报告确认其责任。

（四）注册会计师的责任与被审计单位管理层、治理层的责任不能相互取代

财务报表审计不能减轻被审计单位管理层和治理层的责任。

如果财务报表存在重大错报，而注册会计师通过审计没有能够发现，也不能因为财务报表已经注册会计师审计这一事实而减轻管理层和治理层对财务报表的责任。

二、被审计单位管理层的认定

（一）管理层的认定的含义

被审计单位管理层的认定是指被审计单位管理层对其财务报表组成要素的确认、计量、列报做出的明确或隐含的表达。认定与审计目标密切相关，具体审计目标必须根据被审计单位管理层的认定和审计总目标来确定。注册会计师的基本职责就是确定被审计单位管理层对其财务报表的认定是否恰当。

管理层在财务报表上的认定有些是明确性的，有些则是隐含性的。例如，甲公司2019年12月31日资产负债表中列报存货如下：

流动资产：
存　货　　10 000 000元

就这项报告数据，意味着管理层做出了以下两项明确性认定：① 甲公司存货交易已发生，2019年12月31日10 000 000元的存货是存在的；② 甲公司对存货交易金额已恰当记录，2019年12月31日的存货正确余额是10 000 000元。

同时，管理层也做出了以下三项隐含性认定：① 甲公司对所有应记录的存货交易均已记录，所有应当报告的存货均已报告；② 甲公司记录的存货交易均与甲公司有关，报告的存货都由甲公司拥有；③ 甲公司对报告的存货在使用上不受任何限制。

(二) 管理层的认定的类别

1. 与各类交易和事项相关的认定。注册会计师对所审计期间的各类交易和事项运用的认定通常分为以下类别：

(1) 发生。记录的交易和事项已发生且与被审计单位有关。

(2) 完整性。所有应当记录的交易和事项均已记录。

(3) 准确性。与交易和事项有关的金额及其他数据已恰当记录。

(4) 截止。交易和事项已记录于正确的会计期间。

(5) 分类。交易和事项已记录于恰当的账户。

2. 与期末账户余额相关的认定。注册会计师对期末余额运用的认定通常分为以下类别：

(1) 存在。记录的资产、负债和所有者权益是存在的。

(2) 权利和义务。记录的资产由被审计单位拥有或控制，记录的负债是被审计单位应当履行的偿还义务。

(3) 完整性。所有应当记录的资产、负债和所有者权益均已记录。

(4) 计价和分摊。资产、负债和所有者权益以恰当的金额包括在财务报表中，与之相关的计价或分摊调整已恰当记录。

3. 与列报相关的认定。注册会计师对列报运用的认定通常分为以下类别：

(1) 发生及权利和义务。披露的交易、事项和其他情况已发生，并且与被审计单位有关。

(2) 完整性。所有应当包括在财务报表中的披露均已包括。

(3) 分类和可理解性。财务信息已被恰当地列报和描述，并且披露内容表达清楚。

(4) 准确性和计价。财务信息和其他信息已公允披露且金额恰当。

三、审计目标

(一) 审计总目标的演变

注册会计师审计的发展主要经历了详细审计、资产负债表审计和财务报表审计三个阶段，审计总目标也随之有所变化。

(1) 以查错防弊为审计目标。

(2) 以历史财务信息的鉴证为审计目标。

(3) 以财务报表的鉴证为审计目标。

(二) 审计总目标

1. 国家审计目标。根据我国《审计法》的规定，国家审计目标定位在真实性、合法性与效益性。鉴于目前会计信息失真比较严重，国家审计目标更加侧重于真实性。

2. 内部审计目标。根据有关法律的规定，内部审计目标也定位在真实性、合法性与效益性，更加侧重于效益性。

3. 注册会计师审计目标。根据《中国注册会计师审计准则第1101号——财务报表审计的目标和一般原则》的规定，财务报表审计的总目标是注册会计师通过执行审计工作，对财务报表的合法性和公允性发表审计意见。

(三) 审计具体目标

具体审计目标是在审计总目标的统驭下，以证实管理层的认定为出发点，针对财务报表具体项目审计而确定的审计目标。审计总目标是抽象、高层次的目标，它是针对财务报表整体审计而言的；而具体审计目标则是审计总目标的具体化、项目化的目标。具体审计目标的确定有助于注册会计师搜集充分、适当的审计证据。

1. 与各类交易和事项相关的审计目标。与各类交易和事项相关的审计目标如下：

（1）发生，即确定已记录的交易和事项是真实的。它是由发生认定推导出的审计目标。例如，在对进货交易审计时，确定登记入账的进货业务是否真实发生则是其具体审计目标；如果发现将不曾发生的进货登记入账，那么管理层的发生认定不成立。此目标与发现财务报表组成要素高估错误有关。

（2）完整性，即确定已发生的交易和事项均已记录。它是由完整性认定推导出的审计目标。例如，在对进货交易审计时，确定已发生的进货业务是否均已入账则是其具体审计目标；如果发现被遗漏的进货业务，那么管理层的完整性认定不成立。此目标与发现财务报表组成要素低估错误有关。

（3）准确性，即确定已记录的交易和事项是按正确金额反映的。它是由准确性认定推导出的审计目标。例如，在对进货交易审计时，确定购进商品的数量与账单上的数量是否相符、账单上的进货价格是否有错、账单上的乘积或加总是否有错以及账簿中的金额是否有错等则是其具体审计目标；如果发现错误的金额，那么管理层的准确性认定不成立。

（4）截止，即确定接近资产负债表日的交易和事项记录于恰当的期间。它是由截止认定推导出的审计目标。例如，在对进货交易审计时，确定进货业务记录的期间是否恰当则是其具体审计目标；如果发现进货截止期限上的错误，如本期交易推延到下期或下期交易提前至本期，那么管理层的截止认定不成立。

（5）分类，即确定记录的交易和事项经过适当分类。它是由分类认定推导出的审计目标。例如，在对进货交易审计时，确定进货业务记录是否做到适当分类则是其具体审计目标；如果发现进货业务记录分类不清，那么管理层的分类认定不成立。

2. 与期末账户余额相关的审计目标。与期末账户余额相关的审计目标如下：

（1）存在。由存在认定推导的审计目标是确定记录的金额确实存在。例如，如果不存在某单位的应付账款，在应付账款明细表中却列入了对该单位的应付账款，则违反了存在性认定。

（2）权利和义务。由权利和义务认定推导的审计目标是确定资产归属于被审计单位，负债属于被审计单位的义务。例如，将他人寄售商品列入被审计单位的存货中，则违反了权利认定；将不属于被审计单位的债务记入账内，则违反了义务认定。

（3）完整性。由完整性认定推导的审计目标是确定已存在的金额均已记录。例如，如果存在某单位的应付账款，在应付账款明细表中却没有列入对该单位的应付账款，则违反了完整性认定。

（4）计价和分摊。由计价和分摊认定推导的审计目标是资产、负债和所有者权益以恰当的金额包括在财务报表中，与之相关的计价或分摊调整已恰当记录。

3. 与列报相关的审计目标。

（1）发生及权利和义务。将根本没有发生的交易和事项，或者与被审计单位无关的交易和事项包括在财务报表中，则违反了发生及权利和义务认定。

（2）完整性。如果应当披露的事项没有包括在财务报表中，则违反了完整性认定。例如，检查关联方和关联交易，以验证其在财务报表中是否得到充分披露，即是对列报的完整性认定的运用。

(3) 分类和可理解性。确定财务信息已被恰当地列报和描述且披露内容表述清楚，即是符合分类和可理解性认定的。例如，是否将一年内到期的长期负债列为流动负债，即是对列报的分类和可理解性认定的运用。

(4) 准确性和计价。确定财务信息和其他信息已公允披露且金额恰当，即是符合准确性和计价认定的。例如，检查财务报表附注是否分别对原材料、在产品和库存商品等存货成本核算方法做了恰当说明，即是对列报的准确性和计价认定的运用。

管理层认定、审计目标和审计程序之间的关系举例见表 2-1。

表 2-1 管理层认定、审计目标和审计程序之间的关系举例

管理层认定	审计目标	审计程序
存在性	资产负债表列示的存货存在	实施存货监盘程序
完整性	销售收入包括了所有已发货的交易	检查发货单和销售发票的编号以及销售明细账
准确性	应收账款反映的销售业务是否基于正确的价格和数量，计算是否准确	比较价格清单与发票上的价格、发货单与销售订购单上的数量是否一致。重新计算发票上的金额
截止	销售业务记录在恰当的期间	比较上一年度最后几天和下一年度最初几天的发货单日期与记账日期
权利和义务	资产负债表中的固定资产确实为公司拥有	查阅所有权证书、购货合同、结算单和保险单
计价和分摊	以净值记录应收款项	检查应收账款账龄分析表、评估计提的坏账准备是否充足

在审计过程中，审计人员应紧紧围绕具体审计目标收集证据。把这些证据累计起来，审计人员就可对管理当局的任何认定是否正确下结论。然后，再把对每个认定的结论综合起来，审计人员就可对整个会计报表的合法性、公允性发表审计意见了。

第二节 审计过程

确定审计目标后，注册会计师就可以开始收集审计证据，以实现审计总目标和各项具体审计目标。而审计证据的收集是在审计过程中实现的，因此审计目标的实现与审计过程密切相关。所谓审计过程，是指审计工作从开始到结束的整个过程。

审计是一个系统化的过程，是在审计目标的指引下通过制定、执行审计计划，有组织地采用科学的程序收集和评价审计证据，完成审计计划，提交审计报告，最终实现审计目标。

一、审计计划阶段

审计计划阶段是审计过程的起点。这一阶段的主要工作包括：

(一) 接受业务委托

会计师事务所应当按照执业准则的规定，谨慎决策是否接受具体审计业务。

1. 接受业务委托的条件特征。《中国注册会计师鉴证业务基本准则》第九条指出："在接受委托前，注册会计师应当初步了解审计业务环境。业务环境包括业务约定事项、鉴证对

象特征、使用的标准、预期使用者的需求、责任方及其环境的相关特征，以及可能对鉴证业务产生重大影响的事项、交易、条件和惯例等其他事项。"只有在了解后认为符合胜任能力、独立性和应有的关注等职业道德要求，并且拟承接的业务具备下列所有特征时，注册会计师才能将其作为审计业务予以承接：

（1）审计对象适当。
（2）使用的标准适当且预期使用者能够获取该标准。
（3）注册会计师能够获取充分、适当的证据以支持其结论。
（4）注册会计师的结论以书面报告形式表述，并且表述形式与所提供的保证程度相适应。
（5）该业务具有合理的目的。如果审计业务的工作范围受到重大限制，或者委托人试图将注册会计师的名字和审计对象不适当地联系在一起，则该业务可能不具有合理的目的。

2. 接受业务委托阶段，注册会计师的主要工作：
（1）了解和评价审计对象的可审性。
（2）决策是否考虑接受委托。
（3）商定业务约定条款。
（4）签订审计业务约定书等。

（二）计划审计工作

对于任何一项审计业务，注册会计师在执行具体审计程序之前，都必须根据具体情况制定科学、合理的计划，使审计业务以有效的方式得到执行。

审计计划阶段，注册会计师的主要工作：
（1）进一步调查了解和核实客户的基本情况。
（2）对客户的内部控制进行初步评价。
（3）确定重要性水平。
（4）分析审计风险。
（5）制订总体审计策略，制订具体审计计划。

计划审计工作不是审计业务的一个孤立阶段，而是一个持续的、不断修正的过程，贯穿于整个审计过程的始终。

二、审计实施阶段

审计实施阶段是根据计划阶段确定的范围、要点、步骤、方法，进行取证、评价，据以形成审计结论，实现审计目标的中间过程。它是审计全过程的中心环节，注册会计师的主要工作：

（一）实施风险评估程序

注册会计师必须实施风险评估程序，以此作为评估财务报表层次和认定层次重大错报风险的基础。实施风险评估程序的主要工作包括：了解被审计单位及其环境，了解内部控制，评估重大错报风险，即评估财务报表层次的重大错报风险，评估认定层次的重大错报风险。

（二）实施控制测试

实施控制测试的目的是测试内部控制在防止、发现并纠正认定层次重大错报方面运行的有效性，从而支持或修正重大错报风险的评估结果，据以确定实质性程序的性质、时间和范围。

（三）实施实质性程序

注册会计师针对评估的重大错报风险实施实质性程序，以发现认定层次的重大错报。实质性程序包括对各类交易、账户余额、列报的细节测试及实质性分析程序。

三、审计完成阶段

审计完成阶段是审计过程的最后一个阶段,其核心工作是形成审计意见。具体工作包括:
(1) 审计期初余额、比较数据、期后事项和或有事项。
(2) 考虑持续经营问题和获取管理层声明。
(3) 汇总审计差异并提请被审计单位调整或披露。
(4) 复核审计工作底稿和财务报表。
(5) 整理、评价审计证据。
(6) 与管理层和治理层沟通。
(7) 撰写审计总结,评价审计结果。
(8) 针对客户的财务报表形成审计意见,出具审计报告。

综上所述,整个审计过程如图2-1所示。

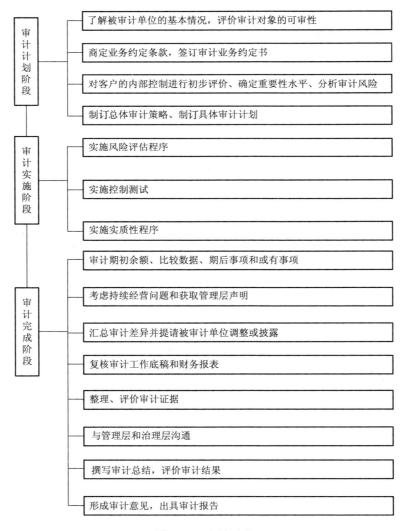

图2-1 审计过程

本章小结

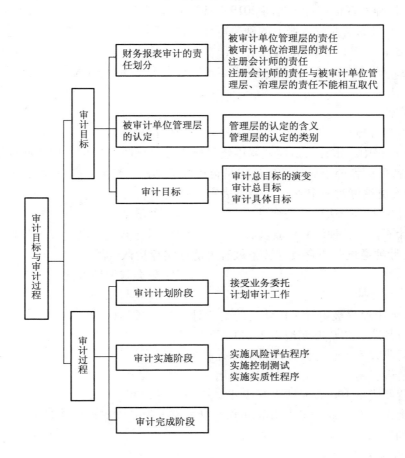

同步测试

一、单项选择题

1. 被审计单位（　　）是指被审计单位管理层对其财务报表组成要素的确认、计量、列报做出的明确或隐含的表达。
   A. 管理层的认定　　　　　　　　B. 管理层的责任
   C. 治理层的责任　　　　　　　　D. 审计目标

2. （　　）是指对被审计单位战略方向以及管理人员履行经营管理责任负有监督责任的人员或组织，其责任包括对财务报告过程的监督。
   A. 治理层　　　B. 管理层　　　C. 审计委托人　　　D. 会计师

3. 作为财务报表审计目标，（　　）是指被审计单位财务报表是否符合适用的会计准则和相关会计制度的编制规定。
   A. 合法性　　　B. 公允性　　　C. 一贯性　　　D. 认定

4. 作为财务报表审计目标，（　　）是指被审计单位财务报表是否在所有重大方面公允反映其财务状况、经营成果和现金流量。

  A. 合法性   B. 公允性   C. 一贯性   D. 认定

 5. 注册会计师发现被审计单位将2019年12月31日已经发生的一笔赊销业务收入记在了2020年1月8日的营业收入账上的确凿审计证据，则与这笔业务有关的认定是（　　）。

  A. 分类   B. 准确性   C. 截止   D. 计价与分摊

 6. 注册会计师对某项资产是按历史成本入账还是按公允价值入账，主要是为了证实资产的（　　）认定。

  A. 存在性   B. 完整性

  C. 计价与分摊   D. 准确性

 7. 在审计过程中，审计人员应紧紧围绕具体审计目标收集证据。把这些证据累计起来，这样审计人员就可对管理当局的任何认定是否正确下结论。然后，再把对每个认定的结论综合起来，审计人员就可对整个（　　）发表审计意见了。

  A. 会计报表的合法性、公允性   B. 经济活动

  C. 会计资料及其他资料的真实性、合法性   D. 财务状况、经营成果和现金流量

 8. 注册会计师通过分析存货周转率最有可能证实存货认定的（　　）。

  A. 存在性   B. 分类与可理解性

  C. 计价与分摊   D. 权利与义务

 9. 下列事项中违反被审计单位认定的是"计价与分摊"（　　）。

  A. 将应收账款200万元记为2 000万元

  B. 将营业收入100万元计入营业外收入

  C. 将销售费用300万元计入管理费用

  D. 将营业成本100万元计入营业外支出

 10. 检查关联方和关联交易，以验证其在财务报表中是否得到充分披露，即是对列报的（　　）认定的运用。

  A. 发生及权利和义务   B. 完整性

  C. 准确性和计价   D. 分类和可理解性

二、多项选择题

 1. 审计实施阶段的主要工作包括（　　）。

  A. 实施控制测试   B. 实施实质性程序

  C. 编制审计体制   D. 实施风险评估程序

 2. 审计总目标的发展变化主要经历了（　　）。

  A. 以查错防弊和历史财务信息公证为审计目标

  B. 以查错防弊为审计目标

  C. 以历史财务信息的鉴证为审计目标

  D. 以财务报表的鉴证为审计目标

 3. 审计目标分为两个层次（　　）。

  A. 审计总目标   B. 一般审计目标

  C. 审计具体目标   D. 审计项目目标

 4. 在财务报表审计阶段，注册会计师判定被审计单位一定时期内的财务报表是否公允

地反映其（　　）。
　A. 财务状况　　　　　　　　　　B. 经营成果
　C. 经济活动全过程　　　　　　　D. 现金流量
5. 与各类交易和事项相关的认定有（　　）。
　A. 发生　　　　　　　　　　　　B. 完整性
　C. 准确性　　　　　　　　　　　D. 权利和义务
6. 与期末账户余额相关的认定有（　　）。
　A. 发生　　　　　　　　　　　　B. 权利和义务
　C. 完整性　　　　　　　　　　　D. 计价和分摊
7. 与列报相关的认定有（　　）。
　A. 发生及权利和义务　　　　　　B. 完整性
　C. 准确性和计价　　　　　　　　D. 截止
8. 某公司2019年12月31日资产负债表流动资产项中下所列报得存货2 000万元，则明确的认定包括（　　）。
　A. 某公司存货交易已发生，2019年12月31日2 000万元的存货是存在的
　B. 某公司对存货交易金额已恰当记录，2019年12月31日的存货正确余额是2 000万元
　C. 某公司对报告的存货在使用上不受任何限制
　D. 某公司记录的存货交易均与该公司有关，报告的存货都由该公司拥有
9. 注册会计师审计目标是财务报表审计的（　　）。
　A. 合法性　　　　　　　　　　　B. 公允性
　C. 效益性　　　　　　　　　　　D. 合法性和效益性
10. 治理层一般指（　　）等。
　A. 总裁或总经理　　　　　　　　B. 董事会
　C. 监事会　　　　　　　　　　　D. 审计委员会

实训案例分析

甲公司是一家专营商品零售的股份公司。E会计师事务所在接受其审计委托后，委派注册会计师张三担任外勤负责人，并签署审计报告。经过审计调查，注册会计师张三确定存货项目为重点审计领域，同时决定根据相关认定确定存货项目的具体审计目标。并选择相应的具体审计程序以保证审计目标的实现。

要求：假设以下表格中具体审计目标已经被注册会计师张三选定，注册会计师张三应当确定的与各具体审计目标最相关的认定和最恰当的审计程序分别是什么？（根据表后列示的相关认定及审计程序，分别选择一项，并将选择结果的编号填入答题卷给定的表格中。对每项相关认定和审计程序，可以选择一次、多次或不选）

相关认定	具体审计目标	审计程序
	公司对存货均拥有所有权	
	记录的存货数量包括了公司所有的在库存货	

续表

相关认定	具体审计目标	审计程序
	已按成本与可变现净值孰低法调整期末存货的价值	
	存货是否在库	
	存货的主要类别和计价基础已在财务报表中恰当披露	

相关认定：① 完整性；② 存在；③ 分类和可理解性；④ 权利和义务；⑤ 计价和分摊。

审计程序：⑥ 检查现行销售价目表；⑦ 检查财务报表；⑧ 在监盘存货时，选择一定样本，确定其是否包括在盘点表内；⑨ 选择一定样本量的存货会计记录，检查支持记录的购货合同和发票；⑩ 在监盘存货时，选择盘点表内一定样本量的存货记录，确定存货是否在库；⑪ 测试直接人工费用的合理性。

思考与练习

1. 财务报表审计的责任是如何划分的？
2. 注册会计师的责任与被审计单位管理层、治理层的责任不能相互取代的理由是什么？
3. 何谓被审计单位管理层的认定？被审计单位管理层的认定有哪些类别？
4. 审计总目标与审计具体目标存在怎样的关系？

第三章 审计方法与审计范围

知识目标

1. 理解审计的一般方法和审计的技术方法的含义。区分审查书面资料的审计方法与证实客观事物的审计方法。
2. 明确审计抽样的定义。掌握选取全部项目、选取特定项目和审计抽样三者的区别点。
3. 熟悉审计抽样种类。明确审计抽样的步骤以及各步骤的操作要点。
4. 明确审计抽样在控制测试和细节测试中如何应用。掌握常用的审计抽样方式。

技能目标

试运用审计抽样原理和方法,进行审计实务的控制测试和细节测试。

第一节 审计方法

一、审计方法概述

审计方法概念有广义和狭义之分:广义的审计方法是指审计人员在审计过程中,检查和分析审计对象、收集审计证据、编写审计报告、形成审计结论和意见的各种专门手段的总称。既包括审计人员用来收集审计证据的技术手段,也包括审计人员在整个审计过程中所运用的各种技术手段。狭义的审计方法是指审计人员为取得充分有效的审计证据而采取的一切技术手段。

二、审计的一般方法

(一)顺查法和逆查法

1. 顺查法。顺查法又称为正查法,是按照会计核算的处理顺序,依次对证、账、表各个环节进行检查核对的一种方法。

(1)顺查法的程序。顺查法的基本审计程序是:原始凭证—记账凭证—会计账簿—会计报表。

(2)顺查法的特点。优点是从原始凭证入手,循序渐进,比较全面、详细,可以避免遗漏,审计结果较为可靠。缺点是面面俱到,不能突出重点,工作量大,费时费力,不利于提高审计工作效率。

（3）适用条件。一般适用于规模较小，业务不多的被审计单位的审计。还可以用于对一些已经发现有严重问题的单位或单位中的某些部门进行审计时采用。

2. 逆查法。逆查法又称倒查法，是按照会计核算相反的处理程序，依次对表、账、证各个环节进行检查核对的一种方法。

（1）逆查法的程序。逆查法的基本审计程序是：会计报表—会计账簿—记账凭证—原始凭证。

（2）逆查法的特点。优点是便于抓住问题的实质，审查的重点和目的比较明确，易于查清主要问题，节省人力和时间，审计效率较高。缺点是凭借审计人员的判断来确定审计的重点，容易出现遗漏和判断失误。

（3）适用条件。适应于规模较大、业务较多的被审计单位的审计。

（二）详查法和抽样法

1. 详查法。详查法是指对被审单位被审期内的全部证账表或某一重要（或可疑）项目所包括的全部会计资料进行全面、详细的审查的方法。

（1）详查法的特点。详查法的主要优点是能全面查清被审计单位所存在的问题，特别是对弄虚作假、营私舞弊等违反财经法纪行为的审计。一般不易疏漏，能保证审计质量。其缺点是工作量太大，耗费人力和时间过多，审计成本高，故难以普遍采用。早期的财务审计通常采用这种方法。

（2）详查法的适用条件。适用于规模较小的被审计单位或特定项目的审计，如财经法纪审计中涉及的某些重要舞弊项目。

2. 抽样法。抽样法又称抽查法，是指从被审计单位审查期的全部会计资料中抽取其中一部分进行审查，并根据审查结果推断总体有无错误和弊端的一种方法。这种方法的关键在于抽取样本，故又称为抽样审计法。

（1）抽样法的特点。抽查法的主要优点是能明确审查重点，省时省力，具有效率高、成本低的效果。其缺点是审计结果过分依赖抽查样本的合理性，如果抽样不合理，或缺乏代表性，抽查结果往往不能发现问题，甚至以偏概全，做出错误的审计结论，导致审计失败。

（2）抽样法的适用条件。适用于那些内部控制系统较健全，会计基础较好的企业事业单位。从详查法发展到抽样法，是现代审计的一个重要发展。现代审计的一个重要特征就是在评审被审计单位内部控制系统基础上实施抽样审计。审计抽样方法将分节介绍，这里仅介绍其思路。

三、审计的技术方法

审计的技术方法是审计人员收集审计证据时所用的技术手段。一般包括审查书面资料和证实客观事物两类方法。

（一）审查书面资料的方法

1. 审阅法。审阅法是指仔细地审查和翻阅会计凭证、账簿、报表以及计划、预算、决策方案、合同等书面资料，借以查明资料及经济业务的公允性、正确性、合法性、合规性，从中发现错弊或疑点，收集书面证据的一种审查方法。

2. 核对法。核对法是指对凭证、账簿和报表等书面资料之间的有关数据进行相互对照检查，借以查明证证、账证、账账、账表、表表之间是否相符，从而取得有无错弊的书面证据的一种复核查对的方法。

3. 查询法。查询法是审计人员对有关人员当面进行书面或口头询问,以获取审计证据的方法。查询的对象通常是经办人员或有关知情人员。

4. 函证法。函证法是指审计人员为印证被审计单位会计记录所记载事项而向第三者发函询证的一种方法。

5. 分析法。分析法是通过分解被审计项目内容,借助有关比率或趋势进行的分析,以揭示被审计项目本质特征的一种审计技术。

6. 复算法。复算法又称重算法,指对于所审计资料在核对、审阅其数据来源正确、真实的基础上,采用一定的方法重新计算,以确定书面资料数额的计算是否正确的一种审计技术。

(二) 证实客观事物的方法

1. 盘点法。盘点法又称实物清查法,是指对被审计单位各项财产物资进行实地盘点,以确定其数量、品种、规格及其金额等实际状况,借以证实有关实物账户的余额是否真实、正确,从中收集实物证据的一种方法。盘点法按其组织方式,分为直接盘点、监督盘点、突击盘点和通知盘点等。

2. 调节法。调节法是指由于有关被审计项目之间记账日期不一致,或账面金额不相符,而通过对有关数据进行调节,验证被审计项目在审查日金额是否正确的一种审计技术。调节技术一般用于以下两种情况:

(1) 对未达账项的调节。对银行存款实存数的审查,通常运用调节法编制银行存款余额调节表,对企业单位与开户银行双方所发生的"未达账项"进行增减调节,以便根据银行对账单的余额来验证银行存款账户的余额是否正确。

(2) 对盘点财产物资的调节。当盘点日同书面资料结存日不同时,结合实物盘点,将盘点日期与结存日期之间所发生的出入数量对结存日期有关财产物资的结存数进行调节,以推算结存日期有关财产物资的应结存数。其计算公式为:

结存日数量 = 盘点日盘点数量 + 结存日至盘点日发出的数量 − 结存日至盘点日收入的数量

上述公式是指结存日在前,盘点日在后的情况。如果在结存日之前已经进行过盘点,审计人员准备采纳前面盘点的数字,则应当采用如下公式:

结存日数量 = 盘点日盘点数量 − 结存日至盘点日发出的数量 + 结存日至盘点日收入的数量

【例3–1】某企业2019年12月31日账面结存甲材料2 400 kg,2020年1月1日至16日期间收入3 500 kg,发出2 000 kg。1月1日期初余额及至1月16日收发数额均经核对、审阅和复算无误。2020年1月16日下班后监督盘点实存量为4 000 kg。

调节计算如下:

结存日数量 = 4 000 + 2 000 − 3 500 = 2 500(kg)

经过上述调节计算2019年12月31日甲材料的实存数为2 500 kg,与账面记录的甲材料2 000 kg不一致。审计人员应要求有关人员说明原因,并进行查账核实,查明原因,作出处理。

3. 观察法。观察法是指审计人员通过实地观察以取得审计证据的一种审计技术。

4. 鉴定法。鉴定法是指对书面资料、实物和经济活动等的分析、鉴别,由于超过一般审计人员的能力和知识水平而邀请有关专门部门或人员运用专门技术进行确定和识别的方法。

第二节 审计的抽样方法

一、审计抽样的概述

（一）审计抽样的定义

审计抽样（即抽样），是指注册会计师对具有审计相关性的总体中低于百分之百的项目实施审计程序，使所有抽样单元都有被选取的机会，为注册会计师针对整个总体得出结论提供合理基础。抽样单元是指构成总体的个体项目，总体是指注册会计师从中选取样本并期望据此得出结论的整个数据集合。总体可分为多个层或子总体，每一层或子总体可予以分别检查。

在设计审计程序时，注册会计师应当确定用以选取测试项目的适当方法，以获取充分、适当的审计证据，实现审计程序的目标。选取测试项目的方法有三种：选取全部项目、选取特定项目和审计抽样。为正确理解审计抽样定义，现将选取全部项目、选取特定项目和审计抽样作一比较：

1. 选取全部项目。是指对总体中的全部项目进行检查。当存在下列情形之一时，注册会计师应当考虑选取全部项目进行测试：

（1）总体由少量的大额项目构成。

（2）存在特别风险且其他方法未提供充分、适当的审计证据。存在特别风险的项目主要包括：管理层高度参与的或者错报可能性较大的交易事项或账户余额；非常规的交易事项或账户余额，特别是与关联方有关的交易或余额；长期不变的账户余额，例如滞销的存货余额或账龄较长的应收账款余额；可疑的或非正常的项目或明显不规范的项目；以前发生过错误的项目；期末人为调整的项目；其他存在特别风险的项目。

（3）由于信息系统自动执行的计算或其他程序具有重复性，对全部项目进行检查符合成本效益原则。

2. 选取特定项目。是指对总体中的特定项目进行针对性测试。根据对被审计单位的了解、评估的重大错报风险以及所测试总体的特征等，注册会计师可以确定从总体中选取特定项目进行测试。选取的特定项目可能包括：

（1）大额或关键项目。

（2）超过某一金额的全部项目。

（3）被用于获取某些信息的项目。

（4）被用于测试控制活动的项目。

需要注意的是根据判断选取特定项目，容易产生非抽样风险。

3. 审计抽样。审计抽样的基本特征：一是对某类交易或账户余额中低于百分之百的项目实施审计程序；二是所有抽样单元都有被选取的机会；三是审计测试的目的是评价该账户余额或交易类型的某一特征。

审计抽样的适用条件：如果注册会计师对于需要测试的账户余额或交易事项缺乏特别的了解，在这种情况下，审计抽样比较有用。另外，当总体中项目数量太大而导致无法逐项审查，或者虽能逐项审查但需耗费大量成本时，注册会计师也可能使用审计抽样方法。

审计抽样并非所有审计程序中都可使用。注册会计师拟实施的审计程序将对运用审计抽样产生重要影响。在风险评估程序、控制测试和实质性程序中，有些审计程序可以使用审计抽样，有些审计程序则不宜使用审计抽样。

风险评估程序通常不涉及审计抽样。如果注册会计师在了解控制的设计和确定控制是否得到执行的同时计划和实施控制测试，则会涉及审计抽样，但此时审计抽样是针对控制测试进行的。

当控制的运行留下轨迹时，注册会计师可以考虑使用审计抽样实施控制测试。对于未留下运行轨迹的控制，注册会计师通常实施询问、观察等审计程序，以获取有关控制运行有效性的审计证据，此时不涉及审计抽样。

实质性程序包括对各类交易、账户余额、列报的细节测试，以及实质性分析程序。在实施细节测试时，注册会计师可以使用审计抽样获取审计证据，以验证有关财务报表金额的一项或多项认定（如应收账款的存在性），或者对某些金额做出独立估计（如陈旧存货的价值）。在实施实质性分析程序时，注册会计师不宜使用审计抽样。

选取测试项目旨在帮助注册会计师确定实施审计程序的范围。审计程序的范围是指实施审计程序的数量，包括抽取的样本量，对某项控制活动的观察次数等。注册会计师可以根据具体情况，单独或综合使用选取测试项目的方法，但所使用的方法应当能够有效地提供充分、适当的审计证据，以实现审计程序的目标。在确定适当的选取测试项目的方法时，注册会计师应考虑与所测试认定有关的重大错报风险和审计效率。

（二）审计抽样的种类

1. 统计抽样和非统计抽样。按照抽样决策的依据不同，审计抽样可分为统计抽样和非统计抽样。

（1）非统计抽样是指注册会计师运用专业经验进行主观判断，从特定审计对象总体中抽取部分样本进行审查，并以样本的审查结果来推断总体特征的一种抽样审计方法。非统计抽样方法先后出现过任意抽样和判断抽样两种形式。在任意抽样法下，注册会计师对于抽样的规模、技术和内容等均无规律可循，只是任意抽取样本，故其审查结果缺乏科学性和可靠性。取而代之的是判断抽样审计方法，它是注册会计师根据其经验判断，有重点、有针对性地从总体中抽取一些样本进行审查测试，并以样本的测试结果来推断总体的一种审计抽样方法。这种方法克服了任意抽样法的缺点，但由于该方法是审计人员在总结自身经验的基础上形成的，因此，其成效取决于审计人员的经验和判断能力，审计过程中注册会计师的主观因素对审计结果和质量构成决定性影响。

（2）统计抽样方法也称随机抽样方法，是指注册会计师遵循随机原则，从审计对象总体中抽取一部分样本进行审查，然后根据样本的审查结果来推断总体特征的一种抽样审计方法。统计抽样的优点在于具有较强的科学性和准确性。表现在：统计抽样能够科学地确定抽取样本的规模；统计抽样中总体各项目被抽中的机会是均等的，可以防止主观臆断；统计抽样能够客观地计量抽样风险，并且通过调整样本规模精确地控制风险；统计抽样便于促使审计工作规范化。统计抽样的缺点在于操作难度较大，且不适用于资料不全的被审计单位，以揭露舞弊为目的的财经法纪审计也不宜采用。

在实际工作中，注册会计师应当考虑成本效益因素并运用职业判断，确定使用统计抽样或非统计抽样方法，也可以把统计抽样法和判断抽样法结合起来运用，以求收到较好的审计效果，最有效率地获取审计证据。

2. 属性抽样和变量抽样。按照所了解的总体特征的不同，审计抽样可分为属性抽样和变量抽样。

（1）属性抽样是指在精确度和可靠程度一定的条件下，为了测定总体特征的发生频率而采用的一种方法。属性抽样是为了了解总体的质量特征，其抽样的结果只有是或否两种。在审计抽样中就是根据样本的差错率来推断总体的差错率。常用于审计控制测试。

（2）变量抽样是指通过对样本的测定结果来推断总体金额的一种抽样方法。变量抽样是为了了解总体的数量特征。在审计抽样中就是根据样本的差错额来推断总体的差错额。常用于审计细节测试。

（三）统计抽样和专业判断

在审计抽样的具体运用中，无论是统计抽样还是非统计抽样，都离不开注册会计师的职业判断，那种认为统计抽样能够减少注册会计师的职业判断，甚至可以取代职业判断的观点是极为错误的。因为在运用统计抽样时，同样存在许多不确定因素，注册会计师必须用准确的判断加以解决。比如，在统计抽样中，对审计对象总体的确定，选样方法的选用，对抽样结果进行质量和数量上的评价等，均需要注册会计师的职业判断。因此，统计抽样的出现，并不标志着非统计抽样的消亡。

（四）审计抽样的步骤

注册会计师在控制测试和细节测试中使用审计抽样方法，主要分为三个阶段进行。第一阶段是样本设计阶段，旨在根据测试的目标和抽样总体，制定选取样本的计划。第二阶段是选取样本阶段，旨在按照适当的方法从相应的抽样总体中选取所需的样本，并对其实施检查，以确定是否存在误差。第三阶段是评价样本结果阶段，旨在根据对误差的性质和原因的分析，将样本结果推断至总体，形成对总体的结论。

1. 样本设计阶段。

（1）确定审计测试的目标和被审查总体的范围。在实施抽样之前必须首先确定审计测试的目标和被审查总体的范围，比如，是测试内部控制的有效性，还是测试经济业务的真实性，是测试账簿记录的完整性，还是测试账户余额的正确性，要在哪些项目中进行抽样，这些项目的边界在哪里等。被审计总体的确定应该与审计测试的目标保持一致，这将直接关系到审计目标的实现和抽样结果的准确性。

（2）定义特征和确定抽样单元。特征是指被查对象应当具有的属性和要件，只有明确被查对象的特征，才能指导注册会计师查出被查对象中缺乏或错报其应有属性和要件的内容，才能确定什么是错误的或有问题的项目。例如，销售发票上应载明所售商品的单价和数量，将此确定为被查企业销售发票应有的特征，那么在抽查的样本中发现没有载明所售商品的单价和数量或列报有误的发票就可被列为错误的或有问题的项目范围。

抽样单元的确定需要与审计测试的目标保持一致。注册会计师在定义总体时通常都指明了适当的抽样单元。在控制测试中，抽样单元通常是能够提供控制运行证据的文件资料，而在细节测试中，抽样单元可能是一个账户余额、一笔交易或交易中的一项记录，甚至是每个货币单元。通常情况下抽样单元是直观的、较易确定的，在定义总体的时候实际上即将抽样单元确定下来了。例如，审计测试的目标是审查已记录的销售的存在性或是否发生，那么销售发票存根就成了被查总体，抽样单元就可以确定为每一张发票。

如果总体项目存在重大的变异性，注册会计师应当考虑分层。分层是指将一个总体划分为多个子总体的过程,每个子总体由一组具有相同特征(通常指金额)的抽样单元组成。分层可以降低每一层中项目的变异性,从而在抽样风险没有成比例增加的前提下减小样本规模。注册会计师可以考虑将总体分为若个离散的具有识别特征的子总体(层),以提高审计效率。注册会计师应当仔细界定子总体,以使每一抽样单元只能属于一个层。

当实施细节测试时,注册会计师通常按照金额对某类交易或账户余额进行分层,以将更多的审计资源投入到大额项目中。例如,在对被审计单位的财务报表进行审计时,为了函证应收账款,注册会计师可以将应收账款账户按其金额大小分为三层,即账户金额在 10 000 元以上的;账户金额为 5 000~10 000 元的;账户金额在 5 000 元以下的。然后,根据各层的重要性分别采取不同的选样方法。对于金额在 10 000 元以上的应收账款账户,应进行全部函证;对于金额在 5 000~10 000 元以及 5 000 元以下的应收账款账户,则可采用适当的选样方法选取进行函证的样本。注册会计师也可以按照显示较高误差风险的某一特定特征对总体进行分层。例如,在测试应收账款估价时,余额可以根据账龄分层。

分层后的每层构成一个子总体且可以单独检查。对某一层中的样本项目实施审计程序的结果,只能用于推断构成该层的项目。如果对整个总体做出结论,注册会计师应当考虑与构成整个总体的其他层有关的重大错报风险。例如,在对某一账户余额进行测试时,占总体数量 30% 的项目,其金额可能占该账户余额的 80%。注册会计师只能根据该样本的结果推断至上述 80% 的金额。对于剩余 20% 的金额,注册会计师可以抽取另一个样本或使用其他收集审计证据的方法,单独做出结论,或者认为其不重要而不实施审计程序。

(3) 定义误差构成条件。注册会计师必须事先准确定义构成误差的条件,否则执行审计程序时就没有识别误差的标准。在控制测试中,误差是指控制偏差,注册会计师要仔细定义所要测试的控制及可能出现偏差的情况;在细节测试中,误差是指错报,注册会计师要确定哪些情况构成错报。

注册会计师定义误差构成条件时要考虑审计程序的目标。例如,在对应收账款存在性的细节测试中(如函证),客户在函证日之前支付、被审计单位在函证日之后不久收到的款项(即未达账项)不构成误差。而且,被审计单位在不同客户之间误登明细账也不构成误差,因其并不影响应收账款账户的总额。即使这种情况可能对审计的其他方面(如对舞弊的可能性或坏账准备的适当性的评估)产生重要影响,在评价该审计程序的样本结果时将其判定为误差也是不适当的。

(4) 确定审计程序。注册会计师必须确定能够最好地实现测试目标的审计程序组合。例如,如果注册会计师的审计目标是通过测试某一阶段的适当授权证实交易的有效性,审计程序就是检查特定人员已在某文件上签字以示授权的书面证据。注册会计师预计样本中每一张该文件上都有适当的签名。

2. 选取样本阶段。

(1) 分析影响样本规模的因素。从被审查总体中抽取样本的数量称为样本规模。在审计抽样中,注册会计师面临选取多大规模样本的抉择,样本规模过小往往不能反映出总体的特征,而样本规模过大则会加大审计成本,失去抽样审计的意义。因此,样本规模大一些还是小一些,审计人员做出的抉择应有依据。在非统计抽样中,注册会计师主要依据经验来确定样本规模;在统计抽样中,注册会计师则可以依据一些客观因素来确定样本规模,这些因素主要包括:

① 可容忍的误差。可容忍误差是注册会计师认为抽样结果可以达到审计目的，因而所愿意接受的审计对象总体的最大误差。注册会计师需要在审计计划阶段，根据审计重要性原则，合理确定可容忍误差。确定可容忍的误差直接影响抽取多大规模的样本，可容忍误差越小，需选取的样本量相应越大，其极限是不容忍存在误差，这种情况下只能进行百分之百的全面审查，抽样方法不再适用。

② 总体误差率或误差额。总体误差率或误差额是指总体的偏差水平，它对样本规模有重大和直接的影响，总体偏差水平越高，所需要的样本规模就应越大。对总体的预计误差率或误差额的评估，有助于设计审计样本和确定样本规模。在实施控制测试时，注册会计师通常根据对相关控制的设计和执行情况的了解，或根据从总体中抽取少量项目进行检查的结果，对拟测试总体的预计误差率进行评估。在实施细节测试时，注册会计师通常对总体的预计误差额进行评估。

③ 审计结论的可信赖程度。在抽样审查中，由于是从总体中抽取一部分样本进行审查，而并非全部审查，因此，从样本特征所推断的总体特征与实际的总体特征之间必然存在抽样误差，这使得通过抽样所得出的审计结论处于某种可信赖程度水平上。审计结论的可信赖程度与抽样规模成正比，要求审计结论可信赖程度越高，抽样规模就越大；反之，则越小。

④ 总体数量。除非总体非常小，一般而言，总体数量对样本规模只有很小的影响，甚至没有任何影响，当总体规模趋于无穷大时，样本规模将不受总体数量的影响。注册会计师通常将抽样单元超过 5 000 个的总体视为大规模总体。

使用统计抽样方法时，注册会计师必须对影响样本规模的因素进行量化，并利用根据统计公式开发的专门的计算机程序或专门的样本量表来确定样本规模。在非统计抽样中，注册会计师可以只对影响样本规模的因素进行定性的估计，并运用职业判断确定样本规模。

审计抽样中影响样本规模的因素，以及这些影响因素在控制测试和细节测试中的表现形式，见表 3 – 1。

表 3 – 1　影响样本规模的因素及相关表现形式

影响因素	控制测试	细节测试	与样本规模的关系
可容忍误差	可容忍偏差率	可容忍错报	反向变动
预计总体误差	预计总体偏差率	预计总体错报	同向变动
审计结论的可信赖程度	可信赖程度越高	可信赖程度越高	同向变动
总体规模	总体规模	总体规模	影响很小

（2）确定样本规模。根据样本规模的影响因素，按照确定样本规模的计算公式或经验规则确定样本规模。在确定样本规模时，注册会计师应当考虑能否将抽样风险降至可接受的低水平。样本规模受注册会计师可接受的抽样风险水平的影响：可接受的风险水平越低，需要的样本规模越大。注册会计师可以使用统计学公式或运用职业判断，确定样本规模。

（3）抽取样本项目。确定了总体范围和样本规模后，可以开始实施抽样，即从总体中选取相当于样本规模数量的样本。注册会计师在抽取样本时，最关键的一点是应使审计对象总体内所有抽样单元均有被选取的机会,以使样本能够代表总体。实务中有各种不同的抽样方法可供注册会计师选择,按照是否运用随机原则抽样方法可以分为统计抽样法和非统计抽样法两类。所谓随机原则是指在选取样本时,总体中抽样单元被选中与否完全是由概率因素决定的,主观因素一般不起作用,因而总体中每一个抽样单元以已知的机会被选中。在非统计抽样中,注册会计师应当运用职业判断选取样本项目。由于抽样的目的是对整个总体得出结论,注册会计师应当尽量选取具有总体典型特征的样本项目,并在选取样本时避免偏见。注册会计师可以采用统计抽样或非统计抽样方法选取样本,只要运用得当,均可获得充分、适当的审计证据。在抽样审计中选取样本的基本方法,包括使用随机数表或计算机辅助审计技术选样、系统选样和随意选样。

① 随机数选样。随机数选样就是使用随机数表或计算机辅助审计技术选样。使用随机数选样需以总体中的每一项目都有不同的编号为前提。注册会计师可以使用计算机生成的随机数,如电子表格程序、随机数码生成程序、通用审计软件程序等计算机程序产生的随机数,也可以使用随机数表获得所需的随机数。

随机数是一组出现概率相同的数码,并且不会产生可识别的模式。随机数表也称乱数表,它是由随机生成的从 0~9 共 10 个数字所组成的数表,每个数字在表中出现的次数是大致相同的,它们出现在表上的顺序是随机的。表 3-2 是 5 位随机数表的一部分。

表 3-2 随机数表(部分列示)

行\列	1	2	3	4	5
1	10480	15011	01536	02011	81647
2	22368	46573	25595	85313	30995
3	24130	48360	22527	97265	76393
4	42167	93093	06243	61680	107856
5	37570	39975	81837	16656	06121
6	77921	06907	11008	42751	27756
7	99562	72905	56420	69994	98872
8	96301	91977	05463	07972	18876
9	89759	14342	63661	10281	17453
10	85457	36857	53342	53988	53060
11	28018	69578	88231	33276	70997
12	63553	40961	48235	03427	49626
13	09429	93069	52636	92737	88974
14	10365	61129	87529	85689	48237
15	07119	97336	71048	08178	77233

应用随机数表选样的步骤如下：

首先，对总体项目进行编号，建立总体中的项目与表中数字的一一对应关系。一般情况下，编号可利用总体项目中原有的某些编号，如凭证号、支票号、发票号等。在没有事先编号的情况下，注册会计师需按一定的方法进行编号。

其次，确定连续选取随机数的方法。该方法的具体做法是：从随机数表中选择一个随机起点和一个选号路线，随机起点和选号路线可以任意选择，但一经选定就不得改变。也就是从随机数表中任选一行或任何一栏开始，按照一定的方向（上下左右均可）依次查找，符合总体项目编号要求的数字，即为选中的号码，与此号码相对应的总体项目即为选取的样本项目，一直到选足所需的样本量为止。例如，审查银行存款支出凭证，凭证编号自0001～1000，审计人员打算从其中随机抽出80张。选择数字时，可以从表的任何地方开始，但必须遵循一定的顺序。假定从随机数表的第一行开始，从左至右选择，则可选出104、150、15、20、816五个数字。第一行用完后，就可以从第二行、第三行等继续挑选，直至抽满80个数字为止。

随机数选样使总体中每个抽样单元被选取的概率相等。这种方法在统计抽样和非统计抽样中均适用。由于统计抽样要求注册会计师能够计量实际样本被选取的概率，这种方法尤其适合于统计抽样。

② 系统选样。系统选样也称等距选样，是指按照相同的间隔从总体中等距离地选取样本的一种选样方法。采用系统选样法，首先要计算选样间距，确定选样起点，然后再根据间距顺序地选取样本。选样间距的计算公式如下：

$$选样间距 = 总体规模 \div 样本规模$$

例如，如果销售发票的总体范围是652～3 151，设定的样本量是125，那么选样间距为20［即(3 152 - 652) ÷ 125 = 20］。注册会计师必须从0～19中选取一个随机数作为抽样起点。如果随机选择的数码是9，那么第一个样本项目是发票号码为661（652 + 9）的那一张，其余的124个项目是681（661 + 20）、701（681 + 20）……以此类推，直至第3141号。

系统选样方法的主要优点是使用方便，比其他选样方法节省时间并可用于无限总体。此外，使用这种方法时，对总体中的项目不需要编号，注册会计师只要简单数出每一个间距即可。但是，使用系统选样方法要求总体必须是随机排列的，否则容易发生较大的偏差，造成非随机的、不具代表性的样本。

为克服系统选样法的这一缺点，应在确定选样方法之前对总体特征的分布进行观察。如果发现总体特征的分布呈随机分布，则采用系统选样法；否则，可考虑使用其他选样方法。系统选样可以在非统计抽样中使用，在总体随机分布时也可适用于统计抽样。

③ 随意选样。随意选样也叫任意选样，是指注册会计师不带任何偏见地选取样本，即注册会计师不考虑样本项目的性质、大小、外观、位置或其他特征而选取样本项目。随意选样的主要缺点在于很难完全无偏见地选取样本项目，即这种方法难以彻底排除注册会计师的个人偏好对选取样本的影响，因而很可能使样本失去代表性。由于文化背景和所受训练等的不同，每个注册会计师都可能无意识地带有某种偏好。例如，从发票柜中取发票时，某些注册会计师可能倾向于抽取柜子中间位置的发票，这样就会使柜子上面部分和下面部分的发票缺乏相等的选取机会。因此，在运用随意选样方法时，注册会计师要避免由于项目性质、大小、外观和位置等的不同所引起的偏见，尽量使所选取的样本具

有代表性。

三种基本方法均可选出代表性样本。但随机数选样和系统选样属于随机基础选样方法，即对总体的所有项目按随机规则选取样本，因而可以在统计抽样中使用，当然也可以在非统计抽样中使用。随意选样虽然也可以选出代表性样本，但它属于非随机基础选样方法，因而不能在统计抽样中使用，只能在非统计抽样中使用。

3. 样本结果评价阶段。

（1）分析样本误差。无论是统计抽样还是非统计抽样，对样本结果的定性评估和定量评估一样重要。即使样本的统计评价结果在可以接受的范围内，注册会计师也应对样本的所有误差（包括控制测试中的控制偏差和细节测试中的金额错报）进行定性分析。

（2）推断总体误差。在实施控制测试时，注册会计师将样本中发现的偏差数量除以样本规模，计算出样本偏差率。由于样本的误差率就是整个总体的推断误差率，注册会计师无须推断总体误差率。当实施细节测试时，注册会计师应当根据样本中发现的误差金额推断总体误差金额，并考虑推断误差对特定审计目标及审计的其他方面的影响。

（3）形成审计结论。注册会计师应当评价样本结果，以确定对总体相关特征的评估是否得到证实或需要修正。

二、审计抽样在控制测试中的应用

在控制测试中运用的统计抽样技术，主要是属性抽样技术。所谓属性是指审计对象总体的质量特征，即被审计业务或被审计内部控制是否遵循了既定的标准以及其存在的误差水平。属性抽样是指在精确度和可靠程度一定的条件下，为了测定总体特征的发生频率而采用的一种方法。属性抽样中，抽样结果只有两种："对"与"错"，或"是"与"不是"。属性抽样技术主要有三种：固定样本量抽样、停—走抽样和发现抽样。

（一）固定样本量抽样

固定样本量抽样是一种使用最为广泛的属性抽样，常用于估计审计对象总体中某种误差发生的比例。相对停—走抽样和发现抽样两种形式而言，审计人员在考察样本容量的大小上是一定的，故称固定样本容量抽样。其思路是按所确定的样本容量抽取样本进行审查，获得样本差错率，再通过对样本差错率的分析和评价，确定可否接受，如可以接受则据之推断出总体差错率，作出控制测试结论。这种方法的最一般的结论形式为：在一定可靠程度下，总体差错率不超过××。例如，用这种方法估计重复支付的单据数，审计人员最后得出的结论一般是："有95%的可信赖程度说明重复支付的单据数不超过4%。"下面举例说明一般情况下固定样本量抽样的具体应用步骤。

【例3-2】 假定审计人员拟采用抽样方法对甲被审计单位有关购货和付款业务的控制程序进行控制测试，以审查该企业采购货物是否有订购单，是否只有在将验收单与订购单和进货发票相核对之后，才准予支付采购货款。

审计人员对该控制程序进行控制测试所运用的抽样及评价步骤如下：

① 定义"误差"。一般来讲，在属性抽样中，误差是指注册会计师认为使控制程序失去效能的所有控制无效事件。注册会计师应根据实际情况，恰当地定义误差。例如，可将"误差"定义为会计记录中的虚假账户、经济业务的记录未进行复核、审批手续不全等各类差错。本例中，对于每张发票及有关的验收单，若发现下列情形之一者，即可定义为误差：

未附验收单的订购单和发票；订购单和发票后虽附有验收单，但不是该发票的验收单；订购单和发票与验收单所记载的内容不一致；订购单和发票虽附有验收单，但该验收单不合规。

② 确定审计对象总体及抽样单元。属性抽样时，注册会计师应使总体所有的项目被选取的概率是相同的，也就是说，总体所有项目的特征应是相同的。本例中，审计对象总体为订购单。假如该企业对每笔采购业务均采用连续编号的订购单，每张订购单均附有验收单及进货发票，则抽样单元是个别的订购单。

③ 确定可信赖程度、信赖过度风险和可容忍误差。可信赖程度是指样本性质能够代表总体性质的可靠性程度。通常用预计抽样结果能够代表审计对象总体特征的百分比来表示。例如，抽样结果有95%的可信赖程度，就是指抽样结果代表总体特征的可能性有95%，没有代表总体特征的可能性有5%。在审计过程中，注册会计师对可信赖程度要求越高，需选取的样本量就应越大。由于风险与可信赖程度是互补的，也即1减去可信赖程度就是信赖过度风险。在控制测试中，可信赖程度主要取决于被审计单位的内部控制。一般可将最小可信赖程度置为90%，但当内部控制不完善、不充分或项目属性相对于其他项目是重要的，则将可信赖程度置为95%～99%，并扩大选取的样本量。在控制测试中，可容忍误差是指审计人员可以接受的、内部控制实际运行偏离规定控制要求的最大比率。可容忍误差的确定，应能确保总体误差超过可容忍误差时使审计人员降低对内部控制的可信赖程度。本例中，审计人员认为内部控制很重要，且验收单与订购单之间的脱节导致的多支付给供应商购货款，及误记进货与应付账款，均会对会计报表产生影响。但审计人员仍准备信赖内部控制，以减少实质性测试的范围。基于这些考虑，审计人员利用其执业经验和专业判断，确定可信赖程度为95%、信赖过度风险为5%、可容忍误差为4%。

④ 确定预计总体误差率。属性抽样的总体误差率是推断差错或舞弊的发生频率，也就是预计误差率，用百分比表示。如果被审计单位内部控制无效，则预计误差率就高，那么抽取样本的规模就要大些；反之，就可以少一些。因此，样本数量与预计误差发生率呈正比例关系。

如何确定预计误差发生率，可考虑下列三种情况：a. 参考以往历史审计资料确定；b. 抽查少量样本加以测试，然后确定；c. 根据注册会计师的初步调查了解和判断来确定。本例中，假设审计人员参考以往历史审计工作底稿等历史资料，并运用其专业判断，将预期总体误差率确定为1.25%。

⑤ 确定是否进行分层。如果总体项目存在重大的变异性，注册会计师应当考虑分层。分层是指将一个总体划分为多个子总体的过程，每个子总体由一组具有相同特征（通常指金额）的抽样单元组成。分层可以降低每一层中项目的变异性，从而在抽样风险没有成比例增加的前提下减小样本规模。注册会计师可以考虑将总体分为若干个离散的具有识别特征的子总体（层），以提高审计效率。注册会计师应当仔细界定子总体，以使每一抽样单元只能属于一个层。本例中，审计人员不对审计对象总体加以分层。

⑥ 确定选取的样本量。上述因素确定后，审计人员可根据预先制定出的"控制测试样本量表"（见表3-3）确定样本量。

表 3-3 控制测试样本量表（95%可信赖程度）
（括号内是可接受的偏差数）

预期总体误差率/%	可容忍误差/%									
	1	2	3	4	5	6	7	8	9	10
0.00	218（0）	149（0）	99（0）	74（0）	59（0）	49（0）	42（0）	36（0）	32（0）	29（0）
0.25		236（1）	157（1）	117（1）	93（1）	78（1）	66（1）	58（1）	51（1）	46（1）
0.50			157（1）	117（1）	93（1）	78（1）	66（1）	58（1）	51（1）	46（1）
0.75			208（1）	117（1）	93（1）	78（1）	66（1）	58（1）	51（1）	46（1）
1.00				156（1）	93（1）	78（1）	66（1）	58（1）	51（1）	46（1）
1.25				156（1）	124（2）	78（1）	66（1）	58（1）	51（1）	46（1）
1.50				192（3）	124（2）	103（2）	88（2）	77（2）	51（1）	46（0）
1.75				227（4）	153（3）	103（2）	88（2）	77（2）	51（1）	46（1）
2.00					181（4）	127（3）	88（2）	77（2）	68（2）	46（1）
2.25					208（5）	127（3）	88（2）	77（2）	68（2）	61（2）
2.50						150（4）	109（3）	77（2）	68（2）	61（2）
2.75						173（5）	109（3）	95（3）	68（2）	61（2）
3.00						195（6）	129（4）	95（3）	84（3）	61（2）
3.25							148（5）	112（4）	84（3）	61（2）
3.50							167（6）	112（4）	84（3）	76（3）
3.75							185（7）	129（5）	100（4）	76（3）
4.00								146（6）	100（4）	89（4）
5.00									158（8）	116（6）

本例中，审计人员通过查表 3-3 可知，在可信赖程度为 95%、可容忍误差为 4%，预期总体误差确定为 1.25% 时，应选取的样本量为 156 项，样本中的预期误差数为 1。若在样本中发现两个或两个以上误差，则说明抽样结果不能支持审计人员对内部控制的预期信赖程度。

⑦ 选取样本并进行审计。样本数量确定后，接着就要确定样本的选取方法。本例中，审计人员根据连续编号的凭单，决定采用随机选样的方法来选取样本。对所选取的 156 张凭单及其附件，审计人员按所定义的"误差"进行审查。

⑧ 评价抽样结果。审计人员对选取的样本进行审查后，应将查出的误差加以汇总，并评价抽样结果，即推断总体误差。审计人员可根据预先制定出的"控制测试抽样结果评价表"（见表 3-4）来推断总体误差。

表 3-4　控制测试抽样结果评价表

（信赖过度风险 5% 时的偏差率上限）

样本规模	实际发现的误差数									
	0	1	2	3	4	5	6	7	8	9
25	11.3	17.6								
30	9.5	14.9	19.6							
35	8.3	12.9	17.0							
40	7.3	11.4	15.0	18.3						
45	6.5	10.2	13.4	16.4	19.2					
50	5.9	9.2	12.1	14.8	17.4	19.9				
55	5.4	8.4	11.1	13.5	15.9	18.2				
60	4.9	7.7	10.2	12.5	14.7	16.8	18.8			
65	4.5	7.1	9.4	11.6	13.6	15.5	17.4	19.3		
70	4.2	6.6	8.8	10.8	12.6	14.5	16.3	18.0	19.7	
75	4.0	6.2	8.2	10.1	11.8	13.6	15.2	16.9	18.5	20.0
80	3.7	5.8	7.7	9.5	11.1	12.7	14.3	15.9	17.4	18.9
90	3.3	5.2	6.9	8.4	9.9	11.4	12.8	14.2	15.5	16.8
100	3.0	4.7	6.2	7.6	9.0	10.3	11.5	12.8	14.0	15.2
125	2.4	3.8	5.0	6.1	7.2	8.3	9.3	10.3	11.3	12.3
150	2.0	3.2	4.2	5.1	6.0	6.9	7.8	8.6	9.5	10.3
200	1.5	2.4	3.2	3.9	4.6	5.2	5.9	6.5	7.2	7.8

本例中，审计人员通过表 3-4 可查出，在可信赖程度为 95% 的情况下，当样本误差数为 1 时，推断总体误差为 3.1%，小于可容忍误差 4%，而且经审查分析，确信上述样本误差确属误差，也没有发现欺诈舞弊的情况。由于发现的样本误差数未超过预期误差数，所以审计人员可据此得出结论：总体误差率不超过 4% 的可信赖程度为 95%。

若样本误差数为 2，则推断的总体误差为 4%，属于可容忍误差，审计人员应重新考虑信赖过度风险，并考虑是否有必要增加样本量或执行替代审计程序。

若样本误差数为 3，则推断的总体误差为 5%，超过了可容忍误差 4%。假如没有发现欺诈舞弊的情况，但因该误差数超过预期误差数 1，从表 3-3 可以看出，这种情况下符合审计人员要求的样本量增至 192 个，预期总体误差为 1.5%，因此，审计人员不能以 95% 的可信赖程度保证总体的误差不超过 4%。这时，审计人员应减少对该内部控制的可信赖程度，考虑实施其他审计程序，如扩大实质性测试范围，增加样本量或不再进行抽样审计，代之以详细审计。

（二）停—走抽样

停—走抽样也叫行止抽样、连续抽样，是固定样本量抽样的一种改进形式。它采用边抽样、边审查、边判断的方法，一旦能得出审计结论即可中止抽样，所以并非一定要把全部样本单位抽出才能得出审计结论。

其思路是先根据零差错率确定一个初始样本容量进行抽样审查，如果未发现差错或例外，则可停止抽样，得出在一定置信水平下总体差错率不超过某一可容忍差错率；如果发现差错，则扩大样本规模继续进行抽样审查，直到原预计差错率得到肯定或否定为止。

停—走抽样一般适用于审计人员估计差错率为零或非常低的审计总体。停—走抽样以预计总体差错率为零开始，通过边抽样边审计来完成抽样审计工作，这样才能有效地提高工作效率，降低审计费用。

【例3-3】假定某审计人员拟采用停—走抽样方法对甲被审计单位有关控制程序进行控制测试，具体步骤如下：

① 确定可容忍误差和信赖过度风险水平。假定审计人员确定的可容忍误差为3%，信赖过度风险为10%。

② 确定初始样本量。根据上步骤的要求，查停—走抽样初始样本量表（见表3-5），可确定初始样本量为80。

表3-5 停—走抽样初始样本量表（部分列示）
（预期总体误差为零）

可容忍误差/%	信赖过度风险		
	2.5%	5%	10%
	样本量		
10	37	30	24
9	42	34	27
8	47	38	30
7	53	43	35
6	62	50	40
5	74	60	48
4	93	75	60
3	124	100	80
2	185	150	120
1	270	300	240

③ 进行停—走抽样决策。如果审计人员在80个初始样本中找出了1个误差（即错误数为1），则可通过查停—走抽样样本量扩展及总体误差评估表（见表3-6），得到相应的风险系数为3.9，再将该系数除以样本量，可推断出在10%的信赖过度风险水平下的总体误差为4.9%（即3.9÷80），这比可容忍误差4%大，因此，审计人员需要增加样本量。为了使总体误差不超过可容忍误差，在风险系数既定的情况下，将风险系数与可容忍误差相比较，则可计算出所需的适当样本量为130个（即3.9÷3%）。也就是说，审计人员需增加50个样本（即130-80）。如果对增加的50个样本进行审计后没有发现误差，则审计人员有90%的把握确信总体误差不超过3%。

表 3-6 停一走抽样样本量扩展及总体误差评估表（部列显示）

发现的错误数	信赖过度风险		
	2.5%	5%	10%
	风险系数		
0	3.7	3.0	2.4
1	5.6	4.8	3.9
2	7.3	6.3	5.4
3	8.8	7.8	6.7
4	10.3	9.2	8.0
5	11.7	10.6	9.3
6	13.1	11.9	10.6
7	14.5	13.2	11.8
8	15.8	14.5	13.0
9	17.1	16.0	14.3
10	18.4	17.0	15.5

如果审计人员首次对 80 个样本审计后，发现有 2 个误差，则按上述方法推断出总体误差为 7%（5.4÷80），这比可容忍误差大很多，因此，审计人员决定增加样本量至 180 个（5.4÷3%），即增加 100 个样本（180-80）。如果对增加的 100 个样本审计后没有发现误差，审计人员同样可以有 90% 的把握确信总体误差不超过 3%。但如果又发现了 2 个误差，则推断总体误差为 10%（8÷80），这时审计人员应该决定是再扩大样本量至 267 个（8÷3%），还是改为选用其他抽样方法。一般来讲，样本量不宜扩大到初始样本量的 3 倍。

（三）发现抽样

发现抽样是在既定的可信赖程度下，在假定误差以既定的误差率存在于总体之中的情况下，至少查出一个误差的抽样方法。发现抽样主要用于查找重大舞弊事件或极少出现的例外事件。它能够以极高的可信赖程度（如 99.5% 以上）确保查出误差率仅在 0.5%~1% 的误差。使用发现抽样时，当发现重大的误差，如贪污、挪用的凭据时，注册会计师都可能放弃抽样程序，而对总体进行全面彻底的检查。若发现抽样未发现任何例外，审计人员可得出在既定的误差率范围内没有发现重大误差的结论。

使用发现抽样时，审计人员需确定可信赖程度及可容忍误差。然后，在预期总体误差为 0 的假设下，参阅适当的属性抽样表，即可得出所需的样本量。

【例 3-4】假设某审计人员怀疑被审计单位存在职员伪造订购单、验收单及进货发票，以虚购进货业务而达到套取现金的舞弊行为。为了查明此种舞弊是否存在，审计人员必须在已付凭单中找出一组不实的单据。审计人员设定：如果总体中包含 2% 或 2% 以上的欺诈性项目，那么在 95% 的可信赖程度下，样本将显示出不实的凭单。查表 3-3，审计人员发现在预期总体误差为 0 及可容忍误差为 2% 时，所需的样本量为 149 个。经审计人员选取并检查 149 个凭证后，未发现有不实情况，则审计结论：审计人员有 95% 的把握确信总体中的不实凭单不超过 2%。

三、审计抽样在细节测试中的应用

在细节测试中运用的统计抽样技术,有传统变量抽样技术和 PPS 抽样技术。变量抽样是对审计对象总体的货币金额进行实质性测试时所采用的抽样方法。变量抽样技术可用于确定账户金额是多是少,是否存在重大误差等。变量抽样技术有四种常见方法:均值估计抽样、差额估计抽样、比率估计抽样和 PPS 抽样。这些方法均可通过分层来实现。

(一)均值估计抽样

均值估计抽样是通过抽样审查确定样本平均值,再根据样本平均值推断总体的平均值和总值的一种抽样方法。使用这种方法时,注册会计师应先计算样本中所有项目审定金额的平均值,然后用这个样本平均值乘以总体规模,得出总体金额的估计值。总体估计金额和总体账面金额之间的差额就是推断的总体错报。例如,注册会计师从总体规模为 1 200 个、账面金额为 1 000 000 元的存货项目中选择了 400 个项目作为样本;在确定正确的采购价格并重新计算价格与数量的乘积之后,注册会计师将 400 个样本项目的审定金额加总后除以 400,确定样本项目的平均审定金额为 800 元;然后计算估计的存货余额为 960 000 元(800 × 1 200 = 960 000);从而推断总体错报是 40 000 元(1 000 000 - 960 000 = 40 000)。

这种方法适用范围十分广泛,被审计单位提供的数据是否完整、可靠均可以使用,甚至在被审计单位缺乏基本的经济业务或事项账面记录的情况下也可以使用。

【例 3-5】假设审计人员对 ABC 公司应收账款进行审计,账龄试算表中总共列示了 100 000 个应收账款,账面总金额为 6 250 000 元,审计人员打算通过抽样函证来测试被审计单位应收账款账面价值的正确性。

审计人员对应收账款账面价值进行实质性测试所运用的抽样及评价步骤如下:

1. 定义误差。根据审计目标,将误差定义为账面价值与实际价值的货币差额。

2. 确定审计对象总体及抽样单元。根据被审计单位实际情况,审计对象总体为 100 000 个应收账款明细账户,每一个应收账款账户均为一个抽样单元。

3. 确定可信赖程度、误拒风险和误受风险水平及可容忍误差。变量抽样中审计人员应明确两类风险:一类是可接受的误受风险,是指在应收账款实际错报额超过可容忍误差时,认为应收账款金额正确的风险。在实务中,审计人员依据对控制风险的评价,通常在 5% ~ 30% 的范围内指定误受风险。误受风险水平与样本量呈反向关系,即该风险越小,样本量越大。本例中,审计人员采用 10% 的可接受的误受风险。另一类是可接受的误拒风险,是指在应收账款实际上没有发生重要错报时,认为应收账款金额不正确而拒绝接受的风险。本例中,审计人员采用 5% 的可接受的误拒风险。可容忍误差是指不至于引起财务报表错报的最大错误金额,是审计人员认为抽样结果可以达到审计目的而愿意接受的审计最大误差,也是账户层次的重要性水平。可容忍误差与样本规模呈反比关系,可容忍误差越大,需要抽取的样本规模就越小。审计人员考虑到货币金额的重要性,确定可容忍误差为 364 000 元。

可信赖程度、误拒风险和误受风险水平与可信赖程度系数存在一定关系,具体见表 3-7。

表 3-7 可信赖程度系数表

可信赖程度/%	可接受的误受风险/%	可接受的误拒风险/%	可信赖程度系数（风险系数）
60	20.0	40	0.84
70	15.0	30	1.04
75	12.5	25	1.15
80	10.0	20	1.28
85	7.5	15	1.44
90	5.0	10	1.64
95	2.5	5	1.96
99	0.5	1	2.58

本例中，考虑到内部控制及抽样风险的可接受水平，审计人员确定可信赖程度为 95%，误拒风险为 5%，查表 3-7，可得相应的可信赖程度系数为 1.96。

4. 确定计划抽样误差。计划抽样误差是指可容忍误差与预期总体误差之间的差额。计划的抽样误差越大，所需的样本量越小。计划抽样误差也可按下列公式计算：

$$P = R \times 可容忍误差$$

式中，P 为计划抽样误差；R 为计划抽样误差与可容忍误差的比率，可根据特定的误拒风险和误受风险水平来确定。在实务中，该比率可查表得到，见表 3-8。

表 3-8 计划抽样误差与可容忍误差比率表

误受风险/%	误拒风险			
	20%	10%	5%	1%
5	0.437	0.500	0.543	0.609
10	0.500	0.561	0.605	0.668
15	0.511	0.612	0.653	0.712
20	0.603	0.661	0.700	0.753
25	0.653	0.708	0.742	0.791
30	0.707	0.756	0.787	0.829

在本例中，误拒风险和误受风险分别为 5% 和 10%，因此 R 为 0.605，则

计划抽样误差 $P = 0.605 \times 364\,000$ 元 $= 220\,220$（元）

5. 估计总体标准差。为确定样本量，在均值估计抽样下，必须预先估计总体标准差。估计标准差有三种方法：一是用上次审计得到的标准差来估计本年度的标准差；二是依据可获得的账面价值资料来估计标准差；三是审计人员可预先选取 30~50 个较小的初始样本进行审查，再根据这些样本的标准差来估计本年度的总体标准差。估计总体标准差 S 的计算公式如下：

$$S = \sqrt{\frac{\sum_{i=1}^{N}(x_i - \overline{X})^2}{n-1}}$$

式中：x_i——各初始样本的审计价值；

$\overline{X}$——初始样本审计价值的平均值；

n——初始样本量。

本例中，审计人员依据去年审计的情况，估计总体标准差为 120 元，且审计人员决定不进行分层。

6. 确定选取的样本量。上述因素确定后，样本量可按照下列公式计算得出：

$$n = \left(\frac{u_r \times S \times N}{P}\right)^2$$

式中：u_r——可信赖程度系数；

S——估计总体标准差；

N——总体项目个数；

P——计划抽样误差；

n——放回抽样的样本量。

所谓放回抽样是指样本选取后将其放回总体之中，还有被抽到的机会。审计工作中，一般采取不放回抽样，则在样本量 n 和总体规模 N 之比大于 0.05 时，采用一个有限修正系数进行调整。调整后的样本量（n'）可通过下列公式计算：

$$n' = \frac{n}{1 + \frac{n}{N}}$$

本例中，$n = \left(\frac{1.96 \times 120 \times 100\,000}{220\,220}\right)^2 = 11\,406$（取整数）

由于 $n/N = 11\,406 \div 100\,000 = 0.114$，大于 0.05，因此，计算调整后的样本量如下：

$$n' = \frac{n}{1 + \frac{n}{N}} = \frac{11\,406}{1 + \frac{11\,406}{100\,000}} = 10\,239 \text{（取整数）}$$

7. 选取样本并进行审计。审计人员采用随机选样方法，从应收账款明细账中选取 10 239 个顾客做样本，并发出函证。假定函证结果表明，样本的审计价值总额为 633 425 元，平均值为 61.864 元（=633 425÷10 239），实际样本标准差为 100 元。

8. 评价抽样结果。

对抽样结果进行评价时，首先应推断出总体金额，并计算推断的总体误差。本例中，审计人员推断的总体金额为

推断的总体金额 = 样本平均值 × 总体项目个数

= 61.864 × 100 000 = 6 186 400（元）

推断的总体误差 = 账面价值 - 推断总体金额

= 6 250 000 - 6 186 400 = 63 600（元）

然后，计算实际抽样误差。

实际抽样误差可按下列公式计算：

$$P_1 = N \times u_r \times \frac{S_1}{\sqrt{n}}$$

式中：P_1——实际抽样误差；

S_1——实际样本审计价值的标准差。

如果在确定样本量时使用了有限修正系数，上式就应改为

$$P_1 = N \times u_r \times \frac{S_1}{\sqrt{n'}} \times \sqrt{1 - \frac{n'}{N}}$$

本例中，$P_1 = 100\ 000 \times 1.96 \times \frac{100}{\sqrt{10\ 239}} \times \sqrt{1 - \frac{10\ 239}{100\ 000}} = 183\ 385$（元）

由于实际抽样误差 183 385 元比计划抽样误差 220 220 元要小，审计人员可得出以下结论：有 95% 的把握保证 100 000 个应收账款账户的真实总体金额落在 6 186 400 元 ± 183 385 元之间，即 6 003 015 ~ 6 369 785 元。根据以上抽样结果，由于被审计单位应收账款账面价值 6 250 000 元落在总体估计价值范围内，表明应收账款金额没有重大的错报。这时，审计人员应将推断的总体误差 63 600 元视为审计差异，并在对会计报表发表意见时予以考虑。

有时，样本结果虽然可以支持得出账面价值无重大错报的结论，但却不位于审计人员指定的误受风险范围之内。要使样本结果保持在期望的风险范围之内，实际抽样误差则必须等于或者小于计划抽样误差。如果样本审计价值的标准差大于估计总体标准差，比如，样本审计值的标准差为 130 元，则实际抽样误差将为 238 563 元，大于计划抽样误差。在这种情况下，审计人员可利用以下公式来计算调整后的实际抽样误差 P：

$$\begin{aligned}P_2 &= P_1 + 可容忍误差 \times \left(1 - \frac{P_1}{P}\right) \\ &= 238\ 563 + 364\ 000 \times \left(1 - \frac{238\ 563}{220\ 220}\right) \\ &= 208\ 246（元）\end{aligned}$$

根据上述计算，总体估计价值的范围为 6 186 400 元 ± 208 246 元，即 5 978 154 ~ 6 394 646 元。应收账款账面价值 6 250 000 元恰好落在该范围内，表明应收账款金额没有重大的错报。

如果抽样结果表明被审计单位应收账款账面价值没有落入总体估计价值范围之内，审计人员应分析原因，并采取以下措施：增加样本量；要求被审计单位详细检查应收账款，并适当调整账面价值。

（二）差额估计抽样

差额估计抽样是通过样本审计价值与账面价值的差额来推断总体价值与账面价值的差额，进而对总体价值做出估计的一种变量抽样方法。一般适用于误差和账面价值不呈比例的情况。其计算公式如下：

$$平均差额 = \frac{样本审计价值与账面价值的差额}{样本量}$$

$$估计的总体差额 = 平均差额 \times 总体项目个数$$

【例 3 - 6】 假设被审计单位的应收账款账面总金额为 2 800 000 元，共计 800 个账户，审计人员希望对应收账款总额进行估计，现选出 40 个账户，账面价值为 250 000 元，审计

后认定的价值为 240 000 元。

$$平均差额 = (240\ 000 - 250\ 000) \div 40 = -250\ (元)$$
$$估计的总体差额 = -250 \times 800 = -200\ 000\ (元)$$
$$估计的总体价值 = 2\ 800\ 000 - 200\ 000 = 2\ 600\ 000\ (元)$$

因此，该被审计单位的应收账款已审总金额为 2 600 000 元。

（三）比率估计抽样

比率估计抽样是通过样本审计价值与账面价值之间的比率关系来推断总体价值与账面价值的比率，进而估计总体价值的一种变量抽样方法。通常适用于误差和账面价值呈比例的情况。其计算公式如下：

$$比率 = \frac{样本审计价值之和}{样本账面价值之和} \times 100\%$$

$$估计的总体价值 = 总体账面价值 \times 比率$$

【例 3-7】假设被审计单位的应收账款账面总金额为 2 800 000 元，共计 800 个账户，审计人员使用比率估计抽样。审计人员选取了 90 个账户为样本，账面价值共计 350 000 元。经审计发现 90 个账户中共有 15 个账户账面错误金额为 10 000 元。将错误调整后，确定样本价值为 340 000（350 000 - 10 000）元。

$$比率 = \frac{样本审计价值之和}{样本账面价值之和} \times 100\%$$
$$= \frac{340\ 000}{350\ 000} \times 100\% = 97.14\%$$

$$估计的总体价值 = 总体账面价值 \times 比率$$
$$= 2\ 800\ 000 \times 97.14\%$$
$$= 2\ 719\ 920\ (元)$$

因此，该被审计单位的应收账款已审总金额为 2 719 920 元。

（四）PPS 抽样

PPS 抽样就是概率比例规模抽样，是 Probability-proportional-to-size sampling 的简称。PPS 抽样是一种运用属性抽样原理对货币金额而不是对发生率得出结论的统计抽样方法。PPS 抽样以货币单元作为抽样单元，有时也被称为金额加权抽样、货币单元抽样、累计货币金额抽样，以及综合属性变量抽样等。细节测试中，在有些情况下 PPS 抽样比传统变量抽样更实用。在该方法下总体中的每个货币单元被选中的机会相同，所以总体中某一项目被选中的概率等于该项目的金额与总体金额的比率。项目金额越大，被选中的概率就越大。但实际上注册会计师并不是对总体中的货币单元实施检查，而是对包含被选取货币单元的余额或交易实施检查。注册会计师检查的余额或交易被称为逻辑单元或实物单元。PPS 抽样有助于注册会计师将审计重点放在较大的余额或交易。此抽样方法之所以得名，是因为总体中每一余额或交易被选取的概率与其账面金额（规模）呈比例。

注册会计师进行 PPS 抽样必须满足两个条件：第一，总体的错报率很低（低于 10%），且总体规模在 2 000 以上。这是 PPS 抽样使用泊松分布的要求。第二，总体中任一项目的错报不能超过该项目的账面金额。这就是说，如果某账户的账面金额是 100 元，其错报金额不能超过 100 元。

应用 PPS 抽样法的步骤如下：首先，将负数金额从总体中删除；其次，计算总体项目的累计金额表；再次，根据所需的样本规模，按照随机数表法或系统选样法选取随机数字；最后，找出选取的随机数在累计金额表中的位置，与此相对应的项目即为样本项目。

下面举一个极端简单的例子。注册会计师欲从 10 张销售发票组成的总体中选择 4 张进行测试，已知 10 张发票总计金额为 6 000 元，总体项目累计金额表见表 3-9。

表 3-9　总体项目累计金额表　　　　　　　　　　　　单位：元

项目号	记录金额	累计金额
1	650	650
2	1 280	1 930
3	511	2 441
4	322	2 763
5	612	3 375
6	885	4 260
7	771	4 820
8	560	5 380
9	540	5 920

采用系统选样法计算的抽样间距 $=\dfrac{6\ 000}{4}=1\ 500$

在第一个间距内选择随机数 450，则选出的 4 个样本数额为 450、1 950、3 450、4 950，这 4 个数字分别包含在第 1、3、6、8 张销售发票的累计金额之内，选择样本即为这 4 张发票。审计人员根据选样结果再进一步实施审计。

在本例中，所有的存货明细账余额都小于 20 000 元，即没有超过抽样间隔的实物单元。如果有实物单元超出抽样间隔，应当对这些实物单元进行 100% 的检查。

第三节　审计范围

一、审计范围的内容

恰当的审计程序是指审计程序的性质、时间和范围是恰当的。

（一）审计程序的性质

审计程序的性质是指审计程序的目的和类型。

1. 审计程序的目的：

（1）通过了解被审计单位及其环境，识别、评估重大错报风险。

（2）通过实施内部控制测试，确定内部控制运行的有效性。

（3）通过实施实质性程序，发现认定层次的重大错报。

2. 审计程序的类型：

（1）审计程序按审计目的分为风险评估程序、内部控制测试、实质性程序三类总体审计程序。其中，实质性程序包括对各类交易、账户余额、列报的细节测试和实质性分析程序。

（2）审计程序按照获取审计证据的方法分为检查记录或文件、检查有形资产、观察、询问、函证、重新计算、重新执行和分析程序。

（二）审计程序的时间

审计程序的时间是指注册会计师何时实施审计程序，或指审计证据适用的期间或时点。

（三）审计程序的范围

审计程序的范围是指实施审计程序的数量，如抽取的样本量数、对某项控制活动的观察次数等。

需要特别强调的是，审计准则中的"审计范围"并不是指注册会计师审计的哪一年（年度）的财务报表，也不是指注册会计师审计的哪一张财务报表。

二、确定审计范围的依据

注册会计师应当根据审计准则和职业判断确定审计范围。

（一）根据审计准则确定审计范围

审计准则规定了为履行注册会计师责任和实现审计目标所必须实施的审计程序。《中国注册会计师审计准则第1141号——财务报表审计中与舞弊相关的责任》规定，注册会计师有责任按照审计准则的规定实施审计工作，获取财务报表在整体上不存在重大错报的合理保证，无论该错报是由于舞弊还是错误导致。同时，该准则还对注册会计师如何履行这一职责规定了必要的审计程序，要求注册会计师通过询问、考虑舞弊风险因素、分析程序、考虑其他信息等获取用于识别舞弊导致的财务报表重大错报风险所需的信息。

（二）根据审计中的职业判断确定审计范围

审计中的职业判断是指注册会计师在审计准则的框架下，运用专业知识和经验在备选方案中做出决策。被审计单位的具体情况千差万别，审计准则不可能针对所有可能遇到的情况规定对应的审计程序。因此，在审计过程中，注册会计师运用职业判断至关重要。注册会计师在确定审计程序的性质、时间和范围，评价审计证据，得出审计结论和形成审计意见时，都离不开职业判断。离开了职业判断，审计就成为简单机械地执行审计程序的过程。注册会计师在确定拟实施的审计程序时，除需要考虑审计准则中规定的审计程序外，还需要根据职业判断实施为实现审计目标而需要执行的其他审计程序。

本 章 小 结

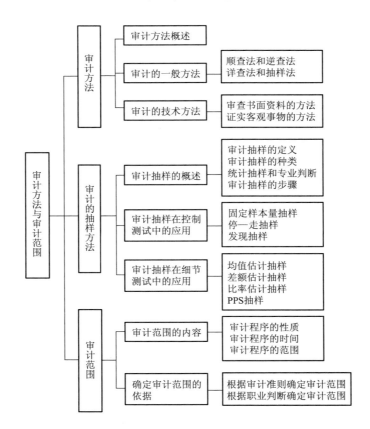

同 步 测 试

一、单项选择题

1. 属于审计的技术方法是（ ）。
   A. 抽样法 B. 审阅法
   C. 逆查法 D. 详查法和抽样法
2. 属于审计的一般方法是（ ）。
   A. 逆查法 B. 审阅法 C. 核对法 D. 查询法
3. 下列不属于样本结果评价阶段工作的是（ ）。
   A. 分析样本误差 B. 推断总体误差
   C. 确定样本规模 D. 形成审计结论
4. 在审计抽样中，不属于抽取样本项目的方法有（ ）。
   A. 随机数选样 B. 系统选样 C. 随意选样 D. 判断选样
5. 关于停—走抽样，下列说法不正确的（ ）。
   A. 停—走抽样也叫行止抽样、连续抽样

B. 停—走抽样是固定样本量抽样的一种改进形式

C. 停—走抽样是采用边抽样、边审查、边判断的方法，一旦能得出审计结论即可中止抽样

D. 停—走抽样是一定要把全部样本单位抽出才能得出审计结论

6. 关于"审计范围"，下列表述不正确的是（　　）。

A. 审计准则中的"审计范围"并不是指注册会计师审计的哪一年（年度）的财务报表

B. 审计准则中的"审计范围"也不是指注册会计师审计的哪一张财务报表

C. 注册会计师应当根据审计准则确定审计范围，必要时也应当根据职业判断确定审计范围

D. 审计中的职业判断是指注册会计师在审计准则的框架下，运用专业知识和经验在备选方案中做出决策

7. 在未对总体进行分层的情况下，注册会计师不宜使用的抽样方法是（　　）。

A. 均值估计抽样　　　　　　　　B. 比率估计抽样
C. 差额估计抽样　　　　　　　　D. 概率比例规模抽样

8. 注册会计师希望从2000张编号为0001~2000的支票中抽取100张进行审计，随机确定的抽样起点为1955，采用系统抽样法下，抽取到的第4个样本号为（　　）。

A. 2015　　　　B. 0015　　　　C. 2005　　　　D. 1995

9. 在控制测试中，信赖过度风险与样本数量之间是（　　）变动关系。

A. 同向　　　　B. 反向　　　　C. 比例变动关系　　　　D. 不变

二、多项选择题

1. 选用适当的审计方法，可以（　　）。

A. 降低审计成本　　　　　　　　B. 减少审计风险
C. 提高注册会计师综合素质　　　　D. 提高审计工作效率

2. 现代审计方法已发展到广泛运用（　　）等技术方法。

A. 审计调查　　　　　　　　　　B. 审计分析
C. 内部控制测试　　　　　　　　D. 抽样审计

3. 现代审计方法体系，包括（　　）。

A. 专项审计　　　　　　　　　　B. 审计技术方法
C. 审计的一般方法　　　　　　　D. 审计抽样方法

4. 属于证实客观事物的审计方法的有（　　）。

A. 盘点法　　　　B. 复算法　　　　C. 调节法　　　　D. 函证法

5. 当存在下列（　　）情形之一时，注册会计师应当考虑选取全部项目进行测试。

A. 总体由少量的大额项目构成

B. 存在特别风险且其他方法未提供充分、适当的审计证据

C. 大额或关键项目

D. 由于信息系统自动执行的计算或其他程序具有重复性，对全部项目进行检查符合成本效益原则

6. 在审计中，可能选取的特定项目包括（　　）。

A. 大额或关键项目 B. 超过某一金额的全部项目
C. 被用于获取某些信息的项目 D. 被用于测试控制活动的项目

7. 审计抽样的基本特征（　　）。
   A. 对某类交易或账户余额中低于百分之百的项目实施审计程序
   B. 所有抽样单元都有被选取的机会
   C. 审计测试的目的是为了评价该账户余额或交易类型的某一特征
   D. 审计测试的目的是提高审计效率

8. 关于审计抽样，下列说法正确的有（　　）。
   A. 如果注册会计师对于需要测试的账户余额或交易事项缺乏特别的了解，在这种情况下，审计抽样比较有用
   B. 当总体中项目数量太大而导致无法逐项审查，或者虽能逐项审查但需耗费大量成本时，注册会计师也可能使用审计抽样方法
   C. 在实施实质性分析程序时，注册会计师不宜使用审计抽样
   D. 风险评估程序通常不涉及审计抽样

9. 实质性程序包括对（　　）。
   A. 各类交易的细节测试 B. 账户余额的细节测试
   C. 列报的细节测试 D. 实质性分析程序

10. 按照抽样决策的依据不同，审计抽样可分为（　　）。
    A. 统计抽样 B. 属性抽样 C. 非统计抽样 D. 变量抽样

实训案例分析

1. 某注册会计师从总体规模为1 000个、账面价值300 000元的存货项目中选取200个项目（账面价值50 000元）进行检查，确定其审定金额为50 500元。如果采用比率估计抽样，该注册会计师推断的存货总体错报金额为多少？

2. 公开发行A股的甲股份有限公司（以下简称甲公司）系乙会计师事务所的常年审计客户。A和B注册会计师负责对甲公司2019年度会计报表进行审计。并确定会计报表层次的重要性水平为1 200 000元。甲公司2019年度财务报告于2020年2月25日获董事会批准，并于同日报送证券交易所。甲公司适用的增值税税率为17%。其他相关资料如下：

审计甲公司2019年度主营业务收入时，为了确定甲公司销售业务是否真实、完整，会计处理是否正确，A和B注册会计师拟从甲公司2019年开具的销售发票的存根中选取若干张，核对销售合同和发运单，并检查会计处理是否符合规定。甲公司2019年共开具连续编号的销售发票4 000张，销售发票号码为第2001号至第6000号，A和B注册会计师计划从中选取10张销售发票样本。随机数表（部分）列示如下：

随机数\列号 行号	（1）	（2）	（3）	（4）	（5）
（1）	10480	15011	01536	02011	81647
（2）	22368	46573	25595	85313	30995
（3）	24130	48360	22527	97265	76393
（4）	42167	93093	06243	61680	07856
（5）	37570	39975	81837	16656	06121
（6）	77921	06907	11008	42751	27756
（7）	99562	72905	56420	69994	98872
（8）	96301	91977	05463	07972	18876
（9）	89759	14342	63661	10281	17453
（10）	85475	36857	53342	53988	53060

要求：

（1）针对上述资料，假定 A 和 B 注册会计师以随机数所列数字的后 4 位数与销售发票号码一一对应，确定第（2）列第（4）行为起点，选号路线为自上而下、自左而右。请代 A 和 B 注册会计师确定选取的 10 张销售发票样本的发票号码分别为多少？

（2）如果上述 10 笔销售业务的账面价值为 1 000 000 元，审计后认定的价值为 1 000 300 元，假定甲公司 2019 年度主营业务收入账面价值为 180 000 000 元，并假定误差与账面价值不成比例关系。请运用差额估计抽样法推断甲公司 2019 年度主营业务收入的总体实际价值（要求列示计算过程）。

3. 乙会计师事务所指派 A 注册会计师对甲股份有限公司（以下简称甲公司）2018 年度会计报表进行审计，出具了无保留意见审计报告。A 注册会计师于 2020 年初对甲公司 2019 年度会计报表进行审计时初步了解到，甲公司 2019 年度的经营形势、管理及组织架构与 2018 年度比较未发生重大变化，且未发生重大重组行为。相关资料如下：

A 注册会计师在对甲公司主营业务收入进行测试的同时，一并对应收账款进行了测试，假定甲公司 2019 年 12 月 31 日应收账款明细账显示其有 2 000 客户，账面余额为 10 000 万元。A 注册会计师拟通过抽样函证应收账款的账面余额，计划抽样误差为 ±5 万元，可信赖程度为 95%（95% 的可信赖程度下的可信赖程度系数为 1.96），估计的总体标准离差为 0.015 万元。样本账户账面余额为 500 万元，审定后的余额为 450 万元。

要求：针对上述资料，确定应收账款函证的样本量，并根据样本结果采用差额估计抽样法推断应收账款的总体余额（要求列出计算过程，样本平均差额保留小数点后 4 位，推断的总体差额及总体余额保留小数点后 1 位）。

思考与练习

1. 审计抽样的含义如何表述？选取全部项目、选取特定项目和审计抽样三者有何区别？
2. 审计抽样有哪些种类？它们有何区别？
3. 审计抽样分几个步骤？各个步骤有何操作要点？
4. 审计抽样在控制测试中如何应用？三种抽样方式在运用时应注意哪些问题？
5. 审计抽样在细节测试中如何应用？四种抽样方式在运用时应注意哪些问题？

第四章

审计证据与审计工作底稿

知识目标

1. 明确审计证据的含义。理解财务报表依据的会计记录中含有的信息和其他信息的内容及其二者的关系。
2. 熟悉不同种类的审计证据。理解审计证据的特征。
3. 明确函证决策时应考虑的因素。函证决策包含的内容。掌握询证函应设计要求。
4. 明确审计工作底稿的含义及其编制的目的和作用。

技能目标

1. 试运用审计证据和审计程序的相关知识，根据不同的审计目标，获取所需的审计证据。
2. 试运用审计工作底稿的相关知识，设计和编制审计工作底稿。

第一节 审计证据

一、审计证据的含义

审计证据是指注册会计师为了得出审计结论、形成审计意见而使用的所有信息，包括财务报表依据的会计记录中含有的信息和其他信息。注册会计师应当获取充分、适当的审计证据，以得出合理的审计结论，作为形成审计意见的基础。

财务报表依据的会计记录一般包括：① 对初始分录的记录，如总账、明细账、记账凭证和未在记账凭证中反映的对财务报表的其他调整；② 支持性记录，如支票、电子资金转账记录、发票、合同以及支持成本分配、计算、调节和披露的手工计算表和电子数据表。

可用作审计证据的其他信息包括：① 注册会计师从被审计单位内部或外部获取的会计记录以外的信息，如被审计单位会议记录、内部控制手册、询证函的回函、分析师的报告、与竞争者的比较数据等；② 注册会计师通过询问、观察和检查等审计程序获取的信息，如通过检查存货获取存货存在性的证据等；③ 注册会计师自身编制或获取的可以通过合理推断得出结论的信息，如注册会计师编制的各种计算表、分析表等。

二、审计证据的种类

（一）按审计证据的形式分类

1. 实物证据。实物证据是注册会计师通过实地观察、检查有形资产等方法获取的以物品外部形态为表现形式的，用于确定某些实物资产存在性的证据。

【例 4-1】某注册会计师在对甲企业进行年报审计时，直接根据其监盘后的固定资产盘点表计算出来的固定资产账面价值减去累计折旧确认资产负债表中的固定资产项目（假设该企业固定资产没有计提减值准备），分析该做法是否正确。

分析要点：固定资产盘点表只能证明固定资产的存在，不能证明其所有权和价值。

2. 书面证据。书面证据是指注册会计师获取的各种以书面记录为形式的证据。书面证据是审计证据的主要组成部分，也是基本证据。它包括与审计有关的各种原始凭证、会计记录（记账凭证、会计账簿和各种明细表等）、各种会议记录和文件、各种合同、报告及函件等。

【例 4-2】某注册会计师在对甲被审单位进行年报审计时，直接根据存货的收、发、结存的会计记录计算出来的存货的账面价值确认资产负债表中的存货项目，分析该做法是否正确。

分析要点：存货的收、发、结存的会计记录是书面证据，它只能证明存货的所有权及价值，不能证明存货的存在，只有实物证据才能证明存货的存在。

3. 口头证据。口头证据是指被审计单位的人员或其他有关人员对注册会计师的询问做口头答复所形成的证据，不属于基本证据。口头证据通常要形成书面记录，必要时应让被询问者签字确认。口头证据并不能独立证明被审计事项的真相，往往需要其他审计证据的支持，即口头证据大多作为佐证存在，但往往能够提供重要的审计线索。

【例 4-3】某注册会计师在对甲被审单位进行年报审计时，发现坏账损失 150 万元，向有关经办人口头询问坏账损失的情况。经办人称是由于债务人破产导致款项收不回来。

分析要点：经办人的回答即是口头证据，但注册会计师不能仅凭该口头证据作出审计结论，还必须另行收集审计证据证明事实真相。

4. 环境证据。环境证据是指对被审计单位产生影响的各种情况。

【例 4-4】某注册会计师在对甲被审单位进行年报审计时，发现该企业内部控制制度健全有效，其管理人员和财务人员素质较高，于是决定在实质性测试时适当减少收集审计证据数量。

分析要点：注册会计师在收集到的上述审计证据就是环境证据。这一环境证据有助于注册会计师进行实质性测试时可适当减少应收集审计证据的数量。

（二）按审计证据的来源分类

1. 内部证据。内部证据是指由被审计单位内部编制和形成的审计证据。如自制原始凭证、记账凭证、账簿、试算平衡表、汇总表，管理层声明书，重要的计划、合同、会议记录等其他有关书面资料。

2. 外部证据。外部证据是指由被审计单位以外的单位或人士所编制的书面证据，其证明力较强。

三、审计证据的特征

注册会计师应当保持职业怀疑态度，运用职业判断，评价审计证据的充分性和适当性。

换言之，职业怀疑态度就是要求注册会计师对审计证据进行批判性评价。注册会计师不能假定"管理层是诚实的"，而应当考虑他们不诚实的可能性。

审计证据的充分性是对审计证据数量的衡量，主要与注册会计师确定的样本量有关。审计证据的适当性是对审计证据质量的衡量，即审计证据在支持各类交易、账户余额、报表的相关认定，或发现其中存在错报方面具有的相关性和可靠性。充分性和适当性是审计证据的两个重要特征，两者缺一不可，只有充分且适当的审计证据才是具有证明力的。

（一）审计证据的充分性

审计证据的充分性是指审计证据的数量足以支持注册会计师形成审计意见。它表现为注册会计师为形成审计意见所需审计证据的最低数量要求。审计证据的充分性，主要与注册会计师确定的样本量有关。例如，对某个审计项目实施某一选定的审计程序，从200个样本中获得的证据要比从100个样本中获得的证据更充分。客观公正的审计意见必须建立在有足够数量的审计证据基础之上，但这并不意味着审计证据的数量越多越好。为了进行有效率、有效益的审计，注册会计师往往把需要足够数量审计证据的范围降低到最低限度。

注册会计师需要获取的审计证据的数量受错报风险的影响，并受到错报发生的可能性以及记录金额的重要性的影响。错报风险越大，需要的审计证据可能越多。具体来说，在可接受的审计风险水平一定的情况下，重大错报风险越大，注册会计师就应实施越多的测试工作，将检查风险降至可接受水平，以将审计风险控制在可接受的低水平范围内。例如，注册会计师对某电脑公司进行审计，经过分析认为，受被审计单位行业性质的影响，存货陈旧的可能性相当高，存货计价的错报可能性就比较大。为此，注册会计师在审计中，就要选取更多的存货样本进行测试，以确定存货陈旧的程度，从而确认存货的价值是否被高估。

（二）审计证据的适当性

审计证据的适当性是指审计证据的相关性与可靠性。前者是指审计证据应与审计目标相关联，后者是指审计证据应能如实地反映客观事实。适当性是对审计证据质量的基本要求。

1. 审计证据的相关性。审计证据的相关性是指审计证据应与被审计事项存在一种内在的逻辑关系，并与这些被审计事项所形成的审计意见这一目标存在密切的关系。评价审计证据的相关性，在于保证审计证据的质量。因此，注册会计师只能利用与审计目标相关联的审计证据来证明或否定被审计单位所认定的事项。例如，注册会计师在审计过程中怀疑被审计单位发出存货却没有给顾客开票，需要确认销售是否完整。注册会计师应当从发货单中选取样本，追查与每张发货单相应的销售发票副本，以确定是否每张发货单均已开具发票。如果注册会计师从销售发票副本中选取样本，并追查至与每张发票相应的发货单，由此所获得的证据与完整性目标就不相关。

在确定审计证据的相关性时，注册会计师应当考虑：

（1）特定的审计程序可能只为某些认定提供相关的审计证据，而与其他认定无关。例如，检查期后应收账款收回的记录和文件，可以提供有关存在和计价的审计证据，但是不一定与期末截止是否适当相关。

（2）针对同一项认定可以从不同来源获取审计证据或获取不同性质的审计证据。例如，注册会计师可以分析应收账款的账龄和应收账款的期后收款情况，以获取与坏账准备计价有关的审计证据。

（3）只与特定认定相关的审计证据并不能替代与其他认定相关的审计证据。例如，有关存货实物存在的审计证据并不能够替代与存货计价相关的审计证据。

2. 审计证据的可靠性。审计证据的可靠性是指审计证据的可信赖程度。审计证据的可靠性不仅是注册会计师对应审计事项进行判断的基础，而且还表明审计证据具有对一切被审计事项的证明能力。审计证据种类繁多，来源渠道不同，其可靠性也就不同。注册会计师通常按照下列原则考虑审计证据的可靠性：

（1）从外部独立来源获取的审计证据比从其他来源获取的审计证据更可靠。

（2）内部控制有效时内部生成的审计证据比内部控制薄弱时内部生成的审计证据更可靠。

（3）直接获取的审计证据比间接获取或推论得出的审计证据更可靠。

（4）以文件、记录形式（无论是纸质、电子或其他介质）存在的审计证据比口头形式的审计证据更可靠。口头证据本身并不足以证明事实的真相，仅是提供一些重要线索。在一般情况下，口头证据往往需要得到其他相应证据的支持。

（5）从原件获取的审计证据比从复印、传真或通过拍摄、数字化或其他方式转化成电子形式的文件获取的审计证据更可靠。注册会计师可审查原件是否有被涂改或伪造的迹象，排除伪证，提高证据的可信赖程度。而传真件或复印件很容易是编造或伪造的，可靠性较低。

审计证据的充分性和适当性密切相关。审计证据的适当性会影响其充分性。一般而言，审计证据的相关性与可靠程度越高，则所需审计证据的数量就可减少；反之，审计证据的数量就要相应增加。

【例4-5】下列有关审计证据的表述中，哪一个是不正确的？

① 如果被审计单位财务报表的重大错报风险越高，则对审计证据的要求也越高；② 注册会计师在获取审计证据时，应当考虑获取审计证据的成本；③ 如果注册会计师从不同来源获取的不同审计证据相互矛盾时，注册会计师应当追加必要的审计程序；④ 如果注册会计师获取的审计证据质量越高，需要的审计证据数量可能越少。

分析要点："注册会计师在获取审计证据时，应当考虑获取审计证据的成本"不正确。因为在获取审计证据时，只有在满足了充分、适当的前提下，注册会计师才会考虑获取审计证据的成本。所以，考虑获取审计证据的成本并非是必需的。

【例4-6】注册会计师在对甲公司财务报表审计过程中，在审计营业收入和应收账款真实性时，获取到如下证据：① 甲公司连续编号的销售单；② 甲公司会计信息系统自动生成的应收账款明细账；③ 甲公司编制的连续编号的销售发票；④ 向甲公司债务人发出的应收账款询证函的回函。问：可靠性最强的是哪一个？

分析要点：向甲公司债务人发出的应收账款询证函的回函这一审计证据的可靠性最强。

因为，其余审计证据均为甲公司自己编制提供的证据，而应收账款询证函的回函是甲公司以外的单位提供的证据，其可靠程度高于甲公司自己提供的证据。

（三）对证据充分性、适当性评价时的特殊考虑

注册会计师对证据充分性、适当性评价时的特殊考虑就是指对文件记录可靠性、使用被审计单位生成信息、矛盾证据和成本的考虑。

四、获取审计证据的程序

(一) 审计程序按审计目的分类

审计程序按审计目的分为风险评估程序、内部控制测试、实质性程序三类总体审计程序。

1. 风险评估程序。风险评估程序旨在了解被审计单位及其环境,包括内部控制,以评估财务报表层次和认定层次的重大错报风险。一般来说,风险评估程序本身并不足以为发表审计意见提供充分、适当的审计证据,注册会计师还需要实施进一步审计程序,包括在必要时或决定测试内部控制时实施的控制测试,以及实施的实质性程序。

2. 控制测试程序。控制测试程序旨在测试内部控制在防止或发现并纠正认定层次重大错报方面的运行有效性。当存在下列情形时,控制测试是必要的:① 对风险的评估预期内部控制的运行是有效的,注册会计师应当实施控制测试以支持评估结果;② 当仅实施实质性程序不足以提供充分、适当的审计证据时,注册会计师应当实施控制测试,以获取内部控制运行有效性的审计证据。

3. 实质性程序。实质性程序旨在发现认定层次的重大错报。实质性程序包括对各类交易、账户余额、列报的细节测试及实质性分析程序。注册会计师要针对重大错报风险的相关评估,包括实施风险评估程序的结果和在必要时实施控制测试的结果,计划和实施实质性程序。注册会计师对重大错报风险的评估是一种判断,并且内部控制存在固有局限性,无论评估的重大错报风险结果如何,注册会计师都必须针对重大的各类交易、账户余额、列报与披露实施实质性程序,以获取充分、适当的审计证据。

(二) 审计程序按照获取审计证据的方法分类

注册会计师可以采用检查、观察、询问、函证、重新计算、重新执行、分析程序等具体审计程序来获取审计证据。在实施风险评估程序、控制测试或实质性程序时,注册会计师可根据需要单独或综合运用上述程序,以获取充分、适当的审计证据。

1. 检查。注册会计师对被审计单位内部或外部生成的,以纸质、电子或其他介质形式存在的记录和文件进行审查,或对资产进行实物审查。检查程序具有方向性,即审计测试的"顺查"和"逆查"。

2. 观察。注册会计师察看相关人员正在从事的活动或实施的程序。观察提供的审计过程仅限于观察发生的时点,而且被观察人员的行为可能因被观察而受到影响,这也会使观察提供的审计证据受到限制。

【例4-7】某注册会计师在对被审计单位进行审计时,观察发现出纳员张某兼管会计档案。

分析要点:某注册会计师在对被审计单位进行审计时,观察到出纳员张某兼管会计档案。出纳员兼管会计档案这是违反《会计法》的行为。

3. 询问。注册会计师以书面或口头方式,向被审计单位内部或外部的知情人员获取财务信息和非财务信息,并对答复进行评价的过程。

4. 函证。注册会计师直接从第三方(被询证者)获取书面答复以作为审计证据的过程,书面答复可以采用纸质、电子或其他介质等形式。

5. 重新计算。注册会计师对记录或文件中的数据计算的准确性进行核对。重新计算可通过手工方式或电子方式进行。

6. 重新执行。注册会计师独立执行原本作为被审计单位内部控制组成部分的程序或控制。

7. 分析程序。注册会计师通过分析不同财务数据之间以及财务数据与非财务数据之间的内在关系，对财务信息作出评价。

【例4-8】 下列有关审计证据的表述中，不正确的有哪些？① 观察提供的审计证据只能证明在观察发生的时点的情况；② 检查有形资产不仅能够证明实物资产的存在，还能证明其归被审单位所有；③ 注册会计师通过询问程序也能证明被审计单位内部控制运行的有效性；④ 经过注册会计师检查的文件记录均应视为非常可靠的证据。

分析要点： 检查记录或文件证据的可靠性取决于记录或文件的来源和性质；检查有形资产可为其存在性提供可靠的审计证据，但不一定能够为权利和义务或计价认定提供可靠的审计证据；询问不足以测试内部控制运行的有效性。因此。④②③三种表述不正确。

注册会计师实施审计时，一般要经过下列步骤：确定选用的审计程序→确定样本规模→选取样本→执行审计程序→获取审计证据→得出审计结论（审计目标）。

注册会计师实施审计时，运用上述几种具体审计程序来获取审计证据，其中检查有形资产、函证和分析程序三种审计程序最为常用，且最重要。

五、函证

（一）函证决策应考虑的因素

注册会计师应当确定是否有必要实施函证以获取认定层次的充分、适当的审计证据。在作出决策时，注册会计师应当考虑以下三个因素。

（1）评估的认定层次重大错报风险。

（2）函证程序所审计的认定目标。

（3）实施其他审计程序获取的审计证据可能性和有效性。

（二）函证的内容

1. 银行存款、借款及与金融机构往来的其他重要信息。

2. 应收账款。

3. 函证的其他内容。

4. 函证程序实施的范围。如果采用审计抽样的方式确定函证程序的范围。注册会计师可以确定从总体中选取特定项目进行测试。选取的特定项目可能包括：金额较大的项目；账龄较长的项目；交易频繁但期末余额较小的项目；重大关联方交易；重大或异常的交易；可能存在争议以及产生重大舞弊或错误的交易。

5. 函证的时间。注册会计师通常以资产负债表日为截止日，在资产负债表日后适当时间内实施函证。如果重大错报风险评估为低水平，注册会计师可选择资产负债表日前适当日期为截止日实施函证，并对所函证项目自该截止日起至资产负债表日止发生的变动实施实质性程序。

6. 管理层要求不实施函证时的处理。当被审计单位管理层要求对拟函证的某些账户余额或其他信息不实施函证时，注册会计师应当考虑该项要求是否合理，并获取审计证据予以支持。如果认为管理层的要求合理，注册会计师应当实施替代审计程序，以获取与这些账户余额或其他信息相关的充分、适当的审计证据。如果认为管理层的要求不合理,且被其阻挠而无法实施函证,注册会计师应当视为审计范围受到限制,并考虑对审计报告可能产生的影响。

分析管理层要求不实施函证的原因时,注册会计师应当保持职业怀疑态度,并考虑:管理层是否诚信;是否可能存在重大的舞弊或错误;替代审计程序能否提供与这些账户余额或其他信息相关的充分、适当的审计证据。

(三)询证函的设计

1. 设计询证函的总体要求。注册会计师应当根据特定审计目标设计询证函。询证函的设计服从于审计目标的需要。通常,在针对账户余额的存在性认定获取审计证据时,注册会计师应当在询证函中列明相关信息,要求对方核对确认。但在针对账户余额的完整性认定获取审计证据时,注册会计师则需要改变询证函的内容设计或者采用其他审计程序。

2. 设计询证函需要考虑的因素。在设计询证函时,注册会计师应当考虑所审计的认定以及可能影响函证可靠性的因素。主要应考虑:函证的方式;以往审计或类似业务的经验;拟函证信息的性质;选择被询证者的适当性;被询证者易于回函的信息类型。

3. 积极与消极的函证方式。函证分为积极式函证和消极式函证两种。积极式函证也称肯定式函证,是指对于印证事项,无论是否相符,都要求被询证单位或个人在限定的时间内回函。消极式函证也称否定式函证,是指对于印证事项,在不相符的情况下,才要求被询证单位或个人在限定的时间内回函。注册会计师可采用积极的或消极的函证方式实施函证,也可将两种方式结合使用。当同时存在下列情况时,注册会计师可考虑采用消极的函证方式:重大错报风险评估为低水平;涉及大量余额较小的账户;预期不存在大量的错误;没有理由相信被询证者不认真对待函证。

通过函证获取的证据可靠性较高,因此,函证是受到高度重视并经常被使用的一种重要程序。函证主要适用于应收账款、应付账款、应收票据、银行存款等。

【例4-9】某注册会计师在对被审计单位进行年报审计时发现:该单位应收账款有200户,但有15户金额较大,占全部应收账款总金额的90%,其余185户只占应收账款总金额的10%,该单位应收账款内部控制制度健全、有效,问:注册会计师应该怎样选用函证方式?

分析要点:该注册会计师最好同时选用两种函证方式,对15户金额较大、占全部应收账款总金额的90%的客户采用积极的函证方式;对只占全部应收账款金额的10%的185户客户可抽取一定比例采用消极的函证方式。

【例4-10】下列项目中,注册会计师可能实施函证程序的有哪些?①其他应收款;②或有事项;③交易性金融资产;④固定资产。

分析要点:①②③三种情况,注册会计师根据被审计单位的具体情况决定是否实施函证程序。

【例4-11】下列有关函证的提法中,不恰当的有哪些?① 函证只适用于账户余额及其组成部分,并不适用于具体交易的细节;② 注册会计师通过向存货的代管人函证,能够为存货的存在、权利和义务认定提供证据;③ 注册会计师如果认为有迹象表明收回的询证函不可靠,则应将其视为一项错报;④ 在积极的函证方式下,注册会计师只有收到回函,才能认为其为财务报表认定提供了证据。

分析要点：②④两种提法正确，①③两种提法不恰当。

六、分析程序

（一）分析程序的目的

（1）用作风险评估程序，以了解被审计单位及其环境（必须实施）。

（2）当使用分析程序比细节测试能更有效地将认定层次的检查风险降至可接受的水平时，分析程序可以用作实质性程序。

（3）在审计结束或临近结束时对财务报表进行总体复核（必须实施）。

（二）用作风险评估程序

1. 总体要求。注册会计师在实施风险评估程序时，应当运用分析程序，以了解被审计单位及其环境。在这个阶段运用分析程序是强制要求，是必须实施的审计程序。

2. 在风险评估程序中的具体运用。注册会计师可以将分析程序与询问、检查和观察程序结合运用，以获取对被审计单位及其环境的了解，识别和评估财务报表层次及具体认定层次的重大错报风险。

在运用分析程序时，注册会计师应重点关注关键的账户余额、趋势和财务比率关系等方面，对其形成一个合理的预期，并与被审计单位记录的金额、依据记录金额计算的比率或趋势相比较。

3. 风险评估过程中运用的分析程序的特点。风险评估程序中运用分析程序的主要目的在于识别那些可能表明财务报表存在重大错报风险的异常变化。

与实质性分析程序相比，在风险评估过程中使用的分析程序所进行比较的性质、预期值的精确程度，以及所进行的分析和调查的范围都并不足以提供很高的保证水平。

（三）用作实质性程序

1. 总体要求。实质性分析程序运用目的：注册会计师应当针对评估的认定层次重大错报风险设计和实施实质性程序。实质性分析程序与细节测试都可用于收集审计证据，以识别财务报表认定层次的重大错报风险。

2. 实质性分析程序对特定认定的适用性。

（1）并非所有认定都适合使用实质性分析程序；

（2）如果数据之间不存在稳定的可预期关系，注册会计师将无法运用实质性分析程序；

（3）在信赖实质性分析程序的结果时，注册会计师应当考虑实质性分析程序存在的风险，即分析程序的结果显示数据之间存在预期关系而实际上却存在重大错报；

（4）在确定实质性分析程序对特定认定的适用性时，应考虑的因素：评估的重大错报风险；针对同一认定的细节测试。

（四）用于总体复核

1. 总体要求：在审计结束或临近结束时，注册会计师运用分析程序的目的是确定财务报表整体是否与其对被审计单位的了解一致。总体复核阶段实施分析程序是强制要求。

2. 总体复核阶段分析程序的特点：因为在总体复核阶段实施的分析程序并非为了对特定账户余额和披露提供实质性的保证水平，因此并不如实质性分析程序那样详细和具体，而往往集中在财务报表层次。

3. 再评估重大错报风险：如果识别出以前未识别的重大错报风险，注册会计师应当重新考虑对全部或部分各类交易、账户余额、列报评估的风险是否恰当,并在此基础上重新评价之前计划的审计程序是否充分,是否有必要追加审计程序。

【例 4-12】某注册会计师实施了下列审计程序:① 根据增值税申报表估算全年主营业务收入;② 将购入的存货数量与耗用或销售的存货数量进行比较;③ 将关联方交易与非关联方交易的价格、毛利率进行对比,判断关联方交易的总体合理性;④ 分析样本误差后,根据抽样发现的误差推断审计对象总体误差。问属于分析程序有哪些?

分析要点:①②③三种审计程序属于分析程序,④属于抽样结果评价的内容,而非分析程序。

【例 4-13】某注册会计师对被审计单位实施审计程序时,被审计单位对 2019 年度的存货周转率与 2018 年度相比有所下降作如下解释:① 甲公司主要产品在 2019 年度市场需求稳定且盈利,但平均销售价格与 2018 年度相比有所下降,并且甲公司预期销售价格将继续下降;② 由于主要原材料价格从 2018 年下半年以来持续下降,甲公司从 2019 年 3 月开始将主要原材料的日常储备量增加了 20%;③ 从 2019 年 8 月开始,甲公司将部分产品针对主要销售客户的营销方式由原先的买断模式改为代销模式;④ 甲公司在 2019 年第 4 季度接到了一笔巨额订单,订货数量相当于甲公司月产能的 120%,交货日期为 2020 年 1 月 5 日。问甲公司提供的上述理由中,能解释存货周转率变动趋势的有哪些?

分析要点:由于存货周转率=主营业务成本/平均存货。因此,②③④三种解释存货周转率变动趋势,理由成立。①不影响主营业务成本和平均存货,因此,解释存货周转率变动趋势,理由不成立。

【例 4-14】某注册会计师对甲公司 2019 年会计报表进行审计,获得了以下相关数据(见表 4-1);2018 年数据已经会计师事务所审计。该注册会计师现需确定重要会计问题及重点审计领域。

表 4-1 相关数据 单位:万元

项　目	2018 年	2019 年	项　目	2018 年	2019 年
应收账款	53 000	68 000	实收资本	100 000	100 000
存货	55 000	50 000	主营业务收入	200 000	150 000
流动资产	100 000	110 000	主营业务成本	140 000	120 000
流动负债	110 000	113 000	主营业务利润	60 000	30 000
固定资产	100 000	120 000	利润总额	20 000	-20 000
在建工程	40 000	14 000			
资产总额	240 000	244 000			
负债总额	140 000	144 000			

分析要点:对上述表格中的数据进行对比,并计算年增长额、增长率,然后进行分析:本年度企业由盈转亏,可能存在某种程度的财务问题,审计风险较大。从分析指标看:① 主营业务收入、主营业务成本、毛利率同比分别减少了 25%、14.28%、10%,致使主营

业务利润也减少了50%，说明本年度产品销售情况不佳。审计时应关注影响销售的因素，以及它们对销售利润的影响程度。②利润总额减少了200%，说明除关注本年销售的影响外，还要关注其他业务利润、期间费用、营业外支出对本年利润的影响。③应收账款同比增加了28.30%，同主营业务收入减少相比是不正常的，审计时要关注应收账款是否包括不属于货物交易而产生的或虚构产生的。④存货减少了9.09%，同流动资产增加相比是不正常的。⑤在建工程同比减少65%，系工程完工转作固定资产，即企业生产能力扩大而销售规模却减少了25%，审计时要关注修建工程对企业经营的影响，以及对负债增加和利润减少的影响。因此，重要会计问题及重点审计领域可确定为：①主营业务收入、主营业务成本项目；②影响利润的其他业务利润、期间费用、营业外支出等；③应收账款项目；④存货项目；⑤在建工程。

第二节　审计工作底稿

一、审计工作底稿编制的目的和作用

（一）审计工作底稿的含义

审计工作底稿，是指注册会计师对制订的审计计划、实施的审计程序、获取的相关审计证据，以及得出的审计结论作出的记录。审计工作底稿是审计证据的载体，是注册会计师在执行审计过程中形成的审计工作记录和获取的资料。它形成于审计过程，也反映整个审计过程。

（二）审计工作底稿编制的目的

注册会计师应当及时编制审计工作底稿，以实现下列目的：

（1）提供证据，作为注册会计师得出实现总体目标结论的基础；

（2）提供证据，证明注册会计师按照审计准则和相关法律法规的规定计划和执行了审计工作。

（三）审计工作底稿的作用

（1）审计工作底稿是连接整个审计工作的纽带。

（2）审计工作底稿为形成审计结论、发表审计意见提供证据。

（3）审计工作底稿是明确注册会计师的审计责任、评价和考核注册会计师专业胜任能力与工作业绩的依据。

（4）审计工作底稿为审计质量控制与质量检查提供了基础。

（5）审计工作底稿对未来的审计业务提供有价值的参考资料。

二、审计工作底稿的编制要求

注册会计师编制的审计工作底稿，应当使未曾接触该项审计工作的有经验的专业人士清楚地了解：

（1）按照审计准则的规定实施的审计程序的性质、时间和范围。

（2）实施审计程序的结果和获取的审计证据。

（3）就重大事项得出的结论。

有经验的专业人士，是指对下列方面有合理了解的人士：

(1) 审计过程。
(2) 相关法律法规和审计准则的规定。
(3) 被审计单位所处的经营环境。
(4) 与被审计单位所处行业相关的会计和审计问题。

三、审计工作底稿的形式和内容

（一）审计工作底稿存在的形式

审计工作底稿可以以纸质、电子或其他介质形式存在。为便于会计师事务所内部进行质量控制和外部执业质量检查或调查，以电子或其他介质形式存在的审计工作底稿，应与其他纸质形式的审计工作底稿一并归档，并应能通过打印等方式，转换成纸质形式的审计工作底稿。

（二）审计工作底稿包括的内容

审计工作底稿通常包括总体审计策略、具体审计计划、分析表、问题备忘录、重大事项概要、询证函回函、管理层声明书、核对表、有关重大事项的往来信件（包括电子邮件），以及对被审计单位文件记录的摘要或复印件等。

此外，审计工作底稿通常还包括业务约定书、管理建议书、项目组内部或项目组与被审计单位举行的会议记录、与其他人士（如其他注册会计师、律师、专家等）的沟通文件及错报汇总等。但是，并不能代替被审计单位的会计记录。

（三）审计工作底稿通常不包括的内容

审计工作底稿通常不包括已被取代的审计工作底稿的草稿或财务报表的草稿、对不全面或初步思考的记录、存在印刷错误或其他错误而作废的文本，以及重复的文件记录等。由于这些草稿、错误的文本或重复的文件记录不直接构成审计结论和审计意见的支持性证据，因此，注册会计师通常无须保留这些记录。

四、审计工作底稿的分类

审计工作底稿一般分为综合类工作底稿、业务类工作底稿和备查类工作底稿。

1. 综合类工作底稿，是指注册会计师在审计计划和审计报告阶段，为规划、控制和总结整个审计工作，并发表审计意见所形成的审计工作底稿，主要包括审计业务约定书、审计计划、被审单位财务报表、试算平衡表、核对表、重大事项概要、管理层声明书、审计报告、管理建议书、与治理层、管理层的沟通和报告以及注册会计师对整个审计工作进行组织管理的所有记录和资料。

2. 业务类工作底稿，是指注册会计师在审计实施阶段，执行具体审计程序时所形成的审计工作底稿，主要包括注册会计师对某一业务循环审计过程中或项目审计过程中进行控制测试或实质性程序所作的记录和收集的资料，如某一业务循环的内部控制调查表、控制测试工作表，各资产、负债、权益、收入、费用等项目实质性测试的工作底稿等。业务类工作底稿通常是在审计外勤工作中完成的。

3. 备查类工作底稿，是指注册会计师在审计进程中形成的、对审计工作仅具有备查作用的审计工作底稿，主要包括被审计单位设立组建方面的文件、营业执照、公司章程、组织结构和人员构成、各类合同和协议、各级管理层的会议记录、相关内部控制的制度文件等。

五、审计工作底稿的格式、要素和范围

在确定审计工作底稿的格式、要素和范围时，注册会计师应当考虑下列因素：
① 实施审计程序的性质；② 已识别的重大错报风险；③ 在执行审计工作和评价审计结果时需要做出判断的范围；④ 已获取审计证据的重要程度；⑤ 已识别的例外事项的性质和范围；⑥ 当从已执行审计工作或获取审计证据的记录中不易确定结论或结论的基础时，记录结论或结论的基础的必要性；⑦ 使用的审计方法和工具。

通常，审计工作底稿包括下列全部或部分要素：① 被审计单位名称；② 审计项目名称；③ 审计项目时点或期间；④ 审计过程记录；⑤ 审计结论；⑥ 审计标识及其说明；⑦ 索引号及编号；⑧ 编制者姓名及编制日期；⑨ 复核者姓名及复核日期；⑩ 其他应说明事项。

下面分别对以上所述要素进行逐项说明。

1. 被审计单位名称。即财务报表的编制单位，若财务报表编制单位为某一集团的下属公司，则应同时写明下属公司的名称。被审计单位名称可以简称。

2. 审计项目名称。即某一财务报表项目名称或某一审计程序及实施对象的名称，如具体审计项目是某一分类会计科目，则应同时写明该分类会计科目。

3. 审计项目时点或期间。即某一资产负债类项目的报告时点或某一损益类项目的报告期间。

4. 审计过程记录。在记录审计过程时，应特别注意以下几个重点方面：

（1）记录特定项目或事项的识别特征。在记录实施审计程序的性质、时间和范围时，注册会计师应当记录测试的特定项目或事项的识别特征。记录特定项目或事项的识别特征可以实现多种目的。例如，便于对例外事项或不符事项进行检查，以及对测试的项目或事项进行复核。

识别特征是指被测试的项目或事项表现出的特征或标志。识别特征因审计程序的性质和所测试的项目或事项不同而不同。对某一个具体项目或事项而言，其识别特征通常具有唯一性，这种特性可以使其他人员根据识别特征在总体中识别该项目或事项并重新执行该测试。为帮助理解，以下列举部分审计程序中所测试的样本的识别特征：

① 如在对被审计单位生成的订购单进行细节测试时，注册会计师可能以订购单的日期或编号作为测试订购单的识别特征。例如，若被审计单位按年对订购单依次编号，则识别特征是××年的××号；若被审计单位仅以序列号进行编号，则可以直接将该号码作为识别特征。

② 对于需要选取或复核既定总体内一定金额以上的所有项目的审计程序，注册会计师可能会以实施审计程序的范围作为识别特征。例如，总账中一定金额以上的所有会计分录。

③ 对于需要系统化抽样的审计程序，注册会计师可能会通过记录样本的来源、抽样的起点及抽样间隔来识别已选取的样本。例如，若被审计单位对发运单顺序编号，测试的发运单的识别特征可以是对4月1日至9月30日的发运台账，从第12345号发运单开始每隔125号系统抽取发运单。

④ 对于需要询问被审计单位中特定人员的审计程序，注册会计师可能会以询问的时间、被询问人的姓名及职位作为识别特征。

⑤ 对于观察程序，注册会计师可能会以观察的对象或观察过程、观察的地点和时间作为识别特征。

（2）重大事项。注册会计师应当根据具体情况判断某一事项是否属于重大事项。重大事项通常包括：引起特别风险的事项；实施审计程序的结果，该结果表明财务信息可能存在重大错报，或需要修正以前对重大错报风险的评估和针对这些风险拟采取的应对措施；导致注册会计师难以实施必要审计程序的情形；导致出具非标准审计报告的事项。

注册会计师应当及时记录与管理层、治理层和其他人员对重大事项的讨论，包括讨论的内容、时间、地点和参加人员。

注册会计师应当考虑编制重大事项概要，将其作为审计工作底稿的组成部分，以有效地复核和检查审计工作底稿，并评价重大事项的影响。重大事项概要包括审计过程中识别的重大事项及其如何得到解决，或对其他支持性审计工作底稿的交叉索引。

（3）记录针对重大事项如何处理矛盾或不一致的情况。如果识别出信息与针对某重大事项得出的最终结论相矛盾或不一致，注册会计师应当记录形成最终结论时如何处理该矛盾或不一致的情况。包括但不限于注册会计师针对该信息执行的审计程序，项目组成员对某事项的职业判断不同而向专业技术部门的咨询情况，以及项目组成员和被咨询人员不同意见的解决情况。

注册会计师要记录如何处理识别出的信息与针对重大事项得出的结论相矛盾或不一致的情况是非常必要的，它有助于注册会计师关注这些矛盾或不一致，并对此执行必要的审计程序以恰当地解决这些矛盾或不一致。

5. 审计结论。审计结论是注册会计师总结所执行的相关审计程序后所得出的结论。这一结论可进一步作为形成审计意见的基础。在记录审计结论时需注意，在审计工作底稿中记录的审计程序和审计证据是否足以支持所得出的审计结论。

6. 审计标识及其说明。审计工作底稿中可使用各种审计标识，但应说明其含义，并保持前后一致。以下是注册会计师在审计工作底稿中列明标识并说明其含义的例子，供参考。在实务中，注册会计师也可以依据实际情况运用更多的审计标识。

∧：纵加核对

＜：横加核对

B：与上年结转数核对一致

T：与原始凭证核对一致

G：与总分类账核对一致

S：与明细账核对一致

T/B：与试算平衡表核对一致

C：已发询证函

C\：已收回询证函

7. 索引号及编号。通常，审计工作底稿需要注明索引号及顺序编号，相关审计工作底稿之间需要保持清晰的勾稽关系。

在实务中，注册会计师可以按照所记录的审计工作的内容层次进行编号。例如，固定资产汇总表的编号为C1，按类别列示的固定资产明细表的编号为C1－1，以及列示单个固定资产原值及累计折旧的明细表编号，包括房屋建筑物（编号为C1－1－1）、机器设备（编号为C1-1-2)、运输工具(编号为C1-1-3)及其他设备(编号为C1-1-4)。

相互引用时,需要在审计工作底稿中交叉注明索引号。

例如,固定资产的原值、累计折旧及净值的总额应分别与固定资产明细表的数字互相勾稽,其相关审计工作底稿相互索引,见表4-2和表4-3。

表4-2 固定资产汇总表(工作底稿索引号:C1)(节选)

工作底稿索引号	固定资产	20×2年12月31日	20×1年12月31日
C1—1	原值	×××G	×××
C1—1	累计折旧	×××G	×××
	净值	×××T/B∧	×××B∧

表4-3 固定资产明细表(工作底稿索引号:C1-1)(节选)

工作底稿索引号	固定资产	期初余额	本期增加	本期减少	期末余额
	原值				
C1—1—1	1. 房屋建筑物	×××		×××	×××S
C1—1—2	2. 机器设备	×××	×××		×××S
C1—1—3	3. 运输工具	×××			×××S
C1—1—4	4. 其他设备	×××			×××S
	小计	×××B∧	×××∧	×××∧	×××<C1∧
	累计折旧				
C1—1—1	1. 房屋建筑物	×××			×××S
C1—1—2	2. 机器设备	×××	×××		×××S
C1—1—3	3. 运输工具	×××			×××S
C1—1—4	4. 其他设备	×××			×××S
	小计	×××B∧	×××∧	×××∧	×××<C1∧
	净值	×××B∧			×××C1∧

8. 编制人员和复核人员及执行日期。

六、审计工作底稿的复核

为了保证审计工作底稿复核工作的质量,会计师事务所应当建立多层次的复核制度。这不仅是质量控制准则的要求,也是我国注册会计师审计工作的需要,且在实际工作中是切实可行的。审计工作底稿的复核,一般要求会计师事务所实行三级复核制度,即以主任会计师、部门经理(或签字注册会计师)和项目经理为复核人,对审计工作底稿进行逐级复核的一种复核制度。

项目经理（或项目负责人）复核是三级复核制度中的第一级复核，也是最基本的复核，称为详细复核。它要求项目经理对下属审计人员形成的审计工作底稿逐张复核，发现问题及时指出，并督促审计人员及时修改完善。

部门经理（或签字注册会计师）是三级复核制度中的第二级复核，称为一般复核。它是在详细复核的基础上，再对审计工作底稿中重要会计账项的审计、重要审计程序的执行及审计调整事项等进行复核。部门经理复核既是对项目经理复核的一种再监督，也是对重要审计事项的重点把关。如果部门经理作为该审计项目负责人，第二级复核应另行指定专人。

主任会计师（所长或指定代理人）复核是三级复核中的最后一级复核，又称重点复核。它是对审计过程中的重大会计审计问题、重大审计调整事项及重要的审计工作底稿所进行的复核。复核中，要剔除那些自相矛盾的说明和与审计结论不一致的证据，旨在保证审计工作底稿可以支持审计人员所得出的审计结论，保证整个审计过程符合独立审计准则，尽可能消除或减少日后被指控的可能性。因此，主任会计师复核既是对前面二级复核的再监督，也是对整个审计工作的计划、进度和质量的重点把握。

七、审计工作底稿的归档

（一）审计工作底稿的归整

1. 永久性档案。永久性档案是指那些记录内容相对稳定，具有长期使用价值，并对以后审计工作具有重要影响和直接作用的审计档案。例如，被审计单位的组织结构、批准证书、营业执照、章程、重要资产的所有权或使用权的证明文件复印件等。

2. 当期档案。当期档案是指那些记录内容经常变化，主要供当期和下期审计使用的审计档案。例如，总体审计策略和具体审计计划。

（二）审计工作底稿归档的期限

注册会计师应当按照会计师事务所质量控制政策和程序的规定，及时将审计工作底稿归整为最终审计档案。审计工作底稿的归档期限为审计报告日后六十天内。如果注册会计师未能完成审计业务，审计工作底稿的归档期限为审计业务中止后的六十天内。

如果针对客户的同一财务信息执行不同的委托业务，出具两个或多个不同的报告，会计师事务所应当将其视为不同的业务，根据会计师事务所内部制定的政策和程序，在规定的归档期限内分别将审计工作底稿归整为最终审计档案。

（三）审计工作底稿归档后的变动

1. 修改或增加审计工作底稿时的记录要求。在完成最终审计档案的归整工作后，如果发现有必要修改现有审计工作底稿或增加新的审计工作底稿，无论修改或增加的性质如何，注册会计师均应当按规定进行修改或增加审计工作底稿，并做好规定事项的记录。

2. 不得在规定的保存期届满前删除或废弃审计工作底稿。在完成最终审计档案的归整工作后，注册会计师不得在规定的保存期届满前删除或废弃审计工作底稿。

（四）审计工作底稿的保存期限

会计师事务所应当自审计报告日起，对审计工作底稿至少保存十年。如果注册会计师未能完成审计业务，会计师事务所应当自审计业务中止日起，对审计工作底稿至少保存十年。

八、审计工作底稿范例

实质性分析程序工作底稿

被审计单位名称：A 公司
财务报表时间：[截至××年×月×日止]
审计项目名称：应收账款

	签名	日期	索引号
编制人：			
复核人[如项目负责人]：			页次
项目质量控制复核人：			

1. 实质性分析程序的目标

实质性分析程序的目标	进一步审计程序索引号
[审计目标编号：坏账准备的计价和分摊，管理费用——坏账的准确性]	[L1 第 4.2 部分]

重大错报风险评估结果	[高]

2. 分析程序
预期

[该公司前两年的应收账款周转天数分别是 70 天和 72 天。通过询问销售部门负责人，获知本期提供给客户的信用条件没有变化，均为 60 天。因此，预期本期的应收账款周转天数为 72 天]

可接受的差异额

[基于重要性水平和计划的保证水平，确定可接受的差异额为：应收账款周转天数与预期值相差 5 天]

项　　目	本　　期	预期值	差　　异	可按受的差异额
[应收账款周转天数]	[80 天]	[72 天]	[8 天]	[5 天]

3. 对偏离预期数据的重大波动或关系及实施的审计程序

发现的偏离预期数据的重大波动或关系及实施的审计程序
[应收账款周转天数的重大波动主要原因是：A 公司为扩大销售吸引了一批新的客户。部分新客户的应收账款账龄超过了 A 公司提供的还款期。管理层已对这些客户的资信状况进行了跟进了解，这些新客户多为房地产企业，资金周转周期较长。通过检查这些新客户资信状况资料，没有发现重大的支付能力异常情况]

4. 结论

[基于以上的分析程序，应收账款的实际周转情况与预期数据之间没有重大异常情况]

本 章 小 结

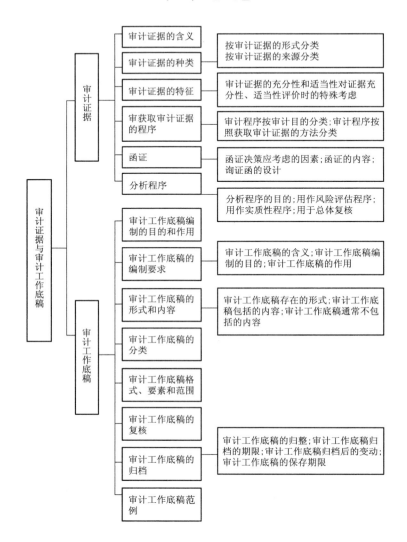

同 步 测 试

一、单项选择题

1. 下列关于注册会计师评价审计证据的充分性和适当性的说法中,不正确的是( )。

A. 审计工作通常不涉及鉴定文件记录的真伪,注册会计师也不是鉴定文件记录真伪的专家,但应当考虑用作审计证据的信息的可靠性,并考虑与这些信息生成与维护相关的控制的有效性

B. 如果在实施审计程序时使用被审计单位生成的信息,注册会计师应当就这些信息

的准确性和完整性获取审计证据

C. 如果从不同来源获取的审计证据或获取的不同性质的审计证据不一致,表明某项审计证据不可靠,注册会计师应当追加必要的审计程序

D. 注册会计师可以考虑获取审计证据的成本与所获取信息的有用性之间的关系,因此可以减少某些不可替代的审计程序

2. 下列关于对审计证据可靠性的比较中不恰当的是（   ）。

   A. 会议的同步书面记录比讨论该事项事后的口头表述可靠

   B. 银行对账单比银行询证函回函可靠

   C. 从原件获取的审计证据比从传真件获取的可靠

   D. 口头证据在得到不同人和不同信息的证实后其可靠性大大提高

3. 如果注册会计师将资产负债表日前适当日期作为函证的截止日,则说明注册会计师评估的重大错报风险是（   ）。

   A. 高水平   B. 低水平

   C. 特别风险   D. 无法应对风险

4. 注册会计师评估的重大错报风险与所需审计证据的数量呈（   ）变动关系。

   A. 同向   B. 反向   C. 比例   D. 不存在关系

5. 注册会计师执行财务报表审计业务获取的下列审计证据中,可靠性最强的是（   ）。

   A. 购货发票   B. 销货发票

   C. 采购订货单副本   D. 应收账款函证回函

6. 作为内部证据的会计记录在（   ）情况下可靠性较强。

   A. 在外部流转

   B. 经注册会计师验证

   C. 有健全有效的内部控制制度

   D. 被审计单位管理当局声明

7. 以下关于审计证据可靠性的表述不正确的是（   ）。

   A. 从外部独立来源获取的审计证据比从其他来源获取的审计证据更可靠

   B. 内部控制有效时内部生成的审计证据比内部控制薄弱时内部生成的审计证据更可靠

   C. 注册会计师推理得出的审计证据比直接获取的审计证据可靠

   D. 直接获取的审计证据比间接获取或推论得出的更可靠

8. 充分性和适当性是审计证据的两个重要特征,下列关于审计证据的充分性和适当性表述不正确的是（   ）。

   A. 充分性和适当性两者缺一不可,只有充分且适当的审计证据才是有证明力的

   B. 审计证据质量越高,需要的审计证据数量可能越少

   C. 如果审计证据的质量存在缺陷,仅靠获取更多的审计证据可能无法弥补其质量上的缺陷

   D. 如果审计证据的质量存在缺陷,注册会计师必须收集更多数量的审计证据,否则无法形成审计意见

9. 考核、评定审计质量的关键是（   ）。
   A. 审计报告   B. 审计证据   C. 审计目的   D. 审计标准
10. 审计证据的质量取决于（   ）。
    A. 审计证据形式上的价值   B. 审计证据实质上的价值
    C. 审计报告   D. 审计工作底稿

二、多项选择题

1. 属于环境证据的有（   ）。
   A. 被审计单位内部控制状况   B. 被审计单位管理人员的素质
   C. 被审计单位的管理条件和管理水平   D. 外部环境
2. 属于外部证据的有（   ）。
   A. 重要的计划   B. 管理层声明书
   C. 银行对账单   D. 购货发票
3. 注册会计师应当保持职业怀疑态度，运用职业判断，评价审计证据的（   ）。
   A. 充分性   B. 适当性   C. 完整性   D. 可用性
4. 审计证据的适当性是指审计证据的（   ）。
   A. 充分性   B. 相关性   C. 可靠性   D. 可用性
5. 审计程序按审计目的分为（   ）总体审计程序。
   A. 风险评估程序   B. 内部控制测试
   C. 细节测试   D. 实质性程序
6. 注册会计师确定从总体中选取特定项目进行测试。下列属于注册会计师应考虑选取的特定项目有（   ）。
   A. 金额较大的项目   B. 金额较小的项目
   C. 重大或异常的交易   D. 可能产生重大舞弊或错误的交易
7. 会计记录是编制财务报表的基础。如果被审计单位会计记录是电子数据，则注册会计师应对电子数据赖以产生的内部控制予以充分关注，以获取电子数据形成的会计记录的（   ）。
   A. 完整性   B. 真实性   C. 准确性   D. 可靠性
8. 如果注册会计师发现被审计单位的重要文件记录有涂改变动的痕迹，则下列事项中恰当的有（   ）。
   A. 直接向与涂改信息相关的第三方询证
   B. 考虑利用专家的工作来评价文件记录的真伪
   C. 考虑内部控制的有效性
   D. 考虑账户或交易的性质
9. 以下对审计证据的描述正确的有（   ）。
   A. 财务报表依据的会计记录一般包括对初始分录的记录和支持性记录
   B. 会计记录中含有的信息是基本信息，以提供充分的审计证据作为对财务报表发表审计意见的基础
   C. 可用作审计证据的其他信息包括注册会计师从被审计单位内部或外部获取的会计记录以外的信息

D. 财务报表依据的会计记录中包含的信息和其他信息共同构成了审计证据，两者缺一不可

10. 以下函证内容的表述中恰当的有（　　）。
   A. 函证有关银行是为了了解银行存款余额正确与否
   B. 对于零余额银行存款必须函证
   C. 对于本期内注销的账户必须函证
   D. 交易频繁但期末余额较小的项目

实训案例分析

1. 将下列资料，试画线归类。

被审计单住律师的声明书	实物证据
被审计单位管理当局的声明书	
银行存款对账单	书面证据
被审计单位的销售发票	
注册会计师对存货监盘取得的证据	
注册会计师亲自对固定资产折旧重新计算取得的证据	口头证据
注册会计师对被审计单位有关人员的口头询问	
注册会计师了解被审计单位管理条件较好和管理水平较高取得的证据	环境证据
关于应收账款函证的回函	
注册会计师实地观察被审计单位的内部控制运行取得的证据	

2. 案例资料：

（1）会计记录概况：甲公司其他货币资金期初余额 8 000 235.00 元，本期借方发生额 900 000 003.88 元，本期贷方发生额 902 000 006.60 元，期末余额为 6 000 232.28 元，客户设置了其他货币资金日记账，具体数据见"其他货币资金明细余额表"（底稿见索引）。

（2）审计目标：

① 确定其他货币资金是否存在。
② 确定其他货币资金的收支记录是否完整。
③ 确定其他货币资金的余额是否正确。
④ 确定其他货币资金的披露是否恰当。

（3）审计工作底稿编制介绍及相关提示：

① 执行"获取或编制其他货币资金明细余额表，复核加计正确并与总账数和明细账合计数核对相符"的审计程序向客户索取其他货币资金日记账，与总账金额进行核对，确定是否相符，并编制"其他货币资金明细余额表"（底稿见索引）。

查验结果：核对一致，审计人员在现金明细表中审计说明栏中打钩。

② 执行"获取银行汇票保证金对账单及余额调节表，并与日记账核对"的审计程序向客户索取了银行汇票保证金的对账单（底稿见索引），由于对账单的余额与日记账的余额一

致，所以没有余额调节表。

查验结果：核对一致。

③ 执行"向所有的外埠存款、银行汇票存款、银行本票存款、银行汇票保证金和存出投资款等函证年末余额"的审计程序。

根据2019年12月份中国银行对账单上的余额填写了银行往来询证函，并在客户的陪同下亲自到银行进行函证；

向客户索取了东兴证券有限公司的资金流水账，根据资金余额和股票清单填写了股票、债券投资询证函，并在客户的陪同下亲自到银行进行函证；

根据2019年12月31日××证券有限公司资金确认单上的余额填写了股票、债券投资询证函，并在客户的陪同下亲自到银行进行函证；

查验结果：银行均盖章确认（底稿见索引）。

提示：对于存出投资款，应当获取董事会决议等批准文件、开户资料，授权操作资料，核对证券账户名称是否与企业相符。获取资金对账单，对于交易的资金流水记录结合短期投资进行（底稿见索引）；抽查大额的资金存取，关注资金存取的财务账面记录与资金流水是否相符。执行函证程序，检查证券及余额是否与财务记录相符，以及是否存在证券出借、冻结或质押等情况。另外，存出投资款的查验应该结合短期投资科目一起查验。

④ 执行"抽查大额外埠存款、银行汇票存款、银行本票存款、银行汇票保证金和存出投资款等支出的原始凭证内容是否完整"的审计程序。

查验结果：未见异常情况（底稿见索引）。

⑤ 执行"检查承兑保证金余额与应付票据余额是否有合理的勾稽关系"的审计程序。根据应付票据承兑协议中规定的保证金比例与承兑余额计算承兑保证金金额，核对其他货币资金中各银行的承兑保证金审定数是否一致。

查验结果：银行汇票保证金金额可以确认（底稿见索引）。

⑥ 执行"检查期末余额中有无长期未结清的款项，对于存在损失的应转入其他应收款并计提坏账准备"的审计程序。

发现问题：××证券2019年度发生额没有变动，存在疑点。

审计人员进一步追查、取证，并予以调整（底稿见索引）。

要求：根据上述会计记录及审计思路，试编制审计工作底稿。

思考与练习

1. 财务报表依据的会计记录中含有的信息和其他信息分别包括哪些内容？财务报表依据的会计记录中含有的信息与用作审计证据的其他信息之间的关系怎样？

2. 审计证据有哪些特征？如何理解？

3. 对证据充分性、适当性评价时应特殊考虑哪些问题？

4. 函证决策应考虑哪些因素？函证决策的内容有哪些？询证函应如何设计？

5. 什么是审计工作底稿？审计工作底稿编制的目的和作用是什么？

第五章

审计业务约定书与审计计划

知识目标

1. 明确审计业务约定书的含义。明确签订审计业务约定书的作用。
2. 熟悉审计业务约定书签订之前应做的准备工作。理解审计业务约定书包括内容。
3. 明确何谓审计重要性。理解运用审计重要性概念的目的。
4. 明确审计风险的含义。掌握审计风险模型。
5. 掌握审计风险与审计证据之间的关系。明确重要性与审计风险之间的关系。

技能目标

1. 运用审计业务约定书的相关知识，试签订审计业务约定书。
2. 运用审计计划的相关知识，试设计和编制审计计划。

第一节 审计业务约定书

一、审计业务约定书的含义

审计业务约定书，是指会计师事务所与委托人共同签订的，据以确认审计业务的委托与受托关系，明确委托目的、审计范围及双方责任与义务等事项的书面合约。

二、审计业务约定书的作用

第一，有利于增进会计师事务所与被审计单位之间的相互了解，尤其是让被审计单位管理层了解注册会计师的审计责任及需要提供的协助。

第二，可作为被审计单位评价审计业务完成情况，以及会计师事务所检查被审计单位约定义务履行情况的依据。

第三，出现法律诉讼时，是确定签约各方应负责任的重要证据。

三、关于签约前的准备工作（步骤）

（一）明确准备接受委托业务的性质和范围

委托人和受托人在签约前双方对审计业务、审计范围必须取得一致看法。在接受审计业务的委托过程中，注册会计师必须清晰地察觉今后的审计范围是否会受到限制，被审计单位能否如实地提供全部资料，注册会计师能否顺利地在审计过程中取得充分适当的证据以支持审计意见等问题。

（二）初步了解被审计单位的基本情况

在签约前，注册会计师应对被审计单位的基本情况：包括业务性质、经营规模和组织结构、经营情况和经营风险、以前年度接受审计的情况、财务会计机构及工作组织、被审计单位及其管理人员的简况等相关方面进行初步了解，以确定是否接受委托，同时也为接受委托后安排下一步的审计工作奠定前期基础。

（三）评价自身的胜任能力

注册会计师及其所在会计师事务所应对自身能否胜任该委托业务进行评价。

（四）商定审计收费

尽管我国目前会计师事务所收费标准由注册会计师协会统一规定，采用计时或计件方式收取服务费用，但是，在实际工作中，会计师事务所更多地采用计时收费方式，因此，会计师事务所应当考虑收费相关因素，合理估计审计工作时间和小时收费率，向委托人提交审计约定收费预算，并商定相应的审计收费。

（五）明确被审计单位应协助的工作

注册会计师从事审计工作离不开被审计单位的密切协助，包括提供全部的会计资料和其他文件材料，配备相应的财务人员以配合注册会计师的询查工作，甚至包括提供注册会计师外勤办公的场地和设备等条件。对于需要由被审计单位予以配合和协助的工作，会计师事务所可通过提交"提请被审计单位协助审计工作的函"以明确协助事项。

（六）初步确定审计风险

注册会计师了解被审计单位基本情况和初步调查相关内部控制制度后，应初步确定审计风险，并认真评价初步风险水平对审计质量的影响，为确定是否接受业务委托提供依据。如果初步确定审计风险水平过高，注册会计师需考虑提请被审计单位应做好的补充准备工作，并且提高自身的关注能力，以期降低风险水平，否则可以考虑放弃接受业务委托。

（七）分析性测试

主要对会计报表进行概略性分析，即对未审会计报表中有重大变化的项目做出总体上的概略分析说明，为初步确定重点审计领域提供依据。概略分析一般也可以在签订审计业务约定书之后实施，这主要取决于注册会计师对审计程序的规划与安排。

（八）签订审计业务约定书

在完成上述准备工作后，会计师事务所可以签订审计业务约定书。

四、审计业务约定书的内容

（一）审计业务约定书的必备条款

审计业务约定书的具体内容可能因被审计单位的不同而存在差异，但应当包括下列主要方面：

（1）财务报表审计的目标。

（2）管理层对财务报表的责任。

（3）管理层编制财务报表采用的会计准则和相关会计制度。

（4）审计范围，包括指明在执行财务报表审计业务时遵守的中国注册会计师审计准则。

（5）执行审计工作的安排，包括出具审计报告的时间要求。

（6）审计报告格式和对审计结果的其他沟通形式。

（7）由于测试的性质和审计的其他固有限制，以及内部控制的固有局限性，不可避免地存在着某些重大错报可能仍然未被发现的风险。
（8）管理层为注册会计师提供必要的工作条件和协助。
（9）注册会计师不受限制地接触任何与审计有关的记录、文件和所需要的其他信息。
（10）管理层对其作出的与审计有关的声明予以书面确认。
（11）注册会计师对执业过程中获知的信息保密。
（12）审计收费，包括收费的计算基础和收费安排。
（13）违约责任。
（14）解决争议的方法。
（15）签约双方法定代表人或其授权代表的签字盖章，以及签约双方加盖的公章。
（二）在情况需要时应当考虑增加的业务约定条款
如果情况需要，注册会计师应当考虑在审计业务约定书中列明下列内容：
（1）在某些方面对利用其他注册会计师和专家工作的安排。
（2）与审计涉及的内部审计人员和被审计单位其他员工工作的协调。
（3）预期向被审计单位提交的其他函件或报告。
（4）与治理层整体直接沟通。
（5）在首次接受审计委托时，对与前任注册会计师沟通的安排。
（6）注册会计师与被审计单位之间需要达成进一步协议的事项。

五、审计业务约定书的范例

合同式审计业务约定书范例如下：

审计业务约定书

甲方：宏伟股份有限公司
乙方：诚信会计师事务所
兹由甲方委托乙方对 2019 年度财务报表进行审计，经双方协商，达成以下约定：

一、业务范围与审计目标

1. 乙方接受甲方委托，对甲方按照企业会计准则和《××会计制度》编制的 2019 年 12 月 31 日的资产负债表，2019 年度的利润表、股东权益变动表和现金流量表以及财务报表附注（以下统称财务报表）进行审计。

2. 乙方通过执行审计工作，对财务报表的下列方面发表审计意见：① 财务报表是否按照企业会计准则和《××会计制度》的规定编制；② 财务报表是否在所有重大方面公允反映甲方的财务状况、经营成果和现金流量。

二、甲方的责任与义务

（一）甲方的责任

1. 根据《中华人民共和国会计法》及《企业财务会计报告条例》，甲方及甲方负责人有责任保证会计资料的真实性和完整性。因此，甲方管理层有责任妥善保存和提供会计记录（包括但不限于会计凭证、会计账簿及其他会计资料），这些记录必须真实、完整地反映甲方的财务状况、经营成果和现金流量。

2. 按照企业会计准则和《××会计制度》的规定编制财务报表是甲方管理层的责任，这种责任包括：① 设计、实施和维护与财务报表编制相关的内部控制，以使财务报表不存在由于舞弊或错误而导致的重大错报；② 选择和运用恰当的会计政策；③ 作出合理的会计估计。

（二）甲方的义务

1. 及时为乙方的审计工作提供其所要求的全部会计资料和其他有关资料（在 2020 年 × 月 × 日之前提供审计所需的全部资料），并保证所提供资料的真实性和完整性。

2. 确保乙方不受限制地接触任何与审计有关的记录、文件和所需的其他信息。

3. 甲方管理层对其作出的与审计有关的声明予以书面确认。

4. 为乙方派出的有关工作人员提供必要的工作条件和协助，主要事项将由乙方于外勤工作开始前提供清单。

5. 按本约定书的约定及时足额支付审计费用以及乙方人员在审计期间的交通、食宿和其他相关费用。

三、乙方的责任和义务

（一）乙方的责任

1. 乙方的责任是在实施审计工作的基础上对甲方财务报表发表审计意见。乙方按照中国注册会计师审计准则（以下简称审计准则）的规定进行审计。审计准则要求注册会计师遵守职业道德规范，计划和实施审计工作，以对财务报表是否不存在重大错报获取合理保证。

2. 审计工作涉及实施审计程序，以获取有关财务报表金额和披露的审计证据。选择的审计程序取决于乙方的判断，包括对由于舞弊或错误导致的财务报表重大错报风险的评估。在进行风险评估时，乙方考虑与财务报表编制相关的内部控制，以设计恰当的审计程序，但目的并非对内部控制的有效性发表意见。审计工作还包括评价管理层选用会计政策的恰当性和作出会计估计的合理性，以及评价财务报表的总体列报。

3. 乙方需要合理计划和实施审计工作，以使乙方能够获取充分、适当的审计证据，为甲方财务报表是否不存在重大错报获取合理保证。

4. 乙方有责任在审计报告中指明所发现的甲方在重大方面没有遵循企业会计准则和《××会计制度》编制财务报表且未按乙方的建议进行调整的事项。

5. 由于测试的性质和审计的其他固有限制，以及内部控制的固有局限性，不可避免地存在着某些重大错报在审计后可能仍然未被乙方发现的风险。

6. 在审计过程中，乙方若发现甲方内部控制存在乙方认为的重要缺陷，应向甲方提交管理建议书。但乙方在管理建议书中提出的各种事项，并不代表已全面说明所有可能存在的缺陷或已提出所有可行的改善建议。甲方在实施乙方提出的改善建议前应全面评估其影响。未经乙方书面许可，甲方不得向任何第三方提供乙方出具的管理建议书。

7. 乙方的审计不能减轻甲方及甲方管理层的责任。

（二）乙方的义务

1. 按照约定时间完成审计工作，出具审计报告。乙方应于 2020 年 × 月 × 日前出具审计报告。

2. 除下列情况外，乙方应当对执行业务过程中知悉的甲方信息予以保密：① 取得甲方的授权；② 根据法律法规的规定，为法律诉讼准备文件或提供证据，以及向监管机构报告发现的违反法规行为；③ 接受行业协会和监管机构依法进行的质量检查；④ 监管机构对乙方进行行政处罚（包括监管机构处罚前的调查、听证）以及乙方对此提起行政复议。

四、审计收费

1. 本次审计服务的收费是以乙方各级别工作人员在本次工作中所耗费的时间为基础计算的。乙方预计本次审计服务的费用总额为人民币××万元。

2. 甲方应于本约定书签署之日起×日内支付×%的审计费用，剩余款项于审计报告草稿完成日结清。

3. 如果由于无法预见的原因，致使乙方从事本约定书所涉及的审计服务实际时间较本约定书签订时预计的时间有明显的增加或减少时，甲乙双方应通过协商，相应调整本约定书第四条第1项下所述的审计费用。

4. 如果由于无法预见的原因，致使乙方人员抵达甲方的工作现场后，本约定书所涉及的审计服务不再进行，甲方不得要求退还预付的审计费用；如上述情况发生于乙方人员完成现场审计工作，并离开甲方的工作现场之后，甲方应另行向乙方支付人民币××元的补偿费，该补偿费应于甲方收到乙方的收款通知之日起×日内支付。

5. 与本次审计有关的其他费用（包括交通费、食宿费等）由甲方承担。

五、审计报告和审计报告的使用

1. 乙方按照《中国注册会计师审计准则第1501号——审计报告》和《中国注册会计师审计准则第1502号——非标准审计报告》规定的格式和类型出具审计报告。

2. 乙方向甲方致送审计报告一式××份。

3. 甲方在提交或对外公布审计报告时，不得修改乙方出具的审计报告及其后附的已审计财务报表。当甲方认为有必要修改会计数据、报表附注和所作的说明时，应当事先通知乙方，乙方将考虑有关的修改对审计报告的影响，必要时，将重新出具审计报告。

六、本约定书的有效期间

本约定书自签署之日起生效，并在双方履行完毕本约定书约定的所有义务后终止。但其中第三（二）2、四、五、八、九、十项并不因本约定书终止而失效。

七、约定事项的变更

如果出现不可预见的情况，影响审计工作如期完成，或需要提前出具审计报告时，甲、乙双方均可要求变更约定事项，但应及时通知对方，并由双方协商解决。

八、终止条款

1. 如果根据乙方的职业道德及其他有关专业职责、适用的法律法规或其他任何法定的要求，乙方认为已不适宜继续为甲方提供本约定书约定的审计服务时，乙方可以采取向甲方提出合理通知的方式终止履行本约定书。

2. 在终止业务约定的情况下，乙方有权就其于本约定书终止之日前对约定的审计服务项目所做的工作收取合理的审计费用。

九、违约责任

甲乙双方按照《中华人民共和国合同法》的规定承担违约责任。

十、适用法律和争议解决

本约定书的所有方面均应适用中华人民共和国法律进行解释并受其约束。本约定书履行地为乙方出具审计报告所在地，因本约定书所引起的或与本约定书有关的任何纠纷或争议

（包括关于本约定书条款的存在、效力或终止，或无效之后果），双方选择第_____种解决方式：

（1）向有管辖权的人民法院提起诉讼；

（2）提交××仲裁委员会仲裁。

十一、双方对其他有关事项的约定

本约定书一式两份，甲、乙方各执一份，具有同等法律效力。

甲方：宏伟股份有限公司（盖章）　　　　乙方：诚信会计师事务所（盖章）

授权代表：（签名并签章）　　　　　　　　授权代表：（签名并签章）

2020年×月×日　　　　　　　　　　　　　2020年×月×日

第二节 审计计划

一、审计计划的概念和作用

审计计划是指注册会计师为了完成各项审计业务，达到预期的审计目的，在具体执行审计程序之前编制的工作计划。

审计计划通常由审计项目负责人于外勤工作开始之前起草。审计计划在执行过程中，情况会不断发生变化，常常会产生预期计划与实际不一致的情况，这时就应及时对审计计划进行修订和补充。对审计计划的补充、修订贯穿于整个审计过程。注册会计师在整个审计过程中，应当按照审计计划执行审计业务。

审计计划的作用具体表现在以下几个方面：

（1）审计计划是审计主体规范审计行为的表现。

（2）审计计划是提高审计效率和审计质量的保证。

（3）审计计划是注册会计师收集充分、适当的证据的前提条件。

（4）审计计划是加强审计小组与被审计单位之间沟通，避免发生误解的有效途径。

（5）审计计划是审计工作实行监督和检查的依据。

二、审计计划编制的要求

审计计划编制应遵循下列要求：审计计划应当贯穿于审计全过程；项目负责人和项目组其他关键成员应当参与审计计划工作；在编制审计计划时，应当了解被审计单位的情况，确定可能影响会计报表的重要事项；在编制审计计划时，注册会计师应对审计重要性、审计风险进行适当评估。

三、审计计划的内容

审计计划可以分为总体审计策略和具体审计计划两个层次，如图5-1所示。

制定总体审计策略的过程通常在具体审计计划之前，但是两项计划具有内在紧密联系。

（一）总体审计策略

1. 总体审计策略的作用。总体审计策略的作用是确定审计范围、时间和方向，并指导制订具体审计计划。

总体审计策略的作用具体包括：

（1）确定审计范围。

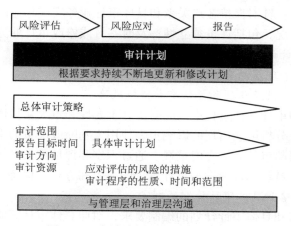

图 5-1 审计计划的两个层次关系图

（2）确定审计业务的报告目标、时间安排及所需沟通。
（3）确定审计方向。
（4）指导制订具体审计计划。

2. 总体审计策略的内容。注册会计师在总体审计策略中应当考虑并清楚地说明下列内容：

（1）确定审计业务的特征。
（2）明确审计业务的报告目标，以计划审计的时间安排和所需沟通的性质。
（3）考虑影响审计业务的重要因素，以确定项目组工作方向。
（4）向具体审计领域调配的资源。
（5）向具体审计领域分配资源的数量。
（6）何时调配这些资源。
（7）如何管理、指导、监督这些资源的利用。

（二）具体审计计划

具体审计计划比总体审计策略更加详细，其内容包括为获取充分、适当的审计证据以将审计风险降至可接受的低水平，项目组成员拟实施的审计程序的性质、时间和范围。

具体审计计划应当包括下列内容：
（1）风险评估程序。
（2）计划实施的进一步审计程序（总体方案和拟实施的具体审计程序）。
（3）其他审计程序。

（三）总体审计策略与具体审计计划的关系

（1）两者共同构成计划审计工作的完整体系。
（2）两者相互影响。①总体审计策略指导制订具体审计计划。②具体审计计划的实施结果影响总体审计策略。③二者内在联系紧密，相互影响，对其中一项的决定会影响或改变另一项。

四、审计计划的编制程序

（一）开展初步业务活动，为审计计划做准备

注册会计师应当在本期审计业务开始时开展初步业务活动，为审计计划做好前期准备。

初步业务活动内容包括：针对保持客户关系和具体审计业务实施相应的质量控制程序；评价遵守职业道德规范的情况，包括评价独立性；及时签订或修改审计业务约定书。

（二）取得编制审计计划的背景信息

（三）与治理层和管理层的交流与沟通

（四）评估审计重要性及识别和评估重大错报风险

注册会计师在编制审计计划过程中，应对审计重要性和重大错报风险进行评估。通过评估、分配审计重要性，分析可能出现的影响报表使用人判断或决策的重大错报、漏报，并在计划中加以列示，以引起审计人员高度重视。通过识别和评估重大错报风险，并在审计计划中加以列示，使审计人员认真选择发表审计意见的内容和方式，保持职业上应有的谨慎。

（五）总体审计策略和具体审计计划的制定

根据总体审计策略和具体审计计划的编制要求，对照总体审计策略和具体审计计划的项目内容逐项编制。

（六）审计计划的审核和批准

审计计划应当经会计师事务所的有关业务负责人审核和批准。

（七）审计计划的修改和补充

第三节 审计重要性

一、审计重要性的定义

首先要区分"审计重要性"和"审计的重要性"，审计的重要性是指本次审计事项是否重要。"审计重要性水平"和"审计重要性"也是两个不同的概念，审计重要性水平是指从金额（数量）上来衡量审计重要性。

注册会计师使用整体重要性水平（将财务报表作为整体）的目的有：

(1) 决定风险评估程序的性质、时间和范围；

(2) 识别和评估重大错报风险；

(3) 确定进一步审计程序的性质、时间和范围。

对重要性概念的理解，需要注意把握以下几点：

1. 重要性概念中的错报包含漏报。财务报表错报包括财务报表金额的错报和财务报表披露的错报。

2. 判断一项错报重要与否，应视其对财务报表使用者依据财务报表做出经济决策的影响程度而定。如果财务报表中的某项错报足以改变或影响财务报表使用者的相关决策，则该项错报就是重要的，否则就不重要。

3. 重要性受到错报的性质或者数量的影响，或者受到两者的共同影响。所谓数量方面，是指错报的金额大小，性质方面则是错报的性质。一般而言，金额大的错报比金额小的错报更重要。在有些情况下，某些金额的错报从数量上看并不重要，但从性质上考虑，则可能是重要的。对于某些财务报表披露的错报，难以从数量上判断是否重要，应从性质上考虑其是否重要。

4. 判断一个事项对财务报表使用者是否重大，是将使用者作为一个群体对共同性的财务信息的需求来考虑的。

5. 重要性的确定离不开具体环境。由于不同的被审计单位面临不同的环境,不同的报表使用者有着不同的信息需求,因此注册会计师确定的重要性也不相同。某一金额的错报对某被审计单位的财务报表来说是重要的,而对另一个被审计单位的财务报表来说可能不重要。例如,100 万元的错误对于一个小规模的企业来说可能是重要的,而对一个大规模企业来说则可能是不重要的。

6. 对重要性的评估需要运用职业判断。影响重要性的因素很多,注册会计师应当根据被审计单位面临的环境,并综合考虑其他因素,合理确定重要性水平。不同的注册会计师在确定同一被审计单位财务报表层次和认定层次的重要性水平时,得出的结果可能不同。主要是因为对影响重要性的各因素的判断存在差异。因此,注册会计师需要运用职业判断来合理评估重要性。

7. 重要性水平与证据数量呈反向关系。

二、审计风险

审计风险是指财务报表存在重大错报而注册会计师发表不恰当审计意见的可能性。财务报表中存在重大错报未被查出,导致审计意见错误的可能性的出现。可能既有客户方面的原因,也有审计人员方面的原因,如图 5-2 所示:

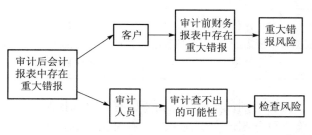

图 5-2 审计风险产生原因图

$$审计风险 = 重大错报风险 \times 检查风险$$

或

$$重大错报风险 \times 检查风险 = 审计风险$$

$$检查风险 = \frac{审计风险}{重大错报风险} = \frac{审计风险}{固有风险 \times 控制风险}$$

审计业务是一种保证程度高的鉴证业务,可接受的审计风险应当足够低,以使注册会计师能够合理保证所审计财务报表不含有重大错报。审计风险取决于重大错报风险和检查风险。

(一)重大错报风险与检查风险

重大错报风险是指财务报表在审计前存在重大错报的可能性。重大错报风险分为两个层次:

1. 财务报表层次的重大错报风险,它可能是因控制环境薄弱,从而可能产生多项认定的重大错报风险,因而,它与财务报表整体存在广泛的重大错报风险相联系。此类风险通常与控制环境有关。例如,被审计单位治理层、管理层对内部控制的重要性缺乏认识,没有建立必要的制度和程序。它因薄弱的控制环境而带来的风险,可能对财务报表产生广泛影响,它难以限于某类交易、账户余额、列报与披露,注册会计师应当采取总体应对措施。

2. 认定层次的重大错报风险是指各类交易、账户余额、列报认定层次的重大错报风险。认定层次的重大错报风险分为:固有风险和控制风险。因此,审计风险包括固有风险、控制风险和检查风险,见表 5-1 和图 5-3。

表 5-1 审计风险分类表

类别	固有风险	控制风险	检查风险
概念	又称内在风险，固有风险是指假设不存在相关的内部控制，某一认定发生重大错报的可能性，无论该错报单独考虑，还是连同其他错报，均构成重大错报	又称制度风险，控制风险是指某项认定发生了重大错报，无论该错报单独考虑，还是连同其他错报构成重大错报，而该错报没有被企业的内部控制及时防止、发现和纠正的可能性	又称测试风险，检查风险是指某一认定存在错报，该错报单独或连同其他错报是重大的，但注册会计师未能发现这种错报的可能性
特性	注册会计师无法控制的，但可以评估	注册会计师无法控制的，但可以评估	注册会计师可以控制，但检查风险不可能降低为零
证据量	评估的固有风险越高，则所需的审计证据就越多，反之就越少	评估的控制风险越高，则所需的审计证据就越多，反之就越少	可接受的检查风险越高，则所需的审计证据就越少，反之就越多

需要特别说明的是，由于固有风险和控制风险不可分割地交织在一起，有时无法单独进行评估，审计准则通常不再单独提到固有风险和控制风险，而只是将两者合并称为"重大错报风险"。

（二）审计风险的模型

在既定的审计风险水平下，可接受的检查风险水平与认定层次重大错报风险的评估结果呈反向关系。评估的重大错报风险越高，可接受的检查风险越低；评估的重大错报风险越低，可接受的检查风险越高。重大错报风险和检查风险之间存在的相互关系即反向关系，我们可以从定性和定量两个方面加以考察：

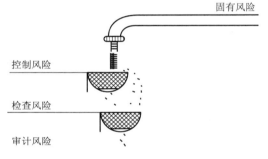

图 5-3 审计风险分类图

1. 从定量的角度看，检查风险与重大错报风险的反向关系用数学模型表示如下：

$$审计风险 = 重大错报风险 \times 检查风险$$

或

$$重大错报风险 \times 检查风险 = 审计风险$$

检查风险确定的步骤如图 5-4 所示。

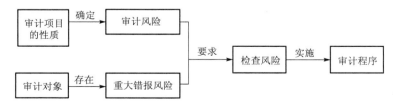

图 5-4 检查风险确定的步骤

审计风险模型的变化：

$$检查风险 = 审计风险/重大错报风险$$

或

$$（可接受的）检查风险 = 审计风险（可接受的水平）/重大错报风险$$

注：1 − （可接受的）审计风险 = 审计意见的可信赖程度。

2. 从定性的角度看，重大错报风险越高，注册会计师可接受的检查风险水平越低，反之亦然。换言之，当重大错报风险较高时，注册会计师必须扩大审计范围，尽量将检查风险降低，以便使整个审计风险降低至可接受的水平。

各风险之间及各风险与审计证据的关系见表 5 − 2。

表 5 − 2　各风险之间及各风险与审计证据的关系

情况	审计风险（可接受的水平）	重大错报风险	检查风险	证据数量
1	一定（低）	低	高	少
2	一定（低）	中	中	中
3	一定（低）	高	低	多

如表 5 − 2 中第 3 种情况，如果重大错报风险较高，表明财务报表出现错报的可能性较大，则注册会计师在审计过程中就必须执行较多的测试，获取较多的证据。而根据检查风险模型的公式，审计风险（分子）一定，重大错报风险综合水平（分母）高，则检查风险较低。所以，检查风险与审计证据之间呈反向变动关系。

（三）审计风险与审计证据的关系

（1）审计风险（可接受的水平）与审计证据之间呈反向变动关系；

（2）重大错报风险与审计证据之间呈正向变动关系；

（3）检查风险与重大错报风险呈反向变动关系；

（4）检查风险（可接受的水平）与审计证据之间呈反向变动关系。

【例 5 − 1】审计风险取决于重大错报风险和检查风险，下列表述不正确的有哪些？

① 在既定的审计风险水平下，注册会计师应当实施审计程序，将重大错报风险降至可接受的低水平；② 注册会计师应当合理设计审计程序的性质、时间和范围，并有效执行审计程序，以消除检查风险；③ 注册会计师应当合理设计审计程序的性质、时间和范围，并有效执行审计程序，以控制重大错报风险；④ 注册会计师应当获得认定层次充分、适当的审计证据，以便在完成审计工作时，能够以可接受的低审计风险对财务报表整体发表意见。

分析要点：答案①，在既定的审计风险水平下，可接受的检查风险水平与认定层次重大错报风险的评估结果呈反向关系，评估的重大错报风险越高，可接受的检查风险越低，因此，只有把检查风险降到可接受的低水平才能达到目的，"将重大错报风险降至可接受的低水平"是错的。答案②，检查风险只能控制不能消除。因此，"以消除检查风险"是错的。答案③，注册会计师应当合理设计审计程序的性质、时间和范围，并有效执行审计程序，以控制检查风险。因此，"控制重大错报风险"是错的。答案④，表述正确。

【例 5-2】 注册会计师需要获取的审计证据的数量受错报风险的影响。下列表述不正确的有哪些?

① 评估的错报风险越高,则可接受的检查风险越高,需要的审计证据可能越少;② 评估的错报风险越高,则可接受的检查风险越低,需要的审计证据可能越多;③ 评估的错报风险越低,则可接受的检查风险越低,需要的审计证据可能越少;④ 评估的错报风险越低,则可接受的检查风险越高,需要的审计证据可能越多。

分析要点: 重大错报风险与检查风险是反向关系;重大错报风险与审计证据是正向关系。

答案①是错的,正确的应是在审计风险(可接受的水平)一定时,评估的错报风险越高,则可接受的检查风险越低,需要的审计证据越少。答案②是正确的。答案③是错的,正确的应是在审计风险(可接受的水平)一定时,评估的错报风险越低,则可接受的检查风险越高,需要的审计证据越少。答案④是错的,正确的应是在审计风险(可接受的水平)一定时,评估的错报风险越低,则可接受的检查风险越高,需要的审计证据可能越少。

三、重要性水平的确定

注册会计师应当运用职业判断确定重要性。在计划审计工作时,注册会计师应当确定一个可接受的重要性水平,以发现在金额上重大的错报。

(一)确定计划的重要性水平时应考虑的因素

注册会计师在确定计划的重要性水平时,需要考虑以下主要因素:

(1) 对被审计单位及其环境的了解;
(2) 审计的目标,包括特定报告要求;
(3) 财务报表各项目的性质及其相互关系;
(4) 财务报表项目的金额及其波动幅度。

(二)从数量方面考虑重要性

1. 财务报表层次的重要性水平。财务报表层次的重要性水平即总体重要性水平。财务报表的累计错报金额超过这一重要性水平,就可能造成财务报表使用者的判断失误,应当认为是重要的;反之,则认为错报金额不重要。

确定多大错报会影响到财务报表使用者决策,是注册会计师运用职业判断的结果,很多注册会计师根据所在会计师事务所的惯例及自己的经验,考虑重要性水平。注册会计师通常先选择一个恰当的基准,再选用适当的百分比乘以该基准,从而得出财务报表层次的重要性水平。判断的基础,如总资产、净资产、销售收入、费用、毛利、净利润等。在选择适当的基准时,注册会计师应当考虑基准数据的相关因素。计算公式为

$$报表层次重要性水平 = 恰当基准 \times 适当\%$$

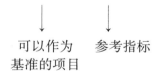

可以作为　　参考指标
基准的项目

2. 各类交易、账户余额、列报认定层次的重要性水平(可容忍错报)。由于财务报表提供的信息由各类交易、账户余额、列报认定层次的信息汇集加工而成,注册会计师只有通过

对各类交易、账户余额、列报认定实施审计,才能得出财务报表是否公允反映的结论。因此,注册会计师还应当考虑各类交易、账户余额、列报认定层次的重要性。各类交易、账户余额、列报认定层次的重要性水平称为"可容忍错报"。可容忍错报的确定以注册会计师对财务报表层次重要性水平的初步评估为基础。它是在不导致财务报表存在重大错报的情况下,注册会计师对各类交易、账户余额、列报确定的可接受的最大错报。低于这一水平的错报是可容忍的;反之,高于这一水平的错报是不可接受的。

在确定各类交易、账户余额、列报认定层次的重要性水平时,注册会计师应当考虑以下主要因素:

(1) 各类交易、账户余额、列报的性质及错报的可能性;
(2) 各类交易、账户余额、列报的重要性水平与财务报表层次重要性水平的关系。

(三) 从性质方面考虑重要性

在某些情况下,金额相对较少的错报也可能会对财务报表产生重大影响。注册会计师在判断重要性时还应考虑错报的性质。如舞弊与违法行为的错报;可能引起履行合同义务的错报;影响收益趋势的错报;较小金额经常错报的累计影响;不该发生小金额错报的错报等。

(四) 对计划阶段确定的重要性水平的调整

在审计执行阶段,注册会计师应当及时评价计划阶段确定的重要性水平是否仍然合理。在确定审计程序后,如果注册会计师决定接受更低的重要性水平,审计风险将增加。注册会计师应当选用下列方法将审计风险降至可接受的低水平,如图 5-5 所示。

(1) 如有可能,通过扩大控制测试范围或实施追加的控制测试,降低评估的重大错报风险,并支持降低后的重大错报风险水平;
(2) 通过修改计划实施的实质性程序的性质、时间和范围,降低检查风险。

(五) 重要性与审计风险的关系

重要性与审计风险之间存在反向关系。重要性水平越高,审计风险越低;重要性水平越低,审计风险越高,如图 5-6 所示。

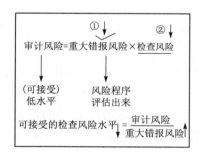

图 5-5 调整关系式图

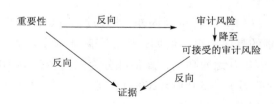

图 5-6 重要性与审计风险关系图

(1) 在制订审计计划时,注册会计师应根据审计风险确定重要性水平。审计风险越大,重要性数额就得越小。如果注册会计师通过初步分析,认为客户财务报表中出现错报的可能性较大,注册会计师难以将报表中重要错报的查出的可能性也就越大,即"存在的审计风险"较大,注册会计师应采用较低的重要性水平,以获取充分的审计证据,降低审计风险至可接受水平。

(2) 在确定了恰当的重要性水平之后,某一项目的重要性水平越低,该项目的审计风险就越大。如某一项目的重要性水平定为 5 000 元,另一项目的重要性水平定为 3 000 元,假设两者都有同样的 4 000 元错报未能查出,则这一错报可能会影响到第二项目的报表使用者的决策判断,而不影响第一项目的报表使用者的决策判断。显然,重要性水平为 3 000 元时存在的审计风险要比重要性水平为 5 000 元时存在的审计风险高。

但值得注意的是,注册会计师不能为了使审计风险达到可接受的低水平,而将重要性水平定得很高,这样反而会增大审计风险。

四、评价错报的影响

(一) 尚未更正错报的汇总数

尚未更正错报的汇总数包括已经识别的具体错报和推断误差。

$$尚未更正错报的汇总数 = 已识别的具体错报 + 推断误差$$
$$= (对事实的错报 + 涉及主观决策的错报) +$$
$$(抽样推断误差 + 分析程序推断误差)$$

1. 已经识别的具体错报。已经识别的具体错报是指注册会计师在审计过程中发现的,能够准确计量的错报,包括下列两类:

(1) 对事实的错报。这类错报产生于被审计单位收集和处理数据的错误,对事实的忽略或误解,或故意舞弊行为。例如,注册会计师在审计测试中发现最近购入固定资产的实际价值为 100 000 元,但账面记录的金额却为 80 000 元。因此,固定资产原值被低估了 20 000 元,由此产生的折旧也被低估了,这里被低估的金额就是已识别的对事实的具体错报。

(2) 涉及主观决策的错报。这类错报产生于两种情况:一是管理层和注册会计师对会计估计值的判断差异。二是管理层和注册会计师对选择和运用会计政策的判断差异,由于注册会计师认为管理层选用会计政策造成错报,管理层却认为选用会计政策适当,导致出现判断差异。

2. 推断误差。也称"可能误差",是注册会计师对不能明确、具体地识别的其他错报的最佳估计数。推断误差通常包括:

(1) 抽样推断误差,即通过测试样本估计出的总体的错报减去在测试中发现的已经识别的具体错报。例如,应收账款年末余额为 3 000 万元,注册会计师抽查 10% 样本发现金额有 60 万元的高估,高估部分为账面金额的 20%,据此注册会计师推断总体的错报金额为 600 万元 (3 000×20%),那么上述 60 万元就是已识别的具体错报,其余 540 万元即推断误差。

(2) 分析程序推断误差,即通过实质性分析程序推断出的估计错报。例如,注册会计师根据客户的预算资料及行业趋势要素,对客户年度销售费用独立做出估计,并与客户账面金额比较,发现两者间有 50% 的差异;考虑到估计的精确性有限,注册会计师根据经验认为 10% 的差异通常是可接受的,而剩余 40% 的差异需要有合理解释并取得佐证性证据;假定注册会计师对其中 20% 的差异无法得到合理解释或不能取得佐证,则该部分差异金额即为推断误差。

(二) 评价尚未更正错报的汇总数的影响

注册会计师应当评估在审计过程中已识别但尚未更正错报的汇总数是否重大。注册会计师在评估未更正错报是否重大时，不仅需要考虑每项错报对财务报表的单独影响，而且需要考虑所有错报对财务报表的累计影响及其形成原因，尤其是一些金额较小的错报，虽然单个看起来并不重大，但是其累计数却可能对财务报表产生重大影响。

为了全面地评价错报的影响，注册会计师应将审计过程中已识别的具体错报和推断误差进行汇总。

尚未更正错报与财务报表层次重要性水平相比，可能出现三种情况，见表5-3。

表5-3 评价错报影响简表

情形	汇总错报 /万元	重要性水平 /万元	措　　施	拒绝调整后
小于	60	80	提请调整	无保留意见
接近	85	80	追加审计程序；提请进一步调整	视追加程序之后发现的错报情况而定
超过	300	80	扩大实质性程序范围；提请进一步调整	保留或否定意见

(1) 尚未更正错报的汇总数低于重要性水平。如果尚未更正错报汇总数低于重要性水平，对财务报表的影响不重大，注册会计师可以发表无保留意见的审计报告。

(2) 尚未更正错报的汇总数接近重要性水平。如果已识别但尚未更正错报的汇总数接近重要性水平，注册会计师应当考虑通过实施追加的审计程序，或要求管理层调整财务报表降低审计风险。注册会计师应视追加程序之后发现的错报情况来确定发表审计报告类型。

(3) 尚未更正错报的汇总数超过重要性水平。如果尚未更正错报汇总数超过了重要性水平，对财务报表的影响可能是重大的，注册会计师应当考虑通过扩大审计程序的范围或要求管理层调整财务报表降低审计风险。如果管理层拒绝调整财务报表，并且扩大审计程序范围的结果不能使注册会计师认为尚未更正错报的汇总数不重大，注册会计师应当考虑出具非无保留意见的审计报告。

本 章 小 结

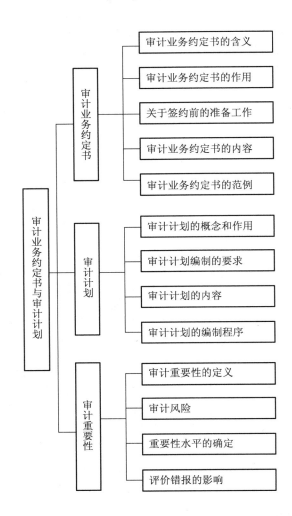

同 步 测 试

一、单项选择题

1. 下列对总体审计策略的作用表述不正确的是（　　）。
   A. 确定了审计范围
   B. 确定了审计报告目标、审计业务的时间安排及所需沟通
   C. 确定了风险评估程序
   D. 指导制订具体审计计划

2. 如果某一审计项目可接受的审计风险为5%，重大错报风险为80%，则可接受的检查风险为（　　）。

A. 4%　　　　　B. 6.25%　　　　　C. 16%　　　　　D. 20%

3. 下列与重大错报风险相关的表述中，正确的是（　　）。
   A. 重大错报风险是因错误使用审计程序产生的
   B. 重大错报风险是假定不存在相关内部控制，某一认定发生重大错报的可能性
   C. 重大错报风险独立于财务报表审计而存在
   D. 重大错报风险可以通过合理实施审计程序予以控制

4. 在审计风险模型中，"重大错报风险"是指（　　）。
   A. 评估的财务报表层次的重大错报风险
   B. 评估的认定层次的重大错报风险
   C. 评估的与控制环境相关的重大错报风险
   D. 评估的与财务报表存在广泛联系的重大错报风险

5. 当可接受的检查风险降低时，注册会计师可能采取的措施是（　　）。
   A. 缩小实质性程序的范围
   B. 将计划实施实质性程序的时间从期中移至期末
   C. 降低评估的重大错报风险
   D. 消除固有风险

6. 在控制检查风险时，注册会计师应当采取的有效措施是（　　）。
   A. 调高重要性水平
   B. 测试内部控制的有效性，以降低控制风险
   C. 进行穿行测试，以降低固有风险
   D. 合理设计和有效实施进一步审计程序

7. 下列有关审计重要性的表述中，错误的是（　　）。
   A. 在考虑一项错报是否重要时，既要考虑错报的金额，又要考虑错报的性质
   B. 如果一项错报单独或连同其他错报可能影响财务报表使用者依据财务报表做出的经济决策，则该项错报是重要的
   C. 如果已识别但尚未更正的错报汇总数接近但不超过重要性水平，注册会计师无须要求管理层调整
   D. 重要性的确定离不开职业判断

8. 在执行审计业务时，注册会计师应当确定合理的重要性水平。下列做法正确的是（　　）。
   A. 通过调高重要性水平，降低评估的重大错报风险
   B. 通过调低重要性水平，降低评估的重大错报风险
   C. 在确定计划的重要性水平时，应当考虑对被审计单位及其环境的了解
   D. 在确定计划的重要性水平时，应当考虑实施进一步审计程序的结果

9. 审计风险取决于重大错报风险和检查风险，下列表述正确的是（　　）。
   A. 在既定的审计风险水平下，注册会计师应当实施审计程序，将重大错报风险降至可接受的低水平
   B. 注册会计师应当合理设计审计程序的性质、时间和范围，并有效执行审计程序，以控制重大错报风险

C. 注册会计师应当合理设计审计程序的性质、时间和范围，并有效执行审计程序，以消除检查风险
D. 注册会计师应当获得认定层次充分、适当的审计证据，以便在完成审计工作时，能够以可接受的低审计风险对财务报表整体发表意见

10. 注册会计师需要获取的审计证据的数量受错报风险的影响。下列表述正确的是（　　）。
A. 评估的错报风险越高，则可接受的检查风险越低，需要的审计证据可能越多
B. 评估的错报风险越高，则可接受的检查风险越高，需要的审计证据可能越少
C. 评估的错报风险越低，则可接受的检查风险越低，需要的审计证据可能越少
D. 评估的错报风险越低，则可接受的检查风险越高，需要的审计证据可能越多

二、多项选择题

1. 关于审计业务约定书，下列说法正确的有（　　）。
A. 有利于增进会计师事务所与被审计单位之间的相互了解，尤其是让被审计单位管理层了解注册会计师的审计责任及需要提供的协助
B. 可作为被审计单位评价审计业务完成情况，以及会计师事务所检查被审计单位约定义务履行情况的依据
C. 出现法律诉讼时，是确定签约各方应负责任的重要证据
D. 审计业务约定书具有经济合同的性质，签订后的审计业务约定书具有法定约束力，成为委托人和受托人双方之间在法律上的生效契约

2. 会计师事务所在签订审计业务约定书之前，应与被审计单位沟通的内容有（　　）。
A. 委托目的　　　　　　　　　　B. 审计收费
C. 审计范围　　　　　　　　　　D. 被审计单位提供的资料和信息

3. 审计计划的作用具体表现在（　　）。
A. 审计计划是审计主体规范审计行为的表现，是提高审计效率和审计质量的保证，是审计工作实行监督和检查的依据
B. 审计计划是注册会计师收集充分、适当的证据的前提条件
C. 审计计划是加强审计小组与被审计单位之间沟通，避免发生误解的有效途径
D. 出现法律诉讼时，是确定各方应负责任的重要证据

4. 在编制审计计划时，注册会计师应对（　　）进行适当评估。
A. 审计重要性　　　　　　　　　B. 审计相关性
C. 被审计单位的可靠性　　　　　D. 重大错报风险

5. 下列（　　）是编制审计计划时应遵循的要求。
A. 在审计初始阶段应完成审计计划编制，在审计执行过程中不得修改
B. 项目负责人和项目组其他关键成员应当参与审计计划工作
C. 在编制审计计划时，应当了解被审计单位的情况，确定可能影响会计报表的重要事项
D. 在编制审计计划时，注册会计师应对有关事项进行适当评估

6. 审计计划可以分为（　　）两个层次。
A. 会计师事务所制订的总体审计计划　　B. 总体审计策略

C. 注册会计师制订的具体审计计划　　D. 具体审计计划

7. 具体审计计划应当包括的内容有（　　）。
   A. 风险评估程序
   B. 计划实施的进一步审计程序
   C. 针对审计业务需要实施的其他审计程序
   D. 向具体审计领域调配的资源

8. 关于检查风险的表述正确的有（　　）。
   A. 注册会计师无法控制检查风险，但可以评估检查风险
   B. 注册会计师可以控制，但检查风险不可能降低为零
   C. 可接受的检查风险越高，则所需的审计证据就越少，反之就越多
   D. 检查风险是指某一认定存在错报，该错报单独或连同其他错报是重大的，但注册会计师未能发现这种错报的可能性

9. 属于总体审计策略的内容有（　　）。
   A. 向具体审计领域调配的资源　　B. 向具体审计领域分配资源的数量
   C. 何时调配这些资源　　D. 指导制订具体审计计划

10. 对于特定的被审计单位而言，审计风险和审计证据的关系可以表述为（　　）。
    A. 要求的审计风险越低，所需的审计证据数量就越多
    B. 要求的检查风险越高，所需的审计证据数量就越少
    C. 评估的重大错报风险越低，所需的审计证据数量就越少
    D. 评估的重大错报风险越高，所需的审计证据数量就越多

实训案例分析

1. 某注册会计师在评估甲被审计单位的审计风险时，分别设计了以下五种方案，以帮助决定可接受的检查风险水平。

风险类别	方案一	方案二	方案三	方案四	方案五
可接受的审计风险/%	5	5	2	4	2
重大错报风险/%	30	100	40	100	100

要求：
（1）分别计算上述五种方案的可接受检查风险水平。
（2）注册会计师获取最多的审计证据是哪种方案？为什么？

2. 特斯股份有限公司，委托万安会计师事务所对其财务报表进行审计，万安会计师事务所在了解了客户的基本情况并初步评价了审计风险后，决定接受委托，双方签订的审计业务约定书如下：

审计业务约定书

甲方：特斯股份有限公司
乙方：万安会计师事务所
甲方委托乙方对甲方2019年度财务报表进行审计，经双方协商达成如下约定：

一、委托目的和审计范围

1. 委托目的：年度财务报表审计。
2. 审计范围：甲方 2019 年 12 月 31 日的资产负债表，2019 年度的现金流量表。

二、双方的责任与义务

（一）乙方的责任与义务

1. 乙方应按照《中华人民共和国注册会计师法》《中国注册会计师执业准则》的要求，对被审计单位提供的财务报表和有关资料，实施必要的审计程序，出具真实、合法的审计报告。
2. 乙方在审计过程中，如发现被审计单位的内部控制有重大缺陷，也应将情况报告委托方。乙方在适当的情况下应出具管理建议书。
3. 乙方按照约定的时间完成审计业务，出具审计报告。

（二）甲方的责任与义务

1. 甲方对乙方开展审计工作应给予充分的合作，提供必要的条件，并按乙方的要求，提供被审计单位完整的会计资料及其他各种与审计业务有关的资料。
2. 甲方应按照约定的条件，及时足额地支付审计费用。
3. 甲方的会计责任是应当建立健全内部控制，保证资产的安全、完整，保证会计资料的真实、合法和完整。财务报表由被审计单位负责，乙方的审计责任并不能替代、减轻或免除被审计单位的会计责任。

三、出具审计报告的时间要求

甲方应于签订审计业务约定书后的 20 日内提供审计所需的全部资料，受托方应于委托方提供审计所需的全部资料后的 60 日内出具审计报告。

如果在审计过程中出现不可预见的、影响审计工作如期完成的情况或者其他情况，均需经过双方协商变更约定事项。

四、审计费用及支付方式

本项业务审计费用为人民币 3 万元整。上述审计费用应在审计业务约定书签订后先支付 30%，剩余部分于审计报告完成时支付。

五、本约定书经双方签署后生效，约定事项全部完成后失效

六、违约责任

双方按照《中华人民共和国合同法》承担违约责任。

甲方：特斯股份有限公司（盖章）　　　　乙方：万安会计师事务所（盖章）

授权代表：（签字）　　　　　　　　　　授权代表：（签字）

要求：对照规范的审计业务约定书，指出特斯股份有限公司与万安会计师事务所签订的审计业务约定书存在哪些问题，并作出相应的修改。

3. 注册会计师在对甲公司 2019 年度会计报表进行审计时，对审计风险的有关要素分别做出如下评估：

%

方案	可接受的审计风险水平	评估的固有风险水平	评估的控制风险水平
方案1	4	35	55
方案2	4	45	65
方案3	4	55	75

要求：根据审计风险模型，计算注册会计师应确定的检查风险水平。

思考与练习

1. 审计业务约定书签订之前要做哪些准备工作？审计业务约定书包括哪些内容？
2. 何谓审计重要性？注册会计师运用审计重要性概念的目的是什么？
3. 什么是审计风险？审计风险的模型是怎样表述的？重大错报风险、检查风险和审计风险三者之间存在怎样的关系？
4. 审计风险与审计证据之间存在怎样的关系？重要性水平如何确定？重要性与审计风险之间存在怎样的关系？

第六章

注册会计师职业准则

知识目标

1. 理解审计准则的含义。明确审计准则的作用。
2. 了解执业准则的建设过程。熟悉执业准则体系框架。理解执业准则体系的特点。明确执业准则的约束力和适用范围。
3. 掌握注册会计师鉴证业务基本准则的关键内容,熟悉鉴证业务环节和基本要素。
4. 明确质量控制的意义和作用。掌握注册会计师质量控制基本准则的关键内容。

技能目标

1. 试运用注册会计师执业准则的相关规定,分析注册会计师执业过程的完整性与有效性,初步树立审计意识,从总体上把握鉴证业务环节和基本要素,提高进一步学习审计实务的能力。
2. 通过对会计师事务所业务质量控制准则的学习,提高对会计师事务所业务质量控制的意识和规范管理的自觉性。

第一节 注册会计师执业准则概述

一、审计准则的含义

审计准则是由政府审计机关或会计师职业团体制定的、注册会计师在执行审计业务时必须遵循的行为规范和原则,是衡量和判断审计工作质量的权威性的专业标准。

我国审计准则作为一个完整的体系,包括国家审计准则、内部审计准则和注册会计师执业准则三部分。

二、审计准则的作用

审计准则的制定与实施,使注册会计师在执业过程中有了工作规范和指南,对审计质量的提高和整个审计事业的发展起着积极的促进作用。

(1) 实施审计准则,为评价审计工作提供依据。
(2) 实施审计准则,可以增强社会公众对审计的信任。
(3) 实施审计准则,可以维护审计组织和注册会计师的正当权益。
(4) 实施审计准则,有利于国际审计经验交流。

三、注册会计师执业准则的建设过程

中国审计准则建设经历了以下三个阶段：

（一）制定执业规则阶段（1991—1993年）

从1991年到1993年，中注协（中国注册会计师协会）先后发布了《注册会计师检查验证会计报表规则（试行）》等7个执业规则。这些执业规则对我国注册会计师行业走向正规化、法制化和专业化起到了积极作用。

（二）建立准则体系阶段（1994—2003年）

1993年10月通过的《注册会计师法》规定了中国注册会计师协会依法拟订执业准则、规则，报国务院财政部门批准后施行。经财政部批准同意，中注协自1994年5月开始起草独立审计准则。到2003年，中注协先后制定了6批独立审计准则，包括1个准则序言、1个独立审计基本准则、28个独立审计具体准则、10个独立审计实务公告和5个执业规范指南。

（三）与国际审计准则趋同阶段（2004年至今）

2004年以后随着审计准则体系的基本建立，中注协制定准则的工作转到完善审计准则体系与提高准则质量并重的方向上。根据变化了的审计环境、国际审计准则的最新发展和注册会计师执业的需要，有计划、有步骤地修订和完善审计准则体系。中国注册会计师协会拟订了《中国注册会计师鉴证业务基本准则》等22项准则，并对《中国注册会计师审计准则第1142号——财务报表审计中对法律法规的考虑》等26项准则进行了修订和完善。这48项准则已于2006年2月15日由财政部发布，自2007年1月1日起在所有会计师事务所施行。2010年11月，为了规范注册会计师的执业行为，提高执业质量，维护社会公众利益，促进社会主义市场经济的健康发展，中国注册会计师协会修订了《中国注册会计师审计准则第1101号——注册会计师的总体目标和审计工作的基本要求》等38项准则，自2012年1月1日起施行。这些准则的发布，标志着我国已建立起一套适应社会主义市场经济发展要求，顺应国际趋势的中国注册会计师执业准则体系。

四、中国注册会计师执业准则体系框架

根据我国注册会计师业务范围的拓展和国际趋同的需要，我国相关部门进行了准则框架的重构。将原有的"中国注册会计师独立审计准则体系"改为"中国注册会计师执业准则体系"，该新体系包括鉴证业务准则、相关服务准则和会计师事务所质量控制准则，如图6-1和图6-2所示。

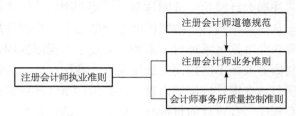

图6-1 中国注册会计师执业准则体系

审计准则属于鉴证业务准则，是中国注册会计师职业规范体系的重要组成部分。审计准则所属的准则体系由以下三个层次组成。

1. 鉴证业务基本准则。鉴证业务基本准则是统驭具体审计准则等鉴证业务准则的总纲，是对注册会计师专业胜任能力的基本要求和执业行为的基本规范，是制定具体审计准则、实务公告、执业规范指南和其他鉴证业务准则的基本依据。

2. 具体审计准则与审计实务公告。具体审计准则是依据鉴证业务基本准则制定的，是对注册会计师执行一般审计业务、出具审计报告的具体规范。审计实务公告是依据鉴证业务基本准则制定的，是对注册会计师执行特殊行业、特殊目的、特殊性质的审计业务和出具审

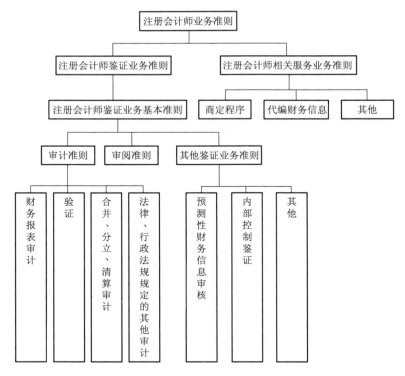

图6-2 中国注册会计师业务准则体系

计报告的具体规范。

3. 执业规范指南。执业规范指南是依据鉴证业务基本准则、具体准则与实务公告制定的,为注册会计师执行具体审计准则、实务公告提供可操作的指导意见。

五、注册会计师执业准则体系的特点

(一) 体现了国际趋同的要求

注册会计师执业准则体系在体系结构、项目构成和基本内容上实现了与国际准则的趋同。从体系结构看,按照国际趋同的要求,根据注册会计师提供服务性质的不同,对注册会计师执业准则体系进行了重构,实现了与国际准则体系的完全一致。从项目构成看,除个别项目因对我国不适用而未被纳入外,我国注册会计师执业准则体系涵盖了国际审计准则的所有项目。在审计准则的内容上,我国的审计准则充分采用了国际审计准则所有的基本原则和核心程序,在审计的目标与原则、风险的评估与应对、审计证据的获取和分析、审计结论的形成和报告,以及注册会计师执业责任的设定等所有重大方面,与国际审计准则保持一致。对国际审计准则中包含的举例等解释说明性材料,我国的准则由于是财政部规范性文件,未能写入准则正文,但将这些内容写入指南,可以帮助注册会计师正确理解和运用准则。

(二) 体现了维护社会公众利益的宗旨

执业准则既规范注册会计师,又与社会公众的利益密切相关。与以前制定的审计准则相比,注册会计师执业准则体系更加突出了保护社会公众利益的宗旨,强化了注册会计师的执业责任,针对实务中暴露出的不足,严格了程序,要求注册会计师切实承担起保护社会公众利益的责任。

（三）体现了风险导向审计的要求

传统审计实务建立在传统审计风险模型基础上，存在很大缺陷。注册会计师往往不注重从宏观层面把握财务报表存在的重大错报风险，而直接实施控制测试和实质性程序，容易产生审计失败。因为企业管理层串通舞弊或凌驾于内部控制之上，内部控制是失效的。如果注册会计师不把审计视角扩展到内部控制以外，如行业状况、监管环境、企业的性质以及目标、战略和相关经营风险等方面，很容易受到蒙蔽和欺骗，不能发现由于内部控制失效所导致的财务报表重大错报风险。某些会计师事务所由于不进行风险评估，造成审计工作无的放矢，影响了审计效率和效果。在此背景下，国际审计与鉴证准则理事会与英美等国的审计准则制定机构共同研究制定审计风险准则，改进了传统的审计风险模型，提高注册会计师识别、评估和应对重大错报风险的能力。

六、审计准则的约束力和适用范围

鉴证业务基本准则、具体审计准则与实务公告是注册会计师执行独立审计业务、出具审计报告的法定要求，各会计师事务所和注册会计师在执行《注册会计师法》第14条规定的审计业务时，应当遵照执行。执业规范指南是对注册会计师执行独立审计业务、出具审计报告的具体指导，注册会计师应当参照执行。

审计准则适用于注册会计师执行独立审计业务的全过程。注册会计师对被审计单位进行独立审计时，不论该单位是否以盈利为目的，也不论其规模大小和法定组织形式如何，只要是以发表审计意见为目的，都应遵循审计准则。在特定情况下，注册会计师可以应用审计准则执行其他有关业务。

第二节　中国注册会计师鉴证业务基本准则

《中国注册会计师鉴证业务基本准则》的主要内容包括：①"鉴证业务的定义和目标"，规范鉴证业务的内涵，将鉴证业务分为基于认定的业务和直接报告业务，并区分了合理保证和有限保证鉴证业务的目标。②"业务承接"，要求注册会计师在接受委托前，应当初步了解业务环境，规定只有认为能够遵守独立性和专业胜任能力等相关职业道德要求，并且拟承接的鉴证业务具备规定的所有特征，注册会计师才能接受该项鉴证业务。③"鉴证业务要素"，规范了鉴证业务涉及的三方关系（包括注册会计师、责任方和预期使用者）、鉴证对象、评价和计量的标准、鉴证证据和鉴证报告。

在《中国注册会计师鉴证业务基本准则》的统驭下，审计准则用于规范注册会计师执行历史财务信息（主要是财务报表）审计业务，要求注册会计师综合使用审计方法，对财务报表获取合理程度的保证；审阅准则用于注册会计师执行历史财务信息审阅业务，要求注册会计师主要使用询问和分析程序，对财务报表获取有限程度的保证；其他鉴证业务准则用于规范注册会计师执行历史财务信息审计和审阅以外的其他鉴证业务。《中国注册会计师鉴证业务基本准则》的基本内容如下。

一、鉴证业务的定义和目标

（一）鉴证业务的定义

鉴证业务是指注册会计师对鉴证对象信息提出结论，以增强除责任方之外的预期使用者对鉴证对象信息信任程度的业务。

该定义明确了鉴证业务的主体是注册会计师；用户是预期使用者；目的是适当保证或提高鉴证对象信息的质量；基础是注册会计师的独立性和专业性；产品是书面鉴证结论。

（二）鉴证对象信息的定义

鉴证对象信息是按照标准对鉴证对象进行评价和计量的结果。如被审计单位管理层（责任方）按照会计准则和相关会计制度（标准）对其财务状况、经营成果和现金流量（鉴证对象）进行确认、计量和列报（包括披露，下同）而形成的财务报表（鉴证对象信息）。

（三）鉴证业务类型

鉴证业务分为基于责任方认定的业务和直接报告业务。

在基于责任方认定的业务中，责任方对鉴证对象进行评价或计量，鉴证对象信息以责任方认定的形式为预期使用者获取。例如财务报表审计、由管理层提供报告并由注册会计师鉴证的内部控制鉴证等。

在直接报告业务中，注册会计师直接对鉴证对象进行评价或计量，或者从责任方获取对鉴证对象评价或计量的认定。而该认定无法为预期使用者获取，预期使用者只能通过阅读鉴证报告获取鉴证对象信息。例如验资；管理层不提供报告，由注册会计师直接鉴证的内部控制鉴证等。

基于责任方认定的业务和直接报告业务的区别主要表现在以下四个方面：

（1）预期使用者获取鉴证对象信息的方式不同。

（2）注册会计师提出结论的对象不同。

（3）责任方的责任不同。

（4）鉴证报告的内容和格式不同。

（四）鉴证业务的目标

鉴证业务的保证程度分为合理保证和有限保证。合理保证的保证水平要高于有限保证的保证水平。

（1）合理保证的鉴证业务的目标是注册会计师将鉴证业务风险降至该业务环境下可接受的低水平，以此作为以积极方式提出结论的基础。比如，在历史财务信息审计中，注册会计师被要求将审计风险降至该业务环境下可接受的低水平，对审计后的历史财务信息提供高水平保证（合理保证），在审计报告中对历史财务信息采用积极方式提出结论。这种业务属于合理保证的鉴证业务。

（2）有限保证的鉴证业务的目标是注册会计师将鉴证业务风险降至该业务环境下可接受的水平，以此作为以消极方式提出结论的基础。比如，在历史财务信息审阅中，注册会计师被要求将审阅风险降至该业务环境下可接受的水平（高于历史财务信息审计中可接受的低水平），对审阅后的历史财务信息提供低于高水平的保证（有限保证），在审阅报告中对历史财务信息采用消极方式提出结论。这种业务属于有限保证的鉴证业务。

二、业务承接

（一）承接鉴证业务的条件

1. 初步了解业务环境。在接受委托前，注册会计师应当初步了解业务环境。业务环境包括业务约定事项、鉴证对象特征、使用标准、预期使用者的需求、责任方及其环境的相关特征，以及可能对鉴证业务产生重大影响的事项、交易、条件和惯例等其他事项。

2. 满足相关职业道德规范的要求。例如，注册会计师是否独立于该项鉴证业务的委托人和责任方,是否具备与所承接的鉴证业务相适应的专业胜任能力等。由于注册会计师并非是所有方面的专家,鉴证业务涉及的特殊知识和技能可能会超出注册会计师的能力,此时,注册会计师可以考虑利用专家的工作。例如,当鉴证对象是信息技术系统的运营情况时,注册会计师可以利用信息技术专家的工作来协助审计;当鉴证对象是法律法规的遵循情况时,注册会计师可以利用法律专家的工作来协助审计。

在初步了解业务环境后,只有符合独立性和专业胜任能力等相关职业道德规范的要求,并且拟承接的业务具备下列所有特征时,注册会计师才能将其作为鉴证业务予以承接:

(1) 鉴证对象适当;

(2) 使用的标准适当且预期使用者能够获取该标准;

(3) 注册会计师能够获取充分、适当的证据以支持其结论;

(4) 注册会计师的结论以书面报告形式表述,并且表述形式与所提供的保证程度相适应;

(5) 该业务具有合理的目的。如果鉴证业务的工作范围受到重大限制,或者委托人试图将注册会计师的名字和鉴证对象不适当地联系在一起,则该项业务可能不具有合理的目的。

当拟承接的业务不具备上述鉴证业务的所有特征,不能将其作为鉴证业务予以承接时,注册会计师可以提请委托人将其作为非鉴证业务(如商定程序、代编财务信息、管理咨询、税务咨询等相关服务业务),以满足预期使用者的需要。

(二) 标准不适当时的处理方式

如果拟承接的鉴证业务所采用的标准不适当,注册会计师一般应当拒绝承接该项业务。但这并不是绝对的。如果某项鉴证业务采用的标准不适当,但满足下列条件之一时,注册会计师可以考虑将其作为一项新的鉴证业务:

(1) 委托人能够确认鉴证对象的某个方面适用于所采用的标准,注册会计师可以针对该方面执行鉴证业务。但在鉴证报告中应当说明该报告的内容并非针对鉴证对象整体。例如,鉴证对象是企业运营情况(包括企业的内部控制),对运营情况的评价缺乏相关的标准,但可以确信的是,评价企业内部控制情况可以以权威的内部控制规范作为标准。

(2) 能够选择或设计适用于鉴证对象的其他标准。例如,鉴证对象是某一都市报的运营情况。鉴证对象本身可能缺乏相关的评价标准。在这种情况下,注册会计师可以选择报纸发行总量、所在城市每百户平均订阅量,以及报纸的广告收入等行业协会发布的有关报社效率或效果的关键指标作为标准。

(三) 已承接鉴证业务的变更

(1) 当拟承接的业务不具备前面所规定的鉴证业务的特征时,将鉴证业务变更为非鉴证业务。如商定程序、代编财务信息、管理咨询、税务服务等相关服务业务,以满足预期使用者的需要。

(2) 如果某项鉴证业务采用的标准不适当,将合理保证的鉴证业务变更为有限保证的鉴证业务。

对已承接的鉴证业务,如果没有合理理由,注册会计师不应将该项业务变更为非鉴证业务,或将合理保证的鉴证业务变更为有限保证的鉴证业务。

三、鉴证业务的三方关系

(一) 三方关系概述

鉴证业务涉及的三方关系人包括注册会计师、责任方和预期使用者。责任方与预期使用者可能是同一方，也可能不是同一方。

三方之间的关系是，注册会计师对由责任方负责的鉴证对象或鉴证对象信息提出结论，以增强除责任方之外的预期使用者对鉴证对象信息的信任程度。

鉴证业务以提高鉴证对象信息的可信性为主要目的。由于鉴证对象信息（或鉴证对象）是由责任方负责的，因此，注册会计师的鉴证结论主要是向除责任方之外的预期使用者提供的。在某些情况下，责任方和预期使用者可能来自同一企业，但并不意味着两者就是同一方。例如，某公司同时设有董事会和监事会，监事会需要对董事会和管理层提供的信息进行监督。

由于鉴证结论有利于提高鉴证对象信息的可信性，有可能对责任方有用。因此，在这种情况下，责任方也会成为预期使用者之一，但不是唯一的预期使用者。例如，在财务报表审计中，责任方是被审计单位的管理层，此时被审计单位的管理层便是审计报告的预期使用者之一，但同时预期使用者还包括企业的股东、债权人、监管机构等。

因此，是否存在三方关系人是判断某项业务是否属于鉴证业务的重要标准之一。如果某项业务不存在除责任方之外的其他预期使用者，那么该业务不构成一项鉴证业务。

鉴证业务还会涉及委托人。但委托人不是单独存在的一方，委托人通常是预期使用者之一，委托人也可能由责任方担任。

（二）注册会计师

注册会计师，是指取得注册会计师证书并在会计师事务所执业的人员，有时也指其所在的会计师事务所。

（三）责任方

对责任方的界定与所执行鉴证业务的类型有关。责任方是指下列组织或人员：

（1）在直接报告业务中，责任方是指对鉴证对象负责的组织或人员。例如，在系统鉴证业务中，注册会计师直接对系统的有效性进行评价并出具鉴证报告，该业务的鉴证对象是被鉴证单位系统的有效性，责任方是对该系统负责的组织或人员，即被鉴证单位的管理层。

（2）在基于责任方认定的业务中，责任方是指对鉴证对象信息负责的组织或人员，该组织或人员可能同时对鉴证对象负责。例如，企业聘请注册会计师对企业管理层编制的持续经营报告进行鉴证。在该业务中，鉴证对象信息为持续经营报告，由该企业的管理层负责，企业管理层为责任方。该业务的鉴证对象为企业的持续经营状况，它同样由企业的管理层负责。再如，某政府组织聘请注册会计师对某企业的持续经营报告进行鉴证，该持续经营报告由该政府组织编制并分发给预期使用者。在该业务中，鉴证对象信息由该政府组织负责，该政府组织为责任方。该业务的鉴证对象为企业的持续经营状况，责任方（即该政府组织）却无须为其负责。责任方可能是鉴证业务的委托人，也可能不是委托人。注册会计师通常提请责任方提供书面声明，表明责任已按照既定标准对鉴证对象进行评价或计量，无论该声明是否能为预期使用者获取。

（四）预期使用者

预期使用者是指预期使用鉴证报告的组织或人员。责任方可能是预期使用者，但可能不是唯一的预期使用者。

如果鉴证业务服务有特定的使用者或具有特殊目的，注册会计师可以很容易地识别预期使用者。例如，企业向银行贷款，银行要求企业提供一份与贷款项目相关的预测性财务信息审核报告，那么，银行就是该鉴证报告的预期使用者。

注册会计师可能无法识别使用鉴证报告的所有组织和人员，尤其在各种可能的预期使用者与鉴证对象存在不同的利益需求时。此时预期使用者主要是指那些与鉴证对象有重要和共同利益的主要利益相关者，例如，在上市公司财务报表审计中，预期使用者主要是指上市公司的股东。注册会计师应当根据法律法规的规定或与委托人签订的协议识别预期使用者。

在可行的情况下，鉴证报告的收件人应当明确为所有的预期使用者。需要说明的是，虽然鉴证报告的收件人应当尽可能地明确为所有的预期使用者，但在实务中往往很难做到这一点。原因很简单，有时鉴证报告并不向某些特定组织或人员提供，但这些组织或人员也有可能使用鉴证报告。例如，注册会计师为上市公司提供财务报表审计服务，其审计报告的收件人为"××股份有限公司全体股东"，但除了股东之外，公司债权人、证券监管机构等显然也是预期使用者。

四、鉴证对象

（一）鉴证对象与鉴证对象信息的形式

鉴证对象与鉴证对象信息具有多种形式，主要包括：

（1）当鉴证对象为财务业绩或状况时（如历史或预测的财务状况、经营成果和现金流量），鉴证对象信息是财务报表。

（2）当鉴证对象为非财务业绩或状况时（如企业的运营情况），鉴证对象信息可能是反映效率或效果的关键指标。

（3）当鉴证对象为物理特征时（如设备的生产能力），鉴证对象信息可能是有关鉴证对象物理特征的说明文件。

（4）当鉴证对象为某种系统和过程时（如企业的内部控制或信息技术系统），鉴证对象信息可能是关于其有效性的认定。

（5）当鉴证对象为一种行为时（如遵守法律法规的情况），鉴证对象信息可能是对法律法规遵守情况或执行效果的声明。

（二）鉴证对象特征

鉴证对象具有不同的特征，可能表现为定性或定量、客观或主观、历史或预测、时点或期间。这些特征将对下列方面产生影响：

（1）按照标准对鉴证对象进行评价或计量的准确性。

（2）证据的说服力。

例如，当鉴证对象为遵守法规的情况时，它的特征是定性的；当鉴证对象为企业的财务业绩或状况时，它的特征就是定量的；当鉴证对象为企业未来的盈利能力时，它的特征是主观的、预测的；当鉴证对象为企业的历史财务状况时，它的特征就是客观的、历史的；当鉴证对象为企业注册资本的实收情况时，它的特征是时点的；当鉴证对象为企业内部控制过程时，它的特征就是期间的。

（三）适当的鉴证对象应当具备的条件

鉴证对象是否适当是注册会计师能否将一项业务作为鉴证业务予以承接的前提条件。适当的鉴证对象应当同时具备下列条件：

（1）鉴证对象可以识别；

（2）不同的组织或人员对鉴证对象按照既定标准进行评价或计量的结果合理且一致；

(3) 注册会计师能够收集与鉴证对象有关的信息，获取充分、适当的证据，以支持其提出适当的鉴证结论。

五、标准

（一）标准的定义

标准是指用于评价或计量鉴证对象的基准，当涉及列报时，还包括列报的基准。标准可以是正式的规定，如编制财务报表所使用的会计准则和相关会计制度；也可以是某些非正式的规定，如单位内部制定的行为准则或确定的绩效水平。

（二）适当的标准应当具备的特征

适当的标准应当具备下列所有特征：

(1) 相关性，即相关的标准有助于得出结论便于预期使用者做出决策。

(2) 完整性，即完整的标准不应忽略业务环境中可能影响得出结论的相关因素，当涉及列报时，还包括列报的基准。

(3) 可靠性，即可靠的标准能够使能力相近的注册会计师在相似的业务环境中，对鉴证对象做出合理一致的评价或计量。

(4) 中立性，即中立的标准有助于得出无偏向的结论。

(5) 可理解性，即可理解的标准有助于得出清晰、易于理解、不会产生重大歧义的结论。

需要注意的是：注册会计师基于自身的预期、判断和个人经验对鉴证对象进行的评价和计量，不构成适当的标准。

（三）标准的评价

注册会计师应当考虑运用于具体业务的标准是否具备上述特征，以评价该标准对此项业务的适用性。在具体鉴证业务中，注册会计师在评价标准各项特征的相对重要程度时，需要运用职业判断。

标准可能是由法律法规规定的，或由政府主管部门或国家认可的专业团体依照公开、适当的程序发布的，也可能是专门制定的。采用标准的类型不同，注册会计师为评价该标准对于具体鉴证业务的适用性所需执行的工作也不同。

对于公开发布的标准，注册会计师通常不需要对标准的"适当性"进行评价，而只需评价该标准对具体业务的"适用性"。例如，在我国，会计标准由国家统一制定并强制执行，注册会计师无须评价会计标准是否适当，只需要判断责任方采用的标准是否适用于被鉴证单位即可。

对于专门制定的标准，注册会计师首先要对这些标准本身的"适当性"加以评价，否则，注册会计师连自己所用的"尺子"是否适当都无法判断，又如何用这把"尺子"去"度量"要发表意见的鉴证对象。

（四）预期使用者获取标准的方式

标准应当能够为预期使用者获取，以使预期使用者了解鉴证对象的评价或计量过程。标准可以通过下列方式供预期使用者获取：

(1) 公开发布。

(2) 在陈述鉴证对象信息时以明确的方式表述。

(3) 在鉴证报告中以明确的方式表述。

(4) 常识理解，如计量时间的标准是小时或分钟。

如果确定的标准仅能为特定的预期使用者获取，或者仅与特定目的相关，如行业协会发布的标准可能仅能为本行业内部的预期使用者获取，合同条款仅能为合同双方获取，并且仅适用于合同约定事项，在这种情况下，鉴证报告的使用也应限于这些特定的预期使用者或特定目的。

六、证据

（一）总体要求

注册会计师应当以职业怀疑态度来计划和执行鉴证业务，获取有关鉴证对象信息是否不存在重大错报的充分的、适当的证据。在计划和执行鉴证业务时，注册会计师保持职业怀疑态度十分必要。例如，它有助于降低注册会计师忽视异常情况的风险，有助于降低注册会计师在确定鉴证程序的性质、时间、范围及评价由此得出的结论时采用错误假设的风险，有助于避免注册会计师根据有限的测试范围过度推断总体实际情况的风险。

（二）职业怀疑态度

职业怀疑态度是指注册会计师以质疑的思维方式评价所获取证据的有效性，并且对相互矛盾的证据，以及引起对文件记录或责任方提供的信息的可靠性产生怀疑的证据保持警觉。

职业怀疑态度代表的是注册会计师执业时的一种精神状态，它有助于降低注册会计师在执业过程中可能遇到的风险。这些风险通常包括：忽略了可疑的情况；在决定证据收集程序的性质、时间和范围时使用了不恰当的假设；对证据进行了不恰当的评价等。

鉴证业务通常不涉及鉴定文件记录的真伪，注册会计师也不是鉴定文件记录真伪的专家，但应当考虑用作证据的信息的可靠性，包括考虑与信息生成和维护相关的控制的有效性。

（三）证据的充分性和适当性

1. 证据的充分性。证据的充分性是对证据数量的衡量，主要与注册会计师确定的样本量有关。所需证据的数量受鉴证对象信息重大错报风险的影响，即风险越大，可能需要的证据数量越多；所需证据的数量也受证据质量的影响，即证据质量越高，可能需要的证据数量越少。

2. 证据的适当性。证据的适当性是对证据质量的衡量，即证据的相关性和可靠性。

（四）重要性

1. 重要性的含义。在确定证据收集程序的性质、时间和范围，评估鉴证对象信息是否存在错报时，注册会计师应当考虑重要性。

所谓重要性，是指鉴证对象信息中存在错报的严重程度。重要性取决于在具体环境下对错报金额和性质的判断。如果一项错报单独或连同其他错报可能影响预期使用者依据鉴证对象信息做出的经济决策，则该项错报是重大的。

重要性概念是基于成本效益原则的要求而产生的。由于现代社会日趋复杂，注册会计师执行鉴证业务所面对的信息量日益庞大，在这种情况下，要求注册会计师去审查有关鉴证对象的全部信息，既无必要也无可能，因此只能采取选择性测试的办法。为此，注册会计师需要抓住鉴证对象信息的重要方面和重要事项加以审查并收集证据予以证实。

在考虑鉴证对象信息中的错报是否构成重大错报时，注册会计师应当考虑已识别但未更正的单个或累计的错报是否对鉴证对象信息整体产生重大影响。在考虑重要性时，注册会计师应当了解并评估哪些因素可能会影响预期使用者的决策。

2. 重要性包括数量和性质两方面的因素。由于重要性包括数量和性质两方面的因素，注册会计师应当综合数量和性质因素考虑重要性。在具体业务中评估重要性以及数量和性质因素的相对重要程度，需要注册会计师运用职业判断。

重要性与鉴证业务风险之间存在直接的关系，这种关系是一种反向的关系。重要性水平越高，鉴证业务风险越低；重要性水平越低，鉴证业务风险越高。注册会计师在确定证据收集程序的性质、时间和范围，评估鉴证对象信息是否存在错报时，应当考虑这种反向关系。

（五）鉴证业务风险

1. 鉴证业务风险的含义。鉴证业务风险是指在鉴证对象信息存在重大错报的情况下，注册会计师提出不恰当结论的可能性。

应当说明的是，鉴证业务风险并不包含：鉴证对象信息不含有重大错报，而注册会计师错误地发表了鉴证对象信息含有重大错报的结论的风险。

2. 不同类型鉴证业务中可接受的鉴证业务风险水平。在合理保证的鉴证业务中，注册会计师应当将鉴证业务风险降至具体业务环境下可接受的低水平，以获取合理保证，作为以积极方式提出结论的基础。在有限保证的鉴证业务中，由于证据收集程序的性质、时间和范围与合理保证的鉴证业务不同，其风险水平高于合理保证的鉴证业务。

3. 鉴证业务风险的内容。鉴证业务风险通常体现为重大错报风险和检查风险。重大错报风险是指鉴证对象信息在鉴证前存在重大错报的可能性。检查风险是指某一鉴证对象信息存在错报，该错报单独或连同其他错报是重大的，但注册会计师未能发现这种错报的可能性。

（六）证据收集程序

1. 证据收集程序的总体要求。证据收集程序的性质、时间和范围因具体业务的不同而不同。从理论上说，即便是针对同一项业务或同一个认定，也可能存在多种不同的证据收集程序。在实务中，尽管对证据收集程序进行明确而清晰的表述非常困难，但注册会计师也应当清楚表达证据收集程序，并且以适当的形式运用于合理保证的鉴证业务和有限保证的鉴证业务。

2. 合理保证鉴证业务的证据收集程序。在合理保证的鉴证业务中，为了能够以积极方式提出结论，注册会计师应当通过下列不断修正的、系统化的执业过程，获取充分、适当的证据：

（1）了解鉴证对象及其他的业务环境事项，在适用的情况下包括了解内部控制；

（2）在了解鉴证对象及其他的业务环境事项的基础上，评估鉴证对象信息可能存在的重大错报风险；

（3）应对评估的风险，包括制定总体应对措施以及确定进一步程序的性质、时间和范围；

（4）针对已识别的风险实施进一步程序，包括实施实质性程序，以及在必要时测试控制运行的有效性；

（5）评价证据的充分性和适当性。

3. 合理保证不等于绝对保证。正确理解鉴证业务准则中的保证概念，首先要将它们与"绝对保证"的概念进行区分。这里，对绝对保证、合理保证和有限保证加以界定是有必要的。绝对保证是指注册会计师对鉴证对象信息整体不存在重大错报提供百分之百的保证。合理保证是一个与积累必要的证据相关的概念，它要求注册会计师通过不断修正的、系统的执业过程，获取充分、适当的证据，对鉴证对象信息整体提出结论，提供一种高水平但非百分之百的保证。与合理保证相比，有限保证在证据收集程序的性质、时间、范围等方面受到有意识的限制，它提供的是一种适度水平的保证。可以看出，三者提供的保证水平逐次递减。前文已经区分过合理保证与有限保证，因此这里关键是要区分绝对保证与合理保证。正确理解合理保证与绝对保证的关系，有助于减少注册会计师所承担的不必要的责任风险。

（七）可获取证据的数量和质量

1. 影响可获取证据的数量和质量的因素。

（1）鉴证对象和鉴证对象信息的特征。例如，鉴证对象信息是预测性的而非历史性的，预计可获取证据的客观性就比较弱。

（2）业务环境中除鉴证对象特征以外的其他事项。例如，注册会计师接受委托的时间与要求出具鉴证报告的时间相距较近，预计可获取的证据相对就较少；被鉴证单位内部资料的保管政策、责任方对鉴证业务施加的限制等也可能会使注册会计师无法获取原本认为可以获取的证据。

2. 注册会计师工作范围受到重大限制时的处理。对任何类型的鉴证业务，如果下列情形对注册会计师的工作范围构成重大限制，阻碍注册会计师获取所需要的证据，注册会计师提出无保留结论是不恰当的：

（1）客观环境阻碍注册会计师获取所需要的证据，无法将鉴证业务风险降至适当水平。

（2）责任方或委托人施加限制，阻碍注册会计师获取所需要的证据，无法将鉴证业务风险降至适当水平。

（八）记录

1. 记录重大事项。注册会计师应当记录重大事项，以提供证据支持鉴证报告，并证明其已按照鉴证业务准则的规定执行业务。至于某一事项是否属于重大事项，需要注册会计师根据具体情况进行判断。重大事项通常包括：

（1）引起特别风险的事项；

（2）实施鉴证程序的结果，该结果表明鉴证对象信息可能存在重大错报，或者需要修正以前对重大错报风险的评估和针对这些风险拟采取的应对措施；

（3）导致注册会计师难以实施必要程序的情形；

（4）导致提出非无保留结论的事项。

对需要运用职业判断的所有重大事项，注册会计师应当记录推理过程和相关结论。如果对某些事项难以进行判断，注册会计师还应当记录得出结论时已知悉的有关事实。

2. 编制和保存工作底稿。

七、鉴证报告

（一）总体要求

注册会计师应当出具含有鉴证结论的书面报告，该鉴证结论应当说明注册会计师就鉴证对象信息获取的保证。注册会计师应当考虑其他报告责任，包括在适当时与管理层沟通。

（二）鉴证结论的表述形式

在基于责任方认定的业务中，注册会计师的鉴证结论可以采用下列两种表述形式：

（1）明确提及责任方认定，如"我们认为，责任方做出的根据××标准，内部控制在所有重大方面是有效的这一认定是公允的"。

（2）直接提及鉴证对象和标准，如"我们认为，根据××标准，内部控制在所有重大方面是有效的"。

（三）提出鉴证结论的积极方式和消极方式

提出鉴证结论的方式有两种，即积极方式和消极方式，它们分别适用于合理保证的鉴证业务和有限保证的鉴证业务。区分这两种鉴证结论提出方式，有助于向预期使用者传达不同业务的保证程度存在差异这一事实，以积极方式提出结论提供的保证水平高于以消极方式提出结论提供的保证水平。

在合理保证的鉴证业务中注册会计师应当以积极方式提出结论，如"我们认为，根据××标准，内部控制在所有重大方面是有效的"或"我们认为，责任方做出的根据××标准，内部控制在所有重大方面是有效的这一认定是公允的"。在有限保证的鉴证业务中，注册会计师应当以消极方式提出结论，如"基于本报告所述的工作，我们没有注意到任何事项使我们相信，根据××标准，××系统在任何重大方面是无效的"或"基于本报告所述的工作，我们没有注意到任何事项使我们相信，责任方做出的根据××标准，××系统在所有重大方面是有效的这一认定是不公允的"。

（四）注册会计师不能出具无保留结论报告的情况

由于以下原因，注册会计师可能无法出具无保留结论的报告：

（1）工作范围受到限制。

（2）责任方认定未在所有重大方面做出公允表达。

（3）鉴证对象信息存在重大错报。

（4）标准或鉴证对象不适当。

（五）注册会计师姓名的使用

当注册会计师针对鉴证对象信息出具报告，或同意将其姓名与鉴证对象联系在一起时，则注册会计师与该鉴证对象发生了关联。如果获知他人不恰当地将其姓名与鉴证对象相关联，注册会计师应当要求停止这种行为，并考虑采取其他必要的措施，包括将不恰当使用注册会计师姓名这一情况告知所有已知的使用者或征询法律意见。

第三节　会计师事务所业务质量控制准则

一、质量控制的意义和作用

质量控制是会计师事务所为了保证审计质量符合独立审计准则的要求，通过建立和实施审计质量控制政策和程序，达到对审计质量进行全程监控。加强质量控制是会计师事务所生存和发展的基本条件。会计师事务所必须实施审计质量控制，以便使其审计工作符合独立审计准则的要求，保证审计质量。质量控制的作用表现在两个方面：

（1）质量控制是保证执行独立审计准则的重要手段。

（2）质量控制是提高会计师事务所业务竞争能力的基本要求。

二、我国注册会计师质量控制基本准则

为了规范会计师事务所建立并保持有关财务报表审计和审阅、其他鉴证和相关服务业务的质量控制制度，财政部 2010 年 10 月发布修订后的《质量控制准则第 5101 号——会计师事务所对执行财务报表审计和审阅、其他鉴证和相关服务业务实施的质量控制》，准则核心内容是对会计师事务所的全面质量控制和审计项目的质量控制。

（一）会计师事务所的全面质量控制

全面质量控制，是指会计师事务所为合理地确信其执行的所有审计业务都是按照独立审计准则进行，而采取的控制政策和程序。

会计师事务所应当制定和运用的质量控制政策主要包括以下七个方面：

（1）职业道德原则。

（2）专业胜任能力。

（3）工作委派。会计师事务所应当将审计工作委派给具有相应专业胜任能力的人员。

（4）督导。会计师事务所应当建立分级督导制度，并要求各级督导人员对各层次的审计工作进行指导、监督和复核。

（5）咨询。会计师事务所在必要时应当向有关专家咨询。

（6）业务承接。会计师事务所承接审计业务，应当考虑其自身能力和独立性以及被审单位管理当局是否正直、诚实等因素。

（7）监控。会计师事务所应当对质量控制政策与程序的执行情况进行监控。

（二）审计项目质量控制

审计项目质量控制，是指注册会计师在执行各个委托项目的审计时，遵守独立审计准则的规定而采取的质量控制程序。

本 章 小 结

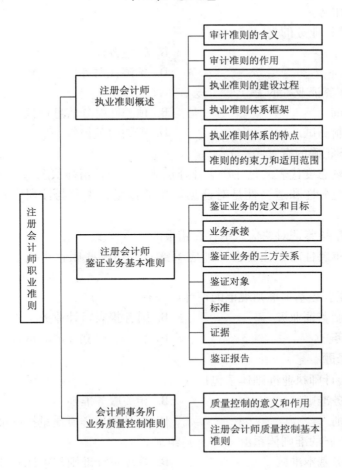

同步测试

一、单项选择题

1. 中国审计准则的建设，从（　　）开设与国际审计准则趋同。
   A. 2004 年至今　　　　　　　　B. 2006 年至今
   C. 2008 年至今　　　　　　　　D. 2007 年至今

2. 不属于注册会计师鉴证业务基本准则组成内容的有（　　）。
   A. 审计准则　　　　　　　　　B. 审阅准则
   C. 其他鉴证业务准则　　　　　D. 注册会计师相关服务业务准则

3. 以下关于注册会计师执业准则体系的表述错误的是（　　）。
   A. 审计准则属于鉴证业务准则，是中国注册会计师职业规范体系的重要组成部分
   B. 具体审计准则与审计实务公告是审计准则所属的准则体系组成内容
   C. 执业规范指南不是审计准则所属的准则体系组成内容
   D. 相关服务准则用以规范注册会计师代编财务信息、执行商定程序，提供管理咨询等其他服务

4. 下列属于鉴证业务的是（　　）。
   A. 商定程序　　　　　　　　　B. 管理咨询
   C. 税务咨询　　　　　　　　　D. 预测性财务信息审核

5. 下列属于非鉴证业务的是（　　）。
   A. 税务咨询　　　　　　　　　B. 预测性财务信息审核
   C. 内部控制测试　　　　　　　D. 审阅财务报告

6. 下列表达不正确的有（　　）。
   A. 职业怀疑态度代表的是注册会计师执业时的一种精神状态
   B. 证据的充分性和适当性是对证据数量的衡量，主要与注册会计师确定的样本量有关
   C. 重要性是指鉴证对象信息中存在错报的严重程度
   D. 在考虑重要性时，注册会计师应了解并评估哪些因素可能会影响预期使用者的决策

7. 不属于鉴证业务基本准则规范的审计业务有（　　）。
   A. 内部控制鉴证业务　　　　　B. 财务报表审计业务
   C. 验证业务　　　　　　　　　D. 合并、分立和清算审计

二、多项选择题

1. 中国注册会计师执业准则体系包括（　　）。
   A. 鉴证业务准则　　　　　　　B. 相关服务准则
   C. 审阅准则　　　　　　　　　D. 会计师事务所质量控制准则

2. 审计准则所属的准则体系由（　　）组成。
   A. 鉴证业务基本准则　　　　　B. 具体审计准则与审计实务公告
   C. 执业规范指南　　　　　　　D. 其他鉴证业务准则

3. 关于注册会计师执业准则体系的特点，下列说法正确的有（　　）。
   A. 体现了国际趋同的要求
   B. 体现了维护社会公众利益的宗旨
   C. 更多地体现了会计师事务所和注册会计师自我保护要求
   D. 体现了强化会计师事务所质量控制的要求
4. 审计风险准则是整个审计准则体系的核心准则，它包括（　　）。
   A. 《中国注册会计师审计准则第1101号——财务报表审计的目标和一般原则》
   B. 《中国注册会计师审计准则第1211号——了解被审计单位及其环境并评估重大错报风险》
   C. 《中国注册会计师审计准则第1231号——针对评估的重大错报风险实施的程序》
   D. 《中国注册会计师审计准则第1301号——审计证据》
5. 鉴证业务涉及的三方关系包括（　　）。
   A. 注册会计师　　　　　　　　B. 责任方
   C. 被审计单位　　　　　　　　D. 预期使用者
6. 在直接报告业务中，责任方是指对鉴证对象负责的（　　）。
   A. 组织　　　　　　　　　　　B. 人员
   C. 鉴证对象　　　　　　　　　D. 鉴证对象及其管理层
7. 注册会计师为上市公司提供财务报表审计服务，审计报告的预期使用者有（　　）等。
   A. 公司全体股东　　　　　　　B. 公司债权人
   C. 证券监管机构　　　　　　　D. 社会公众
8. 在承接鉴证业务时，应初步了解的业务环境内容有（　　）。
   A. 业务约定事项　　　　　　　B. 鉴证对象特征
   C. 使用标准　　　　　　　　　D. 预期使用者的需求
9. 由于（　　）原因，注册会计师可能无法出具无保留结论的报告。
   A. 工作范围受到限制
   B. 标准或鉴证对象不适当
   C. 鉴证对象信息存在错报
   D. 责任方认定未在所有重大方面做出公允表达
10. 鉴证业务包括（　　）。
    A. 历史财务信息审计业务　　　B. 历史财务信息审阅业务
    C. 相关服务　　　　　　　　　D. 其他鉴证业务

实训案例分析

2001年12月，美国最大的能源公司——安然公司，突然申请破产保护，此后，公司丑闻不断，规模也"屡创新高"，特别是2002年6月的世界通信会计丑闻事件，彻底打击了（美国）投资者对（美国）资本市场的信心。为了改变这一局面，美国国会和政府加速通过了《萨班斯法案》（以下简称SOX法案），该法案的另一个名称是"公众公司会计改革与投资者保护法案"。法案的第一句话就是"遵守证券法律以提高公司披露的准确性和可靠性，从而保护投资者及其他目的。"

2002年6月18日，美国国会参议院银行委员会以17票赞成对4票反对通过由奥克斯利和参议院银行委员会主席萨班斯联合提出的会计改革法案——《2002上市公司会计改革与投资者保护法案》。为了吸引受重挫的投资信心，2002年7月25日美国众议院以423票赞成，3票反对通过此议案。这一议案在美国国会参众两院投票表决通过后，由布什总统在2002年7月30日签署成为正式法律，称作《2002年萨班斯—奥克斯利法案》。

《萨班斯法案》的主要内容包括：设立独立的上市公司会计监管委员会，负责监管执行上市公司审计的会计师事务所；特别加强执行审计的会计师事务所的独立性；特别强化了公司治理结构并明确了公司的财务报告责任及大幅增强了公司的财务披露义务；大幅加重了对公司管理层违法行为的处罚措施；增加经费拨款，强化美国证券交易委员会（SEC）的预算以及职能。其中，萨班斯法案中有两个条款需要在美上市的公司或准备赴美上市的企业特别留意。

其一，302条款——公司对于财务报告的责任：规定美国上市公司的首席执行官（CEO）和财务总监（CFO）在其年度和中期财务报表中必须签名并认证，其财务报表完全符合萨班斯法案中有关规定，并不含有任何导致其财务报表误导公众的重大错误或遗漏。如果将来发现有问题，CEO或CFO个人将对公司财务报表承担民事甚至刑事责任。

其二，404条款——公司管理层及外部审计师对于公司财务内部控制的责任：要求公司管理层和公共审计师，每年在年报中就公司产生财务报告的内控系统分别作出评价和报告，还要求外部公共审计师对于公司管理层评估过程以及内控系统结论进行相应的检查并出具正式意见。

尽管《萨班斯法案》的颁布主要是针对数量众多的美国上市公司，但外国赴美上市的公司也要受到《萨班斯法案》的管辖，由《萨班斯法案》所带来的大幅攀升的上市成本及严格规定，已使不少外国公司望而却步。

美国总统布什在签署"SOX法案"的新闻发布会上称"这是自罗斯福总统以来美国商业界影响最为深远的改革法案"。

要求：

1. 通过讨论，了解《萨班斯法案》的实施对美国资本市场有何意义。

2. 通过了解《萨班斯法案》的通过背景以及该法案制定过程中的一些问题，对我们正确认识和把握该法案，从而理性地看待我国资本市场的相关事件以及相应的对策问题有何意义？

思考与练习

1. 什么是审计准则？实施审计准则有何作用？
2. 执业准则的建设过程经历了几个阶段？
3. 试描述执业准则体系框架。注册会计师执业准则体系的特点有哪些？
4. 注册会计师可能无法出具无保留结论的报告的原因有哪些？

第七章

注册会计师职业道德和法律责任

知识目标

1. 理解注册会计师的职业道德的含义。了解注册会计师的职业道德与注册会计师职业道德规范的关系、注册会计师职业道德规范与注册会计师执业准则的关系。
2. 理解经营失败、审计失败、审计风险、会计责任和审计责任的含义。明确经营失败与审计失败、会计责任与审计责任的区别点。

技能目标

1. 熟悉注册会计师职业道德规范基本内容，提高遵守注册会计师职业道德守则的自觉性。
2. 明确会计师事务所、注册会计师法律责任，提高避免法律诉讼的自觉性。
3. 试运用所学的理论知识，分析现实中经营失败与审计失败、会计责任与审计责任的区别点。

第一节 注册会计师的职业道德

一、注册会计师的职业道德与注册会计师职业道德规范

注册会计师的职业道德，是指注册会计师职业品德、职业纪律、专业胜任能力及职业责任等的总称。职业品德是指注册会计师所应当具备的职业品格和道德行为。它是职业道德体系的核心部分，其基本要求是独立、客观和公正；职业纪律是指约束注册会计师职业行为的法纪和戒律，尤其是注册会计师应当遵循职业准则及国家其他相关法规；专业胜任能力是指注册会计师所应当具备胜任其专业职责的能力；职业责任是指注册会计师对客户、同行及社会公众所应当履行的责任。

注册会计师职业道德规范是指注册会计师在执业过程中应遵循的道德标准。它用以规范注册会计师职业道德行为，对提高注册会计师职业道德水准，维护注册会计师职业形象，构建行业诚信，保护社会公众利益有着重要意义。

二、注册会计师职业道德规范与注册会计师执业准则

注册会计师在执行鉴证业务时，应当遵守注册会计师职业道德规范和注册会计师执业准则。注册会计师职业道德规范不属于执业准则，它高于注册会计师执业准则的标准，是注

会计师与会计师事务所执业时的最高要求。

三、注册会计师职业道德规范

中国注册会计师协会自1988年成立以来,一直非常重视注册会计师职业道德规范建设。1992年,中注协发布了《中国注册会计师职业道德守则(试行)》;1996年12月26日,经财政部批准,发布了《中国注册会计师职业道德基本准则》;2002年6月25日,为解决注册会计师执业中违反职业道德的现象,发布了《中国注册会计师职业道德规范指导意见》,于2002年7月1日起施行;2009年10月18日,财政部发布了《中国注册会计师职业道德守则》和《中国注册会计师协会非执业会员职业道德守则》(以下统称职业道德守则),《职业道德守则》于2010年7月1日起施行。

(一)中国注册会计师职业道德基本准则

(1)独立、客观、公正。

(2)专业胜任能力和应有关注。

(3)保密。

(4)职业行为。

(5)技术准则。

(二)中国注册会计师职业道德规范指导意见

现行以《中国注册会计师职业道德基本准则》作为基本准则,对注册会计师职业道德只进行了原则性规定,需要进一步制定具体准则,对注册会计师执业活动中如何遵循职业道德的要求加以具体指导。为此,中国注册会计师协会针对行业当前急需解决的突出问题,制定了《中国注册会计师职业道德规范指导意见》(以下简称《指导意见》)。《指导意见》作为注册会计师行业的自律规则,适用于注册会计师行业管理组织对其个人会员和团体会员的要求。

《指导意见》分为两个层次:一是基本原则;二是具体要求。基本原则包括注册会计师履行社会责任,恪守独立、客观、公正的原则,保持应有的职业谨慎,保持和提高专业胜任能力,遵守独立审计准则等职业规范,履行对客户的责任以及对同行的责任等。具体要求包括独立性、专业胜任能力、保密、收费与佣金、与执行鉴证业务不相容的工作、接任前任注册会计师的审计业务以及广告、业务招揽和宣传等。

1. 独立性。威胁独立性的情形包括经济利益、自我评价、关联关系和外界压力等。

独立性应区分注册会计师的独立性与会计师事务所的独立性:注册会计师与委托单位存在有关利害关系时,应实行回避制度;会计师事务所与客户存在可能的利害关系时,不得承接其委托的鉴证业务。

防范措施:由法律或规章产生的防范措施;鉴证客户内部的防范措施;会计师事务所自身制度和程序中的防范措施;承办业务时维护独立性的措施。

2. 专业胜任能力。专业胜任能力是指注册会计师所应当具备胜任其专业职责的能力。

3. 保密。保密义务是注册会计师对其在专业服务过程中获得的有关客户的信息予以保密。

保密义务的豁免:注册会计师在以下情况下可以披露客户的有关信息:取得客户的授权;根据法规要求,为法律诉讼准备文件或提供证据,以及向监管机构报告发现的违反法规行为;接受同业复核以及注册会计师协会和监管机构依法进行的质量检查。

4. 收费与佣金。在确定收费时，会计师事务所应考虑以下因素，按标准收费：专业服务所需的知识和技能；所需专业人员的水平和经验；每一专业人员提供服务所需的时间；提供专业服务所需承担的责任。

5. 与执行鉴证业务不相容的工作。不相容工作：同时执行会损害或可能损害事务所或注册会计师鉴证独立性、客观性、公正性或职业声誉的业务、职业或活动。要求：注册会计师不得向鉴证客户同时提供与鉴证业务不相容的服务。注册会计师应当就其向鉴证客户提供的非鉴证服务与鉴证服务是否相容做出评价；会计师事务所不得为上市公司同时提供编制会计报表和审计服务；会计师事务所的高级管理人员或员工不得担任鉴证客户的董事（包括独立董事）、经理或其他关键管理职务。

6. 接任前任注册会计师的审计业务。前后任注册会计师的关系仅限于审计业务，因为审计是一项连续业务。

接任委托前的沟通是指后任注册会计师应与前任注册会计师进行必要的沟通，以确定是否接受委托。沟通内容包括：是否发现被审计单位管理层存在诚信方面的问题；前任注册会计师与管理层在重大会计、审计等问题上存在的意见分歧；前任注册会计师曾与被审计单位治理层沟通过的关于管理层舞弊、违反法规行为以及内部控制的重大缺陷等问题；前任注册会计师认为导致被审计单位变更会计师事务所的原因。

后任注册会计师应当提请审计客户授权前任注册会计师对其询问作出充分的答复，前任注册会计师应当根据所了解的情况对后任注册会计师的询问作出及时、充分的答复。如果后任注册会计师发现前任注册会计师所审的会计报表存在重大错报，应当提请审计客户告知前任注册会计师，并要求审计客户安排三方会谈，以便采取措施进行妥善处理。

接任委托后的沟通是指接受委托后的沟通，与接受委托前有所不同，它不是必要程序，而是由后任注册会计师根据审计工作需要自行决定的。这一阶段的沟通主要包括：查阅前任注册会计师的工作底稿及询问有关事项等。

7. 广告、业务招揽和宣传。要求：注册会计师应当维护职业形象，在向社会公众传递信息时，应客观、真实、得体；事务所不得利用新闻媒体对其能力进行广告宣传；事务所不得采用强迫、欺诈、利诱或骚扰等方式招揽业务等；事务所可以将印刷的手册向客户发放，也可以应非客户的要求向非客户发放，但手册的内容应当真实、客观；注册会计师不得在名片上印有社会职务、专家称谓以及所获荣誉等；会计师事务所和注册会计师在招揽业务和进行宣传时，不得有违规行为。

（三）中国注册会计师职业道德守则

《职业道德守则》包括五个组成部分，即《中国注册会计师职业道德守则第 1 号——职业道德基本原则》《中国注册会计师职业道德守则第 2 号——职业道德概念框架》《中国注册会计师职业道德守则第 3 号——提供专业服务的具体要求》《中国注册会计师职业道德守则第 4 号——审计和审阅业务对独立性的要求》和《中国注册会计师职业道德守则第 5 号——其他鉴证业务对独立性的要求》。

1. 中国注册会计师职业道德守则的主要特点。
（1）全面规范了注册会计师的职业道德行为。
（2）突出强调了注册会计师行业的社会责任。
（3）为注册会计师解决职业道德遇到的问题提供了方法指导。

（4）实现了与国际会计师职业道德守则的全面趋同。

（5）同时发布《中国注册会计师协会非执业会员职业道德守则》。

2. 职业道德守则内容体现的要求。

（1）诚信的要求。职业道德守则要求注册会计师在所有的职业活动中，保持正直，诚实守信。

（2）独立性的要求。独立性是注册会计师执行鉴证业务的灵魂，是客观、公正的体现，也是职业道德守则的精髓。职业道德守则要求注册会计师在执行鉴证业务时，应当从内心状态和外在形式方面均保持独立性，尤其在以下方面强化了独立性的要求：① 将独立性要求从上市公司扩展到所有涉及公众利益的实体；② 对事务所特定员工跳槽至涉及公众利益的审计客户公司并担任特定职位，作出冷却期的要求；③ 将合伙人轮换要求扩展至所有关键审计合伙人；④ 强化对审计客户提供非鉴证服务的部分规定；⑤ 如果对某一涉及公众利益的审计客户的全部收费连续2年超过事务所全部收费的15%，要求在发表审计意见之前或之后进行复核；⑥ 禁止将关键审计合伙人的薪酬或业绩评价与其向审计客户推销的非鉴证服务直接挂钩。

（3）客观和公正的要求。客观和公正是指按照事物的本来面目去考察，从实际出发，不添加个人偏见。职业道德守则要求注册会计师在执业活动中，做到客观公正、实事求是，不得因各种不当影响而损害自己的职业判断。如果存在导致职业判断出现偏差，或对职业判断产生不当影响的情形，注册会计师不得提供相关专业服务。

（4）专业胜任能力和应有的关注的要求。为确保提供具有专业水准的服务，注册会计师应当将专业知识、技能和经验始终保持在应有的水平。职业道德守则要求注册会计师不断通过教育、培训和执业实践获取和保持专业胜任能力，同时保持应有的关注，遵守职业准则和职业道德规范，勤勉尽责，认真、全面、及时地完成工作任务。

（5）保密的要求。注册会计师能否与客户维持正常的关系，有赖于双方自愿而又充分地进行沟通和交流，不掩盖任何重要的事实和情况，这以保密原则作为基础。职业道德守则要求注册会计师对职业活动中获知的涉密信息保密，包括对拟接受的客户或拟受雇的工作单位，以及所在会计师事务所内部的涉密信息保密。

（6）良好职业行为的要求。注册会计师要"惜誉如金"，自觉维护行业形象。职业道德守则要求注册会计师遵守相关法律法规，避免发生任何损害职业声誉的行为，在向公众传递信息以及推介自己和工作时，应当客观、真实、得体，不得损害职业形象。

（7）收费的要求。会计师事务所的收费应当公平地反映为客户提供的专业服务的价值，不能通过降低价格或者或有收费的方式，削弱注册会计师的独立性，降低服务质量。职业道德守则要求如果收费报价明显低于前任注册会计师或其他会计师事务所的相应报价，会计师事务所应当确保在提供专业服务时，遵守执业准则和职业道德规范的要求，使工作质量不受损害，并使客户了解专业服务的范围和收费基础。除法律法规允许外，注册会计师不得以或有收费方式提供鉴证服务，收费与否或收费多少不得以鉴证工作结果或实现特定目的为条件。

（8）运用职业道德概念框架的要求。根据职业道德概念框架，注册会计师如果发现可能违反职业道德基本原则的情形，应当首先识别该情形可能对职业道德基本原则产生的不利影响，然后评价不利影响的严重程度，如果超出了可接受的水平，则注册会计师有必要采取防范措施消除该不利影响或将其降低至可接受的水平。

（9）对非执业会员的要求。为了规范非执业会员从事专业服务时的职业道德行为，促使其更好地履行相应的社会责任，维护公众利益，职业道德守则把非执业会员纳入职业道德建设的规范体系，从职业道德基本原则、职业道德概念框架、潜在冲突、信息的编制和报告等方面作出规定，是本次职业道德守则制定的一大突破。

第二节 注册会计师的法律责任

一、经营失败、审计失败和审计风险

在注册会计师业界遇到的各类法律诉讼案件中，许多人士认为，财务报表使用者指控会计师事务所的原因之一，是不理解经营失败和审计失败的区别，从而不能正确划分被审计单位管理层应承担的经营责任、会计责任和审计人员应承担的审计责任。因此，我们在讨论注册会计师法律责任时应从讨论这些术语开始。

经营失败是指企业由于经济或经营条件的变化，如经济衰退、不当的管理决策或出现意料之外的行业竞争等，而无法满足投资者的预期。经营失败的极端情况是申请破产。任何一个企业，其经营失败的风险总是存在的。经营失败会使一些利益相关者遭受损失，他们要通过法律途径挽回自己的经济损失，因此，注册会计师往往成为被控告的对象之一。这是因为利益相关者不理解经营失败和审计失败之间的差别，所以，被审计单位出现经营失败时，往往会连累到注册会计师。

审计失败是指注册会计师由于没有遵守审计准则的要求而发表了错误的审计意见。反映被审计单位财务状况和经营成果的会计信息中，存在着无意的错漏或人为的造假，但是注册会计师执行了审计程序之后未能发现应当发现的财务报表中存在的重大错报，或将重大错报误判为不重要的小错误，因而据此给出的审计意见实际上是错误的。

审计风险是指财务报表中存在重大错报，而注册会计师发表不恰当审计意见的可能性。由于审计中的固有限制会影响注册会计师发现重大错报的能力，注册会计师对财务报表是否存在重大错报在整体上不能做到绝对保证。特别是对被审计单位管理层精心策划和掩盖舞弊行为，注册会计师尽管完全按照审计准则执业，但审计无法发现某项重要错报的风险仍然存在。

二、会计责任与审计责任

会计责任包括建立和健全本单位的内部控制制度，保护本单位的资产安全和完整，保证会计资料真实、合法和完整，最终对编制的财务报表的合法性和公允性负责。财务报表是由被审计单位的管理层编制的，因此它对财务报表的合法性和公允性负责，由此构成了被审计单位的管理层首先的和基本的会计责任，因为被审计单位的管理层有充分的权力来选择会计原则，决定在财务报表中披露什么和如何披露。因此，按照适用的会计准则和相关会计制度的规定编制财务报表是被审计单位管理层的责任。要让被审计单位的管理层充分认识到会计责任，应将这种会计责任写入审计业务约定书，并在审计报告中重述这一责任。

审计责任是指注册会计师按照审计准则的要求出具审计报告，发表审计意见，保证审计报告的真实性、合法性所负的责任。财务报表审计不能减轻被审计单位管理层和治理层的责任，亦即注册会计师的审计责任不能替代、减轻或免除被审计单位的会计责任。同样，应将

这种审计计责任写入审计业务约定书，并在审计报告中重述这一责任。

在实务中会计责任与审计责任常常交织在一起而不易分明，比如，被审计单位的管理层未能提交真实、合法的会计资料，导致注册会计师出具的审计报告不真实。这里既有被审计单位管理层提供虚假信息的会计责任，也有注册会计师未能查出而导致出具错误审计报告的审计责任。会计责任与审计责任的关系见表7-1。

表7-1 会计责任与审计责任的关系

责 任	含 义	关 系	行 为	影 响
会计责任	建立和健全本单位的内部控制制度；保护本单位的资产安全和完整；保证会计资料真实、合法和完整；最终对编制的财务报表的合法性和公允性负责	注册会计师的审计责任不能替代、减轻和免除被审计单位会计责任	错误、舞弊和违反法规行为	重要性水平
审计责任	注册会计师按照审计准则的要求出具审计报告，发表审计意见，保证审计报告的真实性、合法性所负的责任	被审计单位承担会计责任不能作为减少审计测试的理由	违约、过失和欺诈	注册会计师的专业判断

三、注册会计师应承担法律责任的不当行为

（一）违约

所谓违约，是指合同的一方或几方未能达到合同条款的要求。当违约给他人造成损失时，注册会计师应负违约责任。比如，会计师事务所在商定的期间内，未能出具审计报告，或违反了与被审计单位订立的保密协议等。

（二）过失

所谓过失，是指在一定条件下，缺少应具有的合理的职业谨慎，导致了工作失误的后果。评价注册会计师的过失，是以其他合格注册会计师在相同条件下可做到的职业谨慎为标准的。当过失给他人造成损失时，注册会计师应负过失责任。过失按其程度不同，可分为普通过失和重大过失。

1. 普通过失。普通过失又称一般过失，通常是指注册会计师没有保持职业上应有的合理的职业谨慎，没有完全遵循专业准则的要求，招致了工作失误的后果。比如，注册会计师未按特定审计项目的审计要求取得必要和充分的审计证据就出具审计报告。

2. 重大过失。重大过失是指注册会计师连起码的职业谨慎都不保持，根本没有遵循专业准则或没有按专业准则的基本要求执行审计，招致损失的后果。比如，不实施存货监盘、未进行应收账款函证，这些行为可视为重大过失。

（三）欺诈

欺诈又称舞弊，是指注册会计师以欺骗或坑害他人为目的的一种故意的极端错误行为。具有不良动机是欺诈的主要特征，是欺诈与过失的主要区别。比如，注册会计师明知委托单位的会计报表有重大错报，却在审计报告中加以虚假地陈述，发表不恰当的审计意见，即欺诈。

与欺诈相关的另一个概念是推定欺诈,又称涉嫌欺诈,是指虽无故意欺诈或坑害他人的动机,但却存在极端或异常的过失。当注册会计师不能举证自己没有责任时,可能被法院判为推定欺诈。

推定欺诈和重大过失这两个概念的界限也很难界定,有些法院将注册会计师的重大过失解释为推定欺诈,特别是近年来法律放宽了"欺诈"一词的范围,使得推定欺诈和欺诈在法律上成为等效的概念。这样,具有重大过失的注册会计师法律责任就被加重了。

四、注册会计师法律责任的种类

我国注册会计师的法律责任包括行政责任、民事责任和刑事责任三个方面。

(一)行政责任

行政责任是指注册会计师或会计师事务所在提供专业服务时,因违反注册会计师行业管理的法律、法规或规章,受到行政主管机关或自律组织依法对其所追究的具有行政性质的一种法律责任。对于个人来说,追究的行政责任包括警告、暂停营业、吊销注册会计师证书等;对于审计机构而言,追究行政责任包括警告、没收违法所得、罚款、暂停营业、撤销等。

(二)民事责任

民事责任是指注册会计师或审计机构因违反合同或法定民事义务所引起的法律后果,依法承担赔偿经济损失的法律责任,主要包括赔偿经济损失、支付违约金等。

(三)刑事责任

刑事责任是指注册会计师由重大过失、欺诈行为违反了刑法,所应承担的相应的法律责任。主要包括管制、拘留、判刑、剥夺政治权利和罚金、没收财产等。

通常情况下,因违约和普通过失可能使注册会计师负行政责任和民事责任,因重大过失和欺诈可能使注册会计师负民事责任和刑事责任。

五、法律规定的法律责任范围

涉及会计师事务所、注册会计师法律责任的法律法规有《中华人民共和国注册会计师法》《中华人民共和国公司法》《中华人民共和国证券法》《中华人民共和国刑法》等。

六、注册会计师如何避免法律诉讼

注册会计师的职业性质决定了注册会计师行业极易遭受法律诉讼。注册会计师要避免法律诉讼,就必须在执业时尽可能不发生过失,防止欺诈。为此注册会计师应做到:

(1)严格遵循职业道德和专业标准的要求。
(2)建立健全会计师事务所质量控制制度。
(3)与委托人签订业务约定书。
(4)审慎选择被审计单位。
(5)深入了解被审计单位的业务。
(6)提取风险基金或购买责任保险。
(7)聘请熟悉注册会计师法律责任的律师。

本 章 小 结

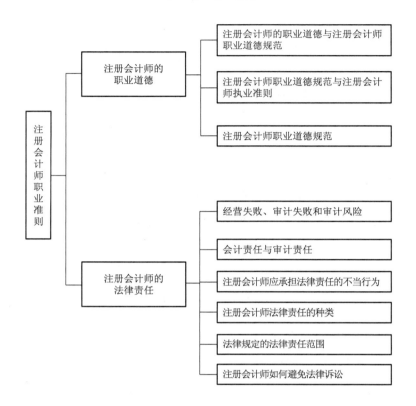

同 步 测 试

一、单项选择题

1. 注册会计师与会计师事务所执业时的最高要求是（　　）。
   A. 注册会计师职业道德规范　　　B. 注册会计师执业准则
   C. 注册会计师职业品质　　　　　D. 注册会计师专业胜任能力

2. 职业道德守则要求会员保持实质上和形式上的独立性，以下陈述不正确的是（　　）。
   A. 实质上的独立性要求注册会计师在提出结论时不受损于职业因素影响
   B. 实质上的独立性要求会员不能与客户之间存在任何经济利益关系
   C. 如果会员在形式上不独立，则很可能被推定为其诚信、客观或职业怀疑态度已经受到损害
   D. 注册会计师在执行鉴证业务时必须在实质上独立和形式上独立

3. 不属于独立性防范措施的是（　　）。
   A. 由法律或规章产生的防范措施
   B. 利用专家协助其工作

C. 承办业务时维护独立性的措施
D. 会计师事务所自身制度和程序中的防范措施
4. 关于注册会计师职业道德问题，下列说法不正确的（   ）。
   A. 注册会计师应当保持和提高专业胜任能力
   B. 注册会计师事务所可以利用新闻媒体对其能力进行广告宣传
   C. 注册会计师不得提供不能胜任的专业服务
   D. 注册会计师应保持应有的职业谨慎
5. 注册会计师不得向鉴证客户同时提供与鉴证业务不相容的服务。下列对不相容工作的表述不恰当的是（   ）。
   A. 会计师事务所不得为上市公司同时提供编制会计报表和审计服务
   B. 会计师事务所的高级管理人员或员工不得担任鉴证客户的经理或其他关键管理职务，但可以担任独立董事
   C. 不相容工作是指同时执行会损害或可能损害事务所或注册会计师鉴证独立性、客观性、公正性或职业声誉的业务、职业或活动
   D. 注册会计师不得向鉴证客户同时提供与鉴证业务不相容的服务
6. 下列不属于会计责任的是（   ）。
   A. 保证审计报告的真实性、合法性所负的责任
   B. 建立和健全本单位的内部控制制度
   C. 保护本单位的资产安全和完整
   D. 保证会计资料真实、合法和完整
7. 通常情况下，因违约和普通过失可能使注册会计师负（   ）。
   A. 行政责任				B. 民事责任
   C. 刑事责任				D. 行政责任和民事责任

二、多项选择题
1. 注册会计师的职业道德是指注册会计师（   ）等的总称。
   A. 职业纪律				B. 专业胜任能力
   C. 职业责任				D. 职业品德
2. 职业责任是指注册会计师对（   ）所应当履行的责任。
   A. 客户		B. 同行		C. 本人		D. 社会公众
3. 注册会计师正在执行R上市公司2019年财务报表审计业务，下列情形中遵循了保密原则的有（   ）。
   A. 在未得到R公司同意的情况下将R公司利润分配政策提供给R公司所在行业联营单位
   B. 在未得到R公司授权情况下向中国证券会报告其发现的R公司隐瞒巨额收入的偷税行为
   C. 在未得到R公司授权情况下向法庭提供作为共同被告而证实自己遵循审计准则的审计工作底稿
   D. 在未得到R公司授权情况下向后任注册会计师提供2019年审计工作底稿
4. 属于《中国注册会计师职业道德基本准则》规范的内容有（   ）。

A. 独立、客观、公正　　　　　　　B. 专业胜任能力和应有的关注
C. 保密　　　　　　　　　　　　　D. 注册会计师的品质

5. 属于《中国注册会计师职业道德规范指导意见》规范的具体要求有（　　）。
A. 独立性　　　　　　　　　　　　B. 收费与佣金
C. 接任前任注册会计师的审计业务　D. 广告、业务招揽和宣传

6. 威胁独立性的情形包括（　　）等。
A. 经济利益　　　　　　　　　　　B. 自我评价　C. 外界压力
D. 收受礼金　　　　　　　　　　　E. 关联关系

7. 通常情况下，因重大过失和欺诈可能使注册会计师负（　　）。
A. 行政责任　　　　　　　　　　　B. 民事责任
C. 刑事责任　　　　　　　　　　　D. 行政责任和刑事责任

8. 追究行政责任包括（　　）等。
A. 警告　　　　　　　　　　　　　B. 没收违法所得
C. 没收违法所得　　　　　　　　　D. 赔偿经济损失

9. 职业道德守则内容体现的要求有（　　）等。
A. 专业胜任能力和应有的关注的要求
B. 诚信的要求
C. 独立性的要求
D. 运用职业道德概念框架的要求

10. 中国注册会计师职业道德守则的主要特点有（　　）等。
A. 全面规范了注册会计师的职业道德行为
B. 突出强调了注册会计师行业的社会责任
C. 为注册会计师解决职业道德遇到的问题提供了方法指导
D. 实现了与国际会计师职业道德守则的全面趋同

实训案例分析

某能源公司于2017年以扩大生产为名通过了审批手续，公开向社会集资8亿元，公司承诺的投资利率高达20%，并保证将按期归还本息。资金筹足之后，公司迟迟未扩大生产。根据集资协议，公司每年应由注册会计师进行一次验资。2018年公司借故生产项目审批手续未全下来而免于验资。2019年，该公司为安抚投资者，发表公告声明审批通过，生产设备已经购进并安装完毕，即可投产，而实际上他们什么也没有做。验资的时间又到了，这次他们想方设法骗取了一份验资报告。该能源公司派人到E会计师事务所商谈此事，该事务所所长张三一开始表示怕担风险不太愿意承接此业务。该能源公司领导不断地增加筹码，承诺以重金酬谢，双方最终达成了一个价格，并初步拟订了工作方案。

张三所长与另一名注册会计师去该能源公司实地了解情况。两人走马观花看了一圈，便被安排去吃午饭，并接受了一份礼品。次日，张三所长派6名注册会计师来到该能源公司，开始审计工作。该能源公司提出因不少投资者对他们的实力表示怀疑，公司希望当天就能拿到这份证明他们实力没有问题的报告。6人即根据该能源公司提供的账表开始工作，大约审查了半天之后，便起草了一份验资报告，送给该能源公司总经理过目，总经理对此报告基本

满意,又提出了两处应修改一下,注册会计师照做了。晚上公司宴请了这几位注册会计师,并塞给每人1 000元加班费。第二天,该能源公司财务主管带着几十份打印好的审验报告和空白支票来到E会计师事务所,张三所长同意在报告上加盖注册会计师的印章和会计师事务所公章,同时收取费用6万元,这是当时规定收费标准的12倍。随即,一些新闻媒体上刊出了该能源公司的验资报告,投资者们见后对该能源公司不再怀疑。然而,8亿元集资款被该能源公司的领导者大肆挥霍,并大量私分。2020年初,该能源公司的骗局败露,E会计师事务所所长和该能源公司主要领导一起走上了法庭被告席。

要求:

(1) 讨论并回答,E会计师事务所张所长及另外6名注册会计师有哪些行为违背了审计职业道德规范的要求和独立审计准则的要求?

(2) 讨论并回答,他们应承担何种法律责任?

思考与练习

1. 注册会计师的职业道德与注册会计师职业道德规范有何区别?
2. 注册会计师职业道德规范与注册会计师执业准则有何区别?
3. 经营失败与审计失败有何区别?
4. 会计责任与审计责任有何区别?
5. 注册会计师应承担法律责任的三种不当行为有何区别?

第八章

风险评估与风险应对

知识目标

1. 明确风险导向审计的含义。了解风险导向审计的产生与发展。
2. 理解我国风险导向审计特点。了解我国风险导向审计准则于现阶段出台的意义。
3. 明确风险评估的要求。明确了解被审计单位及其环境的基本内容。
4. 明确内部控制的含义。理解内部控制的要素、目标、要求及固有局限性。
5. 理解了解整体层面和业务流程层面内部控制的内容。认识评估重大错报风险的内容。考虑审计的风险应对措施。

技能目标

1. 试运用风险评估与风险应对相关理论知识，掌握了解整体层面和业务流程层面内部控制的内容。
2. 试运用风险评估与风险应对相关理论知识，认识评估重大错报风险的内容，考虑审计的风险应对措施。

第一节 风险评估概述

一、风险导向审计的含义

国内外一些公司出现的会计舞弊事件，如中国的银广夏、黎明股份，国外的安然、世通、帕马拉特等，提供审计服务的会计师事务所也牵涉其中，有的陷入旷日持久的法律诉讼，有的被迫关闭，如中天勤、沈阳华伦、安达信等。在这样的背景下，加快了审计界已开始探讨和试行的风险导向审计。最大限度地降低审计风险，已成为注册会计师行业面临的最大课题。国内外先后制定颁布了有关指导风险导向审计的审计准则（或征求意见稿）用以规范风险导向审计实务。

由于传统审计风险模型和审计方法有其局限性，国外一些大型会计师事务所开始探索新的审计方法。新的审计方法注重从企业宏观层面了解财务报表存在的重大错报风险，这就是国内外审计职业界所称的风险导向审计。风险导向审计作为一种重要的审计理念和方法，随着国内外审计失败事件的爆发，更受到了行业及社会有关方面的关注。

一些大型会计师事务所对风险导向审计方法的探索，引起了审计准则制定机构和有关方面的关注。早在1998年,由加拿大、英国和美国的准则制定机构和学术机构成立的联合工作组,就开始研究和了解与风险导向审计方法发展相关的问题。2000年,联合工作组发表了研究成果,报告名称为《大型会计师事务所审计方法的发展》。该报告指出基本的审计风险模型并没有完全失效,但需要改进。联合工作组同时建议准则制定机构根据研究结论修订现行审计准则。

在上述背景下,国际会计师联合会下属的国际审计与鉴证准则理事会、美国审计准则理事会各自成立了审计风险项目小组。由于两个准则制定机构面临相似的问题,具有提高审计质量的共同目的,因此两个项目小组后来进行了合并,成立了联合风险评估工作组,制定共同的审计风险准则,从源头上实现国际协调。

联合风险评估工作组于2002年10月发布了审计风险准则征求意见稿。2003年10月,国际审计与鉴证准则理事会在东京的会议上对征求意见稿进行了最后修订,并获得委员会通过,审计风险准则在2004年12月15日之后开始正式施行。

国际审计与鉴证准则理事会起草的审计风险准则,在很大程度上吸收了风险导向审计方法的优点,克服了其存在的缺陷,并保留了原有审计准则的可取之处,得到了国际职业界和社会公众的好评。新国际审计风险准则的颁行并没有改变财务报表审计目标和责任的基本定位,也没有改变现行的审计基本理论和方法,而只是为审计人员更好地实现审计目标和履行审计责任提供了应对风险的指南。

在这样的国际背景下,中国注册会计师需要借鉴国际审计风险准则的基本原则和必要程序,应注意从宏观上了解被审计单位及其环境(包括内部控制),以充分识别和评估财务报表重大错报的风险,针对评估的重大错报风险,设计和实施相应的审计测试和审计程序。

从新国际审计风险准则的规定和实务发展趋势来看,中国注册会计师必须认识到,风险导向审计不是要不要做的问题,而是必须认真做好的问题。

风险导向审计是指以风险评估为基础,对影响被审单位经济活动的多种内外因素进行评估,确定审计范围、重点和方法,从源头和宏观上判断、发现财务报表存在的重大错报。它要求注册会计师要以合理的职业怀疑态度,对被审计单位管理层所设计和执行的内部控制制度进行检查与评价,并对公司管理层是否诚信、是否有舞弊造假的行为,始终保持一种合理的职业警觉,要将审计的视野扩大到被审计单位所处的经营环境,将风险评估贯穿于审计工作的全过程,要求注册会计师评估财务报表重大错报风险,设计和实施进一步审计程序以应对评估的错报风险,根据审计结果出具恰当的审计报告。现代财务报表审计就是风险导向审计,即以重大错报风险为导向的审计。风险导向审计的两项主要的同等重要的工作是:评估重大错报风险和降低重大错报风险。识别风险、评估风险是前提,检查风险、降低风险是实质。两者缺一不可,绝不能只重其一。风险导向审计是当今主流的审计方法,2006年财政部发布的中国注册会计师执业准则体系全面贯彻了风险导向审计思想和方法的要求。

我国出台的审计风险准则,包括《中国注册会计师审计准则第1101号——注册会计师的总体目标和审计工作的基本要求》《中国注册会计师审计准则第1301号——审计证据》《中国注册会计师审计准则第1211号——通过了解被审计单位及其环境识别和评估重大错报风险》和《中国注册会计师审计准则第1231号——针对评估的重大错报风险采取的应对措施》。

二、我国风险导向审计的特点

(一) 要求注册会计师必须了解被审计单位及其环境

注册会计师通过了解被审计单位及其环境，包括了解内部控制，为识别财务报表层次以及各类交易、账户余额和列表认定层次重大错报风险提供更好的基础。

(二) 要求注册会计师在审计的所有阶段都要实施风险评估程序

注册会计师应当将识别的风险与认定层次可能发生错报的领域相联系，实施更为严格的风险评估程序，不得未经风险评估，直接设定风险水平。

(三) 要求注册会计师将识别和评估的风险与实施的审计程序挂钩

在设计和实施进一步审计程序（控制测试和实质性程序）时，注册会计师应当将审计程序的性质、时间和范围与识别、评估的风险相联系，以防止机械地利用程序表从形式上迎合审计准则对审计程序的要求。

(四) 要求注册会计师针对重大的各类交易、账户余额和列报实施实质性程序

注册会计师对重大错报风险的评估是一种职业判断，被审计单位内部控制存在着固有限制，无论评估的重大错报风险结果如何，注册会计师都应当针对重大的各类交易、账户余额和列报实施实质性程序，不得将实质性程序只集中在例外事项上。

(五) 要求注册会计师将识别、评估和应对风险的关键程序形成审计工作记录，以保证执业质量，明确执业责任

三、我国风险导向审计准则出台的意义

第一，有利于降低审计失败发生的概率，增强社会公众对审计行业的信心。

第二，有利于严格执行审计程序，识别、评估和应对重大错报风险。

第三，有利于明确审计责任，实施有效的质量控制。

第四，有利于促使注册会计师掌握新知识和新技能，提高整个审计行业的专业水平。

第五，审计风险准则对注册会计师实施风险评估程序，以及依据风险评估结果实施进一步审计程序影响很大，因此，也影响到审计工作的各个方面。

四、风险评估的作用

《中国注册会计师审计准则第1211号——了解被审计单位及其环境并评估重大错报风险》作为专门规范风险评估的准则，规定注册会计师应当了解被审计单位及其环境，以充分识别和评估财务报表重大错报风险，设计和实施进一步审计程序。

了解被审计单位及其环境是必要程序，特别是为注册会计师在下列关键环节做出职业判断提供重要基础：

(1) 确定重要性水平，并随着审计工作的进程评估对重要性水平的判断是否仍然适当；

(2) 考虑会计政策的选择和运用是否恰当，以及财务报表的列报是否适当；

(3) 识别需要特别考虑的领域，包括关联方交易、管理层运用持续经营假设的合理性，或交易是否具有合理的商业目的等；

(4) 确定在实施分析程序时所使用的预期值；

(5) 设计和实施进一步审计程序，以将审计风险降至可接受的低水平；

(6) 评价所获取审计证据的充分性和适当性。

职业判断贯穿于注册会计师审计的全过程。职业判断只有建立在对被审计单位及其环境了解的基础上，才是恰当的和符合实际的。

了解被审计单位及其环境是一个连续和动态地收集、更新与分析信息的过程，贯穿于整个审计过程的始终。注册会计师应当运用职业判断确定需要了解被审计单位及其环境的程度。

评价对被审计单位及其环境了解的程度是否恰当，关键是看注册会计师对被审计单位及其环境的了解是否足以识别和评估财务报表的重大错报风险。如果了解被审计单位及其环境获得的信息足以识别和评估财务报表的重大错报风险，设计和实施进一步审计程序，那么了解的程度就是恰当的。当然，要求注册会计师对被审计单位及其环境了解的程度，要低于管理层为经营管理企业而对被审计单位及其环境需要了解的程度。

五、风险评估的要求

《中国注册会计师审计准则第1211号——了解被审计单位及其环境并评估重大错报风险》，要求注册会计师了解被审计单位及其环境时，应遵循风险评估程序以获取相关信息的来源，并要求注册会计师组织项目组成员来对财务报表存在重大错报的可能性进行讨论。

（一）实施风险评估程序

注册会计师了解被审计单位及其环境，目的是为了识别和评估财务报表重大错报风险。为了解被审计单位及其环境而实施的程序称为"风险评估程序"。注册会计师应当依据实施这些审计程序所获取的信息来评估重大错报风险。

注册会计师应当实施下列风险评估程序，以了解被审计单位及其环境：

1. 询问被审计单位管理层和内部其他相关人员。注册会计师可以考虑向管理层和财务负责人询问下列事项：

管理层所关注的主要问题；被审计单位最近的财务状况、经营成果和现金流量；可能影响财务报告的交易和事项，或者目前发生的重大会计处理问题；被审计单位发生的其他重要变化，如所有权结构、组织结构的变化，以及内部控制的变化等。

注册会计师还应当考虑询问内部审计人员、采购人员、生产人员、销售人员等其他人员，并考虑询问不同级别的员工，以获取对识别重大错报风险有用的信息。

2. 分析程序。分析程序是指注册会计师通过研究不同财务数据之间以及财务数据与非财务数据之间的内在关系，对财务信息作出评价。分析程序还包括调查识别出的与其他相关信息不一致或与预期数据严重偏离的波动和关系所作出的评价。

3. 观察和检查。观察和检查程序可以印证对管理层和其他相关人员的询问结果，并可提供有关被审计单位及其环境的信息，注册会计师应当实施下列观察和检查程序。

（1）观察被审计单位的生产经营活动。例如，观察被审计单位人员正在从事的生产活动和内部控制活动，可以增加注册会计师对被审计单位人员如何进行生产经营活动及实施内部控制的了解。

（2）检查文件、记录和内部控制手册。例如，检查被审计单位的章程，与其他单位签订的合同、协议，各业务流程操作指引和内部控制手册等，了解被审计单位组织结构和内部控制制度的建立健全情况。

（3）阅读由管理层和治理层编制的报告。例如，阅读被审计单位年度和中期财务报告，股东大会、董事会会议、高级管理层会议的会议记录或纪要，管理层的讨论和分析资料，经营计划和战略，对重要经营环节和外部因素的评价，被审计单位内部管理报告以及其他特殊目的的报告（如新投资项目的可行性分析报告）等，了解自上期审计结束至本期审计期间被审计单位发生的重大事项。

（4）实地察看被审计单位的生产经营场所和设备。通过现场访问和实地察看被审计单位的生产经营场所和设备，可以帮助注册会计师了解被审计单位的性质及其经营活动。

（5）追踪交易在财务报告信息系统中的处理过程（穿行测试）。这是注册会计师了解被审计单位业务流程及其相关控制时经常使用的审计程序。通过追踪某笔或某几笔交易在业务流程中如何生成、记录、处理和报告，以及相关内部控制如何执行，注册会计师可以确定被审计单位的交易流程和相关控制是否与之前通过其他程序所获得的了解相一致，并确定相关控制是否得到执行。

（二）实施其他审计程序和获取其他信息

1. 其他审计程序。如果根据职业判断认为从被审计单位外部获取的信息有助于识别重大错报风险，注册会计师还应当实施其他审计程序以获取这些信息。例如，询问被审计单位聘请的外部法律顾问、专业评估师、投资顾问和财务顾问等。阅读外部信息包括证券分析师、银行、评级机构出具的有关被审计单位及其所处行业的经济或市场环境等状况的报告，贸易与经济方面的报纸杂志，法规或金融出版物，以及政府部门或民间组织发布的行业报告和统计数据等，也可能有助于注册会计师了解被审计单位及其环境。

2. 获取其他信息。注册会计师应当考虑在承接客户或续约过程中获取的信息，以及向被审计单位提供其他服务所获得的经验是否有助于识别重大错报风险。特别对于连续审计业务，如果拟利用在以前期间获取的信息，注册会计师应当确定被审计单位及其环境是否已发生变化，以及该变化是否可能影响以前期间获取的信息在本期审计中的相关性。例如，通过前期审计获取的有关被审计单位组织结构、生产经营活动和内部控制的审计证据，以及有关以往的错报和错报是否得到及时更正的信息，可以帮助注册会计师评估本期财务报表的重大错报风险。

（三）开展项目组内部的讨论

注册会计师应当组织项目组成员对财务报表存在重大错报的可能性进行讨论，并运用职业判断确定讨论的目标、内容、人员、时间和方式。项目组内部的讨论在所有业务阶段都非常必要，通过讨论可以保证所有事项得到恰当的考虑。

1. 讨论的目标。项目组内部的讨论为项目组成员提供了交流信息和分享见解的机会。项目组通过讨论可以使成员更好地了解在各自分工负责的领域中，由于舞弊或错误导致财务报表重大错报的可能性，并了解各自实施审计程序的结果如何影响审计的其他方面，包括对确定进一步审计程序的性质、时间和范围的影响。

2. 讨论的内容。项目组应当讨论被审计单位面临的经营风险、财务报表容易发生错报的领域以及发生错报的方式，特别是由于舞弊导致重大错报的可能性。讨论的内容和范围受项目组成员的职位、经验和所需要的信息的影响。讨论的领域可以多方面，如分享已获取的被审计单位的有关信息；分享审计思路和方法；为项目组指明审计方向等。

3. 参与讨论的人员。注册会计师应当运用职业判断确定项目组内部参与讨论的成员。项目组的关键成员应当参与讨论，如果项目组需要拥有信息技术或其他特殊技能的专家，这些专家也应参与讨论。参与讨论人员的范围受项目组成员的职责经验和信息需要的影响。例如，在跨地区审计中，每个重要地区项目组的关键成员应该参加讨论。不要求所有成员每次都参与项目组的讨论。

4. 讨论的时间和方式。项目组应当根据审计的具体情况，在整个审计过程中持续交换有关财务报表发生重大错报可能性的信息。根据审计准则的规定，注册会计师应当在计划和实施审计工作时保持职业怀疑态度，充分考虑可能存在导致财务报表发生重大错报的情形。项目组在讨论时应当强调在整个审计过程中保持职业怀疑态度，警惕可能发生重大错报的迹象，并对这些迹象进行严格追踪。通过讨论，项目组成员可以交流和分享在整个审计过程中获得的信息，包括可能对重大错报风险评估产生影响的信息或针对这些风险实施审计程序的信息。项目组还可以根据实际情况，讨论其他重要事项。

六、了解被审计单位及其环境

注册会计师应当从多方面了解被审计单位及其环境，以作为识别和评估重大错报风险的基础。

（一）总体要求

1. 了解被审计单位的外部环境。注册会计师应当从行业状况、法律环境与监管环境以及其他外部因素了解被审计单位及其环境。

2. 了解被审计单位的内部因素。
（1）被审计单位的性质；
（2）被审计单位对会计政策的选择和运用；
（3）被审计单位的目标、战略以及相关经营风险；
（4）被审计单位财务业绩的衡量和评价；
（5）被审计单位的内部控制。

被审计单位及其环境的各个方面可能会互相影响。例如，被审计单位的行业状况、法律环境与监管环境以及其他外部因素可能影响到被审计单位的目标、战略以及相关经营风险，而被审计单位的性质、目标、战略以及相关经营风险可能影响到被审计单位对会计政策的选择和运用，以及内部控制的设计和执行。因此，注册会计师在对被审计单位及其环境的各个方面进行了解和评估时，应当考虑各因素之间的相互关系。

（二）行业状况、法律环境与监管环境以及其他外部因素

1. 行业状况。了解行业状况有助于注册会计师识别与被审计单位所处行业有关的重大错报风险。注册会计师应当了解被审计单位的行业状况，主要包括：所处行业的市场供求与竞争；生产经营的季节性和周期性；产品生产技术的变化；能源供应与成本；行业的关键指标和统计数据。

2. 法律环境及监管环境。注册会计师应当了解被审计单位所处的法律环境及监管环境，主要包括：适用的会计准则、会计制度和行业特定惯例；对经营活动产生重大影响的法律法规及监管活动；对开展业务产生重大影响的政府政策，包括货币、财政、税收和贸易等政策；与被审计单位所处行业和所从事经营活动相关的环保要求。

3. 其他外部因素。注册会计师应当了解影响被审计单位经营的其他外部因素，主要包括：宏观经济的景气度、利率和资金供求状况、通货膨胀水平及币值变动、国际经济环境和汇率变动。

4. 了解的重点和程度。注册会计师应当考虑被审计单位所在行业的业务性质或监管程度是否可能导致特定的重大错报风险，对于不同被审计单位，了解的重点和程度可能不同。例如，对从事计算机硬件制造的被审计单位，注册会计师可能更关心市场和竞争以及技术进

步的情况；对金融机构，注册会计师可能更关心宏观经济走势以及货币、财政等方面的宏观经济政策；对化工等产生污染的行业，注册会计师可能更关心相关环保法规。对建筑行业长期合同涉及收入和成本的重大估计，可能导致重大错报风险；对商业银行的资本充足率，银行监管机构有专门规定，不能满足这一监管要求的商业银行可能有操纵财务报表的动机和压力。注册会计师应当考虑将了解的重点放在对被审计单位的经营活动可能产生重要影响的关键外部因素以及与前期相比发生的重大变化上。

（三）被审计单位的性质

1. 所有权结构。对被审计单位所有权结构的了解有助于注册会计师识别关联方关系并了解被审计单位的决策过程。

2. 治理结构。良好的治理结构可以对被审计单位的经营和财务运作实施有效的监督，从而降低财务报表发生重大错报的风险。注册会计师应当了解被审计单位的治理结构。例如，董事会的构成情况、董事会内部是否有独立董事；治理结构中是否设有审计委员会或监事会及其运作情况。注册会计师应当考虑治理层是否能够在独立于管理层的情况下对被审计单位事务（包括财务报告）作出客观判断。

3. 组织结构。复杂的组织结构可能导致某些特定的重大错报风险。注册会计师应当了解被审计单位的组织结构，考虑复杂组织结构可能导致的重大错报风险，包括财务报表合并、商誉摊销和减值、长期股权投资核算以及特殊目的实体核算等问题。例如，对于在多个地区拥有子公司、合营企业、联营企业或其他成员机构，或者存在多个业务分部和地区分部的被审计单位，不仅编制合并财务报表的难度增加，还存在其他可能导致重大错报风险的复杂事项，包括：对于子公司、合营企业、联营企业和其他股权投资类别的判断及其会计处理；商誉在不同业务分部间的摊销及减值。

4. 经营活动。了解被审计单位经营活动有助于注册会计师识别预期在财务报表中反映的主要交易类别、重要账户余额和列报。注册会计师应当了解被审计单位的经营活动。主要包括：

（1）主营业务的性质。

（2）与生产产品或提供劳务相关的市场信息。

（3）业务的开展情况。

（4）联盟、合营与外包情况。

（5）从事电子商务的情况。

（6）地区与行业分布。

（7）生产设施、仓库的地理位置及办公地点。

（8）关键客户。例如，销售对象是少量的大客户还是众多的小客户；是否有被审计单位高度依赖的特定客户（如超过销售总额的10%的顾客）；是否有造成高回收性风险的若干客户或客户类别（如正处在一个衰退市场中的客户）；是否与某些客户订立了特殊的销售条款或条件。

（9）重要供应商。例如，是否签订长期供应合同；原材料供应的可靠性和稳定性；付款条件；以及原材料是否受重大价格变动的影响。

（10）劳动用工情况。

（11）研究与开发活动及其支出。

(12) 关联方交易。
　　5. 投资活动。
　　(1) 近期拟实施或已实施的并购活动与资产处置情况，包括业务重组或某些业务的终止。
　　(2) 证券投资、委托贷款的发生与处置。
　　(3) 资本性投资活动，包括固定资产和无形资产投资，近期或计划发生的投资变动，以及重大的资本承诺等。
　　(4) 不纳入合并范围的投资。例如，联营、合营或其他投资，包括近期计划的投资项目。
　　6. 筹资活动。
　　(1) 债务结构和相关条款，包括担保情况及表外融资。例如，获得的信贷额度是否可以满足营运需要；得到的融资条件及利率是否与竞争对手相似，如不相似，原因何在；是否存在违反借款合同中限制性条款的情况；是否承受重大的汇率与利率风险。
　　(2) 固定资产的租赁，包括通过融资租赁方式进行的筹资活动。
　　(3) 关联方融资。例如，关联方融资的特殊条款。
　　(4) 实际受益股东。例如，实际受益股东是国内的，还是国外的，其商业声誉和经验可能对被审计单位产生的影响。
　　(5) 衍生金融工具的运用。例如，衍生金融工具是用于交易目的还是套期目的，以及运用的种类、范围和交易对手等。
　　(四) 被审计单位对会计政策的选择和运用
　　1. 重要项目的会计政策和行业惯例。
　　2. 重大和异常交易的会计处理方法。
　　3. 在新领域和缺乏权威性标准或共识的领域，采用重要会计政策产生的影响。
　　4. 会计政策的变更。
　　5. 被审计单位何时采用以及如何采用新颁布的会计准则和相关会计制度。
　　除上述与会计政策的选择和运用相关的事项外，注册会计师还应对被审计单位下列与会计政策运用相关的情况予以关注：
　　(1) 是否采用激进的会计政策、方法、估计和判断；
　　(2) 财会人员是否拥有足够的运用会计准则的知识、经验和能力；
　　(3) 是否拥有足够的资源支持会计政策的运用，如人力资源及培训、信息技术的采用、数据和信息的采集等。
　　(五) 被审计单位的目标、战略以及相关经营风险
　　1. 目标、战略与经营风险。目标是企业经营活动的指针。企业管理层或治理层一般会根据企业经营面临的外部环境和内部各种因素，制定合理可行的经营目标。战略是企业管理层为实现经营目标采用的总体层面的策略和方法。
　　经营风险源于对被审计单位实现目标和战略产生不利影响的重大情况、事项、环境和行动，或源于不恰当的目标和战略。
　　注册会计师应当了解被审计单位是否存在与下列方面有关的目标和战略，并考虑相应的经营风险：

(1) 行业发展,及其可能导致的被审计单位不具备足以应对行业变化的人力资源和业务专长等风险;

(2) 开发新产品或提供新服务,及其可能导致的被审计单位产品责任增加等风险;

(3) 业务扩张,及其可能导致的被审计单位对市场需求的估计不准确等风险;

(4) 新颁布的会计法规,及其可能导致的被审计单位执行法规不当或不完整,或会计处理成本增加等风险;

(5) 监管要求,及其可能导致的被审计单位法律责任增加等风险;

(6) 本期及未来的融资条件,及其可能导致的被审计单位由于无法满足融资条件而失去融资机会等风险;

(7) 信息技术的运用及其可能导致的被审计单位信息系统与业务流程难以融合等风险。

2. 经营风险对重大错报风险的影响。

【例 8-1】 企业合并会导致哪些负面影响?由此产生的经营风险会导致哪些重大错报风险?

分析要点: 企业合并会导致银行客户群减少,使银行信贷风险集中,由此产生的经营风险可能增加与贷款计价认定有关的重大错报风险。

同样的风险,尤其是在经济紧缩时,可能具有更为长期的后果,注册会计师在评估持续经营假设的适当性时需要考虑这一问题。为此,注册会计师应当根据被审计单位的具体情况考虑经营风险是否可能导致财务报表发生重大错报。

【例 8-2】 企业当前的目标是在某一特定期间内进入某一新的海外市场,企业选择的战略是在当地成立合资公司。从该战略本身来看,是可以实现这一目标的。但是,成立合资公司可能会带来很多的经营风险,企业如何与当地合资方在经营活动、企业文化等各方面协调,如何在合资公司中获得控制权或共同控制权,当地市场情况是否会发生变化,当地对合资公司的税收和外汇管理方面的政策是否稳定,合资公司的利润是否可以汇回,是否存在汇率风险等。由此产生的经营风险会导致哪些重大错报风险?

分析要点: 这些经营风险反映到财务报表中,可能会因对合资公司是属于子公司、合营企业或联营企业的判断问题,投资核算问题,包括是否存在减值问题、对当地税收规定的理解,以及外币折算等问题而导致财务报表出现重大错报风险。

3. 被审计单位的风险评估过程。管理层通常制定识别和应对经营风险的策略,注册会计师应当了解被审计单位的风险评估过程。此类风险评估过程是被审计单位内部控制的组成部分。

4. 对小型被审计单位的考虑。小型被审计单位通常没有正式的计划和程序来确定其目标、战略并管理经营风险。注册会计师应当询问管理层或观察小型被审计单位如何应对这些事项,以获取了解,并评估重大错报风险。

(六) 被审计单位财务业绩的衡量和评价

被审计单位管理层经常会衡量和评价关键业绩指标(包括财务和非财务的)、预算及差异分析、分部信息和分支机构、部门或其他层次的业绩报告以及与竞争对手的业绩比较。此外,外部机构也会衡量和评价被审计单位的财务业绩,如分析师的报告和信用评级机构的报告。

1. 了解的主要方面。在了解被审计单位财务业绩衡量和评价情况时,注册会计师应当关注下列信息:关键业绩指标;业绩趋势;预测、预算和差异分析;管理层和员工业绩考核与激励性报酬政策;分部信息与不同层次部门的业绩报告;与竞争对手的业绩比较;外部机构提出的报告。

2. 关注内部财务业绩衡量的结果。注册会计师应当关注被审计单位内部财务业绩衡量所显示的未预期达到的结果或趋势、管理层的调查结果和纠正措施,以及相关信息是否显示财务报表可能存在重大错报。

【例 8-3】 内部财务业绩衡量可能显示被审计单位与同行业其他单位相比具有异常的增长率或盈利水平,在这种情况下,如何通过内部财务业绩衡量相关的信息来显示财务报表存在错报风险?

分析要点: 内部财务业绩衡量可能显示被审计单位与同行业其他单位相比具有异常的增长率或盈利水平,此类信息如果与业绩奖金或激励性报酬等其他因素结合起来考虑,可能显示管理层在编制财务报表时存在某种倾向的错报风险。

3. 考虑财务业绩衡量指标的可靠性。
4. 对小型被审计单位的考虑。

第二节 了解被审计单位的内部控制

一、内部控制及其要素

(一) 内部控制的含义

内部控制的概念有多种不同的解释,根据最新审计准则的表述,我们将内部控制概括为:被审计单位为了合理保证财务报告的可靠性、经营活动的效率性和效果性、法律法规得到遵守,而由治理层、管理层和相关人员设计并执行的各项政策和程序。

任何国家机关、社会团体、公司、企业、事业单位和其他经济组织都应当建立适合本单位的内部控制制度。对内部控制可以从以下几方面进行理解:

(1) 内部控制是一个不断发展、变化和完善的管理过程。
(2) 内部控制由单位中各个层次的人员共同实施。
(3) 内部控制在形式上表现为一整套相互联系和相互制约的控制方法,其手段是设计和执行控制政策和程序。
(4) 被审计单位建立内部控制制度的目的在于促进和合理保证其目标的实现。

(二) 内部控制的构成要素

内部控制的内容是由基本要素组成的。企业内部控制的建立一般是根据其特征和需求设计的,例如企业规模、所处行业、业务构成、管理目标等。目前国内外审计界在讲述、设计和评价内部控制时,多采用的内部控制五要素框架。五要素框架具有较强的理论可取性和实践可行性,我们在此也采用了五要素的框架。以五要素框架为基础的内部控制包括下列要素:① 控制环境;② 风险评估;③ 信息与沟通;④ 控制活动;⑤ 对控制的监督。五要素之间的关系如图 8-1 所示。

对内部控制进行分类、归纳为若干要素，这为我们提供了了解内部控制的框架，但无论对内部控制要素如何进行分类，注册会计师都要重点考虑被审计单位某项控制是否能够防止或发现并纠正各类交易、账户余额、列报与披露存在的重大错报，以及如何防止或发现并纠正各类交易、账户余额、列报与披露存在的重大错报。下面根据五要素的结构说明内部控制的内容。

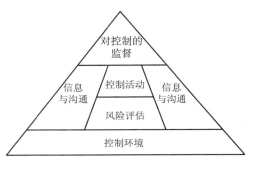

图 8-1　内部控制五要素之间的关系

1. 控制环境。控制环境包括治理职能和管理职能，以及治理层和管理层对内部控制及其重要性的态度、认识和措施。同时，控制环境是企业内部控制的基础，它反过来又影响企业各级管理人员和一般员工的控制意识。控制环境的具体内容主要包括以下几个方面：① 从最高管理层到普通员工的诚信原则和道德价值观；② 员工的胜任能力和公司的人力资源政策；③ 管理理念和经营风格；④ 组织结构和管理层的安排；⑤ 企业内部职权与责任的分配。

2. 风险评估。风险评估是分析和辨认实现企业所定目标和计划的过程中可能发生的不利事件和情况。风险评估包括对风险点进行选择、识别、分析和评估的全过程。也就是事先对风险点进行评估，识别风险产生的原因及表现形式；识别每一重要业务活动目标所面临的风险；估计风险的概率、频率、重要性、可能性以及风险所造成的危害。进行风险评估首先要列出重要风险要素和风险控制点，要清楚在企业经营管理过程中会出现的风险，既要考虑内部风险，又要考虑外部因素引起的风险；既要考虑静态风险，又要考虑动态风险；既要考虑操作风险，又要考虑体制和政策风险。评估风险要以企业的目标和计划为依据，评估风险目的是能够在业务开展前，测定出风险指标，并能够在业务发生后对风险进行跟踪监测。在内部控制中，管理层必须建立持续的风险评估机制对风险进行评估，并根据评估结果采取必要的应对措施。

3. 信息与沟通。企业信息系统庞大而复杂，注册会计师不可能也没有必要评价企业的整个信息系统，而只需了解和弄清与财务报告相关的信息系统和相关业务流程。与财务报告相关的信息系统包括用以生成、记录、处理、报告各类交易和事项，对相关资产、负债和所有者权益履行经管责任的程序和记录。与财务报告相关的信息系统应当与业务流程相适应，这里的业务流程是指被审计单位开发、采购、生产、销售、发送产品和提供服务、保证遵守法律法规、记录信息等一系列活动。与财务报告相关的信息系统在内部控制中通常可发挥下列作用：识别与记录所有的有效交易；及时、详细地描述交易，以便在财务报告中对交易做出恰当分类；恰当计量交易，以便在财务报告中对交易的货币金额做出准确记录；恰当确定交易生成的会计期间；在财务报表中恰当列报交易及相关披露。与财务报告相关的信息系统所生成信息的质量，对管理层能否做出恰当的经营管理决策以及编制可靠的财务报告具有重大影响。

4. 控制活动。控制活动是指被审计单位有助于确保管理层的指令得以执行的政策和程序，包括与授权批准、业绩评价、信息处理、实物控制和职责分离等相关的活动。审计人员应当了解控制活动，以评估认定层次的重大错报风险，并针对评估的风险设计进一步审计程序。

控制活动在企业内的各个阶层和职能之间都会出现,审计人员应当了解的控制活动主要包括:

（1）了解与授权有关的控制活动。

（2）了解与业绩评价有关的控制活动。

（3）了解与信息处理有关的控制活动,包括信息技术的一般控制和应用控制。

（4）了解对资产实施的控制活动,主要是对现金、证券、存货、设备和其他资产的实物采取保护的措施,实施保护的行为。

（5）了解职责分离的控制活动。

5. 对控制的监督。对控制的监督是指被审计单位评价内部控制在一段时间内运行有效性的过程,该过程包括及时评价控制的设计和运行,以及根据情况的变化采取必要的纠正措施。内部控制系统有效发挥作用离不开适当的、持续的监督。审计人员应当了解被审计单位对控制的持续监督活动和专门的评价活动。

二、内部控制的目标及要求

（一）内部控制的目标

内部控制的目标:合理保证财务报告的可靠性、经营活动的效率性和效果性、法律法规得到遵守三大目标。进一步分解为以下五项基本目标:

（1）防止舞弊发生。

（2）减少差错出现。

（3）保证法规执行。

（4）促使目标实现。

（5）提高管理水平。

（二）内部控制的要求

可靠的内部控制制度一般包括以下主要内容:

1. 合理的组织分工。

（1）合理划分职责。为了完成较复杂的经济业务,单位内部都必须设置多种不同的职位（或岗位）,并明确规定各个职位的具体责任。每一经济业务都需经过预定的若干个职位,通过各职位责任的约束和职位之间的牵制,可以使经济业务按控制的要求活动。内部控制原理要求,每一经济业务的处理,最少要经过两个以上职位,才能防止错弊的发生,使控制产生良好效果。一般经济业务通常与下述职务有关:请办、审批、执行、记录、结算、稽核、保管、清查等。

上述职务中,一些职务相互之间具有牵制关系,是不能交由一个人同时办理或承担的,这些职务被称为不相容职务。将两个应予以分割的职务交由一个人担任,势必会丧失应有的人际牵制关系,从而给舞弊提供机会。请办与审批之间、审批与执行之间、执行与记录之间、审核与记录之间、收付款与记录之间、记录与保管之间、保管与清查之间都是不相容的。在单位的会计部门内部,记总账与记明细账、记总账与记日记账等也是不相容职务。

在设立职务时,既不能使职务划分过细,设岗过多,也不能使职位划分过粗,将不相容的职务合并设岗。前者会过多地增加处理手续,浪费人力财力,甚至会增加纠纷扯皮的机会,使经济业务不能及时处理,影响生产经营活动;后者虽然简化了业务处理手续,降低了控制成本,但缺乏应有的制约关系,不能防止错弊的发生,丧失了内部控制的效力,因而,也是不妥当的。在职务划分之后,应明确所设立的各个职务具体干什么,有什么手续,应承担哪些责任，否则，所配备的工作人员就无法各司其职。

（2）恰当授予权利。对每一设定的职务都给予适当的权利，以便履行相应义务和承担预定的责任。权利与该职务上的责任应对等，否则，权利过大，可能导致滥用权利，营私舞弊，独裁专制，而权利过小，则可能无法履行赋予的责任，使职务的设置失去应有的意义。授权有两种形式，即一般授权和特殊授权。

一般授权是指给予各职务处理常规业务所拥有的普通权利。这种权利通过文件指令或口头传授后，只要没有修正或废止的决定，它可以被一直运用。为了明确各职务的权利范围，避免越权行事，以及使有关人员对权利的行使进行监督，通常要求将各职务的权利以制度规章的形式界定，便于职务之间的沟通与协调。

特殊授权是指给予有关职位在一定时间一定条件下处理某些非常规事务的权利。例外事项通常是由高层管理者处理的，但一经高层管理者授权，低层的职务也可以在限定时间和条件下超常规地行使特殊授权办理该项事务。特殊授权应通过签署意见的形式分次授予有关职务，对于该授权的行使情况，应由授权者实施事后检查。

2. 科学的控制标准。内部控制是依据一定标准来实施的，没有标准，就无法控制。

（1）控制标准的形式与内容。控制标准可以是数量性的，也可以是非数量性的，有些是价值性的，另一些是非价值性的。它具有多样性，通常是人为规定的标准。采用什么控制标准实施控制，主要取决于控制对象的特点和要求。常见的控制标准有：计划、预算、定额、规章、指令等。

（2）控制标准科学性的要求。控制标准科学性主要包括以下方面：设立的控制标准应具有一定目的性，它是实施控制所必需的；控制标准应是积极可行的，应当既能鼓励先进，又能鞭策后进；控制标准应是恰当的，能够实施的，适用于控制对象的状况；控制标准之间应是协调的，在控制的方向上一致，不存在矛盾或摩擦；控制标准应是健全的，具有系统性。

3. 合理的控制程序。应当为每一类的经济业务规定专门的处理程序，如现金收入业务的控制程序，销售业务的控制程序，采购业务的控制程序，工资结算业务的控制程序等。合理的控制程序应符合下述基本条件：简化、顺畅、防弊、有效、可行等。

4. 完整的业务记录。

（1）内部控制对业务记录的要求。完整的业务记录应具备下述条件：每一经济业务的发生，应有原始凭证作为证明的书面依据，原始凭证种类（份数、形式）应齐全，内容应真实可靠，要素应完整无缺；会计机构除取得或填制凭证外，还应设置账户、登记、编制报表；建立业务记录的审签制度，应对原始凭证在登记或执行某一业务前进行审核签字，对会计报表或其他重要业务报告在报送前进行审查；记账凭证应附相应的原始凭证，同时既要保证原始凭证对记账凭证内容相关、形式完整，又要保证业务合法、格式有效；业务记录应保持内容的全面性和形式的完整性。

（2）针对业务记录的内部控制策略。为了保证业务记录的可靠性，应做到以下几方面：对凭证实行严格的管理；建立业务记录的核对制度；经办业务或处理业务的人员，应在业务记录中签署姓名，以表示承担相应责任；对业务记录进行事后审查，可以采用自查或他查形式；健全业务记录移交制度，特别是会计档案的移交，应办理规定的手续。

5. 健全的内部稽核。

6. 优良的员工素质。

为了对职工的素质进行外部控制，要求在业务工作中实行职务（岗位）轮换制。即同一职务不应由固定的人员承担，而是定期轮流由多个人担任。

三、内部控制的固有局限性

无论内部控制的设计和运行多么严密，也不能认为它是完全有效的。因此，对于任何一个内部控制系统来说，它总是存在着一些固有的局限性。由于内部控制存在固有的局限性，同时，内部控制为财务报表公允反映只能提供合理的保证，因此，审计人员面临的被审计单位的重大错报风险总是存在的，即审计风险模型中的重大错报风险始终大于零。这就要求审计人员在审计过程中，无论被审计单位的内部控制设计及运行得多么有效，都必须对财务报表的重要账户或交易类别执行最低限度的实质性测试。

内部控制的固有局限性之所以存在，基于以下原因：

（1）内部控制的设计和运行受制于成本效益原则。
（2）内部控制一般是针对常规交易与业务而设计的。
（3）串通舞弊。
（4）管理越权。
（5）控制结构的修订滞后。
（6）系统暂时失败。

四、与审计相关的内部控制

内部控制的目标旨在合理保证财务报告的可靠性、经营的效率和效果以及对法律法规的遵守。注册会计师审计的目标是对财务报表是否不存在重大错报发表审计意见，尽管要求注册会计师在财务报表审计中考虑与财务报表编制相关的内部控制，但目的并非对被审计单位内部控制的有效性发表意见。注册会计师需要了解和评价的内部控制只是与财务报表审计相关的内部控制，并非被审计单位所有的内部控制。

（一）为实现财务报告可靠性目标设计和实施的控制

与审计相关的控制，包括被审计单位为实现财务报告可靠性目标设计和实施的控制。注册会计师应当运用职业判断，考虑一项控制单独或连同其他控制是否与评估重大错报风险以及针对评估的风险设计和实施进一步审计程序有关。

在运用职业判断时，注册会计师应当考虑下列因素：

（1）注册会计师确定的重要性水平。
（2）被审计单位的性质，包括组织结构和所有制性质。
（3）被审计单位的规模。
（4）被审计单位经营的多样性和复杂性。
（5）法律法规和监管要求。
（6）作为内部控制组成部分的系统（包括利用服务机构）的性质和复杂性。

（二）其他与审计相关的控制

如果在设计和实施进一步审计程序时拟利用被审计单位内部生成的信息，注册会计师应当考虑用以保证该信息完整性和准确性的控制可能与审计相关。注册会计师以前的经验以及在了解被审计单位及其环境过程中获得的信息，可以帮助注册会计师识别与审计相关的控制。

如果用以保证经营效率、效果的控制以及对法律法规遵守的控制与实施审计程序时评价或使用的数据相关，注册会计师应当考虑这些控制可能与审计相关。例如，对于某些非财务数据（如生产统计数据）的控制，如果注册会计师在实施分析程序时使用这些数据，这些控制就可能与审计相关。又如，某些法规（如税法）对财务报表存在直接和重大的影响（影响应交税金和所得税费用）。为了遵守这些法规，被审计单位可能设计和执行相应的控制，这些控制也与注册会计师的审计相关。

五、对内部控制了解的深度

对内部控制了解的深度，是指在了解被审计单位及其环境时对内部控制了解的程度。包括评价控制的设计，并确定其是否得到执行，但不包括对控制是否得到一贯执行的测试。图8-2描述内部控制评价过程的关键步骤。

（一）评价控制的设计

注册会计师在了解内部控制时，应当评价控制的设计，并确定其是否得到执行。评价控制的设计是指考虑一项控制单独或连同其他控制是否能够有效防止或发现并纠正重大错报。控制得到执行是指某项控制存在且被审计单位正在使用。设计不当的控制可能表明内部控制存在重大缺陷，注册会计师在确定是否考虑控制得到执行时，应当首先考虑控制的设计。如果控制设计不当，不需要再考虑控制是否得到执行。

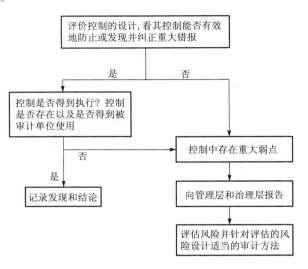

图8-2 内部控制评价过程的关键步骤

（二）获取控制设计和执行的审计证据

注册会计师通常实施下列风险评估程序，以获取有关控制设计和执行的审计证据：

1. 询问被审计单位的人员。
2. 观察特定控制的运用。
3. 检查文件和报告。
4. 追踪交易在财务报告信息系统中的处理过程（穿行测试）。这些程序是风险评估程序在了解被审计单位内部控制方面的具体运用。

询问本身并不足以评价控制的设计以及确定其是否得到执行，注册会计师应当将询问与其他风险评估程序结合使用。

（三）了解内部控制的步骤

了解内部控制的步骤见表8-1。

表8-1 了解内部控制的步骤

第一步	识别需要降低哪些风险以预防财务报表中发生重大错报
第二步	记录相关的内部控制
第三步	评估控制的执行。主要是实施穿行测试，以确信识别的内部控制实际上确实存在
第四步	评估内部控制的设计
第五步	确定内部控制是否存在重大弱点

(四)了解内部控制与测试控制运行有效性的关系

了解内部控制与控制测试是不同的,了解内部控制在于确定内部控制设计是否合理和是否得到执行,从而确定是否依赖内部控制及控制测试。控制测试是确定内部控制运行是否有效,从而确定实质性程序的性质、时间、范围。一般情况下了解内部控制并不能取代控制测试,除非存在某些可以使控制得到一贯运行的自动化控制,注册会计师对控制的了解并不能够代替对控制运行有效性的测试。

六、考虑内部控制的人工和自动化成分

(一)考虑内部控制的人工和自动化特征及其影响

内部控制可能既包括人工成分又包括自动化成分,在风险评估以及设计和实施进一步审计程序时,注册会计师应当考虑内部控制的人工和自动化特征及其影响。

(二)信息技术的优势及相关内部控制风险

信息技术可能对内部控制产生特定风险:

(1)系统或程序未能正确处理数据,或处理了不正确的数据,或两种情况同时并存。

(2)在未得到授权情况下访问数据,可能导致数据的毁损或对数据不恰当的修改,包括记录未经授权或不存在的交易,或不正确地记录了交易。

(3)信息技术人员可能获得超越其履行职责以外的数据访问权限,破坏了系统应有的职责分工。

(4)未经授权改变主文档的数据。

(5)未经授权改变系统或程序。

(6)未能对系统或程序做出必要的修改。

(7)不恰当的人为干预。

(8)数据丢失的风险或不能访问所需要的数据。

(三)人工控制的适用范围及相关内部控制风险

内部控制的人工成分在处理下列需要主观判断或酌情处理的情形时可能更为适当:

(1)存在大额、异常或偶发的交易。

(2)存在难以定义、防范或预见的错误。

(3)为应对情况的变化,需要对现有的自动化控制进行调整。

(4)监督自动化控制的有效性。

由于人工控制由人执行,受人为因素的影响,也产生了特定风险:

(1)人工控制可能更容易被规避、忽视或凌驾。

(2)人工控制可能不具有一贯性。

(3)人工控制可能更容易产生简单错误或失误。

注册会计师应当考虑人工控制在下列情形中可能是不适当的:

(1)存在大量或重复发生的交易。

(2)事先可预见的错误能够通过自动化控制得以防范或发现。

(3)控制活动可得到适当设计和自动化处理。

七、在整体层面了解内部控制

在整体层面了解内部控制,主要识别报表层次的重大错报风险。内部控制的某些要素(如控制环境)更多地对被审计单位整体层面产生影响,而其他要素(如信息系统与沟通、

控制活动）则可能更多地与特定业务流程相关。

整体层面的控制（包括对管理层凌驾于内部控制之上的控制）和信息技术一般控制通常在所有业务活动中普遍存在。

业务流程层面控制主要是对工薪、销售和采购等交易的控制。整体层面的控制对内部控制在所有业务流程中得到严格的设计和执行具有重要影响。整体层面的控制较差甚至可能使最好的业务流程层面控制失效。

在整体层面上了解内部控制的内容如下：
（1）了解人员。
（2）了解内容。
（3）整体层面的内部控制与控制环境的关系。
（4）整体层面的内部控制与业务流程层面控制有效性的关系。

八、在业务流程层面了解内部控制

（一）确定重要业务流程和重要交易类别

注册会计师为更有效地了解和评估重要业务流程及相关控制，通常将被审计单位的整个经营活动划分为几个重要的业务循环。对制造业企业，可以划分为销售与收款循环、采购与付款循环、存货与生产循环、投资与筹资循环等。经营活动的性质不同，所划分的业务循环可以不同。重要交易类别是指可能对被审计单位财务报表产生重大影响的各类交易。重要交易类别应与相关账户及其认定相联系，例如，对于一般制造业企业，销售收入和应收账款通常是重大账户，销售和收款都是重要的交易类别。除了一般所理解的交易以外，对财务报表具有重大影响的事项和情况也应包括在内，如计提折旧和摊销，应收账款的可回收性和计提坏账准备等。

（二）了解重要交易流程并进行记录

注册会计师可以通过下列方法获得对重要交易流程的了解：
（1）检查被审计单位的手册和其他书面指引。
（2）询问被审计单位的适当人员。
（3）观察所运用的处理方法和程序。
（4）穿行测试。

注册会计师可以通过检查被审计单位的手册和其他书面指引获得有关信息，还可以通过询问和观察来获得全面的了解。向适当人员询问通常是比较有效的方法。

向负责处理具体业务人员的上级进行询问通常更加有效，因为这些人员很可能对分管的整个业务流程十分熟悉。注册会计师如要了解关于一项复杂的业务是如何发生、处理、记录和报告的信息，通常需要和信息技术处理人员进行讨论。

（三）确定可能发生错报的环节

注册会计师需要确认和了解被审计单位应在哪些环节设置控制，以防止或发现并纠正各重要业务流程可能发生的错报。注册会计师所关注的控制，是那些能通过防止错报的发生，或者通过发现和纠正已有错报，从而确保每个流程中业务活动具体流程（从交易的发生到记录于账目）能够顺利运转的人工或自动化控制程序。

（四）识别和了解相关控制

如果注册会计师计划对业务流程层面的有关控制进行进一步的了解和评价，那么针对业

务流程中容易发生错报的环节,注册会计师应当确定:

(1) 被审计单位是否建立了有效的控制,以防止或发现并纠正这些错报。
(2) 被审计单位是否遗漏了必要的控制。
(3) 是否识别了可以最有效测试的控制。

控制的类型:

(1) 预防性控制。预防性控制通常用于正常业务流程的每一项交易,以防止错报的发生。
(2) 检查性控制。建立检查性控制的目的是发现流程中可能发生的错报(尽管有预防性控制还是会发生的错报)。

(五) 执行穿行测试,证实对交易流程和相关控制的了解

为了解各类重要交易在业务流程中发生、处理和记录的过程,注册会计师通常会每年执行穿行测试。执行穿行测试可获得下列方面的证据:

(1) 确认对业务流程的了解。
(2) 确认对重要交易的了解是完整的,即在交易流程中所有与财务报表认定相关的可能发生错报的环节都已识别。
(3) 确认所获取的有关流程中的预防性控制和检查性控制信息的准确性。
(4) 评估控制设计的有效性。
(5) 确认控制是否得到执行。
(6) 确认之前所做的书面记录的准确性。

如果不打算信赖控制,注册会计师仍需要执行穿行测试以确认以前对业务流程及可能发生错报环节的了解的准确性和完整性。

(六) 初步评价和风险评估

1. 初步评价。在识别和了解控制后,根据执行上述程序及获取的审计证据,注册会计师需要评价控制设计的合理性并确定其是否得到执行。

注册会计师对控制的评价结论可能是:

(1) 设计合理并得到执行;
(2) 设计合理但并未执行;
(3) 设计不合理。

由于对控制的了解和评价是在穿行测试完成后,但又在测试控制运行有效性之前进行的,因此,上述评价结论只是初步结论,仍可能随控制测试后实施实质性程序的结果而发生变化。

2. 评价决策。

(1) 如果认为被审计单位控制设计合理并得到执行,能够有效防止或发现并纠正重大错报,那么,注册会计师通常可以信赖这些控制,进行控制测试,从而减少拟实施的实质性程序。

(2) 如果认为控制是无效的,包括控制本身设计不合理,不能实现控制目标,或者尽管控制设计合理,但没有得到执行。注册会计师不需要测试控制运行的有效性,而直接实施实质性程序。

初步评价对决策的影响情况见表8-2。

表 8-2　初步评价对决策的影响情况

初　步　评　价	影　响　决　策
设计合理并得到执行	进行控制测试，减少实质性程序
设计合理但并未执行	不进行控制测试，直接实施实质性程序
设计不合理	不进行控制测试，直接实施实质性程序

（七）对财务报告流程的了解

由于财务报告流程将直接影响财务报告，注册会计师对该流程以及该流程如何与其他重要流程相连接的了解，有助于其识别和评估与财务报表重大错报风险相关的控制。

第三节　评估重大错报风险

评估重大错报风险是风险评估阶段的最后一个步骤。获取的关于风险因素和抵消控制风险的信息，将全部用于评估财务报表层次以及各类交易、账户余额和列报认定层次的重大错报风险。评估将作为确定进一步审计程序的性质、范围和时间的基础，以应对识别的风险。

一、识别和评估财务报表层次和认定层次的重大错报风险

（一）识别和评估重大错报风险的审计程序

在识别和评估重大错报风险时，注册会计师应当实施下列审计程序。

1. 在了解被审计单位及其环境的整个过程中识别风险，并考虑各类交易、账户余额、列报，即识别风险。注册会计师应当运用各项风险评估程序，在了解被审计单位及其环境的整个过程中识别风险，并将识别的风险与各类交易、账户余额和列报相联系。例如，被审计单位因相关环境法规的实施需要更新设备，可能面临原有设备闲置或贬值的风险；宏观经济的低迷可能预示应收账款的回收存在问题；竞争者开发的新产品上市，可能导致被审计单位的主要产品在短期内过时，预示将出现存货跌价和长期资产（如固定资产等）的减值。

2. 将识别的风险与认定层次可能发生错报的领域相联系，即识别错报。注册会计师应当将识别的风险与认定层次可能发生错报的领域相联系。例如，销售困难使产品的市场价格下降，可能导致年末存货成本高于其可变现净值而需要计提存货跌价准备，这显示存货的计价认定可能发生错报。

3. 考虑识别的风险是否重大。即评估重大性。风险是否重大是指风险造成后果的严重程度。上例中，除考虑产品市场价格下降因素外，注册会计师还应当考虑产品市场价格下降的幅度、该产品在被审计单位产品中的比重等，以确定识别的风险对财务报表的影响是否重大。假如产品市场价格大幅下降，导致产品销售收入不能补偿成本，毛利率为负，那么年末存货跌价问题严重，存货计价认定发生错报的风险重大；假如价格下降的产品在被审计单位销售收入中所占比例很小，被审计单位其他产品销售毛利率很高，尽管该产品的毛利率为负，但可能不会使年末存货发生重大跌价问题。

4. 考虑识别的风险导致财务报表发生重大错报的可能性，即评估重大错报风险。注册会计师还需要考虑上述识别的风险是否会导致财务报表发生重大错报。例如，考虑存货的账面余额是否重大，是否已适当计提存货跌价准备等。在某些情况下，尽管识别的风险重大，但仍不至于导致财务报表发生重大错报。例如，期末财务报表中存货的余额较低，尽管识别的风险重大,但不至于导致存货的计价认定发生重大错报风险。又如,被审计单位对于存货跌价准备的计提实施了比较有效的内部控制,管理层已根据存货的可变现净值,计提了相应的跌价准备。在这种情况下,财务报表发生重大错报的可能性将相应降低。

注册会计师应当利用实施风险评估程序获取的信息,包括在评价控制设计和确定其是否得到执行时获取的审计证据,作为支持风险评估结果的审计证据。注册会计师应当根据风险评估结果,确定实施进一步审计程序的性质、时间和范围。

(二) 可能表明被审计单位存在重大错报风险的事项和情况

注册会计师应当关注下列事项和情况可能表明被审计单位存在重大错报风险:① 在经济不稳定的国家或地区开展业务;② 在高度波动的市场开展业务;③ 在严厉、复杂的监管环境中开展业务;④ 持续经营和资产流动性出现问题,包括重要客户流失;⑤ 融资能力受到限制;⑥ 行业环境发生变化;⑦ 供应链发生变化;⑧ 开发新产品或提供新服务,或进入新的业务领域;⑨ 开辟新的经营场所;⑩ 发生重大收购、重组或其他非经常性事项;⑪ 拟出售分支机构或业务分部;⑫ 复杂的联营或合资;⑬ 运用表外融资、特殊目的实体以及其他复杂的融资协议;⑭ 重大的关联方交易;⑮ 缺乏具备胜任能力的会计人员;⑯ 关键人员变动;⑰ 内部控制薄弱;⑱ 信息技术战略与经营战略不协调;⑲ 信息技术环境发生变化;⑳ 安装新的与财务报告有关的重大信息技术系统;㉑ 经营活动或财务报告受到监管机构的调查;㉒ 以往存在重大错报或本期期末出现重大会计调整;㉓ 发生重大的非常规交易;㉔ 按照管理层特定意图记录的交易;㉕ 应用新颁布的会计准则或相关会计制度;㉖ 会计计量过程复杂;㉗ 事项或交易在计量时存在重大不确定性;㉘ 存在未决诉讼和或有负债。

注册会计师应当充分关注可能表明被审计单位存在重大错报风险的上述事项和情况,并考虑由于上述事项和情况导致的风险是否重大,以及该风险导致财务报表发生重大错报的可能性。

(三) 识别两个层次的重大错报风险

在对重大错报风险进行识别和评估后,注册会计师应当确定,识别的重大错报风险是与特定的某类交易、账户余额、列报的认定相关,还是与财务报表整体广泛相关,进而影响多项认定。

1. 某些重大错报风险可能与特定的各类交易、账户余额、列报的认定相关。

【例8-4】被审计单位存在复杂的联营或合资,这一事项表明什么?被审计单位存在重大的关联方交易,该事项表明什么?

分析要点:前者表明长期股权投资账户的认定可能存在重大错报风险。后者表明关联方及关联方交易的披露认定可能存在重大错报风险。

2. 某些重大错报风险可能与财务报表整体广泛相关,进而影响多项认定。

【例8-5】在经济不稳定的国家和地区开展业务、资产的流动性出现问题、重要客户流失、融资能力受到限制等,可能导致什么?管理层缺乏诚信或承受异常的压力可能引发舞弊风险,这些风险与财务报表有什么关系?

分析要点:前者可能导致注册会计师对被审计单位的持续经营能力产生重大疑虑。后者可能引发舞弊风险与财务报表整体相关。

（四）控制环境对评估财务报表层次重大错报风险的影响

财务报表层次的重大错报风险很可能源于薄弱的控制环境。薄弱的控制环境带来的风险可能对财务报表产生广泛影响，难以限于某类交易、账户余额、列报，注册会计师应当采取总体应对措施。

【例8-6】 被审计单位治理层、管理层对内部控制的重要性缺乏认识，没有建立必要的制度和程序；或管理层经营理念偏于激进，又缺乏实现激进目标的人力资源等，这些缺陷属于控制环境薄弱，它可能对重大错报风险产生怎样的影响？又要采取怎样的应对措施？

分析要点： 这一问题源于薄弱的控制环境，可能对财务报表产生广泛影响，需要注册会计师采取总体应对措施。

（五）控制对评估认定层次重大错报风险的影响

在评估重大错报风险时，注册会计师应当将所了解的控制与特定认定相联系。这是由于控制有助于防止或发现并纠正认定层次的重大错报。在评估重大错报发生的可能性时，除了考虑可能的风险外，还要考虑控制对风险的抵消和遏制作用。有效的控制会减少错报发生的可能性，而控制不当或缺乏控制，错报就会有可能变成现实。

控制可能与某一认定直接相关，也可能与某一认定间接相关。关系越间接，控制在防止或发现并纠正认定中错报的作用越小。

【例8-7】 销售经理对分地区的销售网点的销售情况进行复核，与销售收入完整性的认定只是间接相关。那么，该项控制在降低销售收入完整性认定中的错报风险方面的效果怎样？更直接相关的控制在何处？

分析要点： 该项控制为间接相关的控制，在降低销售收入完整性认定中的错报风险方面的效果，要比与该认定直接相关的控制的效果差。更直接相关的控制可以将发货单与开具的销售发票相核对等。

注册会计师应当考虑对识别的各类交易、账户余额和列报认定层次的重大错报风险予以汇总和评估，以确定进一步审计程序的性质、时间和范围。表8-3为评估认定层次重大错报风险汇总。

表8-3 评估认定层次重大错报风险汇总

重大账户	认定	识别的重大错报风险	风险评估结果
列示重大账户，例如，应收账款	列示相关的认定，例如，存在、完整性、计价或分摊等	汇总实施审计程序识别出的与该重大账户的某项认定相关的重大错报风险	评估该项认定的重大错报风险水平（应考虑控制设计是合理，是否得到执行）

注：注册会计师也可以在该表中记录针对评估的认定层次重大错报风险而相应制定的审计方案。

（六）考虑财务报表的可审计性

注册会计师在了解被审计单位内部控制后，可能对被审计单位财务报表的可审计性产生怀疑。例如，对被审计单位会计记录的可靠性和状况的担心可能会使注册会计师认为很难获取充分、适当的审计证据，以支持对财务报表发表意见。再如，管理层严重缺乏诚信，会导致注册会计师认为管理层在财务报表中作出虚假陈述的风险高到无法进行审计的程度。因此，如果通过对内部控制的了解发现下列情况，并对财务报表局部或整体的可审计性产生疑问，注册会计师应当考虑出具保留意见或无法表示意见的审计报告：

（1）被审计单位会计记录的状况和可靠性存在重大问题，不能获取充分、适当的审计证据以发表保留意见。

（2）对管理层的诚信存在严重疑虑。必要时，注册会计师应当考虑解除业务约定。

二、需要特别考虑的重大错报风险

（一）特别风险的含义

作为风险评估的一部分，注册会计师应当运用职业判断，确定识别的风险哪些是需要特别考虑的重大错报风险。注册会计师需要特别考虑的重大错报风险简称特别风险。

（二）确定特别风险时应考虑的事项

1. 判断风险是否属于特别风险。在确定哪些风险是特别风险时，注册会计师应当在考虑识别出的控制对相关风险的抵消效果前，根据风险的性质、潜在错报的重要程度（包括该风险是否可能导致多项错报）和发生的可能性，判断风险是否属于特别风险。

2. 在确定风险的性质时，注册会计师应当考虑下列事项：① 风险是否属于舞弊风险；② 风险是否与近期经济环境、会计处理方法和其他方面的重大变化有关；③ 交易的复杂程度；④ 风险是否涉及重大的关联方交易；⑤ 财务信息计量的主观程度，特别是对不确定事项的计量存在较大区间；⑥ 风险是否涉及异常或超出正常经营过程的重大交易。

（三）非常规交易和判断事项导致的特别风险

日常的、不复杂的、经正规处理的交易不太可能产生特别风险。特别风险通常与重大的非常规交易和判断事项有关。非常规交易是指由于金额或性质异常而不经常发生的交易。例如，企业购并、债务重组、重大或有事项等。由于非常规交易具有下列特征，与重大非常规交易相关的特别风险可能导致更高的重大错报风险：① 管理层更多地介入会计处理；② 数据收集和处理涉及更多的人工成分；③ 复杂的计算或会计处理方法；④ 非常规交易的性质可能使被审计单位难以对由此产生的特别风险实施有效控制。

判断事项通常包括作出的会计估计。如资产减值准备金额的估计、需要运用复杂估值技术确定的公允价值计量等。由于下列原因，与重大判断事项相关的特别风险可能导致更高的重大错报风险：① 对涉及会计估计、收入确认等方面的会计原则存在不同的理解；② 所要求的判断可能是主观和复杂的，或需要对未来事项作出假设。

（四）考虑与特别风险相关的控制

了解与特别风险相关的控制，有助于注册会计师制定有效的审计方案予以应对。对特别风险，注册会计师应当评价相关控制的设计情况，并确定其是否已经得到执行。由于与重大非常规交易或判断事项相关的风险很少受到日常控制的约束，注册会计师应当了解被审计单位是否针对该特别风险设计和实施了控制。例如，作出会计估计所依据的假设是否由管理层或专家进行复核，是否建立作出会计估计的正规程序，重大会计估计结果是否由治理层批准等。再如，管理层在收到重大诉讼事项的通知时采取的措施，包括这类事项是否提交适当的专家（如内部或外部的法律顾问）处理、是否对该事项的潜在影响作出评估、是否确定该事项在财务报表中的披露问题以及如何确定等。

如果管理层未能实施控制以恰当应对特别风险，注册会计师应当认为内部控制存在重大缺陷，并考虑其对风险评估的影响。在此情况下，注册会计师应当考虑就此类事项与治理层沟通。

三、仅通过实质性程序无法应对的重大错报风险

作为风险评估的一部分，如果认为仅通过实质性程序获取的审计证据无法将认定层次的重大错报风险降至可接受的低水平，注册会计师应当评价被审计单位针对这些风险设计的控制，并确定其执行情况。

在被审计单位对日常交易采用高度自动化处理的情况下，审计证据可能仅以电子形式存在，其充分性和适当性通常取决于自动化信息系统相关控制的有效性，注册会计师应当考虑仅通过实施实质性程序不能获取充分、适当审计证据的可能性。

【例 8-8】 某企业通过高度自动化的系统确定采购品种和数量，生成采购订单，并通过系统中设定的收货确认和付款条件进行付款。除了系统中的相关信息以外，该企业没有其他有关订单和收货的记录。注册会计师应当如何进行评估和测试？

分析要点： 在这种情况下，注册会计师如果认为仅通过实施实质性程序不能获取充分、适当的审计证据，则应当考虑依赖其他相关控制的有效性，并对其进行了解、评估和测试。

在实务中，注册会计师可以用表 8-4 汇总识别的重大错报风险。

表 8-4　识别的重大错报风险汇总

识别的重大错报风险	对财务报表的影响	相关的交易类别、账户余额和列报认定	是否与财务报表整体广泛相关	是否属于特别风险	是否属于仅通过实质性程序无法应对的重大错报风险
记录识别的重大错报风险	描述对财务报表的影响和导致财务报表发生重大错报的可能性	列示相关的各类交易、账户余额、列报及其认定	考虑是否属于财务报表层次的重大错报风险	考虑是否属于特别风险	考虑是否属于仅通过实质性程序无法应对的重大错报风险

四、对风险评估的修正

注册会计师对认定层次重大错报风险的评估应以获取的审计证据为基础，并可能随着不断获取审计证据而作出相应的改变。

【例 8-9】 注册会计师对重大错报风险的评估可能基于预期控制运行有效这一判断，即相关控制可以防止或发现并纠正认定层次的重大错报。但在测试控制运行的有效性时，注册会计师获取的证据可能表明相关控制在被审计期间并未有效运行，或在实施实质性程序后，注册会计师可能发现错报的金额和频率比在风险评估时预计的金额和频率要高。这种情况

下，注册会计师应如何进行处理？

分析要点：这种情况属于通过实施进一步审计程序获取的审计证据与初始评估获取的审计证据相矛盾，此时，注册会计师应当修正风险评估结果，并相应修改原计划实施的进一步审计程序。

因此，评估重大错报风险与了解被审计单位及其环境一样，也是一个连续和动态地收集、更新与分析信息的过程，贯穿于整个审计过程的始终。

第四节 风险应对

《中国注册会计师审计准则第1101号——财务报表审计的目标和一般原则》要求注册会计师在审计过程中贯彻风险导向审计的理念，围绕重大错报风险的识别、评估和应对，计划和实施审计工作。《中国注册会计师审计准则第1211号——了解被审计单位及其环境并评估重大错报风险》规范了注册会计师通过实施风险评估程序，识别和评估财务报表层次以及各类交易、账户余额、列报认定层次的重大错报风险。《中国注册会计师审计准则第1231号——针对评估的重大错报风险实施的程序》规范注册会计师针对已评估的重大错报风险确定总体应对措施，设计和实施进一步审计程序。因此，注册会计师应当针对评估的财务报表层次重大错报风险确定总体应对措施，并针对评估的认定层次重大错报风险设计和实施进一步审计程序，以将审计风险降至可接受的低水平。

风险导向审计有两条基本路线：① 了解整体层面的内控（控制环境）──→财务报表层次重大错报风险（宏观层面）──→总体应对措施；② 了解业务层面的内控（控制活动）──→认定层次的重大错报风险（微观层面）──→进一步审计程序（控制测试和实质性程序）。

一、针对财务报表层次重大错报风险的总体应对措施

（一）财务报表层次重大错报风险与总体应对措施

在财务报表重大错报风险的评估过程中，注册会计师应当确定，识别的重大错报风险是与特定的某类交易、账户余额、列报的认定相关，还是与财务报表整体广泛相关，进而影响多项认定。如果是后者，则属于财务报表层次的重大错报风险。

注册会计师应当针对评估的财务报表层次重大错报风险确定下列总体应对措施：

1. 向项目组强调在收集和评价审计证据过程中保持职业怀疑态度的必要性。

2. 分派更有经验或具有特殊技能的审计人员，或利用专家的工作。由于各行业在经营业务、经营风险、财务报告、法规要求等方面具有特殊性，审计人员的专业分工细化成为一种趋势。审计项目组成员中应有一定比例的人员曾经参与过被审计单位以前年度的审计，或具有被审计单位所处特定行业的相关审计经验。必要时，要考虑利用信息技术、税务、评估、精算师等方面的专家的工作。

3. 提供更多的督导。对于财务报表层次重大错报风险较高的审计项目，项目组的高级别成员，如项目负责人、项目经理等经验较丰富的人员，要对其他成员提供更详细、更经常、更及时的指导和监督并加强项目质量复核。

4. 在选择进一步审计程序时，应当注意使某些程序不被管理层预见或事先了解。注册会计师要考虑使某些程序不被被审计单位管理层预见或事先了解，为此，可以通过以下方

式：① 范围：对某些未测试过的低于设定的重要性水平或风险较小的账户余额和认定实施实质性程序。例如，注册会计师可以关注以前未曾关注过的审计领域，尽管这些领域可能重要程度比较低。如果这些领域有可能被用于掩盖舞弊行为，注册会计师就要针对这些领域实施一些具有不可预见性的测试。② 时间：调整实施审计程序的时间，使被审计单位不可预期。例如，如果注册会计师在以前年度的大多数审计工作都围绕着12月或在年底前后进行，那么被审计单位就会了解注册会计师这一审计习惯，由此可能会把一些不适当的会计调整放在年度的9月、10月或11月等，以避免引起注册会计师的注意。因此，注册会计师可以考虑调整实施审计程序时测试项目的时间，从测试12月的项目调整到测试9月、10月或11月的项目。③ 选样：采取不同的审计抽样方法，使当期抽取的测试样本与以前有所不同。④ 地点：选取不同的地点实施审计程序，或预先不告知被审计单位所选定的测试地点。例如，在存货监盘程序中，注册会计师可以到未事先通知被审计单位的盘点现场进行监盘，使被审计单位没有机会事先清理现场，隐藏一些不想让注册会计师知道的情况。

增加审计程序不可预见性的实施要点：① 注册会计师需要与被审计单位的高层管理人员事先沟通，要求实施具有不可预见性的审计程序，但不能告知其具体内容。注册会计师可以在签订审计业务约定书时明确提出这一要求。② 虽然对于不可预见性程度没有量化的规定，但项目组可根据对舞弊风险的评估等确定具有不可预见性的审计程序。审计项目组可以汇总那些具有不可预见性的审计程序，并记录审计在工作底稿中。③ 项目负责人需要安排项目组成员有效地实施具有不可预见性的审计程序，但同时要避免使项目组成员处于困难境地。

举例说明一些具有不可预见性的审计程序，见表8-5。

表8-5 具有不可预见性的审计程序示例

审计领域	一些可能适用的具有不可预见性的审计程序
存货	（1）向以前审计过程中接触不多的被审计单位员工询问，例如采购、销售、生产人员等
	（2）在不事先通知被审计单位的情况下，选择一些以前未曾访问过的盘点地点进行存货监盘
销售/应收账款	（1）向以前审计过程中接触不多或未曾接触过的被审计单位员工询问，例如负责处理大客户账户的销售部人员
	（2）改变实施实质性分析程序的对象，例如对收入按细类进行分析
	（3）针对销售和销售退回延长截止测试期间
	（4）实施以前未曾考虑过的审计程序，例如：① 函证确认销售条款或者选定销售额较不重要，以前未关注的销售交易，例如对出口销售实施实质性程序。② 实施更细致的分析程序，例如使用计算机辅助审计技术审阅销售及客户账户。③ 测试以前未曾函证过的账户余额，例如，金额为负或是零的账户，或者余额低于以前设定的重要性水平的账户。④ 改变函证日期，即把所函证账户的截止日期提前或者推迟。⑤ 对关联公司销售和相关账户余额，除了进行详细函证外，再实施其他审计程序进行验证

续表

审计领域	一些可能适用的具有不可预见性的审计程序
采购/ 应付账款	（1）如果以前未曾对应付账款余额普遍进行函证，可考虑直接向供应商函证确认余额，如果经常采用函证方式，可考虑改变函证的范围或者时间
	（2）对以前由于低于设定的重要性水平而未曾测试过的采购项目，进行详细测试
	（3）使用计算机辅助审计技术审阅采购和付款账户，以发现一些特殊项目，例如是否有不同的供应商使用相同的银行账户
现金/ 银行存款	（1）多选几个月银行存款余额调节表进行测试
	（2）对有大量银行账户的，考虑改变抽样方法
固定资产	对以前由于低于设定的重要性水平而未曾测试过的固定资产进行测试，例如考虑实地盘查一些价值较低的固定资产，如汽车和其他设备等
跨区域 审计项目	修改分支机构审计工作的范围或者区域（如增加某些较次要分支机构的审计工作量，或实地去分支机构开展审计工作）

5. 对拟实施审计程序的性质、时间和范围作出总体修改。财务报表层次的重大错报风险很可能源于薄弱的控制环境。如果控制环境存在缺陷，注册会计师在对拟实施审计程序的性质、时间和范围作出总体修改时应当考虑：① 在期末而非期中实施更多的审计程序。控制环境的缺陷通常会削弱期中获得的审计证据的可信赖程度。② 主要依赖实质性程序获取审计证据。控制环境存在缺陷通常会削弱其他控制要素的作用，导致注册会计师可能无法信赖内部控制，而主要依赖实施实质性程序获取审计证据。③ 修改审计程序的性质，获取更具说服力的审计证据。修改审计程序的性质主要是指调整拟实施审计程序的类别及组合，比如原先可能主要限于检查某项资产的账面记录或相关文件，而调整审计程序的性质后可能意味着更加重视实地检查该项资产。④ 扩大审计程序的范围。例如扩大样本规模，或采用更详细的数据实施分析程序。

（二）总体应对措施对拟实施进一步审计程序的总体方案的影响

财务报表层次重大错报风险难以限于某类交易、账户余额、列报的特点，意味着此类风险可能对财务报表的多项认定产生广泛影响，并相应增加注册会计师对认定层次重大错报风险的评估难度。因此，注册会计师评估的财务报表层次重大错报风险以及采取的总体应对措施，对拟实施进一步审计程序的总体方案具有重大影响。

（1）拟实施进一步审计程序的总体方案包括实质性方案（以实质性程序为主）和综合性方案（控制测试＋实质性程序）。

（2）总体应对措施影响拟实施进一步审计程序的总体方案：当评估的财务报表层次重大错报风险属于高风险水平（并相应采取更强调审计程序不可预见性、重视调整审计程序的性质、时间和范围等总体应对措施）时，拟实施进一步审计程序的总体方案往往更倾向于实质性方案。

二、针对认定层次重大错报风险的进一步审计程序

(一) 进一步审计程序的内涵和要求

1. 进一步审计程序的内涵和总体要求。进一步审计程序相对风险评估程序而言，是指注册会计师针对评估的各类交易、账户余额、列报（包括披露，下同）认定层次重大错报风险实施的审计程序，包括控制测试和实质性程序（细节测试和实质性分析程序）。

注册会计师设计和实施的进一步审计程序的性质、时间和范围，应当与评估的认定层次重大错报风险具备明确的对应关系。注册会计师评估的重大错报风险越高，实施进一步审计程序的范围通常越大。注册会计师更关注实质性程序的性质。

需要说明的是，尽管在应对评估的认定层次重大错报风险时，拟实施的进一步审计程序的性质、时间和范围都应当确保其具有针对性，但其中进一步审计程序的性质是最重要的。例如，注册会计师评估的重大错报风险越高，实施进一步审计程序的范围通常越大。但是只有首先确保进一步审计程序的性质与特定风险相关时，扩大审计程序的范围才是有效的。

2. 设计进一步审计程序时的考虑因素。在设计进一步审计程序时，注册会计师应当考虑下列因素：

(1) 风险的重要性。

(2) 重大错报发生的可能性。

(3) 涉及的各类交易、账户余额和列报的特征。

(4) 被审计单位采用的特定控制的性质。

(5) 注册会计师是否拟获取审计证据，以确定内部控制在防止或发现并纠正重大错报方面的有效性。

(6) 注册会计师出于成本效益的考虑。

(7) 根据实际情况选择实施控制测试或实施实质性程序。

(8) 小型被审计单位应考虑的因素。小型被审计单位可能不存在能够被注册会计师识别的控制活动，注册会计师实施的进一步审计程序可能主要是实质性程序。

还需要特别说明的是，注册会计师对重大错报风险的评估毕竟是一种主观判断，可能无法充分识别所有的重大错报风险，同时内部控制又存在固有局限性（特别是存在管理层凌驾于内部控制之上的可能性），因此，无论选择何种方案，注册会计师都应当对所有重大的各类交易、账户余额、列报设计和实施实质性程序。

(二) 进一步审计程序的性质

1. 进一步审计程序的性质的含义。进一步审计程序的性质是指进一步审计程序的目的和类型。其中，进一步审计程序的目的包括通过实施控制测试以确定内部控制运行的有效性，通过实施实质性程序以发现认定层次的重大错报；进一步审计程序的类型包括检查、观察、询问、函证、重新计算、重新执行和分析程序。

如前所述，在应对评估的风险时，合理确定审计程序的性质是最重要的。这是因为不同的审计程序应对特定认定错报风险的效力不同。

【例8-10】 针对下列评估的风险，应选择何种性质的审计程序最有效力：对于与收入完整性认定相关的重大错报风险；对于与收入发生认定相关的重大错报风险；对应收账款在某一时点存在的认定相关的重大错报风险；对应收账款的计价认定相关的重大错报风险。

分析要点：对于与收入完整性认定相关的重大错报风险，控制测试通常更能有效应对；

对于与收入发生认定相关的重大错报风险，实质性程序通常更能有效应对。再如，实施应收账款的函证程序可以为应收账款在某一时点存在的认定提供审计证据，但通常不能为应收账款的计价认定提供审计证据。对应收账款的计价认定，注册会计师通常需要实施其他更为有效的审计程序，如审查应收账款账龄和期后收款情况，了解欠款客户的信用情况等。

2. 进一步审计程序的性质的选择。在确定进一步审计程序的性质时，注册会计师首先需要考虑的是认定层次重大错报风险的评估结果。因此，注册会计师应当根据认定层次重大错报风险的评估结果选择审计程序。评估的认定层次重大错报风险越高，对通过实质性程序获取的审计证据的相关性和可靠性的要求越高，从而可能影响进一步审计程序的类型及其综合运用。例如，当注册会计师判断某类交易协议的完整性存在更高的重大错报风险时，除了检查文件以外，注册会计师还可能决定向第三方询问或函证协议条款的完整性。

除了从总体上把握认定层次重大错报风险的评估结果对选择进一步审计程序的影响外，在确定拟实施的审计程序时，注册会计师接下来应当考虑评估的认定层次重大错报风险产生的原因，包括考虑各类交易、账户余额、列报的具体特征以及内部控制。例如，注册会计师可能判断某特定类别的交易即使在不存在相关控制的情况下发生重大错报的风险仍较低，此时注册会计师可能认为仅实施实质性程序就可以获取充分、适当的审计证据。再如，对于经由被审计单位信息系统日常处理和控制的某类交易，如果注册会计师预期此类交易在内部控制运行有效的情况下发生重大错报的风险较低，且拟在控制运行有效的基础上设计实质性程序，注册会计师就会决定先实施控制测试。

需要说明的是，如果在实施进一步审计程序时拟利用被审计单位信息系统生成的信息，注册会计师应当就信息的准确性和完整性获取审计证据。例如，注册会计师在执行实质性分析程序时，使用了被审计单位生成的非财务信息或预算数据。再如，注册会计师在对被审计单位的存货期末余额实施实质性程序时，拟利用被审计单位信息系统生成的各个存货存放地点及其余额清单。注册会计师应当获取关于这些信息的准确性和完整性的审计证据。

（三）进一步审计程序的时间

1. 进一步审计程序的时间的含义。进一步审计程序的时间是指注册会计师何时实施进一步审计程序，或审计证据适用的期间或时点。因此，当提及进一步审计程序的时间时，在某些情况下指的是审计程序的实施时间，在另一些情况下是指需要获取的审计证据适用的期间或时点。

2. 进一步审计程序的时间的选择。有关进一步审计程序的时间的选择问题，第一个层面是注册会计师选择在何时实施进一步审计程序的问题，第二个层面是选择获取什么期间或时点的审计证据的问题。第一个层面的选择问题主要集中在如何权衡期中与期末实施审计程序的关系；第二个层面的选择问题分别集中在如何权衡期中审计证据与期末审计证据的关系、如何权衡以前审计获取的审计证据与本期审计获取的审计证据的关系。这两个层面的最终落脚点都是如何确保获取审计证据的效率和效果。

注册会计师可以在期中（期中可以指所审计期间内、资产负债表日以前的任何时点），或期末实施控制测试或实质性程序。这就引出了注册会计师应当如何选择实施审计程序的时间的问题。一项基本的考虑因素应当是注册会计师评估的重大错报风险，当重大错报风险较高时，注册会计师应当考虑在期末或接近期末实施实质性程序；或采用不通知的方式，或在管理层不能预见的时间实施审计程序。

注册会计师在确定何时实施审计程序时应当考虑的几项重要因素：

（1）控制环境。良好的控制环境可以抵消在期中实施进一步审计程序的局限性，使注册会计师在确定实施进一步审计程序的时间时有更大的灵活度。

（2）何时能得到相关信息。例如，某些控制活动可能仅在期中（或期中以前）发生，而之后可能难以再被观察到；再如，某些电子化的交易和账户文档如未能及时取得，可能被覆盖。在这些情况下，注册会计师如果希望获取相关信息，则需要考虑能够获取相关信息的时间。

（3）错报风险的性质。例如，被审计单位可能为了保证盈利目标的实现，而在会计期末以后伪造销售合同以虚增收入，此时注册会计师需要考虑在期末（即资产负债表日）这个特定时点获取被审计单位截至期末所能提供的所有销售合同及相关资料，以防范被审计单位在资产负债表日后伪造销售合同虚增收入的做法。

（4）审计证据适用的期间或时点。注册会计师应当根据需要获取的特定审计证据确定何时实施进一步审计程序。例如，为了获取资产负债表日的存货余额证据，显然不宜在与资产负债表日间隔过长的期中时点或期末以后时点实施存货监盘等相关审计程序。

需要说明的是，虽然注册会计师在很多情况下可以根据具体情况选择实施进一步审计程序的时间，但也存在着一些限制选择的情况。某些审计程序只能在期末或期末以后实施，包括将财务报表与会计记录相核对，检查财务报表编制过程中所作的会计调整等。如果被审计单位在期末或接近期末发生了重大交易，或重大交易在期末尚未完成，注册会计师应当考虑交易的发生或截止等认定可能存在的重大错报风险，并在期末或期末以后检查此类交易。

（四）进一步审计程序的范围

1. 进一步审计程序的范围的含义。进一步审计程序的范围是指实施进一步审计程序的数量，包括抽取的样本量（实质性程序），对某项控制活动的观察次数（控制测试）等。

2. 确定进一步审计程序的范围时考虑的因素。在确定审计程序的范围时，注册会计师应当考虑下列因素：

（1）确定的重要性水平（可容忍错报）。

（2）评估的重大错报风险。

（3）计划获取的保证程度。

鉴于进一步审计程序的范围往往是通过一定的抽样方法加以确定的，因此，注册会计师需要慎重考虑抽样过程对审计程序范围的影响是否能够有效实现审计目的。注册会计师使用恰当的抽样方法通常可以得出有效结论。但如果存在下列情形，注册会计师依据样本得出的结论可能与对总体实施同样的审计程序得出的结论不同，出现不可接受的风险：① 从总体中选择的样本量过小；② 选择的抽样方法对实现特定目标不适当；③ 未对发现的例外事项进行恰当的追查。

【例 8-11】进一步审计程序的性质、时间和范围如何确定？

分析要点：见表 8-6。

表 8-6 重大错报风险与进一步审计程序对应关系

重大错报风险	性 质	时 间	范 围
高	实质性程序	（1）期末或接近期末 （2）采用不通知的方式 （3）在管理层不能预见的时间	较大样本、较多证据
中	实质性方案或综合性方案	期中	适中样本、适量证据
低	综合性方案	期中或期末	较小样本、较少证据

三、控制测试

控制测试是对被审计单位内部控制运行的有效性实施的测试。

（一）实施控制测试的前提

控制测试属于注册会计师针对认定层次重大错报风险实施的进一步审计程序的一种类型。当存在下列情形之一时，注册会计师应当实施控制测试：① 在评估认定层次重大错报风险时，预期控制的运行是有效的。如果在评估认定层次重大错报风险时预期控制的运行是有效的，注册会计师应当实施控制测试，就控制在相关期间或时点的运行有效性获取充分、适当的审计证据。这时，选择控制测试主要是出于成本效益的考虑，其前提是注册会计师通过了解内部控制后认为某项控制存在着被信赖和利用的可能。只有认为控制设计合理、能够防止或发现和纠正认定层次的重大错报，注册会计师才有必要对控制运行的有效性实施测试。② 仅实施实质性程序不足以提供认定层次充分、适当的审计证据。如果认为仅实施实质性程序获取的审计证据无法将认定层次重大错报风险降至可接受的低水平，注册会计师应当实施相关的控制测试，以获取控制运行有效性的审计证据。

例如，被审计单位信息的生成、记录、处理和报告均通过电子格式进行，审计证据是否充分和适当通常取决于自动化信息系统相关控制的有效性，即属于仅通过实施实质性程序不能获取充分、适当的审计证据的情况。此时注册会计师必须实施控制测试，并且这时选择控制测试已经不再是单纯出于成本效益的考虑，而是为获取此类审计证据必须实施的程序。

此外，如果被审计单位在所审计期间内的不同时期使用了不同的控制，注册会计师应当测试不同时期控制运行的有效性。

（二）了解内部控制与控制测试的关系

了解内部控制与控制测试的区别，见表 8-7。

表 8-7 了解内部控制与控制测试的区别

区 别	了解内部控制	控制测试
目的不同	（1）评价控制的设计 （2）确定控制是否得到执行	测试控制运行的有效性
重点不同	控制得到执行	控制运行的有效性
过程不同	风险评估程序时	进一步审计程序时

续表

区别	了解内部控制	控制测试
证据质量（适当性）不同	（1）某项控制是否存在 （2）被审计单位是否正在使用某项控制	从下面4个方面来看，控制能够在各个不同时点按照既定设计得以一贯执行（一贯性）： （1）控制在所审计期间的不同时点是如何运行的 （2）控制是否得到一贯执行 （3）控制由谁执行 （4）控制以何种方式运行（如人工控制或自动化控制）
证据数量（充分性）不同	（1）只需抽取少量的交易进行检查 （2）观察某几个时点	（1）需要抽取足够数量的交易进行检查 （2）对多个不同时点进行观察
性质不同	（1）询问被审计单位的人员 （2）观察特定控制的运用 （3）检查文件和报告 （4）穿行测试	（1）询问以获取与内部控制运行情况相关的信息 （2）观察以获取控制（如职责分离）的运行情况 （3）检查以获取控制的运行情况 （4）穿行测试 （5）重新执行
要求不同	必要程序	必要时或决定测试时：作为进一步审计程序的类型之一，控制测试并非在任何情况下都需要实施。当存在下列情形之一时，注册会计师应当实施控制测试： （1）在评估认定层次重大错报风险时，预期控制的运行是有效的 （2）仅实施实质性程序不足以提供认定层次充分、适当的审计证据

下面举例说明控制测试与了解内部控制两者之间的区别。

【例8-12】 某被审计单位针对销售收入和销售费用的业绩评价控制如下：财务经理每月审核实际销售收入（按产品细分）和销售费用（按费用项目细分），并与预算数和上年同期数比较，对于差异金额超过5%的项目进行分析并编制分析报告，销售经理审阅该报告并采取适当跟进措施。注册会计师如何了解内部控制和进行控制测试？

分析要点：①注册会计师抽查了最近3个月的分析报告，并看到上述管理人员在报告上签字确认，证明该控制已经得到执行，即了解内部控制。②注册会计师在与销售经理的讨论中，发现他对分析报告中明显异常的数据并不了解其原因，也无法做出合理解释，从而显示该控制并未得到有效的运行，即进行控制测试。

控制运行的有效性与确定控制是否得到执行所需获取的审计证据虽然存在差异，但两者也有联系。为评价控制设计和确定控制是否得到执行而实施的某些风险评估程序并非专为控制测试而设计，但可能提供有关控制运行有效性的审计证据，注册会计师可以考虑在评价控制设计和获取其得到执行的审计证据的同时测试控制运行有效性，以提高审计效率；同时，注册会计师应当考虑这些审计证据是否足以实现控制测试的目的。

例如,被审计单位可能采用预算管理制度,以防止或发现并纠正与费用有关的重大错报风险。通过询问管理层是否编制预算,观察管理层对月度预算费用与实际发生费用的比较,并检查预算金额与实际金额之间的差异报告,注册会计师可能获取有关被审计单位费用预算管理制度的设计及其是否得到执行的审计证据,同时也可能获取相关制度运行有效性的审计证据。当然,注册会计师需要考虑所实施的风险评估程序获取的审计证据是否能够充分、适当地反映被审计单位费用预算管理制度在各个不同时点按照既定设计得以一贯执行。

(三) 控制测试的性质

控制测试审计程序的类型包括:① 询问。② 观察。③ 检查。④ 重新执行。⑤ 穿行测试。穿行测试是通过追踪交易在财务报告信息系统中的处理过程,来证实注册会计师对控制的了解、评价控制设计的有效性以及确定控制是否得到执行。穿行测试不是单独的一种程序,而是将多种程序按特定审计需要进行结合运用的方法。

(四) 控制测试的时间

1. 控制测试的时间的含义。控制测试的时间包含两层含义:一是何时实施控制测试;二是测试所针对的控制适用的时点或期间。一个基本的原理是,如果测试特定时点的控制,注册会计师仅得到该时点控制运行有效性的审计证据;如果测试某一期间的控制,注册会计师可获取控制在该期间有效运行的审计证据。因此,注册会计师应当根据控制测试的目的确定控制测试的时间,并确定拟信赖的相关控制的时点或期间。

2. 如何考虑期中审计证据。注册会计师一般在期中进行控制测试。如果已获取有关控制在期中运行有效性的审计证据,并拟利用该证据,注册会计师应当实施下列审计程序:

(1) 获取这些控制在剩余期间变化情况的审计证据。

(2) 确定针对剩余期间还需获取的补充审计证据。

3. 如何考虑以前审计获取的审计证据。基本思路:考虑拟信赖的以前审计中测试的控制在本期是否发生变化,见表8-8。

表8-8 控制在本期发生变化与否情况

情 况	条 件	程 序
控制在本期发生变化	考虑以前审计获取的有关控制运行有效性的审计证据是否与本期审计相关	如果拟信赖的控制自上次测试后已发生变化,注册会计师应当在本期审计中测试这些控制的运行有效性
控制在本期未发生变化	不属于旨在减轻特别风险的控制	运用职业判断确定是否在本期审计中测试其运行有效性,以及本次测试与上次测试的时间间隔,但两次测试的时间间隔不得超过两年

应注意的是:① 每年测试一部分控制的要求。如果拟信赖以前审计获取的某些控制运行有效性的审计证据,注册会计师应当在每次审计时从中选取足够数量的控制,测试其运行有效性。② 不得依赖以前审计所获取证据的情形。鉴于特别风险的特殊性,对于旨在减轻特别风险的控制,不论该控制在本期是否发生变化,注册会计师都不应依赖以前审计获取的证据,应当在每次审计中都测试这类控制。

(五) 控制测试的范围

1. 控制测试范围的含义:指某项控制活动的测试次数。注册会计师应当设计控制测试次数，以获取控制在整个拟信赖的期间有效运行的充分、适当的审计证据。

确定控制测试范围的考虑因素：

（1）在整个拟信赖的期间，被审计单位执行控制的频率。控制执行的频率越高，控制测试的范围越大。

（2）在所审计期间，注册会计师拟信赖控制运行有效性的时间长度。拟信赖期间越长，控制测试的范围越大。

（3）为证实控制能够防止或发现并纠正认定层次重大错报，所需获取审计证据的相关性和可靠性。对审计证据的相关性和可靠性要求越高，控制测试的范围越大。

（4）通过测试与认定相关的其他控制获取的审计证据的范围。

（5）在风险评估时拟信赖控制运行有效性的程度。

（6）控制的预期偏差。在拟信赖控制时，预期偏差率越高，需要实施控制测试的范围越大。如果控制的预期偏差率过高，注册会计师应当考虑控制可能不足以将认定层次的重大错报风险降至可接受的低水平，从而针对某一认定实施的控制测试可能是无效的。

2. 对自动化控制的测试范围的特别考虑。信息技术处理具有内在一贯性，除非系统发生变动，一项自动化应用控制应当一贯运行。对于一项自动化应用控制，一旦确定被审计单位正在执行该控制，注册会计师通常无须扩大控制测试的范围，但需要考虑执行下列测试以确定该控制持续有效运行：

（1）测试与该应用控制有关的一般控制的运行有效性；

（2）确定系统是否发生变动，如果发生变动，是否存在适当的系统变动控制；

（3）确定对交易的处理是否使用授权批准的软件版本。

3. 测试两个层次控制时注意的问题。整体层次控制测试通常更加主观（如管理层对胜任能力的重视）。因此，整体层次控制和信息技术一般控制的评价通常记录的是文件备忘录和支持性证据。注册会计师最好在审计的早期测试整体层次控制。原因在于对这些控制测试的结果会影响其他计划审计程序的性质和范围。

四、实质性程序

（一）实质性程序的内涵和要求

1. 实质性程序的含义。实质性程序是指注册会计师针对评估的重大错报风险实施的直接用以发现认定层次重大错报的审计程序。注册会计师应当针对评估的重大错报风险设计和实施实质性程序，以发现认定层次的重大错报。

2. 实质性程序的类别。实质性程序包括对各类交易、账户余额、列报的细节测试以及实质性分析程序。

3. 实质性程序的要求。由于注册会计师对重大错报风险的评估是一种判断，可能无法充分识别所有的重大错报风险，并且由于内部控制存在固有局限性，无论评估重大错报风险结果如何，注册会计师都应当针对所有重大的各类交易、账户余额、列报实施实质性程序。

4. 实质性程序的内容。注册会计师实施的实质性程序应当包括下列与财务报表编制完成阶段相关的审计程序：① 将财务报表与其所依据的会计记录相核对；② 检查财务报表编制过程中作出的重大会计分录和其他会计调整。

5. 针对特别风险实施的实质性程序的两种情况。如果认为评估的认定层次重大错报风险是特别风险，注册会计师应当专门针对该风险实施实质性程序。例如，如果认为管理层面临实现盈利指标的压力而可能提前确认收入，注册会计师在设计询证函时不仅应当考虑函证应收账款的账户余额，还应当考虑询证销售协议的细节条款（如交货、结算及退货条款）；注册会计师还可考虑在实施函证的基础上针对销售协议及其变动情况询问被审计单位的非财务人员。如果针对特别风险仅实施实质性程序，注册会计师应当使用细节测试，或将细节测试和实质性分析程序结合使用，以获取充分、适当的审计证据。作此规定的考虑是，为应对特别风险需要获取具有高度相关性和可靠性的审计证据，仅实施实质性分析程序不足以获取有关特别风险的充分、适当的审计证据。

6. 特别风险应对措施及结果汇总示例，见表 8-9。

表 8-9 特别风险应对措施及结果汇总示例

项目	经营目标	经营风险	特别风险	管理层应对或控制措施	财务报表项目及认定	审计措施	向被审计单位报告的事项
举例	被审计单位通过发展中小城市的新客户和放宽授信额度争取销售收入比上一年度增长25%	不严格执行对新客户的信用记录调查和筛选、放宽授信额度会增加坏账风险	应收账款坏账准备的计提可能不足	（1）财务部每月编制账龄分析报告；（2）对超过一年未收回的账款由销售人员与客户签订还款协议，其条款须经区域销售经理和销售经理批准；（3）销售部每月编制逾期应收账款还款协议签订及执行情况报告，经销售总监审阅并决定是否降低授信额度或暂停供货；（4）财务经理根据该报告并结合账龄分析报告，对有可能难以收回的应收账款计提坏账准备	应收账款（相关认定：计价和分摊）	（1）与销售经理讨论所执行的坏账风险评估程序；（2）与财务经理讨论坏账准备的计提；（3）审阅账龄分析报告和还款协议签订及执行报告；（4）抽查还款协议和货款收回情况	无或详见与管理层或治理层沟通函

以下是关于该表格所列内容的详细说明：

（1）经营目标。被审计单位的经营目标可以是高层次的战略目标，如被审计单位的宗旨；也可以是低层次的目标，如为了实现高层次目标而制定的经营方面、财务方面或遵守法规方面的具体目标。为了从被审计单位高层次的经营目标中识别出经营风险和审计风险，审计项目组通常需要了解被审计单位的经营目标。

例如，被审计单位制定了一个通过增加毛利来改善盈利状况的总目标。注册会计师可以了解与提高售价和降低成本相关的具体目标和行动措施，如通过从国外新供应商购货的方式降低原材料成本。

只有那些对审计有影响的经营目标，包括注册会计师发现应报告给被审计单位的事项，才需要记录在该表格上。在实务中,当注册会计师初次识别被审计单位的经营目标时,可能难以确定其潜在的审计影响。因此,注册会计师可以先记录这些经营目标。当注册会计师确认该目标对审计没有直接影响,也没有必要向被审计单位报告时,可以将它们从该表格内删去。

(2)经营风险。经营风险是指任何可能导致被审计单位不能实现经营目标的风险。并非所有的经营风险都与审计相关,而与审计相关的经营风险中并不都是特别风险。该表格应记录那些对审计有重大影响的经营风险,可以是当期经营风险或可能需要报告给被审计单位的潜在经营风险。因此该表格不应记录与审计没有关系的经营风险。

例如,被审计单位从国外新供应商购货发生潜在的经营风险,如产品质量和产品供货问题,或外汇兑换风险。这些经营风险会导致重大错报风险,应当在该表格中予以记录。

注册会计师还应注意,一个经营风险可能产生多个重大错报风险,而多个经营风险也可能只产生一个重大错报风险。该表格应该把这些关系以一种易于理解的方式记录下来。

(3)特别风险。是指用来记录需要特别考虑的重大错报风险。记录的特别风险应明确具体,并与所影响的财务报表项目和具体认定相联系。

例如,被审计单位的产能严重过剩并连续数年亏损,管理层按照固定资产的未来现金流量现值计提了固定资产减值准备。由于涉及较多的假设和人为判断因素,注册会计师认为这是一个影响固定资产计价认定的特别风险。

在对被审计单位的经营目标和经营风险的初步评估之后,如果在审计过程中又发现了新的特别风险,注册会计师还需要考虑与之相对应的经营风险及其对经营目标的影响,以决定是否需要报告给被审计单位。

(4)管理层应对或控制措施。采用适当的方法来应对经营风险是管理层的责任。不论是否信赖管理层应对特别风险的控制,注册会计师都需要了解和评价这些应对措施。因此,管理层应对特别风险所采取的控制措施都需要在该表格内予以记录。注册会计师还应注明是否已经测试或准备去测试哪些控制。如果测试结果证明这些控制不可信赖,那么注册会计师就需要进一步修正审计程序,比如测试替代性的控制或实施实质性程序。

在考虑管理层针对特别风险采取的应对措施时,注册会计师需要评价被审计单位的目标、风险和控制是否匹配,即管理层是否在被审计单位的各个层次配置合适的人员,设计并实施风险管理程序和内部控制,以降低妨碍被审计单位实现目标的风险。

在控制测试中,注册会计师可能会发现应当报告给被审计单位的事项。因此,注册会计师应根据需要更新最后一栏的内容,即"向被审计单位报告的事项"。

(5)财务报表项目及认定。财务报表审计的目标是对财务报表发表审计意见,因此,注册会计师需要将特别风险与财务报表项目及认定相联系。

表格的这一栏应填写财务报表项目或其他可能受特别风险影响的财务信息。审计准则要求注册会计师评估财务报表认定层次的风险,并获取充分、适当的审计证据以应对这些风险。因此,这一栏也应记录受影响的财务报表具体认定。

(6)审计措施。这一栏至少要列出应对特别风险的进一步审计程序的方案,即综合性方案或实质性方案。

表格内列举的审计措施还需细化成审计工作底稿中具体的审计程序。注册会计师要根据被审计单位具体的特别风险和应对措施设计有针对性的审计程序。根据了解、评估和测试内部控制的结果,注册会计师可能会随时调整审计措施。

除特别风险外的其他重大错报风险无须记录在该表格中,这样能保证注册会计师集中关注特别风险。对特别风险之外的其他财务报表认定错报风险的审计应对措施可以反映在具体审计计划中。

(7) 向被审计单位报告事项。该列记录向被审计单位报告的事项。例如,注册会计师发现被审计单位未能恰当应对重大经营风险、内部控制存在重大缺陷,或者被审计单位的目标、风险和控制存在不匹配的情况。

如果管理层没有通过实施控制来正确应对特别风险,由此,注册会计师判断被审计单位的控制存在重大缺陷,注册会计师应与管理层和治理层沟通。同时,注册会计师还要考虑这些控制存在的重大缺陷对审计方案造成的影响。

(二) 实质性程序的性质

1. 实质性程序的性质的含义。实质性程序的性质,是指实质性程序的类型及其组合。前已述及,实质性程序的两种基本类型包括细节测试和实质性分析程序。

(1) 细节测试是对各类交易、账户余额、列报的具体细节进行测试,目的在于直接识别财务报表认定是否存在错报。细节测试被用于获取与某些认定相关的审计证据,如存在、准确性、计价等。

(2) 实质性分析程序主要是通过研究数据间关系评价信息,只是将该技术方法用作实质性程序,以识别各类交易、账户余额、列报及相关认定是否存在错报。实质性程序通常更适用于在一段时间内存在可预期关系的大量交易。

2. 细节测试和实质性分析程序的适用性。

(1) 细节测试适用于对各类交易、账户余额、列报认定的测试,尤其是对存在或发生、计价认定的测试。

(2) 对在一段时期内存在可预期关系的大量交易,注册会计师可以考虑实施实质性分析程序。

3. 细节测试的方向。注册会计师需要根据评估不同的认定层次的重大错报风险设计有针对性的细节测试。

(1) 针对存在或发生认定的细节测试,选择财务报表项目追踪至原始业务凭证。

(2) 针对完整性认定的细节测试,选择获取原始业务凭证,表明该业务包含在财务报表金额中。

4. 设计实质性分析程序时考虑的因素。注册会计师在设计实质性分析程序时应当考虑的一系列因素:

(1) 对特定认定使用实质性分析程序的适当性。

(2) 对已记录的金额或比率作出预期时,所依据的内部或外部数据的可靠性。

(3) 作出预期的准确程度是否足以在计划的保证水平上识别重大错报。

(4) 已记录金额与预期值之间可接受的差异额。

考虑到数据及分析的可靠性,当实施实质性分析程序时,如果使用被审计单位编制的信息,注册会计师应当考虑测试与信息编制相关的控制,以及这些信息是否在本期或前期经过审计。

(三) 实质性程序的时间

1. 如何考虑是否在期中实施实质性程序。

注册会计师可能在期中实施实质性程序。注册会计师在考虑是否在期中实施实质性程序时应当考虑以下因素：

（1）控制环境和其他相关的控制。控制环境和其他相关的控制越薄弱，注册会计师越不宜在期中实施实质性程序。

（2）实施审计程序所需信息在期中之后的可获得性。如果实施实质性程序所需信息在期中之后的获取并不存在明显困难，则注册会计师一般在期中之后实施实质性程序。

（3）实质性程序的目标。如果针对某项认定实施实质性程序的目标就包括获取该认定的期中审计证据（从而与期末比较），注册会计师应在期中实施实质性程序。

（4）评估的重大错报风险。注册会计师评估的某项认定的重大错报风险越高，注册会计师越应当考虑将实质性程序集中于期末（或接近期末）实施。

（5）各类交易或账户余额以及相关认定的性质。例如，某些交易或账户余额以及相关认定的特殊性质（如收入截止认定、未决诉讼）决定了注册会计师必须在期末（或接近期末）实施实质性程序。

（6）剩余期间。针对剩余期间，能否通过实施实质性程序或将实质性程序与控制测试相结合，降低期末存在错报而未被发现的风险。

2. 如何考虑期中审计证据。如果在期中实施了实质性程序，注册会计师有两种选择：

（1）针对剩余期间实施进一步的实质性程序。

（2）将实质性程序和控制测试结合使用。

如何考虑期中审计证据应注意：

（1）注册会计师更应慎重考虑能否将期中测试得出的结论延伸至期末。如果拟将期中测试得出的结论延伸至期末，注册会计师应当考虑针对剩余期间仅实施实质性程序是否足够。如果认为实施实质性程序本身不充分，注册会计师还应测试剩余期间相关控制运行的有效性或针对期末实施实质性程序。

（2）对于舞弊导致的重大错报风险（特别风险），为将期中得出的结论延伸至期末而实施的审计程序通常是无效的，注册会计师应当考虑在期末或者接近期末实施实质性程序。

3. 如何考虑以前审计获取的审计证据。在以前审计中实施实质性程序获取的审计证据，通常对本期只有很弱的证据效力或没有证据效力，不足以应对本期的重大错报风险。只有当以前获取的审计证据及其相关事项未发生重大变动时（例如以前审计通过实质性程序测试过的某项诉讼在本期没有任何实质性进展），以前获取的审计证据才可能用作本期的有效审计证据。但即便如此，如果拟利用以前审计中实施实质性程序获取的审计证据，注册会计师应当在本期实施审计程序，以确定这些审计证据是否具有持续相关性。

（四）实质性程序的范围

评估的认定层次重大错报风险和实施控制测试的结果（满意程度）是注册会计师在确定实质性程序的范围时的重要考虑因素。注册会计师评估的认定层次的重大错报风险越高，需要实施实质性程序的范围越广。如果对控制测试结果满意，注册会计师应当考虑缩小实质性程序的范围。

1. 在设计细节测试时，注册会计师除了从样本量的角度考虑测试范围外，还要考虑选样方法的有效性等因素。例如，从总体中选取大额或异常项目，而不是进行代表性抽样或分层抽样。

2. 实质性分析程序的范围有两层含义。

第一层含义是对什么层次上的数据进行分析，注册会计师可以选择在高度汇总的财务数据层次进行分析，也可以根据重大错报风险的性质和水平调整分析层次。例如，按照不同产品线、不同季节或月份、不同经营地点或存货存放地点等实施实质性分析程序。

第二层含义是需要对什么幅度或性质的偏差展开进一步调查。实施分析程序可能发现偏差，但并非所有的偏差都值得展开进一步调查。可容忍或可接受的偏差（即预期偏差）越大，作为实质性分析程序一部分的进一步调查的范围就越小。于是确定适当的预期偏差幅度（在某些情况下还需要考虑偏差的性质）同样属于实质性分析程序的范畴。因此，在设计实质性分析程序时，注册会计师应当确定已记录金额与预期值之间可接受的差异额。在确定该差异额时，注册会计师应当主要考虑各类交易、账户余额、列报及相关认定的重要性和计划的保证水平。

本 章 小 结

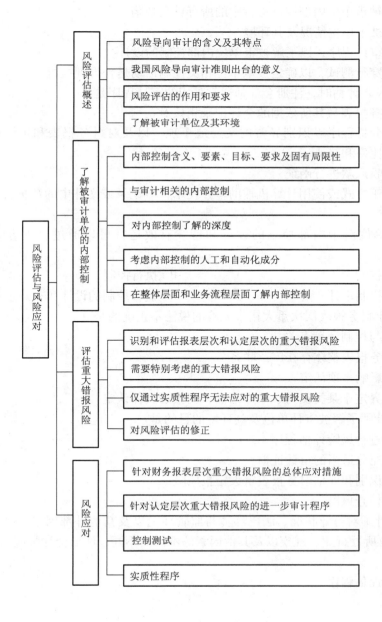

同 步 测 试

一、单项选择题

1. 下列情形中,最有可能导致注册会计师不能执行财务报表审计的是（　　）。
   A. 被审单位管理层没有清晰区分内部控制要素
   B. 被审单位管理层没有根据变化的情况修改相关的内部控制
   C. 被审单位管理层凌驾于内部控制之上
   D. 注册会计师对被审单位管理层的诚信存在严重疑虑

2. 注册会计师没有义务实施的程序是（　　）。
   A. 查找被审单位内部控制运行中的所有重大缺陷
   B. 了解被审单位情况及其环境
   C. 实施审计程序,以了解被审单位内部控制的设计
   D. 实施穿行测试,以确定被审单位相关控制活动是否得到执行

3. 在进行风险评估时,注册会计师通常采用的审计程序是（　　）。
   A. 将财务报表与其所依据的会计记录相核对
   B. 实施分析程序以识别异常的交易或事项,以及对财务报表和审计产生影响的金额、比率和趋势
   C. 对应收账款进行函证
   D. 以人工方式或使用计算机辅助审计技术,对记录或文件中的数据计算准确性进行核对

4. 被审计单位对于内部控制的设计和持续有效运行可以通过以下方式来实现的是（　　）。
   A. 设计控制
   B. 执行控制
   C. 内部控制审计
   D. 监督控制的设计和有效运行

5. 下列关于财务报表层次重大错报风险的说法不正确的是（　　）。
   A. 通常与控制环境有关
   B. 与财务报表整体存在广泛联系
   C. 可能影响多项认定
   D. 直接界定于某类交易、账户余额、列报的具体认定

6. 注册会计师了解被审计单位及其环境的目的是（　　）。
   A. 为了进行风险评估程序
   B. 收集充分适当的审计证据
   C. 为了识别和评估财务报表重大错报风险
   D. 控制检查风险

7. 注册会计师对行业状况、法律环境与监管环境以及其他外部因素了解的范围和程度会因被审计单位所处行业、规模以及其他因素的不同而不同,注册会计师应当将了解的重点放在（　　）。
   A. 风险评估程序

B. 对被审计单位的经营活动可能产生重要影响的关键外部因素以及与前期相比发生的重大变化
　　C. 重大错报风险
　　D. 重大错报风险和检查风险
8. 注册会计师采用风险评估程序了解被审计单位及其环境，了解被审计单位及其环境的时间是（　　）。
　　A. 在承接客户和续约时　　　　　　B. 在进行审计计划时
　　C. 在进行期中审计时　　　　　　　D. 贯穿于整个审计过程的始终
9. 不属于内部控制目标的有（　　）。
　　A. 防止舞弊发生　　　　　　　　　B. 减少差错出现
　　C. 确保员工安全　　　　　　　　　D. 提高管理水平
10. 不属于内部控制制度主要内容的有（　　）。
　　A. 合理的组织分工　　　　　　　　B. 科学的控制标准
　　C. 协调的控制环境　　　　　　　　D. 合理的控制程序

二、多项选择题
1. 在了解控制环境时，注册会计师应当关注的内容有（　　）。
　　A. 被审计单位治理层相对于管理层的独立性
　　B. 被审计单位管理层的理念和经营风格
　　C. 被审计单位员工整体的道德价值观
　　D. 被审计单位对控制的监督
2. 被审计单位下列控制活动中，属于经营业绩评价方面的有（　　）。
　　A. 由内部审计部门定期对内部控制的设计和执行效果进行评价
　　B. 定期与客户对账并对发现的差异进行检查
　　C. 对照预算、预测和前期实际结果，对公司的业绩复核和评价
　　D. 综合分析财务数据和经营数据之间的内在关系
3. 属于我国风险导向审计的特点是（　　）。
　　A. 要求注册会计师必须了解被审计单位及其环境
　　B. 要求注册会计师在审计的所有阶段都要实施风险评估程序
　　C. 要求注册会计师针对重大的各类交易、账户余额和列报实施实质性程序
　　D. 要求注册会计师将识别和评估的风险与实施的审计程序挂钩
4. 下列关于我国风险导向审计准则出台的说法正确的有（　　）。
　　A. 有利于降低审计失败发生的概率，增强社会公众对审计行业的信心
　　B. 注册会计师的主要工作是了解被审计单位及其环境，评价所获取审计证据的充分性和适当性
　　C. 有利于严格审计程序，识别、评估和应对重大错报风险
　　D. 有利于提高整个审计行业的专业水平
5. 了解被审计单位及其环境是审计工作的必要程序，关于对它的说法正确的有（　　）。
　　A. 职业判断只有建立在对被审计单位及其环境了解的基础上，才是恰当的和符合实

际的

    B. 了解被审计单位及其环境是一个连续和动态地收集、更新与分析信息的过程，贯穿于整个审计过程的始终

    C. 评价对被审计单位及其环境了解的程度是否恰当，关键是看注册会计师对被审计单位及其环境的了解是否足以识别和评估财务报表的重大错报风险

    D. 要求注册会计师对被审计单位及其环境了解的程度，要高于管理层为经营管理企业而对被审计单位及其环境需要了解的程度

6. 风险评估的要求有（　　）。
    A. 实施风险评估程序　　　　　　　B. 其他审计程序
    C. 获取其他信息　　　　　　　　　D. 开展项目组内部的讨论

7. 在实施风险评估程序时，注册会计师应当实施的观察和检查程序有（　　）。
    A. 观察被审计单位的生产经营活动
    B. 检查文件、记录和内部控制手册
    C. 研究不同财务数据之间以及财务数据与非财务数据之间的内在关系
    D. 追踪交易在财务报告信息系统中的处理过程（穿行测试）

8. 在了解被审计单位及其环境时，应了解被审计单位的内部因素有（　　）。
    A. 被审计单位的行业状况和法律环境
    B. 被审计单位对会计政策的选择和运用
    C. 被审计单位的内部控制
    D. 被审计单位财务业绩的衡量和评价

9. 关于经营风险对重大错报风险的影响，下列说法正确的有（　　）。
    A. 经营风险与财务报表重大错报风险是既有联系又相互区别的两个概念
    B. 注册会计师了解被审计单位的经营风险有助于其识别财务报表重大错报风险
    C. 经营风险可能对各类交易、账户余额以及列报认定层次或财务报表层次产生直接影响
    D. 并非所有经营风险都会导致重大错报风险

10. 属于内部控制要素框架的组成内容有（　　）。
    A. 控制环境
    B. 被审计单位的风险评估过程
    C. 与财务报告相关的信息系统（包括相关的业务流程）和沟通
    D. 对控制的监督

11. 进行风险评估首先要列出重要风险要素和风险控制点，要清楚在企业经营管理过程中会出现的风险，包括（　　）等。
    A. 内部风险　　　　　　　　　　　B. 外部风险
    C. 静态风险　　　　　　　　　　　D. 动态风险

12. 属于控制活动的有（　　）。
    A. 了解与授权有关的控制活动　　　B. 了解与业绩评价有关的控制活动
    C. 了解与安全有关的控制活动　　　D. 了解对资产实施的控制活动

13. 下列（　　）体现了内部控制的固有局限性。

A. 内部控制的设计和运行受制于成本效益原则
B. 非常规交易或业务，现有的内部控制往往无法起到约束控制作用
C. 控制无法避免多人勾结和串通舞弊
D. 系统暂时失败

14. 注册会计师通常实施下列（　　）风险评估程序，以获取有关控制设计和执行的审计证据。
A. 询问被审计单位的人员
B. 观察特定控制的运用
C. 检查文件和报告
D. 追踪交易在财务报告信息系统中的处理过程（穿行测试）

15. 在整体层面上了解内部控制的内容有（　　）。
A. 了解人员
B. 了解内容
C. 了解环境
D. 整体层面的内部控制与控制环境的关系

16. 识别和评估重大错报风险的审计程序包括（　　）。
A. 在了解被审计单位及其环境的整个过程中识别风险，并考虑各类交易、账户余额、列报
B. 将识别的风险与认定层次可能发生错报的领域相联系
C. 考虑识别的风险是否重大
D. 考虑识别的风险导致财务报表发生重大错报的可能性

实训案例分析

某公司属于国有控股企业，最高权力机构是股东大会，执行机构是董事会，另外还设有职工代表大会以及各职能部门、分公司等。其内部控制制度及业务活动情况如下：

（1）会计出纳分设。财务部经理的妻子担任出纳，并兼任满足行政部门需要的日常业务，亲自办理取款、购买和报销等手续。支票等票据由会计保管，支取款项的印章都由总经理亲自保管。

（2）材料采购等由供应部经理审批、专门采购员实施。根据规定，各项费用由总经理签字均可报销。某日采购员在采购时发现当地主要媒体宣传另一公司A产品正在开展促销活动，称其为高科技产品，可以替代本企业主要原料并能够节约成本30%，促销时间仅仅两天。采购员认为时间过于紧张，来不及请示供应部经理，因此，直接电告企业总经理，总经理决定采购10吨，价税合计100万元。当即由采购员采购并由仓库验收入库，经总经理签字，出纳办理了货款支付手续。后来生产车间反映，该批材料不适应生产要求，只能折价处理，造成损失30万元。

（3）办理销售、发货和收款三项业务的部门分别设立，同时为考虑到销售部门比较熟悉客户情况，也便于销售部进行业务谈判，确定授权销售部兼任信用管理机构。对大额销售业务，销售部可自主定价、签署销售合同。为逃避银行对公司资金流动的监控，企业在销售业务中尽可能利用各种机会由业务员向客户收取现金，然后交财务部存放在专门的账户上。某月，销售业务员甲联系到一个大客户，办理300万元的销售任务，并将款项交财务部入账。次月，该业务员谎称对方要求退货，并自行从其他企业低价购入同类商品要求仓储部门

验收入库，仓储部门发现商品商标都丢失，但未进行进一步查验，直接办理了各项手续（但没有出具质检报告）。财务部将退货款项转入业务员提供的银行账号。

（4）为了提高分公司的积极性，公司决定授予分公司自主决定是否对外提供担保业务、是否对外投资的权力。

要求：分析企业内部会计控制方面存在什么问题，并说明应该如何修正。

思考与练习

1. 什么是风险导向审计？我国风险导向审计有何特点？我国风险导向审计准则于现阶段出台有何意义？
2. 了解被审计单位及其环境的内容有哪些？
3. 从哪些方面认识评估重大错报风险？
4. 从哪些方面考虑审计的风险应对？

第二篇　审计实务操作

第九章

销售与收款循环审计

> **知识目标**
> 1. 了解销售与收款循环涉及的主要会计凭证、会计记录及其主要业务活动。
> 2. 掌握销售与收款循环的风险识别与评估方法。
> 3. 设计与执行销售与收款循环的实质性程序。
> 4. 掌握营业收入、应收账款和坏账准备、其他相关账户的审计目标及其实质性程序。
>
> **技能目标**
> 1. 能运用销售与收款循环的风险识别与评估方法，对控制风险做出初步的评价，并进行风险评估。
> 2. 能运用审计方法对营业收入、应收账款和坏账准备等相关账户进行内控测试和实质性程序。

从第九章至第十三章，本书以执行企业会计准则的公司的财务报表审计为例，介绍业务循环审计的具体内容，重点介绍对各财务报表项目如何进行审计测试。

财务报表审计的组织方式可分为：分项审计法和循环审计法。分项审计方法是按财务报表项目组织实施的审计方法。由于分项审计法是按照财务报表项目对应的每个账户余额单独进行审计，因此，此法也称为账户法；循环审计方法是按业务循环组织实施的审计方法，简称为循环法。分项审计方法与多数被审计单位账户设置体系及财务报表格式相吻合，所以具有操作方便的优点，但它将紧密联系的相关账户（如存货和营业成本）人为地予以分割，容易造成整个审计工作的脱节和重复，使得审计效率低下；循环审计法是采用按业务循环进行审计的方法，它则更符合被审计单位的业务流程和内部控制设计的实际情况，从而加深注册会计师对被审计单位经济业务的理解，也便于注册会计师的合理分工，即将特定业务循环所涉及的财务报表项目分配给一个或一组注册会计师，使其能够在审计中相互配合并对不同财务报表项目进行交叉复核，目的在于确保审计工作质量，从而提高审计的效率与效果。

所谓业务循环是指处理某一类经济业务的工作程序和先后顺序。业务循环审计是指按照业务循环来了解、检查和评价被审计单位内部控制制度的建立、健全情况及其执行情况，从而对其财务报表的合法性、公允性进行审计的一种方法。

审计测试包括控制测试和对交易、账户余额实施实质性程序。本书将以股份有限公司会计报表审计为例,介绍业务循环审计的具体内容,重点介绍对股份有限公司各财务报表项目以及与之相关的一些特殊项目如何进行审计测试。

一般而言,在财务报表审计中可对被审计单位的审计测试划分为4个、5个、6个甚至更多个业务循环。由于各被审计单位的业务性质和规模不同,其业务循环的划分也应有所不同。从本章开始本书将审计测试划分为销售与收款循环、采购与付款循环、存货与生产循环、筹资与投资循环,分章阐述各业务循环的审计。由于货币资金与上述多个业务循环均密切相关,并且货币资金的业务和内部控制又有着不同于其他业务循环和其他财务报表项目的鲜明特征,因此,将货币资金审计单独安排在一章。

按照各财务报表项目与业务循环的相关程度,可以建立起业务循环与主要财务报表项目(特殊行业的财务报表项目不涉及)之间的对应关系,见表9-1。

表9-1 业务循环与主要财务报表项目之间的对应关系

业务循环	资产负债表项目	利润表项目
销售与收款循环	应收票据、应收账款、长期应收款、预收款项、应交税费	营业收入、营业税金及附加、销售费用
采购与付款循环	预付款项、固定资产、在建工程、工程物资、固定资产清理、无形资产、开发支出、商誉、长期待摊费用、应付票据、应付账款、长期应付款	管理费用
存货与生产循环	存货(包括材料采购或在途物资、原材料、材料成本差异、库存商品、发出商品、商品进销差价、委托加工物资、委托代销商品、受托代销商品、周转材料、生产成本、制造费用、劳务成本、存货跌价准备、受托代销商品款等)、应付职工薪酬	营业成本
筹资与投资循环	交易性金融资产、应收利息、应收股利、其他应收款、其他流动资产、可供出售金融资产、持有至到期投资、长期股权投资、投资性房地产、递延所得税资产、其他非流动资产、短期借款、交易性金融负债、应付利息、应付股利、其他应付款、其他流动负债、长期借款、应付债券、专项应付款、预计负债、递延所得税负债、其他非流动负债、实收资本(或股本)、资本公积、盈余公积、未分配利润	财务费用、资产减值损失、公允价值变动收益、投资收益、营业外收入、营业外支出、所得税费用

第一节 销售与收款循环概述

一、销售与收款循环涉及的主要凭证与会计记录

销售与收款循环所涉及的凭证和记录主要包括:

(一)顾客订货单

顾客订货单即顾客提出的书面购货要求。企业可以通过销售人员或其他途径,如采用电

话、信函和向现有的及潜在的顾客发送订货单等方式接受订货，取得顾客订货单。

（二）销售单

销售单是列示顾客所订商品的名称、规格、数量以及其他与顾客订货单有关信息的凭证，作为销售方内部处理顾客订货单的依据。

（三）发运凭证

发运凭证即在发运货物时编制的，用于反映发出商品的规格、数量和其他有关内容的凭据。发运凭证的一联寄送给顾客，其余联由企业保留。这种凭证可用作向顾客开具账单的依据。

（四）销售发票

销售发票是一种用来表明已销售商品的规格、数量、价格、销售金额、运费和保险费、开票日期、付款条件等内容的凭证。销售发票的一联寄送给顾客，其余联由企业保留。销售发票也是在会计账簿中登记销售交易的基本凭证。

（五）商品价目表

商品价目表是列示已经授权批准的、可供销售的各种商品的价格清单。

（六）贷项通知单

贷项通知单是一种用来表示由于销售退回或经批准的折让而引起的应收销货款减少的凭证。这种凭证的格式通常与销售发票的格式相同，只不过它不是用来证明应收账款的增加，而是用来证明应收账款的减少。

（七）应收账款明细账

应收账款明细账是用来记录每个顾客各项赊销、还款、销售退回及折让的明细账。各应收账款明细账的余额合计数应与应收账款总账的余额相等。

（八）主营业务收入明细账

主营业务收入明细账是一种用来记录销售交易的明细账。它通常记载和反映不同类别产品或劳务的销售总额。

（九）折扣与折让明细账

折扣与折让明细账是一种用来核算企业销售商品时，按销售合同规定为了及早收回货款而给予顾客的销售折扣和因商品品种、质量等原因而给予顾客的销售折让情况的明细账。当然，企业也可以不设置折扣与折让明细账，而将该类业务记录于主营业务收入明细账。

（十）汇款通知书

汇款通知书是一种与销售发票一起寄给顾客，由顾客在付款时再寄回销售单位的凭证。这种凭证注明顾客的姓名、销售发票号码、销售单位开户银行账号以及金额等内容。如果顾客没有将汇款通知书随同货款一并寄回，一般应由收受邮件的人员在开拆邮件时再代编一份汇款通知书。采用汇款通知书能使现金立即存入银行，可以改善资产保管的控制。

（十一）库存现金日记账和银行存款日记账

库存现金日记账和银行存款日记账是用来记录应收账款的收回或现销收入以及其他各种现金、银行存款收入和支出的日记账。

（十二）坏账审批表

坏账审批表是一种用来批准将某些应收款项注销为坏账的，仅在企业内部使用的凭证。

（十三）顾客月末对账单

顾客月末对账单是一种按月定期寄送给顾客的用于购销双方定期核对账目的凭证。顾客月末对账单上应注明应收账款的月初余额、本月各项销售交易的金额、本月已收到的货款、各贷项通知单的数额以及月末余额等内容。

（十四）转账凭证

转账凭证是指记录转账业务的记账凭证，它是根据有关转账业务（即不涉及现金、银行存款收付的各项业务）的原始凭证编制的。

（十五）收款凭证

收款凭证是指用来记录现金和银行存款收入业务的记账凭证。

销售与收款循环涉及的账户及其关系，如图9-1所示。

二、销售与收款循环涉及的主要业务活动

了解企业在销售与收款循环中的典型活动，对该业务循环的审计非常必要。下面简单地介绍销售与收款循环所涉及的主要业务活动，如图9-2所示。

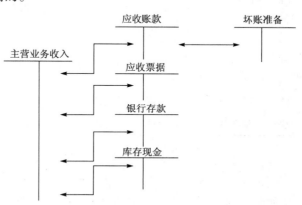

图9-1 销售与收款循环涉及的账户及其关系

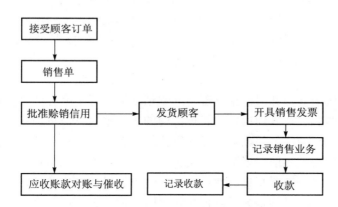

图9-2 销售与收款循环所涉及的主要业务活动

涉及的主要业务活动、对应的凭证及记录、相关的认定的关系见表9-2。

表9-2 涉及的主要业务活动、对应的凭证及记录、相关的认定的关系

主要业务活动	对应的凭证及记录	相关的认定
接受顾客订单	顾客订货单	发生
批准赊销信用	销售单	准确性、计价和分摊
按销售单供货	销售单	发生、完整性
按销售单装运货物	发运凭证	发生、完整性

续表

主要业务活动	对应的凭证及记录	相关的认定
向顾客开具账单	商品价目表、销售发票	发生、准确性、计价和分摊、完整性
记录销售	转账凭证、应收账款明账、营业收入明细账	发生、完整性、准确性、计价和分摊
办理和记录现金及银行存款收入	顾客月末对账单、汇款通知书、收款凭证、现金日记账、银行存款日记账	发生、完整性、准确性、计价和分摊
办理和记录销货退回及折扣折让	贷项通知单、折扣折让明细账	发生、准确性、计价和分摊、完整性
注销坏账	坏账审批表	准确性、计价和分摊
提取坏账准备	董事会（或管理层）决议	准确性、计价和分摊

（一）接受顾客订货

顾客提出订货要求是整个销售与收款循环的起点；从法律上讲，这是购买某种货物或接受某种劳务的一项申请。顾客的订单只有在符合企业管理层的授权标准时才能被接受。管理层一般都列出了已批准销售的顾客名单。销售单管理部门在决定是否同意接受某顾客的订单时，应将已批准销售的顾客名单作为依据。如果该顾客未被列入，则通常需要由销售单管理部门的主管来决定是否同意销售。企业在批准顾客订单之后，下一步就应编制一式多联的销售单。销售单是证明管理层有关销售交易的"发生"认定的凭据之一，也是此笔销售的交易轨迹的起点。

（二）批准赊销信用

赊销批准是由信用管理部门根据管理层的赊销政策在每个顾客的已授权的信用额度进行的。信用管理部门的职员在收到销售单管理部门的销售单后，应将销售单与该顾客已被授权的赊销信用额度以及至今尚欠的账款余额加以比较。企业应对每个新顾客进行信用调查，包括获取信用评审机构对顾客信用等级的评定报告。无论批准赊销与否，都要求被授权的信用管理部门人员在销售单上签署意见，然后再将已签署意见的销售单送回销售单管理部门。

设计信用批准控制的目的是为了降低坏账风险，因此，这些控制与应收账款账面余额的"计价和分摊"认定有关。

（三）按销售单供货

企业管理层通常要求商品仓库只有在收到经过批准的销售单时才能供货。设立这项控制程序的目的是为了防止仓库在未经授权的情况下擅自发货。因此，已批准销售单的一联通常应送达仓库，作为仓库按销售单供货和发货给装运部门的授权依据。

（四）按销售单装运货物

将按经批准的销售单供货与按销售单装运货物职责相分离，有助于避免负责装运货物的职员在未经授权的情况下装运产品。此外，装运部门职员在装运之前，还必须进行独立验证，以确定从仓库提取的商品都附有经批准的销售单，并且，所提取商品的内容与销售单一致。

装运凭证是指一式多联的、连续编号的提货单，可由电脑或人工编制。按序归档的装运凭证通常由装运部门保管。装运凭证提供了商品确实已装运的证据，因此，它是证实销售交易"发生"认定的另一种形式的凭据。而定期检查以确定在编制的每张装运凭证后均已附有相应的销售发票，则有助于保证销售交易"完整性"认定的正确性。

（五）向顾客开具账单

开具账单包括编制和向顾客寄送事先连续编号的销售发票。这项功能所针对的主要问题是：① 是否对所有装运的货物都开具了账单（"完整性"认定问题）；② 是否只对实际装运的货物才开具账单，有无重复开具账单或虚构交易（"发生"认定问题）；③ 是否按已授权批准的商品价目表所列价格计价开具账单（"准确性"认定问题）。

为了降低开具账单过程中出现遗漏、重复、错误计价或其他差错的风险，应设立以下的控制程序：

（1）开具账单部门职员在编制每张销售发票之前，独立检查是否存在装运凭证和相应的经批准的销售单。

（2）依据已授权批准的商品价目表编制销售发票。

（3）独立检查销售发票计价和计算的正确性。

（4）将装运凭证上的商品总数与相对应的销售发票上的商品总数进行比较。

上述的控制程序有助于确保用于记录销售交易的销售发票的正确性。因此，这些控制与销售交易的"发生""完整性"以及"准确性"认定有关。销售发票副联通常由开具账单部门保管。

（六）记录销售

在手工会计系统中，记录销售的过程包括区分赊销、现销，按销售发票编制转账记账凭证或现金、银行存款收款凭证，再据以登记销售明细账和应收账款明细账或库存现金、银行存款日记账。

记录销售的控制程序包括以下内容：

（1）只依据附有有效装运凭证和销售单的销售发票记录销售。这些装运凭证和销售单应能证明销售交易的发生及其发生的日期。

（2）控制所有事先连续编号的销售发票。

（3）独立检查已处理销售发票上的销售金额同会计记录金额的一致性。

（4）记录销售的职责应与处理销售交易的其他功能相分离。

（5）对记录过程中所涉及的有关记录的接触予以限制，以减少未经授权批准的记录发生。

（6）定期独立检查应收账款的明细账与总账的一致性。

（7）定期向顾客寄送对账单，并要求顾客将任何例外情况直接向指定的未执行或记录销售交易的会计主管报告。

以上这些控制与"发生""完整性""准确性"以及"计价和分摊"认定有关。对这项职能，注册会计师主要关心的问题是销售发票是否记录正确，并归属适当的会计期间。

（七）办理和记录现金、银行存款收入

这项功能涉及的是有关货款收回，现金和银行存款增加以及应收账款减少的活动。在办理和记录现金、银行存款收入时，最应关心的是货币资金失窃的可能性。货币资金失窃可能发生在货币资金收入登记入账之前或登记入账之后。处理货币资金收入时最重要的是要保证全部货币资金都必须如数、及时地记入库存现金、银行存款日记账或应收账款明细账,并如数及时地将现金存入银行。在这方面汇款通知单起着很重要的作用。

(八)办理和记录销售退回、销售折扣与折让

顾客如果对商品不满意,销售企业一般都会同意接受退货,或给予一定的销售折让;顾客如果提前支付货款,销售企业则可能会给予一定的销售折扣。发生此类事项时,必须经授权批准,并应确保与办理此事有关的部门和职员各司其职,分别控制实物流和会计处理。在这方面严格使用贷项通知单无疑会起到关键的作用。

(九)注销坏账

不管赊销部门的工作如何主动,顾客因宣告死亡等原因而不支付货款的事仍时有发生。销售企业若认为某项货款再也无法收回,就必须注销这笔货款。在应收账款作为坏账处理时,正确的处理方法是应取得应收账款不能收回的确凿证据,并经管理当局批准后,方可作为坏账,进行相应的会计处理。已冲销的应收账款应登记在备查簿中,加以控制,以防已冲销的应收账款以后又收回时被相关人员贪污。如果欠款客户仍在,应继续进行追款。

(十)提取坏账准备

坏账准备提取的数额必须能抵补企业以后无法收回的销货款。

第二节 销售与收款循环的风险识别与评估

一、了解重要交易流程与交易类别

注册会计师应当对销售与收款的交易流程进行了解。了解的程序包括检查被审计单位相关控制手册和其他书面指引,询问各部门的相关人员,观察操作流程等,并利用文字表述法、流程图法等把了解的情况记录下来。

二、确定可能发生错报的环节

注册会计师需要确认和了解被审计单位应在销售与收款循环的那些环节设置控制,以防止或发现并纠正销售与收款循环中重要业务流程可能发生的错报,从而确保每个重要业务流程都得到有效控制。销售与收款循环中交易流程及关键控制点,见表9-3。

表9-3 销售与收款循环中交易流程及关键控制点

交易流程	可能的错报	关键控制点
接受顾客订单	可能把商品销售给了未经授权的顾客	(1)确定每位顾客都在已批准的顾客清单上 (2)每次销售都有已批准的销售单 (3)特殊销售的审批应得到特别授权
批准信用	承担了不适当的信用风险而蒙受损失	(1)信用部门须对所有新顾客做信用调查 (2)在销售前,检查顾客的信用额度 (3)要求被授权的信用部门人员在销售单上签署意见

续表

交易流程	可能的错报	关键控制点
按销售单发货、装运货	（1）所发出、装运的货物可能与被订购的货物不符 （2）可能有未经授权的发出、装运货物	（1）发货、装运货都须有已批准的销售单 （2）按销售单发货和装运的职责相分离
开账单给顾客	（1）可能对虚构的交易开账单或重复开账单 （2）销售发票可能计价错误	（1）每张发票须有与之相匹配的销售单 （2）由独立人员对销售发票的编制做内部核查
记录销售	发票可能未入销售账和应收账款明细账	（1）销售发票应与销售账的金额一致 （2）赊销单据应与应收账款明细账的金额一致 （3）每月定期给顾客寄送对账单

三、识别和了解相关控制

注册会计师通常通过编制内部控制调查表来了解销售与收款循环相关内部控制，见表 9-4。

表 9-4　销售与收款循环内部控制调查表

被审计单位名称：××公司
财务报表期间：截止××年×月×日止
审计项目名称：××

	签名	日期	索引号
编制人			
复核人			页次
项目质量控制复核人			

调查的问题	是	否	不适用	备注
是否根据标准将销售订单、发货单据、发票和收款自动匹配？				
是否编制和复核银行存款余额调节表并及时调整项目？				
是否每月将销售货物的开票数和发运数调节一致？				
是否定期复核客户主要信息文件的变化？				
是否每月与客户对账？				
邮寄之前是否核对发票或对账单？				
接受新客户是否必须经由专人批准？				
是否分不同产品/服务和客户对销售订单进行复核？				
产品发运前是否根据销售订单与发货信息核对一致？				
系统是否根据发货信息自动生成发票？				

续表

调查的问题	是	否	不适用	备注
是否通过系统设置的方式来避免重复录入发票？				
系统是否出现不接受发票和发货不一致的现象？				
应用系统是否要求将客户采购订单编号录入销售订单？				
是否将收款日记账与银行存款通知书以及汇款通知书核对一致？				
应收账款明细账和总账是否根据发票自动生成？				
系统是否根据销售退回自动生成贷项通知书？				

根据以上调查表，可以了解被审计单位在销售与收款循环内部控制方面存在哪些薄弱环节，这为下一步在这些环节进行控制奠定了基础。

四、穿行测试

执行穿行测试，以证实对交易流程和相关控制的了解是否正确和完整。

五、初步评价和风险评估

在确定了被审计单位的销售与收款内部控制可能存在的薄弱环节，并且对其控制风险做出评价后，注册会计师应当对被审计单位的重大错报风险作出评估，以确定进一步审计程序的性质、时间和范围。如果被审计单位的相关内部控制不存在，或者被审计单位的相关内部控制未得到有效执行，则注册会计师不应再继续实施控制测试，而应直接实施实质性程序。

第三节 销售与收款循环的控制测试

一、以内部控制目标为起点的控制测试

内部控制程序和活动是企业针对需要实现的内部控制目标而设计和执行的，控制测试则是注册会计师针对企业的内部控制程序和活动而实施的，因此，在审计实务中，注册会计师可以考虑以被审计单位的内部控制目标为起点实施控制测试。

现讨论销售与收款循环有关的关键内部控制点和相应的控制测试。

（一）适当的职责分离的控制测试方法

1. 控制目标。适当的职责分离有助于防止各种有意的或无意的错误。
2. 关键内部控制点。① 批准赊销信用与赊销相分离；② 批准销售信用与发货发票相互分离；③ 发送货物与开票相互分离；④ 发送货物与记账相互分离；⑤ 收取货款与销售收入、应收账款记录相互分离；⑥ 批准销售退回与折让业务和记账相互分离；⑦ 批准坏账与收款业务、记账相互分离；⑧ 编制和寄送客户对账单与收款、记账相互分离。
3. 控制测试方法。主要包括观察法、讨论（沟通）法。

【例 9-1】主营业务收入账（应收账款账）、总账和明细账如何登记？

分析要点：如果是由记录应收账款账之外的职员独立登记，并由另一位不负责账簿记录的职员定期调节总账和明细账，就构成了一项自动交互牵制；规定负责主营业务收入和应收账款记账的职员不得经手货币资金，也是防止舞弊的一项重要控制。

另外，销售人员通常有一种乐观地对待销售数量的自然倾向，而不管它是否将以巨额坏账损失为代价，赊销的审批则在一定程度上可以抑制这种倾向。因此，赊销批准职能与销售职能的分离，也是一种理想的控制。

财政部《内部会计控制规范——销售与收款（试行）》中规定，单位应当将办理销售、发货、收款三项业务的部门（或岗位）分别设立；单位在销售合同订立前，应当指定专门人员就销售价格、信用政策、发货及收款方式等具体事项与客户进行谈判。谈判人员至少应有两人以上，并与订立合同的人员相分离；编制销售发票通知单的人员与开具销售发票的人员应相互分离；销售人员应避免接触销货现款；单位应收票据的取得和贴现必须经由保管票据以外的主管人员的书面批准。这些都是对单位提出的有关销售与收款业务相关职责适当分离的基本要求，以确保办理销售与收款业务的不相容岗位相互分离、制约和监督。

（二）正确的授权审批的控制测试方法

1. 控制目标。在于防止企业因向虚构的或者无力支付货款的顾客发货而蒙受损失；保证销售交易按照企业定价政策规定的价格开票收款；防止因审批人决策失误而造成严重损失。

2. 关键内部控制点。对于授权审批问题，注册会计师应当关注以下四个关键点上的审批程序：① 在销售发生之前，赊销已经正确审批；② 非经正当审批，不得发出货物；③ 销售价格、销售条件、运费、折扣等必须经过审批；④ 审批人应当根据销售与收款授权批准制度的规定，在授权范围内进行审批，不得超越审批权限。对于超过单位既定销售政策和信用政策规定范围的特殊销售交易，单位应当进行集体决策。

3. 控制测试方法。通过检查凭证在上述几个关键点上是否经过审批，可以很容易地测试出授权审批方面的内部控制的效果。

（三）凭证和记录的信息处理方面的控制测试方法

1. 控制目标。具备充分的凭证和记录的信息处理控制。

2. 关键内部控制点。① 关键性的销售单、销售发票、装运单等都应事前按顺序编号使用；② 定期编制并向客户寄送对账单；③ 对每个客户建立应收账款明细账，以应收票据结算时，需设置登记簿详细记录票据种类、编号、出票人、票面金额、利率、到期日等。

3. 控制测试方法。通过检查上述凭证和账册记录，并辅以询问和观察执行情况便可测试出凭证和记录的信息处理方面的内部控制的效果。

（四）凭证的预先编号

1. 控制目标。对凭证预先进行编号，旨在防止销售以后忘记向顾客开具账单或登记入账，也可防止重复开具账单或重复记账。

2. 关键内部控制点。由收款员对每笔销售开具账单后，将发运凭证按顺序归档，而由另一位职员定期检查全部凭证的编号，并调查凭证缺号的原因，就是实施这项控制的一种方法。

3. 控制测试方法。通过对凭证编号和核查凭证编号两个环节的检查，便可测试出凭证预先编号的内部控制的效果。

（五）按月寄出对账单

1. 控制目标。促使顾客在发现应付账款余额不正确后能及时反馈有关信息。

2. 关键内部控制点。① 由出纳、销售及应收账款记录人员以外的人员按月向顾客寄发对账单，如有不符可以及时反馈有关信息；② 将账户余额中出现的所有核对不符的账项，由一位不负责货币资金、业务收入和应收账款账目的主管人员处理。

3. 控制测试方法。通过对岗位分工、账单寄送和反馈情况三个环节的检查，便可测试出按月寄出对账单的内部控制的有效性。

（六）实物控制

1. 控制目标。限制非授权人员接近存货和限制非授权人员接近各种记录和文件，确保实物及其记录的准确性和完整性。

2. 关键内部控制点。实物控制包括两个方面：一方面限制非授权人员接近存货，货物的发出必须有经批准的销售单，对于退货也要加强实物控制，由收货部门进行验收并填写验收报告和入库单；另一方面，限制非授权人员接近各种记录和文件，防止伪造和篡改记录。

3. 控制测试方法。通过对限制非授权人员接近存货和限制非授权人员接近各种记录和文件两个环节的检查，便可测试出内部实物控制的有效性。

（七）内部核查程序

1. 控制目标。内部核查机构和核查程序存在性，内部核查的实际效果。

2. 关键内部控制点。① 销售与收款业务相关岗位及人员的设置情况。重点看是否存在销售与收款业务不相容职务混岗的现象。② 销售与收款业务授权批准制度的执行情况。重点看授权批准手续是否健全，是否存在越权审批行为。③ 销售的管理情况。重点看信用政策、销售政策的执行是否符合规定。④ 收款的管理情况。重点看单位销售收入是否及时入账，应收账款的催收是否有效，坏账核销和应收票据的管理是否符合规定。⑤ 销售退回的管理情况。重点看销售退回手续是否齐全，退回货物是否及时入库。

3. 控制测试方法。注册会计师可以通过检查内部注册会计师的报告，或其他独立人员在他们核查的凭证上的签字等方法实施控制测试。

二、以风险为起点的控制测试

在审计实务中，注册会计师还可以考虑以识别的重大错报风险为起点实施控制测试。现讨论销售与收款循环中有关重大错报风险点和相应的控制测试。

（一）信用控制和赊销风险的控制测试

在销售中，可能向没有获得赊销授权或超出了其信用额度的客户赊销，注册会计师应通过询问员工、检查相关文件证实上述控制的实施。

（二）发运商品风险的控制测试

在销售商品发运中会出现：订购的商品可能没有发出；可能在没有批准发运凭证的情况下发出了商品；已发出商品可能与发运凭证上的商品种类和数量不符；客户可能拒绝承认已收到商品等。注册会计师应执行观察、检查程序。检查发运凭证上相关员工和客户的签名，作为发货的证据，检查例外报告和缓发货的清单等。

（三）开具发票风险的控制测试

（1）商品发运可能未开具销售发票。

（2）生成的发票可能没附有效的订购单。

（3）由于定价或产品摘要不正确，以及订购单或发运凭证或销售发票代码输入错误，可能使销售价格不正确。

（4）发票上的金额可能出现计算错误。

（四）记录赊销风险的控制测试
（1）销售发票可能被计入不正确的应收账款账户，销售发票可能未入账。
（2）销售发票入账的会计期间可能不正确。
（五）记录现金销售风险的控制测试
（1）现金销售可能没有在销售时记录。
（2）收到的现金可能没有存入银行。
（六）应收账款收款风险的控制测试
（1）客户使用支票支付货款，收取后可能未被存入银行。
（2）客户通过电子货币转账系统或银行汇款支付的款项收取后可能没有被记录。
（七）记录收款风险的控制测试
（1）收款可能被记入不正确的应收账款账户。
（2）应收账款记录的收款与银行存款可能不一致。

第四节　销售与收款循环的实质性程序

一、登记入账的销售交易是真实的

对这一目标，注册会计师一般关心三类错误的可能性：一是未曾发货却已将销售交易登记入账；二是销售交易重复入账；三是向虚构的顾客发货，并作为销售交易登记入账。前两类错误可能是有意的，也可能是无意的，而第三类错误肯定是有意的。不难想象将不真实的销售登记入账的情况虽然极少，但其后果却很严重，因为这会导致高估资产和收入。

针对未曾发货却已将销售交易登记入账这类错误的可能性，注册会计师可以从主营业务收入明细账中抽取若干笔分录，追查有无发运凭证及其他佐证，借以查明有无事实上没有发货却已登记入账的销售交易。如果注册会计师对发运凭证等的真实性也有怀疑，就可能有必要再进一步追查存货的永续盘存记录，测试存货余额有无减少。

针对销售交易重复入账这类错误的可能性，注册会计师可以通过检查企业的销售交易记录清单以确定是否存在重号、缺号。

针对向虚构的顾客发货并作为销售交易登记入账这类错误发生的可能性，注册会计师应当检查主营业务收入明细账中与销售分录相应的销货单，以确定销售是否履行赊销批准手续和发货审批手续。

检查上述三类高估销售错误的可能性的另一有效的办法是追查应收账款明细账中贷方发生额的记录。如果应收账款最终得以收回货款或者由于合理的原因收到退货，则记录入账的销售交易通常是真实的；如果贷方发生额是注销坏账，或者直到审计时所欠货款仍未收回，就必须详细追查相应的发运凭证和顾客订货单等，因为这些迹象都说明可能存在虚构的销售交易。

二、已发生的销售交易均已登记入账

销售交易的审计一般偏重于检查高估资产与收入的问题，因此，通常无须对完整性目标实施交易实质性程序。但是，如果内部控制不健全，比如被审计单位没有由发运凭证追查至主营业务收入明细账这一独立内部核查程序，就有必要实施交易实质性程序。

由原始凭证追查至明细账与从明细账追查至原始凭证是有区别的：前者用来测试遗漏的

交易("完整性"目标),后者用来测试不真实的交易("发生"目标)。

测试发生目标时,起点是明细账,即从主营业务收入明细账中抽取发票号码样本,追查至销售发票存根、发运凭证以及顾客订货单;测试完整性目标时,起点应是发货凭证,即从发运凭证中选取样本,追查至销售发票存根和主营业务收入明细账,以测试是否存在遗漏事项。

三、登记入账的销售交易均经正确计价

销售交易计价的准确性包括:按订货数量发货,按发货数量准确地开具账单以及将账单上的数额准确地记入会计账簿。对这三个方面,每次审计中一般都要实施实质性程序,以确保其准确无误。

典型的实质性程序包括复算会计记录中的数据。通常的做法是,以主营业务收入明细账中的会计分录为起点,将所选择的交易业务的合计数与应收账款明细账和销售发票存根进行比较核对。销售发票存根上所列的单价,通常还要与经过批准的商品价目表进行比较核对,其金额小计和合计数也要进行复算。发票中列出的商品的规格、数量和顾客代号等,则应与发运凭证进行比较核对。另外,往往还要审核顾客订货单和销售单中的同类数据。

四、登记入账的销售交易分类恰当

如果销售分为现销和赊销两种,应注意不要在现销时借记应收账款,也不要在收回应收账款时贷记主营业务收入,同样不要将营业资产的销售(例如,固定资产销售)混作正常销售。

销售与收款循环包括销售与收款两个方面,上述四项主要是针对销售交易的实质性程序。在内部控制健全的企业,与销售相关的收款交易同样有其内部控制目标和内部控制。收款交易中控制测试的性质取决于内部控制的性质,而收款交易的实质性程序的范围,在一定程度上要取决于关键控制是否存在以及控制测试的结果。由于销售与收款交易同属一个循环,在经济活动中密切相连,因此,收款交易的一部分测试可与销售交易的测试一并执行,但收款交易的特殊性又决定了其另一部分测试仍需单独实施。

《内部会计控制规范——销售与收款(试行)》(财政部发布)中规定的以下与收款交易相关的内部控制内容是应当共同遵循的:

(1)单位应当按照《现金管理暂行条例》《支付结算办法》和《内部会计控制规范——货币资金(试行)》等规定,及时办理销售收款业务。

(2)单位应将销售收入及时入账,不得账外设账,不得擅自坐支现金。销售人员应当避免接触销售现款。

(3)单位应当建立应收账款账龄分析制度和逾期应收账款催收制度。销售部门应当负责应收账款的催收,财会部门应当督促销售部门加紧催收。对催收无效的逾期应收账款可通过法律程序予以解决。

(4)单位应当按客户设置应收账款台账,及时登记每一客户应收账款余额增减变动情况和信用额度使用情况。对长期往来客户应当建立起完善的客户资料,并对客户资料实行动态管理,及时更新。

(5)单位对于可能成为坏账的应收账款应当报告有关决策机构,由其进行审查,确定是否确认为坏账。单位发生的各项坏账,应查明原因明确责任,并在履行规定的审批程序后做出会计处理。

（6）单位注销的坏账应当进行备查登记，做到账销案存。已注销的坏账又收回时应当及时入账，防止形成账外款。

（7）单位应收票据的取得和贴现必须经由保管票据以外的主管人员的书面批准。应由专人保管应收票据，对于即将到期的应收票据，应及时向付款人提示付款；已贴现票据应在备查簿中登记，以便日后追踪管理；并应制定逾期票据的冲销管理程序和逾期票据追踪监控制度。

（8）单位应当定期与往来客户通过函证等方式核对应收账款、应收票据、预收款项等往来款项。如有不符，应查明原因及时处理。

第五节　营业收入审计

一、营业收入的审计目标

营业收入的审计目标包括：

（1）确定记录的营业收入是否已发生且与被审计单位有关。

（2）确定营业收入记录是否完整。

（3）确定与营业收入有关的金额及其他数据是否已恰当记录，包括对销售退回、销售折扣与折让的处理是否适当。

（4）确定营业收入是否已记录于正确的会计期间。

（5）确定营业收入的内容是否正确。

（6）确定营业收入的披露是否恰当等。

二、主营业务收入的实质性程序

主营业务收入的实质性程序一般包括以下内容：

（一）取得或编制主营业务收入明细表

注册会计师应取得或编制主营业务收入明细表，复核加计正确，并且与总账数和明细账合计数核对相符；同时，结合其他业务收入科目数额，与报表数核对相符。

（二）审查主营业务收入确认的合规性

注册会计师应查明主营业务收入的确认原则、方法，注意是否符合企业会计准则和会计制度规定的收入实现条件，前后期是否一致；特别关注周期性、偶然性的收入是否符合既定的收入确认原则和方法。

按照《企业会计准则第 14 号——收入》的要求，企业销售商品收入，应在下列条件均满足时予以确认：① 企业已将商品所有权上的主要风险和报酬转移给购货方；② 企业既没有保留通常与所有权相联系的继续管理权，也没有对已售出的商品实施有效控制；③ 收入的金额能够可靠地计量；④ 相关的经济利益很可能流入企业；⑤ 相关的已发生或将发生的成本能够可靠地计量。

因此，对主营业务收入确认的合规性审查，主要应测试被审计单位是否依据上述五个条件确认产品销售收入。具体说来，被审计单位采用的销售方式不同，确认销售的时点也不一样：

1. 采用交款提货销售方式，应于货款已收到或取得收取货款的权利，同时已将发票账单和提货单交给购货单位时，确认收入的实现。对此，注册会计师应重点检查被审计单位是否收到货款或取得收取货款的权利,发票账单和提货单是否已交给购货单位,应注意有无扣压结算凭证,将当期收入转入下期入账,或者虚记收入、开假发票、虚列购货单位,将当期未实现的收入虚转为收入记账,在下期予以冲销的现象。

2. 采用预收账款销售方式,应于商品已经发出时,确认收入的实现。对此,注册会计师应重点检查被审计单位是否收到了货款,商品是否已经发出。应注意是否存在对已收货款且已将商品发出的交易不入账、转为下期收入,或者开具虚假出库凭证、虚增收入等现象。

3. 采用托收承付结算方式,应于商品已经发出,劳务已经提供,并且已将发票账单提交银行、办妥收款手续时确认收入的实现。对此,注册会计师应重点检查被审计单位是否发货,托收手续是否办妥,货物发运凭证是否真实,托收承付结算回单是否正确。

4. 委托其他单位代销商品。如果代销单位采用视同买断方式,应于代销商品已经销售并收到代销单位代销清单时,按企业与代销单位确定的协议价确认收入的实现。对此,注册会计师应注意查明有无商品未销售、编制虚假代销清单、虚增本期收入的现象。如果代销单位采用收取手续费方式,应在代销单位将商品销售、企业已收到代销单位代销清单时确认收入的实现。

5. 销售合同或协议明确销售价款的收取方式采用递延方式,实质上具有融资性质的,应当按照应收的合同或协议价款的公允价值确定销售商品收入金额。应收的合同或协议价款与其公允价值之间的差额,应当在合同或协议期间内采用实际利率法进行摊销,计入当期损益。

6. 长期工程合同收入,如果合同的结果能够可靠估计,应当根据完工百分比法确认合同收入。注册会计师应重点检查收入的计算、确认方法是否合乎规定,并且核对应计收入与实际收入是否一致,注意查明有无随意确认收入、虚增或虚减本期收入的情况。

7. 委托外贸企业代理出口、实行代理制方式的,应在收到外贸企业代办的发运凭证和银行交款凭证时确认收入。对此,注册会计师应重点检查代办发运凭证和银行交款单是否真实,注意有无内外勾结,出具虚假发运凭证或虚假银行交款凭证的情况。

8. 对外转让土地使用权和销售商品房的,通常应在土地使用权和商品房已经移交并将发票结算账单提交对方时确认收入。对此,注册会计师应重点检查已办理的移交手续是否符合规定要求,发票账单是否已交对方;注意查明被审计单位有无编造虚假移交手续,采用"分层套写"、开具虚假发票的行为,以防止其高价出售、低价入账,从中贪污货款。如果企业事先与买方签订了不可撤销合同,按合同要求开发房地产,则应按建造合同的处理原则处理。

(三)执行实质性分析程序

(1)将本期与上期的主营业务收入进行比较,分析产品销售的结构和价格的变动是否正常并分析异常变动的原因。

(2)比较本期各月各种主营业务收入的波动情况,分析其变动趋势是否正常,是否符合被审计单位季节性、周期性的经营规律,并且查明异常现象和重大波动的原因。

(3)计算本期重要产品的毛利率,分析比较本期与上期同类产品毛利率的变化情况,注意收入与成本是否配比,并且查清重大波动和异常情况的原因。

(4)计算对重要客户的销售额及产品毛利率,分析比较本期与上期有无异常变化。

(5)将上述分析结果与同行业企业本期相关资料进行对比分析,检查是否存在异常。

(6) 根据增值税发票申报表或普通发票，估算全年收入，与实际入账收入金额核对，并且检查是否存在虚开发票或已销售但未开发票的情况。

（四）审查主营业务收入确认的正确性

抽取本期一定数量的销售发票，检查开票、记账、发货日期是否相符，品名、数量、单价、金额等是否与发运凭证、销售合同或协议、记账凭证等一致。

（五）审查主营业务收入计价的准确性

获取产品价格目录，抽查售价是否符合定价政策，并且注意销售给关联方或关系密切的重要客户的产品价格是否合理，有无以低价或高价结算的方法，相互之间有无转移利润的现象。

（六）审查主营业务收入的会计处理

对主营业务收入会计处理的审查，重点是审查企业实现的销售收入是否及时足额地入账，有无少计收入、偷漏税金等问题。其主要审计程序为：抽查部分销售业务，进行原始凭证到记账凭证、主营业务收入明细账的全过程审查，检查入账日期、品名、数量、单价、金额等是否与销售发票、发运凭证、销售合同或协议等一致，核对其记录、过账、加总是否正确。

（七）实施销售的截止测试

对主营业务收入实施截止测试的目的主要在于确定被审计单位主营业务收入的会计记录归属期是否正确，即检查应记入本期或下期的主营业务收入有否被延后至下期或提前至本期。

注册会计师在审计中应该注意把握三个与主营业务收入确认有着密切关系的日期：一是发票开具日期或者收款日期；二是记账日期；三是发货日期（服务业则是提供劳务的日期）。检查三者是否归属于同一适当会计期间是主营业务收入截止测试的关键所在。

围绕上述三个重要日期，在审计实务中，注册会计师可以考虑选择三条审计路线实施主营业务收入的截止测试。

1. 以账簿记录为起点。从资产负债表日前后若干天的账簿记录追查至记账凭证，检查发票存根与发运凭证，目的是证实已入账收入是否在同一期间已开具发票并发货，有无多记收入。这种方法的优点是比较直观，容易追查至相关凭证记录，以确定其是否应在本期确认收入；缺点是缺乏全面性和连贯性，只能查多记，无法查漏记，尤其是当本期漏记收入延至下期，而审计时被审计单位尚未及时登账时，不易发现应记入而未记入报告期收入的情况。因此，使用这种方法主要是为了防止多计收入。

2. 以销售发票为起点。从资产负债表日前后若干天的发票存根追查至发运凭证与账簿记录，确定已开具发票的货物是否已发货并于同一会计期间确认收入。具体做法是抽取若干张在资产负债表日前后开具的销售发票的存根，追查至发运凭证和账簿记录，查明有无漏记收入现象。这种方法优点是较全面、连贯，容易发现漏记的收入；缺点是较费时费力，有时难以查找相应的发货及账簿记录，而且不易发现多记的收入。

审计人员使用该方法时应注意两点：① 相应的发运凭证是否齐全，特别应注意有无报告期内已作为收入而下期初用红字冲回，并且无发货、收货记录，以此来调节前后期利润的情况；② 被审计单位的发票存根是否已全部提供，有无隐瞒。为此，审计人员应查看被审计单位的发票领购簿，尤其应关注普通发票的领购和使用情况。因此，使用这种方法主要是为了防止少计收入。

3. 以发运凭证为起点。从资产负债表日前后若干天的发运凭证追查至发票开具情况与账簿记录，确定主营业务收入是否已记入恰当的会计期间。该方法的优缺点与方法 2 类似，具体操作中，审计人员还应考虑被审计单位的会计政策才能做出恰如其分的处理。因此，使用这种方法主要也是为了防止少计收入。

（八）审查销售退回、销售折让与折扣

在销售过程中由于各种各样的原因，会发生销售退回、销售折让与折扣，尽管引起销售折扣、退回与折让的原因不尽相同，其表现形式也不尽一致，但都是对收入的抵减，直接影响收入的确认和计量。折扣与折让的实质性程序主要包括：

（1）获取或编制折扣与折让明细表，复核加计正确，并且与明细账合计数核对相符。

（2）取得被审计单位有关折扣与折让的具体规定和其他文件资料，并且抽查较大的折扣与折让发生额的授权批准情况，与实际执行情况进行核对，检查其是否经授权批准，是否合法、真实。

（3）检查销售退回的产品是否已验收入库并登记入账，有无形成账外物资情况；销售折让与折扣是否及时足额提交对方，有无虚设中介、转移收入、私设账外"小金库"等情况。

（4）检查折扣与折让的会计处理是否正确。

（九）检查有无特殊的销售行为

如果审计人员检查发现附有销售退回条件的商品销售、委托代销、售后回购、以旧换新、商品需要安装和检验的销售、分期收款销售、出口销售、售后租回等，应确定恰当的审计程序进行审核。

（1）附有销售退回条件的商品销售。审计人员如果对退货部分能做合理估计的，应确定其是否按估计不会退货部分确认收入；如果对退货部分不能作合理估计的，应确定其是否在退货期满时确认收入。

（2）售后回购。审计人员应分析特定销售回购的实质，判断其是属于真正的销售交易，还是属于融资行为。

（3）以旧换新销售。审计人员应确定销售的商品是否按照商品销售的方法确认收入，回收的商品是否作为购进商品处理。

（4）出口销售。审计人员应确定其是否按离岸价格、到岸价格或成本加运费价格等不同的成交方式，确认收入的时点和金额。

（5）售后租回。若售后租回形成一项融资租赁，审计人员应检查是否对售价与资产账面价值之间的差额予以递延并按该项租赁资产的折旧进度进行分摊，作为折旧费用的调整；若售后租回形成一项经营租赁，应检查是否也对售价与资产账面价值之间的差额予以递延，并且在租赁期内按照与确认租金费用相一致的方法进行分摊，作为租金费用的调整；但对有确凿证据表明售后租回交易是按照公允价值达成的，应检查对售价与资产账面价值之间的差额是否已经计入当期损益。

（十）调查集团内部销售的情况

审计人员应检查所记录的内部交易的价格、数量和金额是否正确，并且追查在编制合并财务报表时是否已予以抵销。

（十一）调查向关联方销售的情况

审计人员应检查所记录的关联方交易的品种、数量、价格、金额是否正确，以及关联方销售收入占主营业务收入总额的比例。

（十二）确定主营业务收入的列报是否恰当

审计人员应检查被审单位是否在财务报表附注中披露收入确认政策，以及关联方交易等信息。

（十三）其他情况

如检查有无未经顾客认可的巨额的销售、检查外币收入折算汇率及折算是否正确等应审查事项。

【例 9-2】 甲公司 2018 年的利润表"营业收入"项目列示数额为 8 700 000 元，经审计发现以下需调整事项：

（1）存货盘点时发现 A 产品账面数量大于库存数量 300 吨，经询问销售部门及仓库保管人员得知，购货方已提货，双方约定 1 个月后付款。

分析要点： 因该公司既没有保留继续管理权，也未对其实施控制，应确认为当期销售，该产品销售单价为 1 500 元，调整分录为：

借：应收账款　　　　　　　　　　　　　　　　　　　　　　　526 500
　　贷：主营业务收入——甲产品　　　　　　　　　　　　　　450 000
　　　　应交税费——应交增值税（销项税额）　　　　　　　　 76 500

（2）甲公司资产负债表"预收账款"项目列示数额为 123 000 元，经审计发现该公司预收乙公司 468 000 元货款，虽然收到回函确认，但货物已于 2018 年 11 月发出，相关的风险和报酬已经转移，符合收入确认条件。

分析要点： 因相关的风险和报酬已经转移，符合收入确认条件，应当确认为销售收入，调整分录为：

借：预收账款　　　　　　　　　　　　　　　　　　　　　　　468 000
　　贷：主营业务收入　　　　　　　　　　　　　　　　　　　　400 000
　　　　应交税费——应交增值税（销项税额）　　　　　　　　 68 000

（3）2018 年 12 月 8 日，甲公司与丙公司签订了一项产品销售合同。合同规定：产品销售价格为 600 000 元（不含税）；产品的安装调试由甲公司负责，合同签订日，丙公司预付货款的 30%，余款待安装调试完成并验收合格后结清。2018 年 12 月 25 日甲公司将产品运抵丙公司，该批产品的实际成本为 420 000 元。至 2018 年 12 月 31 日，有关安装调试工作尚未开始。假定安装调试构成销售合同的重要组成部分，对于上述交易，甲公司在 2018 年确认了销售收入 600 000 元，并结转销售成本 420 000 元，对相关的应收账款未计提坏账准备。

分析要点： 因安装调试是销售合同的重要组成部分，该项销售不符合收入确认条件，甲公司不应确认为销售收入，调整分录为：

借：主营业务收入　　　　　　　　　　　　　　　　　　　　　600 000
　　应交税费——应交增值税（销项税额）　　　　　　　　　　102 000
　　贷：预收账款　　　　　　　　　　　　　　　　　　　　　　210 600
　　　　应收账款　　　　　　　　　　　　　　　　　　　　　　491 400
借：库存商品　　　　　　　　　　　　　　　　　　　　　　　420 000

　　　　贷：主营业务成本　　　　　　　　　　　　　　　　　　　　　　　420 000

【例9-3】 注册会计师张三对甲公司2019年度的销售收入实施分析程序时，发现本年度的销售收入比上年明显减少，张三对该企业的销售收入的真实性产生了怀疑。于是，他抽查6月份和12月份的相关会计凭证，发现其原始凭证中有销售发票的记账联，而记账凭证中反映的是"应付账款"，共计400万元。

分析要点： 针对这种情况，张三可以询问了有关的当事人，并向应付账款的债权人进行函证。经查，发现该公司是将企业正常的销售收入反映在"应付账款"中，作为其他企业的暂存款处理。该企业将本应计入的主营业务收入计入了应付账款，一方面虚减了收入3 418 803元，减少了利润3 418 803元；另一方面虚增了应付账款负债，少计应缴增值税销项税额，影响本期及以后各期经营成果的准确性。审计人员张三应提请被审计单位做如下的会计调整，并调整会计报表相关的数额。

　　借：应付账款　　　　　　　　　　　　　　　　　　　　　　　　4 000 000
　　　　贷：主营业务收入　　　　　　　　　　　　　　　　　　　　3 418 803
　　　　　　应交税费——应交增值税　　　　　　　　　　　　　　　　591 197
　　借：所得税费用　　　　　　　　　　　　　　　　　　　　　　　　854 701
　　　　贷：应交税费——应交所得税　　　　　　　　　　　　　　　　854 701

三、其他业务收入的实质性程序

其他业务收入的实质性程序一般包括以下内容：
(1) 获取或编制其他业务收入明细表。
(2) 审查异常的其他业务收入项目。
(3) 抽查大额其他业务收入项目。
(4) 实施截止测试。
(5) 确定其他业务收入是否已在利润表上进行恰当披露。

第六节　应收账款和坏账准备审计

一、应收账款和坏账准备的审计目标

应收账款的审计目标一般包括：
(1) 应收账款是否存在。
(2) 应收账款是否归被审计单位所有。
(3) 应收账款及其坏账准备增减变动的记录是否完整。
(4) 应收账款是否可收回，坏账准备的计提方法和比例是否恰当，计提是否充分。
(5) 应收账款及其坏账准备期末余额是否正确。
(6) 应收账款及其坏账准备的列报是否恰当。

二、应收账款的实质性程序

(一) 取得或编制应收账款明细表

(1) 复核加计正确，并与总账数和明细账合计数核对相符；结合坏账准备科目与报表数核对相符。

(2) 检查非记账本位币应收账款的折算汇率及折算是否正确。
(3) 分析有贷方余额的项目,查明原因,必要时建议做重分类调整。
(4) 结合其他应收款、预收款项等往来项目的明细余额,查明有无同一客户多处挂账、异常余额或与销售无关的其他款项,如有应做出记录,必要时提出调整建议。

(二) 检查应收账款账龄分析是否正确

审计人员可以通过编制或索取应收账款账龄分析表来分析应收账款的账龄,以便了解应收账款的可收回性。应收账款账龄分析见表9-5。

表9-5 应收账款账龄分析

年 月 日   单位:元

顾客名称	期末余额	账龄			
		1年以内	1~2年	2~3年	3年以上
合计					

应收账款账龄是指资产负债表中的应收账款从销售实现、产生应收账款之日起,到资产负债表日止的时间间隔。在编制应收账款账龄分析表时,对金额较大的账户金额和重要的顾客及其余额应单独列示,对金额较小的账户及顾客,可选择汇总列示。应收账款账龄分析表的合计数减去已计提的相应坏账准备后的净额,应与资产负债表中的应收账款项目数额相等。

(三) 对应收账款实施实质性分析程序

(1) 复核应收账款借方累计发生额与主营业务收入是否配比,如存在不匹配的情况应查明原因。
(2) 在明细表上标注重要客户,并编制对重要客户的应收账款增减变动表,与上期比较分析是否发生变动,必要时收集客户资料分析其变动合理性。
(3) 计算应收账款周转率、应收账款周转天数等指标,并与被审计单位上年指标、同行业同期相关指标对比分析,检查是否存在重大异常,见表9-6。

表9-6 应收账款分析

财务比率	计算公式	目的
应收账款周转率	主营业务收入/应收账款平均余额	判断总体合理性及坏账准备的计提是否充分
应收账款周转天数	360/应收账款周转率	同上
应收账款与流动资产总额之比	应收账款/流动资产	判断总体合理性
坏账费用与赊销净额之比	坏账费用/赊销收入净额	同上

(四) 向债务人函证应收账款

函证是指注册会计师为了获取影响财务报表或相关披露认定的项目的信息,通过直接来自第三方对有关信息和现存状况的声明,获取和评价审计证据的过程。函证应收账款的目的在于证实应收账款账户余额的真实性、正确性,防止或发现被审计单位及其有关人员在销售交易中发生的错误或舞弊行为。通过函证应收账款,可以比较有效地证明被询证者(债务人)的存在和被审计单位记录的可靠性。

1. 函证的范围和对象。除非有充分证据表明应收账款对被审计单位财务报表而言是不重要的,或者函证很可能是无效的,否则,注册会计师应当对应收账款进行函证。如果注册会计师不对应收账款进行函证,应当在工作底稿中说明理由。如果认为函证很可能是无效的,注册会计师应当实施替代审计程序,获取充分、适当的审计证据。

2. 函证的方式。函证方式分为积极的函证方式和消极的函证方式。注册会计师可采用积极的或消极的函证方式实施函证,也可将两种方式结合使用。

(1)积极的函证方式。如果采用积极的函证方式,注册会计师应当要求被询证者在所有情况下必须回函,确认询证函所列示信息是否正确,或填列询证函要求的信息。

积极式询证函(格式一)

企业询证函

编号:

××(公司):

本公司聘请的××会计师事务所正在对本公司××年度财务报表进行审计,按照中国注册会计师审计准则的要求,应当询证本公司与贵公司的往来账项等事项。下列数据出自本公司账簿记录,如与贵公司记录相符,请在本函下端"信息证明无误"处签章证明;如有不符,请在"信息不符"处列明不符金额。回函请直接寄至××会计师事务所。

回函地址:
邮编: 电话: 传真: 联系人:

① 本公司与贵公司的往来账项列示如下:

单位:元

截止日期	贵公司欠	欠贵公司	备　注

② 其他事项。

本函仅为复核账目之用,并非催款结算。若款项在上述日期之后已经付清仍请及时函复为盼。

(公司盖章)

年　月　日

结论:① 信息证明无误

(公司盖章)

年　月　日

经办人:

② 信息不符,请列明不符的详细情况:

（公司盖章）
年　月　日

积极式询证函（格式二）

企业询证函

编号:

××（公司）:

　　本公司聘请的××会计师事务所正在对本公司××年度财务报表进行审计,按照中国注册会计师审计准则的要求,应当询证本公司与贵公司的往来账项等事项。请列示截至××年×月×日贵公司与本公司往来款项余额。回函请直接寄至××会计师事务所。
　　回函地址:
　　邮编:　　　　电话:　　　　传真:　　　　联系人:
　　本函仅为复核账目之用,并非催款结算。若款项在上述日期之后已经付清,仍请及时函复为盼。

（公司盖章）
年　月　日

① 贵公司与本公司的往来账项列示如下:

单位:元

截止日期	贵公司欠	欠贵公司	备　注

② 其他事项。

（公司盖章）
年　月　日
经办人:

　　(2) 消极的函证方式。如果采用消极的函证方式,注册会计师只要求被询证者仅在不同意询证函列示信息的情况下才予以回函。
　　当同时存在下列情况时,注册会计师可考虑采用消极的函证方式:① 重大错报风险评估为低水平;② 涉及大量余额较小的账户;③ 预期不存在大量的错误;④ 没有理由相信被询证者不认真对待函证。
　　以下提供的消极式询证函的格式,供参考。

消极式询证函的格式

企业询证函

编号：

××（公司）：

本公司聘请的××会计师事务所正在对本公司××年度财务报表进行审计，按照中国注册会计师审计准则的要求，应当询证本公司与贵公司的往来账项等事项。下列数据出自本公司账簿记录，如与贵公司记录相符，则无须回复；如有不符，请直接通知会计师事务所，并请在空白处列明贵公司认为是正确的信息。回函请直接寄至××会计师事务所。

回函地址：
邮编：　　　　　电话：　　　　　传真：　　　　　联系人：

① 本公司与贵公司的往来账项列示如下：

单位：元

截止日期	贵公司欠	欠贵公司	备　注

② 其他事项。

本函仅为复核账目之用，并非催款结算。若款项在上述日期之后已经付清，仍请及时函复为盼。

（公司盖章）
年　月　日

××会计师事务所：

上面的信息不正确，差异如下：

（公司盖章）
年　月　日
经办人：

3. 函证时间的选择。为了充分发挥函证的作用，应恰当选择函证的实施时间。注册会计师通常以资产负债表日为截止日，在资产负债表日后适当时间内实施函证。如果重大错报风险评估为低水平，注册会计师可选择资产负债表日前适当日期为截止日实施函证，并对所函证项目自该截止日起至资产负债表日止发生的变动实施实质性程序。

4. 函证的控制。注册会计师通常利用被审计单位提供的应收账款明细账户名称及客户地址等资料据以编制询证函，但注册会计师应当对选择被询证者、设计询证函以及发出和收回询证函保持控制。出于掩盖舞弊的目的，被审计单位可能想方设法拦截或更改询证函及回函的内容。如果注册会计师对函证程序控制不严密，就可能给被审计单位造成可乘之机，导致函证结果发生偏差和函证程序失效。

注册会计师应当采取下列措施对函证实施过程进行控制：① 将被询证者的名称、地址与被审计单位有关记录核对；② 将询证函中列示的账户余额或其他信息与被审计单位有关资料核对；③ 在询证函中指明直接向接受审计业务委托的会计师事务所回函；④ 询证函经被审计单位盖章后，由注册会计师直接发出；⑤ 将发出询证函的情况形成审计工作记录；⑥ 将收到的回函形成审计工作记录，并汇总统计函证结果。

在审计实务中，注册会计师经常会遇到被询证者以传真、电子邮件等方式回函的情况。这些方式确实能使注册会计师及时得到回函信息，但由于这些方式易被截留、篡改或难以确定回函者的真实身份，因此，注册会计师应当直接接收，并要求被询证者及时寄回询证函原件。

注册会计师还经常会遇到采用积极的函证方式实施函证而未能收到回函的情况。对此，注册会计师应当考虑与被询证者联系，要求对方做出回应或再次寄发询证函。如果未能得到被询证者的回应，注册会计师应当实施替代审计程序。所实施的替代程序因所涉及的账户和认定而异，但替代审计程序应当能够提供实施函证所能够提供的同样效果的审计证据。例如，检查与销售有关的文件，包括销售合同或协议、销售订单、销售发票副本及发运凭证事项的原因，以验证这些应收账款的真实性。

注册会计师可通过函证结果汇总表的方式对询证函的收回情况进行控制，其参考格式见表9-7。

表9-7 应收账款函证结果汇总表

被审计单位名称：　　　　　　　　　制表：　　　　　　　　　日期：
结账日：　年　月　日　　　　　　　复核：　　　　　　　　　日期：

询证函编号	债务人名称	债务人地址及联系方式	账面金额	函证结果	函证日期		回函日期	替代程序	确认余额	差异金额及说明	备注
					第一次	第二次					
合计											

5. 对不符事项的处理。收回的询证函若有差异，注册会计师应当首先提请被审计单位查明原因，并作进一步分析和核实。不符的原因可能是由于双方登记入账的时间不同，或是由于一方或双方记账错误，也可能是被审计单位的舞弊行为。对应收账款而言，登记入账的时间不同而产生的不符事项主要表现为：① 询证函发出时，债务人已经付款而被审计单位尚未收到货款；② 询证函发出时，被审计单位的货物已经发出并已作销售记录，但货物仍在途中，债务人尚未收到货物；③ 债务人由于某种原因将货物退回，而被审计单位尚未收到；④ 债务人对收到的货物的数量、质量及价格等方面有异议而全部或部分拒付货款等。

如果不符事项构成错报，注册会计师应当重新考虑所实施审计程序的性质、时间和范围。

6. 对函证结果的总结和评价。注册会计师应将函证的过程和情况记录在工作底稿中，并据以评价函证的可靠性。在评价函证的可靠性时，注册会计师应当考虑：① 对询证函的设计、发出及收回的控制情况；② 被询证者的胜任能力、独立性、授权回函情况、对函证项目的了解及其客观性；③ 被审计单位施加的限制或回函中的限制。

注册会计师对函证结果可进行如下评价：① 注册会计师应重新考虑对内部控制的原有

评价是否适当;控制测试的结果是否适当;分析程序的结果是否适当;相关的风险评价是否适当等。② 如果函证结果表明没有审计差异,则注册会计师可以合理地推论,全部应收账款总体是正确的。③ 如果函证结果表明存在审计差异,注册会计师则应当估算应收账款总额中可能出现的累计差错是多少,估算未被选中进行函证的应收账款的累计差错是多少。为取得对应收账款累计差错更加准确的估计,也可以进一步扩大函证范围。

【例9-4】某注册会计师,在对甲公司应收账款审计时采取了如下审计程序,具体见表9-8。

表9-8 应收账款函证汇总表　　　　　　　　金额单位:万元

函证方式	账户数量	金　额
积极式函证	60	120
消极式函证	120	120
未函证	400	360
合计	580	600

表9-8显示,积极式函证客户数占应收账款总数的10%,消极式函证客户数占应收账款总数的20%,而未函证客户数占应收账款总数的70%。按各种方式占应收账款的总金额比重分别为20%、20%、60%。该注册会计师对上述审计程序的安排理由是这样解释的,由于受取证及时性和经济性的制约,不可能对所有的应收账款都采用积极式函证,其中400家之所以未函证,主要是因为每笔的金额相对较小。

分析要点: 通过本案例的案情介绍可以看出,该注册会计师在安排应收账款审计程序时,考虑取证的经济性、及时性,而将函证分成不同方式是正确的。但是,在确定哪些客户用积极式函证、消极式函证和不函证方面,存在严重失误。因为不论从数量上还是从金额上,积极式函证所占的比重太小,而未函证的比重太大,这样就加大了审计风险。

（五）确定已收回的应收回的应收账款金额

请被审计单位协助,在应收账款明细表上标出至审计时已收回的应收账款金额。对已收回金额较大的款项进行常规检查,如核对收款凭证、银行对账单、销售发票等,并注意凭证发生日期的合理性,分析收款时间是否与合同相关要素一致。

（六）对应收账款实施关联方及其交易审计程序

标明应收关联方［包括持股5%以上（含5%）股东］的款项,实施关联方及其交易审计程序,并注明合并财务报表时应予抵销的金额;对关联企业、有密切关系的主要客户的交易事项作专门核查:

（1）了解交易事项目的、价格和条件,作比较分析。

（2）检查销售合同、销售发票、发运凭证等相关文件资料。

（3）检查收款凭证等货款结算单据。

（4）向关联方、有密切关系的主要客户或其他注册会计师咨询,以确认交易的真实性、合理性。

（七）检查未函证应收账款

由于注册会计师不可能对所有应收账款进行函证,因此,对于未函证应收账款,注册会计师应抽查有关原始凭据，如销售合同、销售订单、销售发票副本及发运凭证等，以验证与其相关的这些应收账款的真实性。

（八）检查坏账的确认和处理

首先，注册会计师应检查有无债务人破产或者死亡的，以及破产或以遗产清偿后仍无法收回的，或者债务人长期未履行清偿义务的应收账款；其次，应检查被审计单位坏账的处理是否经授权批准，有关会计处理是否正确。

（九）抽查有无不属于结算业务的债权

不属于结算业务的债权，不应在应收账款中进行核算。因此，注册会计师抽查应收账款明细账，并追查有关原始凭证，查证被审计单位有无不属于结算业务的债权。如有，应做记录或建议被审计单位做适当调整。

（十）检查贴现、质押或出售

检查应收账款是否已用于贴现，判定应收账款贴现业务属质押还是出售，其会计处理是否正确。

（十一）分析应收账款明细账余额

（十二）确定应收账款的列报是否恰当

如果被审计单位为上市公司，则其财务报表附注通常应披露期初、期末余额的账龄分析，期末欠款金额较大的单位账款，以及持有5%以上（含5%）股份的股东单位账款等情况。

三、坏账准备的实质性程序

企业会计准则规定，企业应当在期末对应收款项进行检查，并预计可能产生的坏账损失。应收款项包括应收票据、应收账款、预付款项、其他应收款和长期应收款等，现以应收账款相关的坏账准备为例，阐述坏账准备审计常用的实质性程序。

（一）核对坏账准备数

取得或编制坏账准备明细表，复核加计正确，与坏账准备总账数、明细账合计数核对相符。

（二）审查坏账准备的计提

将应收账款坏账准备本期计提数与资产减值损失相应明细项目的发生额核对相符。检查应收账款坏账准备计提和核销的批准程序，评价坏账准备所依据的资料、假设及计提方法。

（三）审查坏账损失

审计人员对被审计单位在被审期间内发生的坏账损失，应查明其原因是否清楚，是否符合有关规定，有无授权批准，有无已做坏账损失处理后又重新收回的应收款项，相应的会计处理是否正确。

（四）审查长期挂账应收账款

审计人员应审查应收账款明细账及相关原始凭证，查找有无财务报表日后仍未收回的长期挂账应收账款；若有，应提请被审计单位作适当处理。

（五）审查函证结果

对债务人回函中所反映的例外事项及存在争议的余额，审计人员应查明原因并做记录，必要时应建议被审计单位作相应的调整。

（六）实施分析程序

通过计算坏账准备余额占应收账款余额的比例并和以前期间的相关比例比较，评价应收账款坏账准备计提的合理性。

（七）确定坏账准备的披露是否恰当

企业应在财务报表附注中说明坏账的确认标准、坏账准备的计提方法和计提比例，对上市公司而言，还应在财务报表附注中分项披露以下事项：

（1）本期全额计提坏账准备或计提坏账准备的比例较大的（一般指计提比例超过40%及以上的，下同），应说明计提的比例以及理由。

（2）以前期间已全额计提坏账准备，或计提坏账准备的比例较大但在本期又全额或部分收回的，或通过重组等其他方式收回的，应说明其原因、原估计计提比例的理由以及原估计计提比例的合理性。

（3）对某些金额较大的应收账款不计提坏账准备或计提坏账准备比例较低（一般为5%或低于5%）的理由。

（4）本期实际冲销的应收账款及其理由，其中，实际冲销的关联交易产生的应收账款应单独披露。

第七节　其他相关账户审计

一、应收票据审计

（一）应收票据的审计目标

应收票据的审计目标一般包括：

（1）确定应收票据是否存在及是否归被审计单位所有。
（2）确定应收票据增减变动的记录是否完整。
（3）确定应收票据是否有效、能否收回。
（4）检查应收票据期末余额是否正确。
（5）确定应收票据的披露是否恰当。

（二）应收票据的实质性程序

（1）获取或编制应收票据明细表。
（2）监盘库存票据。
（3）函证应收票据。
（4）审查应收票据的利息收入。
（5）审查已贴现的应收票据。
（6）审查应收票据的披露是否恰当。

二、预收账款审计

（一）预收账款的审计目标

预收账款的审计目标一般包括：

（1）确定期末预收账款是否存在。
（2）确定期末预收账款是否为被审计单位应履行的偿债义务。
（3）确定预收账款的发生及偿还记录是否完整。

（4）确定预收账款的期末余额是否正确。
（5）确定预收账款的披露是否恰当。
（二）预收账款的实质性程序
（1）获取或编制预收账款明细表。
（2）审查已转销的预收账款。
（3）抽查相关原始凭证。
（4）函证预收账款。
（5）审查长期挂账的预收账款。
（6）审查预收账款的披露是否恰当。如果被审计单位是上市公司，其财务报表附注通常应披露持有其5%以上（含5%）股份的股东单位账款情况，并说明账龄超过1年的预收账款未结转的原因。

本 章 小 结

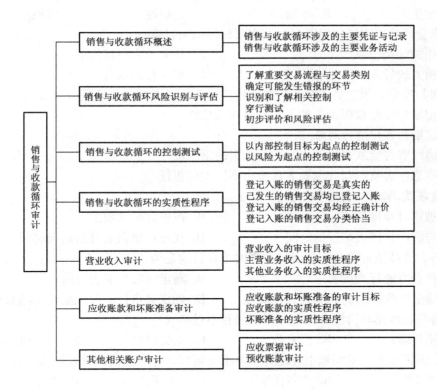

同 步 测 试

一、单项选择题

1. 适当的职责分离有助于防止各种有意的或无意的错误，以下的表述中进行了适当的职责分离的是（　　）。
   A. 负责应收账款记账的职员负责编制银行存款余额调节表
   B. 应收票据的取得、贴现和保管由某一会计专门负责
   C. 在销售合同订立前，由专人就销售价格、信用政策、发货及收款方式等具体事项与客户进行谈判
   D. 编制销售发票通知单的人员同时开具销售发票

2. 注册会计师在运用销售与收款循环中的各种凭证时应注意，商品价目表对于主营业务收入来说一般只能证明（　　）认定，而不能证明其他认定。
   A. 发生　　　　B. 准确性　　　　C. 完整性　　　　D. 权利和义务

3. 注册会计师审查销售发票时，不需要核对的项目有（　　）。
   A. 相关的销售单　　　　　　　　B. 相关的客户订货单
   C. 相关的货运文件　　　　　　　D. 有关往来函件

4. 下列各项中，预防员工贪污、挪用销售货款的最有效的方法是（　　）。
   A. 记录应收账款明细账的人员不得兼任出纳
   B. 定期与客户进行对账
   C. 请顾客将货款直接汇入公司所指定的银行账户
   D. 收取顾客支票与收取顾客现金由不同人员担任

5. 应收账款函证的时间通常为（　　）。
   A. 被审计年度期初　　　　　　　B. 被审计年度期中
   C. 与资产负债表接近的时间　　　D. 在资产负债表日后适当时间

6. 注册会计师执行应收账款函证程序的主要目的是为了（　　）。
   A. 符合专业标准的要求　　　　　B. 确定应收款能否收回
   C. 确定应收账款的真实性、正确性　D. 判定被审计单位入账损失是否适当

7. 销售与收款循环所涉及的财务报表项目不包括（　　）。
   A. 销售费用　　B. 营业收入　　C. 应交税费　　D. 所得税费

8. 若在销售总账、明细账中登记并未发生的销售，存在错误的管理层认定有（　　）。
   A. "发生"　　B. "完整性"　　C. "权利和义务"　　D. "分类"

9. 如果分析程序表明业务收入比预算下降20%，注册会计师应（　　）。
   A. 表示保留意见
   B. 怀疑财务报表中有错报
   C. 认为被审计单位经营业绩差
   D. 要求被审计单位在财务报表附注中说明

10. 2018年1月1日，华北建筑公司与客户签订一项固定造价建造合同，承建一幢办公楼，预计2019年6月30日完工；合同总金额为26 000万元，预计合同总成本为24 000万

元。2019 年 4 月 28 日，工程提前完工并符合合同要求，客户同意支付奖励款 200 万元。截至 2018 年 12 月 30 日，华北建筑公司已确认合同收入 20 000 万元。2019 年度，华北建筑公司因该固定造价建造合同应确认的合同收入为（　　）万元。

　　A. 4 000　　　　B. 4 200　　　　C. 6 000　　　　D. 6 200

二、多项选择题

1. 注册会计师对被审计单位已发生的销货业务是否均已登记入账进行审计时，常用的控制测试程序有（　　）。

    A. 检查发运凭证连续编号的完整性

    B. 检查赊销业务是否经过授权批准

    C. 检查销售发票连续编号的完整性

    D. 观察已经寄出的对账单的完整性

2. 同时存在下列情况时注册会计师可考虑采用消极的函证方式（　　）。

    A. 被审计单位的重大错报风险评估为低水平

    B. 涉及大量较小的账户余额

    C. 预期不存在大量的错误

    D. 没有理由相信被函证者不认真对待函证

3. 为了确保销售收入截止的正确性，对被审计单位无效的制度有（　　）。

    A. 建立严格的赊销审批制度

    B. 发运单、销售发票连续编号并在发货当日签发

    C. 年初及年末停止销售业务

    D. 经常与顾客对账核对

4. 如果应收账款龄分析表是由客户提供，注册会计师应（　　）。

    A. 弃之不用，重新独立编制

    B. 验算期中的计算是否有误

    C. 将分析表中的合计数与应收账款总账的余额核对

    D. 从分析表所列项目中抽出样本与应收账款明细账余额相核对

5. 应收账款函证结果产生差异的原因可能是（　　）。

    A. 一方或双方记账错误　　　　B. 舞弊（虚列应收账款）

    C. 被审计单位提取坏账准备　　D. 双方登记入账的时间不同

6. 注册会计师应当采取下列措施对函证实施过程进行控制（　　）。

    A. 将询证中列示的账户余额或其他信息与被审计单位有关资料核对

    B. 将被询证者的名称、地址与被审单位有关记录核对

    C. 在询证函中指明直接向接受审计业务委托的会计师事务所回函

    D. 在询证函经被审计单位盖章后，由注册会计师直接发出

7. 在注册会计师寄发的企业应收账款询证函中，摘录了如下四个语句，你认为能表明"积极式"询证函的语句有（　　）。

    A. 回函请直接寄往 W 会计师事务所

    B. 如与贵公司记录相符，请在本函下端"数据证明无误"处签章证明

    C. 如与贵公司记录不符，请在"数据不符"处列明不符金额

D. 若款项在上述日期之后已经付清，仍请及时复函为盼

8. 关于应收账款函证的回收下列不正确的（　　）。

　　A. 直接寄给客户

　　B. 直接寄给会计师事务所

　　C. 寄给客户或会计师事务所均可

　　D. 直接寄给客户，由客户转交会计师事务所

9. 注册会计应选择如下项目作为应收账款的函证对象（　　）。

　　A. 账龄较长的项目　　　　　　　　B. 重大关联方交易

　　C. 可能存在争议的交易　　　　　　D. 金额按较大的项目

10. 实施销售截止测试的三种方法是（　　）。

　　A. 以账簿记录为起点，追查至发票存根与装运单

　　B. 以销售发票为起点，追查至装运单与账簿记录

　　C. 以装运单为起点，追查至发票开具情况与账簿记录

　　D. 以顾客订单为起点，追查至装运单

实训案例分析

1. 华宇公司于2019年12月31日委托信恒会计师事务所对公司2019年度的财务报表进行审计。注册会计师杨杰任该项目的负责人，决定对截至2019年12月31日的应收账款进行函证。复函中有6家顾客提出了以下意见：

（1）本公司会计处理系统无法复核贵公司的对账单。

（2）所欠余额20 000元于2016年12月25日付讫。

（3）大体一致。

（4）经查贵公司12月30日的第585号发票（金额为55 000元）系目的地交货，本公司收货日期为2020年1月6日，因此询证函所称12月31日欠贵公司账款之事与事实不符。

（5）本公司曾于11月份预付货款17 500元，足以抵付对账单中所列的款项（发票的金额为15 000元）。

（6）所购商品从未收到。

讨论：注册会计师针对顾客复函中提出的意见，应当采取何种程序进行处理？

2. 注册会计师对D公司应收款进行审计中获得表9-9所示的信息。

表9-9　对D公司应收款审计信息　　　　　　　　单位：元

单位名称	金　　额	账　　龄	备　　注
甲公司	10 000 000	2~5年	
乙公司	100 000	1年以上	
丙公司	200 000	2年	丙公司因产品质量问题与D公司发生纠纷
丁公司	5 000		丁公司是D公司的关联公司
戊公司	100 000	1年	

要求：

(1) 如果应选择 3 个债务人进行积极式函证，1 个进行消极式函证，请确定注册会计师做怎样的选择？

(2) 在什么情况下，应收账款可以不实施函证程序？对于未函证的应收账款，设计有效的审计程序以验证其真实性。

(3) 如果被询证者以传真、电子邮件等方式回函，注册会计师应如何控制？

(4) 如果丙公司回函称："贵公司已开出红字发票 200 000 元，本公司不负贵公司任何款项"。注册会计师应如何处理？

3. 注册会计师在审查 D 厂 2019 年 1 月份主营业务收入相关交易时，发现有以下问题：

(1) 厂部领用本企业的产品 30 件，按成本价转账，成本 100 元/件，售价 150 元/件。

(2) 对外销售积压材料，原材料成本为 1 600 元，取得销售收入 2 000 元，计入"主营业务收入"账户。

(3) 销售给 B 公司 4 500 件，计 450 000 元，已向银行办妥托收手续，但因款项未到，尚未做销售处理。

要求：指出该单位会计处理中是否存在错误，指出应调整主营业务收入的数额。

4. A 和 B 注册会计师对宇项股份有限公司 2019 年度财务报表进行审计，该公司 2019 年度未发生购并、分立和债务重组行为，供产销形式与上年相当。该公司提供的 2019 年度财务报表附注的部分内容见表 9-10。

表 9-10 主营业收入和主营业务成本项目附注

品　名	主营业收入		主营业务成本	
	2018 年发生额	2019 年发生额	2018 年发生额	2019 年发生额
X 产品	40 000	41 000	38 000	33 800
Y 产品	20 000	20 020	19 000	19 019
合计	60 000	61 021	57 000	52 819

要求：假定附注内容中的上年比较数均已审定无误，你作为 A 和 B 注册会计师，采用分析性程序，找出附注内容中存在或可能存在的不合理之处，并简要说明理由。

5. 永新会计师事务所对大地公司 2019 年度的财务报表进行审计，该公司提供了以下资料和信息：

(1) 该公司坏账采用备抵法，按期末应收账款余额的千分之五计提。

(2) 资产负债表中 2019 年度应收账款的期末数为 318 万元。

(3) 应收账款明细账 2019 年度借方余额合计数为 400 万元，贷方余额合计数为 80 万元。

(4) 坏账准备总账余额为 2 万元。

(5) 应收账款账龄分析表见表 9-11。

表 9-11 应收账款账龄分析表

顾客名称	期末余额	账龄			
		1年以内	1~2年	2~3年	3年以上
略		120			
略			50		
略				100	
略					130
合计	400	120	50	100	130

要求：请指出上述会计处理中可能存在的不合理之处，并简要说明理由。

思考与练习

1. 简述销售与收款循环所涉及的主要业务活动。
2. 简述销售与收款循环有关的关键内部控制点和相应的控制测试。
3. 简述审查销售退回、销售折让与折扣的实质性程序。

第十章

采购与付款循环审计

知识目标

1. 了解采购与付款循环相关的主要凭证、会计记录及主要经济业务活动。
2. 掌握采购与付款循环的风险识别与评估方法。
3. 掌握采购与付款循环中内部控制要点及控制测试。
4. 掌握应付账款、固定资产、累计折旧等账户的审计目标以及实质性程序。

技能目标

1. 能运用审计基础知识识别采购与付款循环的重要交易流程与交易类别,确定可能错报的环节。
2. 能运用审计方法对应付账款、固定资产等相关账户进行内控测试和实质性程序。

第一节 采购与付款循环概述

采购与付款循环是指企业从外部采购商品、劳务和固定资产,以及企业在经营过程中为获取收入而发生的直接或间接的支付款项的过程。采购与付款循环所涉及的财务报表项目主要是资产负债表项目,按其在财务报表中的列示顺序通常应为预付款项、固定资产、在建工程、工程物资、固定资产清理、无形资产、开发支出、商誉、长期待摊费用、应付票据、应付账款和长期应付款等;所涉及的利润表项目通常为管理费用。

一、采购与付款循环主要凭证和会计记录

采购与付款交易通常要经过请购—订货—验收—付款这样的程序,与销售与收款交易一样,在内部控制比较健全的企业,处理采购与付款业务通常需要使用很多凭证和会计记录。典型的采购与付款循环所涉及的主要凭证和会计记录有以下几种:

(一) 请购单

请购单是由产品制造、资产使用等部门的有关人员填写,送交采购部门,申请购买商品,劳务或其他资产的书面凭证。

(二) 订购单

订购单是由采购部门填写,向另一企业购买订购单上所指定商品、劳务或其他资产的书面凭证。

（三）验收单

验收单是收到商品、资产时所编制的凭证，列示从供应商处收到的商品、资产的种类和数量等内容。

（四）卖方发票

卖方发票是供应商开具的，交给买方以载明发运的货物或提供的劳务、应付款金额和付款条件等事项的凭证。

（五）付款凭单

付款凭单是采购方企业的应付凭单部门编制的，载明已收到商品、资产或接受劳务的厂商、应付款金额和付款日期的凭证。付款凭单是采购方企业内部记录和支付负债的授权证明文件。

（六）转账凭证

转账凭证是指记录转账交易的记账凭证；它是根据有关转账业务（即不涉及库存现金、银行存款收付的各项业务）的原始凭证编制的。

（七）付款凭证

付款凭证包括现金付款凭证和银行存款付款凭证，是指用来记录库存现金和银行存款支出业务的记账凭证。

（八）应付账款明细账

（九）库存现金日记账和银行存款日记账

（十）卖方对账单

卖方对账单是由供货方按月编制的，标明期初余额、本期购买、本期支付给卖方的款项和期末余额的凭证。卖方对账单是供货方对有关交易的陈述，如果不考虑买卖双方在收发货物上可能存在的时间差等因素，其期末余额通常应与采购方相应的应付账款期末余额一致。

采购与付款循环涉及的账户及其关系，如图 10-1 所示。

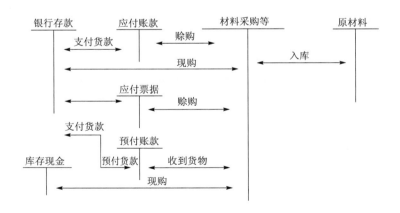

图 10-1　采购与付款循环涉及的账户及其关系

二、采购与付款循环的主要业务活动

在一个企业，应将各项职能活动指派给不同的部门或职员来完成，这样每个部门或职员都可以独立检查其他部门和职员工作的正确性。下面以采购商品为例，分别阐述采购与付款循环涉及的主要业务活动。采购与付款循环的主要业务活动，如图10-2所示。

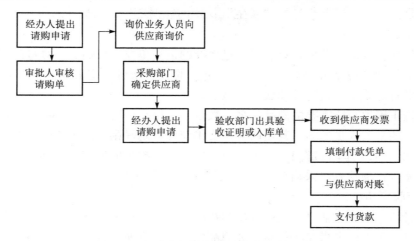

图10-2 采购与付款循环的主要业务活动

采购与付款循环中主要业务活动、对应的凭证及记录、相关的认定关系见表10-1。

表10-1 采购与付款循环中主要业务活动、对应的凭证及记录、相关的认定关系

主要业务活动	对应的凭证及记录	相关的认定
请购商品和劳务	请购单	存在或发生
编制订购单	订购单	完整性
验收商品	验收单、卖方发票	完整性、存在或发生
储存已验收商品	入库单	存在或发生
编制付款凭单	付款凭单	存在或发生、估价或分摊、完整性
确认与记录负债	应付账款明细账、卖方对账单、转账凭证	存在或发生、完整性、估价或分摊
付款	付款凭证、付款凭单	存在或发生、完整性、估价或分摊
记录现金、银行存款支出	现金日记账、银行存款日记账	存在或发生、完整性、估价或分摊

（一）请购商品和劳务

仓库负责对需要购买的已列入存货清单的项目填写请购单，其他部门也可以对所需要购买的未列入存货清单的项目编制请购单。大多数企业对正常经营所需的物资的购买均作一般授权，比如，仓库在现有库存达到再订购点时就可直接提出采购申请，其他部门也可为正常的维修工作和类似工作直接申请采购有关物品。但对资本支出和租赁合同，企业政策则通常要求作特别授权，只允许指定人员提出请购。请购单可由手工或计算机编制。由于企业内不少部门都可以填列请购单，不便事先编号，为加强控制，每张请购单必须经过对这类支出预

算负责的主管人员签字批准。

请购单是证明有关采购交易的"发生"认定的凭据之一，也是采购交易轨迹的起点。

（二）编制订购单

采购部门在收到请购单后，只能对经过批准的请购单发出订购单。对每张订购单，采购部门应确定最佳的供应来源。对一些大额、重要的采购项目，应采取竞价方式来确定供应商，以保证供货的质量、及时性和成本的低廉。

订购单应正确填写所需要的商品品名、数量、价格、厂商名称和地址等，预先予以编号并经过被授权的采购人员签名。其正联应送交供应商，副联则送至企业内部的验收部门、应付凭单部门和编制请购单的部门。随后，应独立检查订购单的处理，以确定是否确实收到商品并正确入账。这项检查与采购交易的"完整性"认定有关。

（三）验收商品

有效的订购单代表企业已授权验收部门接受供应商发运来的商品。验收部门首先应比较所收商品与订购单上的要求是否相符，如商品的品名、说明、数量、到货时间等，然后再盘点商品并检查商品有无损坏。

验收后，验收部门应对已收货的每张订购单编制一式多联、预先编号的验收单，作为验收和检验商品的依据。验收人员将商品送交仓库或其他请购部门时，应取得经过签字的收据，或要求其在验收单的副联上签收，以确立他们所采购的资产应负的保管责任。验收人员还应将其中的一联验收单送交应付凭单部门。

验收单是支持资产或费用以及与采购有关的负债的"存在或发生"认定的重要凭证。定期独立检查验收单的顺序以确定每笔采购交易都已编制凭单，则与采购交易的"完整性"认定有关。

（四）储存已验收的商品存货

将已验收商品的保管与采购的其他职责相分离，可减少未经授权的采购和盗用商品的风险。存放商品的仓储区应相对独立，限制无关人员接近。这些控制与商品的"存在"认定有关。

（五）编制付款凭单

记录采购交易之前，应付凭单部门应编制付款凭单。这项功能的控制包括：

（1）确定供应商发票的内容与相关的验收单、订购单的一致性。

（2）确定供应商发票计算的正确性。

（3）编制有预先编号的付款凭单，并附上支持性凭证（如订购单、验收单和供应商发票等）。这些支持性凭证的种类，因交易对象的不同而不同。

（4）独立检查付款凭单计算的正确性。

（5）在付款凭单上填入应借记的资产或费用账户名称。

（6）由被授权人员在凭单上签字，以示批准照此凭单要求付款。所有未付凭单的副联应保存在未付凭单档案中。以待日后付款。经适当批准和有预先编号的凭单为记录采购交易提供了依据，因此，这些控制与"存在""发生""完整性""权利和义务"和"计价和分摊"等认定有关。

（六）确认与记录负债

正确确认已验收货物和已接受劳务的债务，要求准确、及时地记录负债。该记录对企业财务报表反映和企业实际现金支出有重大影响。因此，必须特别注意，按正确的数额记载企业确实已发生的购货和接受劳务事项。

应付账款确认与记录相关部门一般有责任核查购置的财产并在应付凭单登记簿或应付账款明细账中加以记录。在收到供应商发票时，应付账款部门应将发票上所记载的品名、规格、价格、数量、条件及运费与订货单上的有关资料核对，如有可能，还应与验收单上的资料进行比较。

应付账款确认与记录的一项重要控制是要求记录现金支出的人员不得经手现金、有价证券和其他资产。恰当的凭证、记录与恰当的记账手续，对业绩的独立考核和应付账款职能而言是必不可少的控制。

在手工系统下，应将已批准的未付款凭单送达会计部门，据以编制有关记账凭证和登记有关账簿。会计主管应监督为采购交易而编制的记账凭证中账户分类的适当性；通过定期核对编制记账凭证的日期与凭单副联的日期，监督入账的及时性。而独立检查会计人员则应核对所记录的凭单总数与应付凭单部门送来的每日凭单汇总表是否一致，并定期独立检查应付账款总账余额与应付凭单部门未付款凭单档案中的总金额是否一致。

（七）付款

通常是由应付凭单部门负责确定未付凭单在到期日付款。企业有多种款项结算方式，以支票结算方式为例，编制和签署支票的有关控制，包括：

（1）独立检查已签发支票的总额与所处理的付款凭单的总额的一致性。

（2）应由被授权的财务部门的人员负责签署支票。

（3）被授权签署支票的人员应确定每张支票都附有一张已经恰当批准的未付款凭单，并确定支票受款人姓名和金额与凭单内容的一致。

（4）支票一经签署就应在其凭单和支持性凭证上用加盖印戳或打洞等方式将其注销，以免重复付款。

（5）支票签署人不应签发无记名甚至空白的支票。

（6）支票应预先连续编号，保证支出支票存根的完整性和作废支票处理的恰当性。

（7）应确保只有被授权的人员才能接近未经使用的空白支票。

（八）记录现金、银行存款支出

仍以支票结算方式为例，在手工系统下，会计部门应根据已签发的支票编制付款记账凭证，并据以登记银行存款日记账及其他相关账簿。

第二节 采购与付款循环的风险识别与评估

一、了解重要交易流程与交易类别

注册会计师应当对采购与付款循环的交易流程进行了解，了解的程序包括询问各部门的相关人员，观察操作流程等。

二、确定可能发生错报的环节

注册会计师需要确认和了解采购和付款循环的错报在什么环节发生，即确定被审计单位应在那些环节设置控制，以防止或发现并纠正各重要业务流程可能发生的错报。表10-2列举了部分在采购与付款交易中的可能错报环节。

表 10-2　部分在采购与付款交易中的可能错报环节

交易流程	可能的错报	关键控制点
请购商品和劳务	可能请购过多的商品	（1）由经授权的专门机构或人员填制请购单 （2）每张请购单应经过对这类支出负预算责任的主管人员签字批准
编制订购单	可能有未授权的采购	订购单一式多联，并预先连续编号，由经授权的采购人员签名
验收商品	（1）可能收未订购的商品 （2）收到商品的品种、数量、质量可能不符合要求	收到货物时，应由独立于采购、仓储、运输职能的验收部门或人员点收，根据订购单验收商品，并编制一式多联的验收报告
存储已验收的商品	商品可能被盗走	（1）将保管与采购的其他职责相分离 （2）只有经过授权的人员才能接近保管的资产
编制付款凭单	可能对未订购的商品或未收到的商品编制凭单	每张凭单应与订购单、验收单和供应商发票相匹配
记录负债	凭单可能未入账	独立检查每日的凭单汇总表和有关记账凭证上的金额的一致性
支付负债	（1）可能对一张凭证重复付款 （2）支票金额可能开错	（1）支票签发后应立即注销已付款凭单和支付性凭证 （2）独立检查支票金额与凭单的一致性
记录现金支出	（1）支票可能未入账 （2）记录支票时间可能出错	（1）使用和控制预先编号的支票 （2）定期独立编制银行调节表

三、识别和了解相关控制

注册会计师通常通过编制内部控制调查表来识别和了解相关控制。企业的采购与付款循环的内部控制调查表包括采购与付款循环内部控制调查表和固定资产内部控制调查表，分别见表 10-3、表 10-4。

表 10-3　采购与付款循环内部控制调查表

被审计单位名称：××
财务报表时间：[截止×年×月×日]
审计项目名称：××

	签名	日期	索引号
编制人			
复核人			页次
项目质量控制复核人			

调查的问题	是	否	不适用	备注
1. 是否所有的购货都编制了请购单?				
2. 所有的请购单都经授权吗?				
3. 所有的购货交易都经采购部门批准了吗?				
4. 订购单是否只根据已批准的请购单编制?				
5. 是否使用预先编号的订购单,编号的连续性是否定期检查?				
6. 购货价格是够经负责的管理人员批准?				
7. 采购部门独立于验收部门和会计部门吗?				
8. 收到货物后,采购部门是否核对订购单和验收报告?				
9. 是否所有验收的商品都编制了预先编号的验收单?				
10. 所有的商品是否都由独立验收部门验收,并与订购单核对?				
11. 商品由验收部门运至仓库时是否经过复检?				
12. 批准付款前,是否需将购货发票与请购单、订购单和验收单核对?				
13. 购货发票是否与所附单据中记载的供应商、价格、数量和条件核对?				
14. 是否检验了购货发票的计算准确性?(例如折扣、小计和总计)				
15. 是否使用了预先编号的付款凭单,并附有相关单据?				
16. 付款前是否必须首先核准所有的付款凭单?				
17. 签发支票时,是否复核附属单据,并加盖"付讫"字样?				
18. 每月的客户对账单是否与应付款账户对账?				

表 10-4　固定资产内部控制调查表

被审计单位名称：××
财务报表时间：[截止×年×月×日]
审计项目名称：××

	签名	日期	索引号
编制人			
复核人			页次
项目质量控制复核人			

调查的问题	是	否	不适用	备注
1. 固定资产的购入是否有适当的授权,并经董事会批准?				
2. 是否编制固定资产年度预算计划?				
3. 固定资产购买或评估审批时是否考虑: (1) 可能的成本 (2) 资产的种类性能 (3) 会计科目				
4. 自制固定资产的成本是否按工作单累计?				

续表

调查的问题	是	否	不适用	备注
5. 资本性支出与收益性支出的标准是否易于区别?				
6. 固定资产总分类账户是否均有明细记录?				
7. 固定资产是否定期盘存?是否与明细记录核对?				
8. 固定资产是否按历史成本法、评估价值和其他方法计价?				
9. 固定资产出售、毁损、报废、清理等是否经过技术鉴定和审批?				
10. 固定资产的折旧政策是否符合规定,前后期是否一贯?				
11. 固定资产是否全部投保?				
12. 已提完折旧资产超期使用时,是否仍然包括在资产账内?				
13. 小型工具是否妥善保管?				

四、穿行测试

注册会计师应当选择一笔或几笔交易进行穿行测试,以证实对交易流程和相关控制的了解是否正确和完整。

五、初步评价和风险评估

注册会计师通过了解采购与付款循环的内部控制,对相关控制的设计和是否得到执行进行评价,同时结合对被审计单位其他方面的了解,评估重大错报风险,以确定进一步程序的性质、时间和范围。如果了解到相关内部控制不存在或不值得信赖,注册会计师可考虑执行实质性程序,而不进行控制测试。

第三节 采购与付款循环的控制测试

一、采购交易控制测试

采购交易的内部控制目标、关键的内部控制以及常用的内部控制测试,见表 10-5。

表 10-5 采购交易的内部控制目标、关键的内部控制以及常用的内部控制测试一览

内部控制目标	关键的内部控制	常用的内部控制测试
所记录的采购都已收到物品或已接受劳务,并符合购货方的最大利益(存在)	请购单、订货单、验收单和卖方发票一应俱全,并附在付款凭单后;购货按正确的级别批准;注销凭证以防止重复使用;对卖方发票、验收单、订货单和请购单作内部核查	查验付款凭单后是否附有单据;检查核准购货标志;检查注销凭证的标志;检查内部核查的标志
已发生的采购业务均已记录(完整性)	订货单均经事先编号并已登记入账;验收单均经事先编号并已登记入账;卖方发票均经事先编号并已登记入账(不一定)	检查订货单连续编号的完整性;检查验收单连续编号的完整性;卖方发票连续编号的完整性

续表

内部控制目标	关键的内部控制	常用的内部控制测试
所记录的采购业务估价正确（准确性、计价和分摊）	计算和金额的内部查核；控制采购价格和折扣的批准	检查内部检查的标志；审核批准采购价格和折扣的标志
采购业务的分类正确（分类）	采用适当的会计科目表；分类的内部核查	审查工作手册和会计科目表；检查有关凭证上内部核查的标记
采购业务按正确的日期记录（截止）	要求一收到商品或接受劳务就记录购货业务；内部核查	检查工作手册并观察有无未记录的卖方发票存在；检查内部查核标志
采购业务被正确记入应付账款和存货等明细账中，并被准确汇总（准确性、计价和分摊）	应付账款明细账内容的内部查核	检查内部核查的标志

第九章第三节中，我们以每项内部控制为单位，比较详细地讨论了销售交易相关的内部控制和控制测试。鉴于采购交易与销售交易无论在控制目标、关键内部控制方面还是在控制测试与交易实质性程序方面，就原理而言大同小异，并且表 10-4 也比较容易理解，因此，以下仅就采购交易在上述方面的特殊之处予以说明。

（一）适当的职责分离

如前所述，适当的职责分离有助于防止各种有意或无意的错误。与销售与收款交易一样，采购与付款交易也需要适当的职责分离。单位应当建立采购与付款业务的岗位责任制，明确相关部门和岗位的职责、权限，确保办理采购与付款业务的不相容岗位相互分离、制约和监督。

采购与付款业务不相容岗位至少包括：请购与审批；询价与确定供应商；采购合同的订立与审批；采购与验收；采购、验收与相关会计记录；付款审批与付款执行。这些都是对单位提出的、有关采购与付款业务相关职责适当分离的基本要求，以确保办理采购与付款业务的不相容岗位相互分离、制约和监督。

（二）内部核查程序

（1）采购与付款业务相关岗位及人员的设置情况。重点检查是否存在采购与付款业务不相容职务混岗的现象。

（2）采购与付款业务授权批准制度的执行情况。重点检查大宗采购与付款业务的授权批准手续是否健全，是否存在越权审批的行为。

（3）应付账款和预付账款的管理。重点审查应付账款和预付账款支付的正确性、时效性和合法性。

（4）有关单据、凭证和文件的使用和保管情况。重点检查凭证的登记、领用、传递、保管、注销手续是否健全，使用和保管制度是否存在漏洞。

二、付款交易控制测试

在内部控制健全的企业，与采购相关的付款交易同样有其内部控制目标和内部控制，注册会计师应针对每个具体的内部控制目标确定关键的内部控制，并对此实施相应的控制测试。付款交易中的控制测试的性质取决于内部控制的性质。由于采购和付款交易同属一个交易循环，联系紧密，因此，对付款交易的部分测试可与测试采购交易一并实施。当然。另一些付款交易测试仍需单独实施。

需要指出的是，对于每个企业而言，由于性质、所处行业、规模以及内部控制健全程度等不同，而使得其与付款交易相关的内部控制内容可能有所不同，但财政部发布的《内部会计控制规范——采购与付款（试行）》中规定的以下与付款交易相关的内部控制内容是应当共同遵循的：

（1）单位应当按照《现金管理暂行条例》《支付结算办法》和《内部会计控制规范——货币资金（试行）》等规定办理采购付款业务。

（2）单位财会部门在办理付款业务时，应当对采购发票、结算凭证、验收证明等相关凭证的真实性、完整性、合法性及合规性进行严格审核。

（3）单位应当建立预付账款和定金的授权批准制度，加强预付账款和定金的管理。

（4）单位应当加强应付账款和应付票据的管理，由专人按照约定的付款日期、折扣条件等管理应付款项。已到期的应付款项需经有关授权人员审批后方可办理结算与支付。

（5）单位应当建立退货管理制度。对退货条件、退货手续、货物出库、退货货款回收等做出明确规定，及时收回退货款。

（6）单位应当定期与供应商核对应付账款、应付票据、预付款项等往来款项。如有不符，应查明原因，及时处理。

三、固定资产的内部控制制度和控制测试

（一）固定资产的预算制度

预算制度是固定资产内部控制中最重要的部分。通常，大中型企业应编制旨在预测与控制固定资产增减和合理运用资金的年度预算；小规模企业即使没有正规的预算，对固定资产的购建也要事先加以计划。注册会计师应注意检查固定资产的取得与处置是否依据预算，对实际支出与预算之间的差异以及未列入预算的特殊事项，检查其是否履行特别的审批手续。如果固定资产增减均能处于良好的经批准的预算内之下，注册会计师即可减少针对固定资产增加、减少实施的实质性程序的样本量。

（二）授权批准制度

完善的授权批准制度包括：企业的资本性支出预算只有经过董事会等高层管理机构批准方可生效；所有固定资产的取得和处置均需经企业管理当局的书面认可。注册会计师不仅要检查授权批准制度本身是否完善，还要关注授权批准制度是否得到切实执行。

（三）账簿记录制度

（四）职责分工制度

（五）资本性支出和收益性支出的区分制度

企业应制定区分资本性支出和收益性支出的书面标准。通常需明确资本性支出的范围和最低金额，凡不属于资本性支出的范围、金额低于下限的任何支出，均应列作费用并抵减当期收益。

（六）固定资产的处置制度

固定资产的处置，包括投资转出、报废、出售等，均要有一定的申请报批程序。

（七）固定资产的定期盘点制度

对固定资产的定期盘点，是验证账面各项固定资产是否真实存在、了解固定资产放置地点和使用状况以及发现是否存在未入账固定资产的必要手段。注册会计师应了解和评价企业固定资产盘点制度，并应注意查询盘盈、盘亏固定资产的处理情况。

（八）固定资产的维护保养制度

严格地讲，固定资产的保险不属于企业固定资产的内部控制范围，但它对企业非常重要。因此，注册会计师在检查、评价企业的内部控制时，应当了解企业对固定资产的保险情况。

作为与固定资产密切相关的一个组成项目，在建工程项目有其特殊性。在建工程的内部控制包括以下内容。

1. 岗位分工与授权批准

（1）单位应当建立工程项目业务的岗位责任制，明确相关部门和岗位的职责、权限，确保办理工程项目业务的不相容岗位相互分离、制约和监督。工程项目业务不相容岗位一般包括：项目建议、可行性研究与项目决策；预算编制与审核；项目实施与价款支付；竣工决算与竣工审计。

（2）单位应当对工程项目相关业务建立严格的授权批准制度；明确审批人的授权批准方式、权限、程序、责任及相关控制措施，规定经办人的职责范围和工作要求。审批人应当根据工程项目相关业务授权批准制度的规定，在授权范围内进行审批，不得超越审批权限。经办人应当在职责范围内，按照审批人的批准意见办理工程项目业务。对于审批人超越授权范围审批的工程项目业务，经办人有权拒绝办理，并及时向审批人的上级授权部门报告。

（3）单位应当制定工程项目业务流程，明确项目决策、预算编制、价款支付、竣工决算等环节的控制要求，并设计相应的记录或凭证，如实记载各环节业务的开展情况，确保工程项目全过程得到有效控制。

2. 项目决策控制

单位应当建立工程项目决策环节的控制制度，对项目建议书和可行性研究报告的编制、项目决策程序等做出明确规定，确保项目决策科学、合理。

3. 预算控制

单位应当建立工程项目预算环节的控制制度，对预算的编制、审核等做出明确规定，确保预算编制科学、合理。

4. 价款支付控制

企业应当建立工程进度价款支付环节的控制制度，对价款支付的条件、方式以及会计核算程序做出明确规定，确保价款支付及时、正确。

5. 竣工决算控制

单位应当建立竣工决算环节的控制制度，对竣工清理、竣工决算、竣工审计、竣工验收等做出明确规定，确保竣工决算真实、完整、及时。

6. 监督检查

单位应当建立对工程项目内部控制的监督检查制度，明确监督机构或人员的职责权限，定期或不定期地进行检查。

第四节 采购与付款循环的实质性程序

为实现审计目标，注册会计师应当通过以下几方面进行测试：

一、记录的采购都确定已收到商品或接受劳务

如果注册会计师对被审计单位在这个目标上的控制的恰当性感到满意，为查找不正确的、没有真实发生的交易而执行的测试程序就可大为减少。恰当的控制可以防止那些主要使企业管理层和职员们而非企业本身受益的交易，作为企业的费用支出或资产入账。在有些情况下，不正确的交易是显而易见的。例如，职员未经批准就购置个人用品，或通过在付款凭单登记簿上虚记一笔采购而侵吞公款。但在另外一些情况下，交易的正确与否却很难评判，如支付企业管理人员在俱乐部的个人会费、支付管理人员及其家属的度假费用等。如果发觉企业对这些不正当的、站不住脚的交易的控制不充分，注册会计师在审计中就需对与这些交易有关的单据进行广泛的检查。

因此，应从存货明细账借方抽查大额购货交易，追查到相关记账凭证，并与所付的原始凭证核对，如付款凭单、订购单、验收单、购货发票等，以确定已记录的购货交易的真实性。

二、确定所有的采购交易已处理、记录

应付账款是因在正常的商业过程中接受商品和劳务而产生的尚未付款的负债。已经验收的商品和接受的劳务若未予以入账，将直接影响应付账款余额，从而少计企业的负债。如果注册会计师确信被审计单位所有的采购交易均已准确、及时地登记入账，就可以从了解和测试其内部控制入手进行审计，从而大大减少对固定资产和应付账款等财务报表项目实施实质性程序的工作量，大大降低审计成本。

因此，应抽查物资验收单，追查至付款凭单和相关记账凭证及相关资产或费用明细账，以确定已收到的存货是否被记录。

三、确定所记录的采购交易估价正确

应从以下两方面进行实质性程序：

（1）从存货明细账中抽取大额购货交易进行检查，并追查到有关的原始凭证（如购货发票及装运单、购货合同、订购单、验收单等），核对其记载事项的一致性，如数量、价格、金额、供应商、信用条件与供货条件和日期等，这些原始凭证记载都一致，那么，可以认为所有的购货交易都已以正确的金额被记录了。

（2）抽取已付款发票，验算发票的计算是否准确，并且追查发票价格至订购单，以确定购货交易金额是否正确，复核采购成本的正确性，同时检查应交增值税进项税额是否正确。

当被审计单位对存货采用永续盘存制核算时，如果注册会计师确信其永续盘存记录是准确、及时的，存货项目的实质性程序就可予以简化。被审计单位对永续盘存手续中的采购环节的内部控制，一般应作为审计中对采购交易进行控制测试的对象之一，在审计中起着关键作用。如果这些控制能有效地运行，并且永续盘存记录中又能反映出存货的数量和单位成本，则还可以因此减少存货监盘和存货单位成本测试的工作量。

【例10-1】注册会计师在检查某企业材料采购业务时,发现本年内一笔业务的处理如下:从外地购进原材料一批,共8 500千克,计价款300 000元,运杂费3 000元。财会部门将原材料价款计入原材料成本,运杂费计入管理费用。材料入库后,仓库转来材料入库验收单,发现材料短缺40千克,查明是在运输途中的合理损耗。

要求:
(1) 根据上述资料,指出企业在材料采购管理中存在的问题。
(2) 不考虑增值税的影响,分析注册会计师对有关问题的处理方法。

分析要点:
(1) 上述资料描述的材料采购业务,财会部门记账在前,仓库部门验收在后,财会部门并不以验收单作为记账依据,不但采购业务容易出错,账簿记录也容易混乱或造成账实不符。
(2) 注册会计师可作如下处理:

第一,注册会计师可以向被审计单位管理部门提出改进原材料采购交易流程处理方法的建议。

第二,财会部门对材料采购成本的处理有误,外地运杂费应计入材料采购成本,而不应计入当期的期间费用。应要求企业作如下调整分录:

借:原材料　　　　　　　　　　　　　　　　　　　　　3 000
　　贷:管理费用　　　　　　　　　　　　　　　　　　　　3 000

对于运输途中的合理损耗的短缺,可不调整入库材料总金额(按规定,材料合理损耗应计入材料采购成本),但应调整材料明细账的入库材料的数量和单价。

第五节　应付账款审计

一、应付账款审计目标

(1) 确定期末应付账款是否存在,确定期末应付账款是否为被审计单位应履行的偿还义务。
(2) 确定应付账款的发生和偿还记录是否完整。
(3) 确定应付账款的期末余额是否正确。
(4) 确定应付账款的列表与披露是否正确。

二、应付账款的实质性程序

(一) 获取或编制应付账款明细表

对其进行复核加总,并与相关的报表、总账和明细账合计核对相符。

(二) 执行分析性程序

(1) 对本期期末应付账款余额与上期期末余额进行比较,并分析其波动原因,看波动是否异常。
(2) 分析长期挂账的应付账款,要求被审计单位作出解释,判断是偿债能力不强,还是存在利用应付账款隐瞒利润等不正常的现象。
(3) 计算应付账款对存货的比率、应付账款对流动负债的比率,并与以前期间相同比率进行对比分析,评价应付账款的整体合理性。

(4) 结合分析存货、主管业务收入和主管业务成本的增减变动情况,评价应付账款增减变动的合理性。

(三) 检查应付账款明细账的余额

检查应付账款明细账是否存在借方余额,如有,应查明原因,必要时建议作重分类调整。

(四) 函证应付账款

1. 函证的目的:验收应付账款的完整性或存在性。

2. 函证适用条件:应付账款的函证不是必须执行的审计程序,原因有两个:一是注册会计师可随时获得相关的外部凭证来证实应付账款的余额,如购货发票、每月的供货商对账单等;二是函证不能保证查出未记录的应付账款。但是,如果应付账款的重大错报风险比较高,某应付账款明细账户金额较大或审计单位处于财务困难阶段时,则应进行应付账款的函证。

3. 函证对象:应选择大额的债权人,以及那些在资产负债表日金额不大、甚至为零,但为企业重要供货人的债权人作为函证对象。

4. 函证的方式:应采用积极的函证方式。

5. 函证的控制:注册会计师需要对函证对象的选择、询证函的寄发与回收的全过程进行控制。注册会计师应要求债权人直接回函,未回函的,应再次发函询证,对于仍得不到回函的重大项目,应执行替代审计程序。可实施的替代审计程序如下:

(1) 检查日后付款。检查日后应付账款明细账户借方发生额及现金和银行存款日记账,检查相关的原始凭证(如支票存根及供应商收据)。若存在日后付款记录,则说日前应付账款这项负债是存在的。

(2) 检查应付账款明细账户贷方发生额,检查与该笔债务相关的原始凭证(诸如采购发票、入库单等),确定货物确已收到,核实交易的真实性。

(五) 检查是否存在未入账的应付账款

(1) 运用分析程序。将同一期的应付账款总额与产品数量、采购交易、存货水平和营业成本等相联系,确定应付账款有无低估的可能。

(2) 检查日后付款。

(3) 执行购货截止测试。结合存货监盘的结果,检查被审计单位在资产负债表日是否存在有物资验收入库单,但未收到购货发票的现象;检查资产负债表日后收到的购货发票,看其开票日期,确认其入账时间是否正确。

(4) 复核截至审计工作结束仍未做处理的不相符的购货发票,确认所有的负债是否都记录在正确的会计期间内。

(5) 检查日后应付账款明细账贷方记录,追查原始凭证,以确定其入账时间是否恰当。

(6) 函证应付账款。如果购货发票未收到或已收到但尚未偿付,或者被审计单位并未漏记应付账款,而是少计应付账款的金额,就可以用函证检查应付账款的低估。

(六) 检查有无长期挂账的项目或属于其他应付款的款项

结合其他应付款、预算款等项目的审计,检查有无长期挂账的项目,或有无属于其他应付款的款项。

（七）确定应付账款的列报与披露是否恰当

【例 10-2】注册会计师在检查柏田药业应付账款明细账时，发现 2019 年富国化工厂明细账有贷方余额 50 000 元，经查证有关凭证，该款项是 2018 年向富国化工厂购买化工原料的货款。

请分析可能存在的问题；是否要做进一步的检查，如何检查？怎样提出审计建议？

分析要点：

该应付账款可能存在的问题有：

(1) 由于富国化工厂在业务上有纠纷，故拒绝付货款。
(2) 该公司故意拖欠货款，占有富国化工厂的资金。
(3) 可能是记串户了。
(4) 已经还款，但未来得及销账。
(5) 入账时即为假账。

要查明事实真相，应进一步检查，采用面询或函证的方法进行调查。针对不同的情况作出不同的处理；若是纠纷，建议双方协商解决；若是故意拖欠，应尽快还款；若是记账错误或未来得及销账或假账，应及时更正。

【例 10-3】柏田药业资产负债表"应付账款"项目列示数额为 540 000 元，经审计发现以下需要调整事项：

(1) 应付天宇公司明细账户借方余额 400 000 元，属于正常经济业务的预付款项，建议做重分类调整：

借：预付账款　　　　　　　　　　　　　　　　　　　　　　　400 000
　　贷：应付账款　　　　　　　　　　　　　　　　　　　　　　400 000

(2) 应付凯利公司明细账户贷方余额 500 000 元，为审计单位临时借入款项，用于结算工程价款。按规定，不属于购销原因引起的应付款项不应在应付账款科目反映。调整分录为：

借：应付账款　　　　　　　　　　　　　　　　　　　　　　　500 000
　　贷：其他应付款　　　　　　　　　　　　　　　　　　　　500 000

第六节　固定资产审计

一、固定资产的审计目标

(1) 确定固定资产是否存在且为被审计单位所有或控制。
(2) 确定固定资产的计价方法是否恰当。
(3) 确定固定资产的折旧政策是否恰当。
(4) 确定折旧费用的分配是否合理、一贯。
(5) 确定固定资产减值准备的计提是否充分、完整。
(6) 确定固定资产、累计折旧、固定资产减值准备的记录是否完整。
(7) 确定固定资产、累计折旧、固定资产减值准备的期末余额是否正确。
(8) 确定固定资产、累计折旧、固定资产减值准备的列报与披露是否恰当。

二、固定资产账面余额的实质性程序

(一) 取得或编制固定资产和累计折旧分类汇总表

检查固定资产的分类是否正确并与总账数和明细账合计数核对相符,结合累计折旧、减值准备科目与报表数核对相符。固定资产和累计折旧分类汇总见表10-6。

表10-6 固定资产和累计折旧分类汇总

固定资产类别	固定资产				累计折旧					
	期初余额	本期增加	本期减少	期末余额	折旧方法	折旧率	期初余额	本期增加	本期减少	期末余额
合计										

(二) 执行分析程序

(1) 按类别分析当年和以前年度的固定资产、在建工程增减变动情况,并将新增固定资产与新增产品产量进行比较。

(2) 按类别分析固定资产当年度折旧额和以前年度的折旧额,如将折旧额与固定资产原值进行比较,按类别将固定资产账面原值与平均折旧率的乘积与账面折旧计提数进行比较。

(3) 分析当年和以前年度固定资产维修费用占固定资产原值、营业收入和费用总额的比率。

(三) 实地观察固定资产

1. 实地观察固定资产的方式

(1) 以固定资产明细账为起点,进行实地追查,以证明实际记录中所列固定资产确实存在,并了解其目前的使用状况。

(2) 以实地为起点,追查至固定资产明细账,以证明实际存在的固定资产均已入账。

2. 实地观察的范围

重点一般是本期新增加的重要固定资产,有时也可能扩展到以前期间增加的固定资产。

(四) 检查固定资产的所有权

检查采购发票、购货合同、产权证明、财产税单、抵押借款的还款凭据、保险单及有关租赁合同、有关运营证件等来验证各类固定资产的所有权;对受抵押权限制的固定资产,还应审核被审计单位的有关负债项目,如抵押借款的还款凭据。

(五) 检查新增固定资产

重点检查有关的发票及其他原始凭证手续是否齐备,相关会计处理是否正确;计价是否正确。

(六) 检查固定资产的减少

检查固定资产减少的主要目的就在于查明已减少的固定资产是否已做相应的会计处理。

1. 检查减少固定资产是否经授权批准。

2. 检查减少固定资产的会计处理是否完整,验收其转销数额计算的准确性。

3. 检查是否存在未作会计记录的固定资产减少业务。

(1) 复核本期是否有新增加的固定资产替换了原有固定资产。

(2) 分析营业外收支等账户，查明有无处置固定资产所带来的收支。

(3) 若某种产品因故停产，追查其专用设备的处理情况。

(4) 向被审计单位的固定资产管理部门查询本期有无未作记录的固定资产减少业务。

（七）检查固定资产后续支出

检查固定资产后续支出的核算是否正确，如是否正确核算固定资产修理费用、改良支出、装修费用。

（八）检查固定资产的列报与披露是否恰当

三、固定资产累计折旧的实质性程序

累计折旧的实质性程序通常包括：

1. 检查被审计单位制定的折旧政策和方法是否合规，确定其所采用的折旧方法能否在固定资产预计使用寿命内合理分摊其成本，前后期是否一贯；预计使用寿命和预计净残值是否合理。

2. 检查计提折旧范围是否正确。尤其注意，除已提足折旧继续使用的固定资产、单独估价入账的土地、已全额计提减值准备的固定资产、因改良停用的固定资产外，其余的一切固定资产，包括未使用的、不需用的固定资产是否均正确计提折旧。

3. 复核本期折旧费用的计提。

（1）复核折旧率的计算是否正确；

（2）测算全年的折旧额，有无少提或多提折旧；

（3）尤其注意，已计提部门减值准备的固定资产是否按扣除已计提的减值准备累计金额后的固定资产账面价值及尚可使用寿命重新计算确定折旧率和折旧额。

4. 复核本期折旧费用的分配。

（1）检查折旧费用分配方法是否合理，是否与上期一致；

（2）将累计折旧账户贷方的本期计提折旧额与相应的成本费用中的折旧费用明细账户的借方相比较，以查明所计提折旧金额是否已全部摊入本期产品成本或费用。

5. 检查累计折旧的减少是否合理，会计处理是否正确。

6. 确定累计折旧的列报与披露是否恰当。

【例10-4】注册会计师在审计甲公司2019年度财务报表时发现，某台设备账面原值为200 000元，预计净残值率为5%，预计使用年限为5年，采用双倍余额递减法计提年折旧。该设备在使用3年6个月后提前报废，报废时发生清理费用2 000元，取得残值收入5 000元。请分析：该设备报废对企业当期税前利润的影响额为减少多少？

分析要点：

（1）该设备第一年计提折旧＝200 000×40%＝80 000（元）；

（2）第二年计提折旧＝（200 000－80 000）×40%＝48 000（元）；

（3）第三年计提折旧＝（200 000－80 000－48 000）×40%＝28 800（元）；

（4）第四年前6个月应提折旧＝（200 000－80 000－48 000－28 800－200 000×5%）÷2×6/12＝8 300（元）；

（5）该设备报废时已提折旧＝－80 000＋48 000＋28 800＋8 300＝165 100（元）；

（6）该设备报废使企业当期税前利润减少＝200 000－165 100＋2 000－5 000＝31 900（元）。

四、固定资产减值准备的实质性程序

固定资产减值准备的实质性程序一般包括：

（1）获取或编制固定资产减值准备明细表，复核加计是否正确，并与总账数和明细账合计数核对是否相符；

（2）检查被审计单位计提固定资产减值准备的依据是否充分，会计处理是否正确；

（3）检查资产组的认定是否恰当，计提固定资产减值准备的依据是否充分，会计处理是否正确；

（4）计算本期末固定资产减值准备占期末固定资产原值的比率，并与期初该比率比较，分析固定资产的质量状况；

（5）检查被审计单位处置固定资产时原计提的减值准备是否同时结转，会计处理是否正确；

（6）检查是否存在转回固定资产减值准备的情况，确定减值准备在以后会计期间没有转回；

（7）检查固定资产减值准备的披露是否恰当。

如果企业计提了固定资产减值准备，根据《企业会计准则第8号——资产减值》的规定，企业应当在财务报表附注中披露：① 当期确认的固定资产减值损失金额。② 企业提取的固定资产减值准备累计金额。如果发生重大固定资产减值损失的，还应当说明导致重大固定资产减值损失的原因，固定资产可收回金额的确定方法，以及当期确认的重大固定资产减值损失的金额。

如果被审计单位是上市公司，其财务报表附注中通常还应分项列示计提的固定资产减值准备金额、增减变动情况以及计提的原因。

第七节　相关账户审计

一、预付款项审计

（一）预付款项的审计目标

预付款项的审计目标一般包括：

（1）确定资产负债表中记录的预付款项是否存在；

（2）确定所有应当记录的预付账款是否均已记录；确定记录的预付账款是否由被审计单位拥有或控制；

（3）确定预付账款是否以恰当的金额包括在财务报表中，与之相关的计价调整是否已恰当记录；

（4）确定预付账款是否已按照企业会计准则的规定在财务报表中作出恰当列报。

（二）预付款项——账面余额的实质性审计程序

1. 获取或编制预付款项明细表。

（1）复核加计是否正确，并与总账数和明细账合计数核对是否相符，结合坏账准备科目与报表数核对是否相符；

（2）结合应付账款明细账审计，查核有无重复付款或将同一笔已付清的账款在预付账款和应付账款两个科目中同时挂账的情况；

(3) 分析出现贷方余额的项目，查明原因，必要的建议进行重新分类调整；
(4) 对期末预付账款余额与上期期末余额进行比较，解释其波动原因。
2. 分析预付账款账龄及余额构成，确定：
(1) 该笔款项是否根据有关购货合同支付；
(2) 检查一年以上预付账款未核销的原因及发生坏账的可能性，检查不符合预付账款性质的或因供货单位破产、撤销等原因无法再收到所购货物的是否已转入其他应收款。
3. 检查大额预付工程款增加或者结转是否有相应的审批手续，与相关合同、工程进度是否一致。
4. 选择大额或异常的预付款项重要项目（包括零账户），函证其余额是否正确，并根据回函情况编制函证结果汇总表；回函金额不符的，应查明原因做出记录或建议作适当调整；未回函的，可再次函证，也可采用替代审计程序进行检查，如检查该笔债权的相关凭证资料，或抽查资产负债表日后预付账款明细账及存货、在建工程明细账，核实是否已收到货物、转销预付账款，并根据替代检查结果判断其债权的真实性或出现坏账的可能性。
5. 检查资产负债表日后的预付账款、存货及在建工程明细账，并检查相关凭证，核实期后是否已收到实物并转销预付账款，分析资产负债表日预付账款的真实性和完整性。
6. 实施关联方及其交易的审计程序，检查对关联方的预付账款的真实性、合法性，检查其会计处理是否正确。
7. 检查预付账款是否已按照企业会计准则的规定在财务报表中作出恰当列报。
如果被审计单位是上市公司，通常应在其财务报表附注中按不同账龄段列示预付款项余额、各账龄段余额占预付款项总额的比例；说明账龄超过一年的预付款项未收回的原因，以及持有5%以上（含5%）表决权股份的股东单位账款等情况。

（三）预付款项——坏账准备的实质性审计程序
(1) 获取或编制坏账准备明细表，复核加计是否正确。与坏账准备总账数、明细账合计数核对是否相符。
(2) 将预付款项坏账准备本期计提数与资产减值损失相应明细项目的发生额核对，是否相符。
(3) 检查预付款项坏账准备计提和核销的批准程序，取得书面报告等证明文件。
(4) 评价坏账准备所依据的资料、假设及计提方法。
(5) 复核预付款项坏账准备是否按经股东（大）会或董事会批准的既定方法和比例提取，其计算和会计处理是否正确。
(6) 实际发生坏账损失的，检查转销依据是否符合有关规定，会计处理是否正确。
(7) 已经确认并转销的坏账重新收回的，检查其会计处理是否正确。
(8) 通过比较前期坏账准备计提数和实际发生数，以及检查期后事项，评价预付款项坏账准备计提的合理性。
(9) 检查预付款项坏账准备的披露是否恰当。

二、无形资产审计

（一）无形资产的审计目标
无形资产的审计目标一般包括：

(1) 确定资产负债表中记录的无形资产是否存在；

(2) 确定被审计单位所有应当记录的无形资产是否均已记录；

(3) 确定资产负债表中记录的无形资产是否由被审计单位拥有或控制；

(4) 确定无形资产是否以恰当的金额包括在财务报表中，与之相关的计价或分摊调整是否已恰当记录；

(5) 确定无形资产是否已按照企业会计准则的规定在财务报表中作出恰当列报。

（二）无形资产——账面余额的实质性程序

1. 获取或编制无形资产明细表，复核加计是否正确，并与总账数和明细账合计数核对是否相符，结合累计摊销、无形资产减值准备科目与报表数核对是否相符。

2. 检查无形资产的权属证书原件、非专利技术的持有和保密状况等，并获取有关协议和董事会纪要等文件、资料，检查无形资产的性质、构成内容、计价依据、使用状况和受益期限，确定无形资产是否存在，并由被审计单位拥有或控制。

3. 检查无形资产的增加：

(1) 检查投资者投入的无形资产是否按投资各方确认的价值入账，并检查确认价值是否公允，交接手续是否齐全；涉及国有资产的，是否有评估报告并经国有资产管理部门评审备案或核准确认；

(2) 对自行研发取得、购入或接受捐赠的无形资产，检查其原始凭证，确认计价是否正确，法律程序是否完备（如依法登记、注册及变更登记的批准文件和有效期）；会计处理是否正确；

(3) 对债务重组或非货币性资产交换取得的无形资产，检查有关协议等资料，确认其计价和会计处理是否正确；

(4) 检查本期购入土地使用权相关税费计算清缴情况，与购入土地使用权相关的会计处理是否正确。

4. 检查无形资产的减少：

(1) 取得无形资产处置的相关合同、协议，检查其会计处理是否正确。

(2) 检查房地产开发企业取得的土地用于建造对外出售的房屋建筑物，相关的土地使用权是否转入所建造房屋建筑物的成本。在土地上自行开发建造厂房等建筑物的，土地使用权和地上建筑物是否分别进行摊销和计提折旧。

(3) 当土地使用权用于出租或增值目的时，检查其是否转为投资性房地产核算，会计处理是否正确。

5. 检查被审计单位确定无形资产使用寿命的依据，分析其合理性。

6. 检查无形资产的后续支出是否合理；会计处理是否正确。

7. 检查无形资产预计是否能为被审计单位带来经济利益，若否，检查是否将其账面价值予以转销，计入当期营业外支出。

8. 结合长、短期借款等项目的审计，了解是否存在用于债务担保的无形资产。如有，应取证并记录，并提请被审计单位作恰当披露。

9. 检查无形资产是否已按照企业会计准则的规定在财务报表中作出恰当列报。

按照企业会计准则的规定，被审计单位在财务报表附注中应当披露：

(1) 无形资产的期初和期末账面余额、累计摊销额及减值准备累计金额；

（2）使用寿命有限的无形资产，其使用寿命的估计情况；使用寿命不确定的无形资产，其使用寿命不确定的判断依据；

（3）无形资产的摊销方法；

（4）用于担保的无形资产账面价值、当期摊销额等情况；

（5）计入当期损益和确认为无形资产的研究开发支出金额。

（三）无形资产——累计摊销的实质性程序

（1）获取或编制无形资产累计摊销明细表，复核加计是否正确，并与总账数和明细账合计数核对是否相符。

（2）检查无形资产各项目的摊销政策是否符合有关规定，是否与上期一致，若改变摊销政策，检查其依据是否充分。注意：使用期限不确定的无形资产不应摊销，但应当在每个会计期间对其使用寿命进行复核。

（3）检查被审计单位是否在年度终了，对使用寿命有限的无形资产的使用寿命和摊销方法进行复核，其复核结果是否合理。

（4）检查无形资产的应摊销金额是否为其成本扣除预计残值和减值准备后的余额。检查其预计残值的确定是否合理。

（5）复核本期摊销是否正确，与相关科目核对是否相符。

（6）确定累计摊销的披露是否恰当。

（四）无形资产——减值准备的实质性程序

（1）获取或编制无形资产减值准备明细表，复核加计是否正确，并与总账数和明细账合计数核对是否相符。

（2）检查无形资产减值准备计提和转销的批准程序，取得书面报告等证明文件。

（3）检查被审计单位计提无形资产减值准备的依据是否充分，计算和会计处理是否正确。

（4）检查无形资产转让时，相应的减值准备是否一并结转，会计处理是否正确。

（5）通过检查期后事项，以及比较前期无形资产减值准备数与实际发生数，评价无形资产减值准备的合理性。

（6）确定无形资产减值准备的披露是否恰当。

三、应付票据审计

（一）应付票据的审计目标

应付票据的审计目标一般包括：

（1）确定资产负债表中记录的应付票据是否存在；

（2）所有应当记录的应付票据是否均已记录；

（3）确定记录的应付票据是否为被审计单位应当履行的现实义务；

（4）确定应付票据是否以恰当的金额包括在财务报表中，与之相关的计价调整是否已恰当记录；

（5）确定应付票据是否已按照企业会计准则的规定在财务报表中作出恰当的列报。

（二）应付票据的实质性程序

1. 获取或编制应付票据明细表：

（1）复核加计是否正确，并与报表数、总账数和明细账合计数核对是否相符；

（2）与应付票据备查簿的以下有关内容核对相符：商业汇票的种类、号数和出票日期、到期日、票面金额、交易合同号和收款人姓名或单位名称以及付款日期和金额等；

（3）检查非记账本位币应付票据的折算汇率及折算是否正确；

（4）标识重要项目。

2. 检查应付票据备查簿：

（1）检查债务的合同、发票和收货单等资料，核实交易、事项交易真实性，复核其应存入银行的承兑保证金，并与其他货币资金科目勾稽；

（2）抽查资产负债表日后已偿付的应付票据，检查有无未入账的应付票据，核实其是否已付款并转销；

（3）针对已注销的应付票据，确定是否已在资产负债表日前偿付；

（4）询问管理人员，审查有关文件并结合购货截止测试，检查应付票据的完整性；

（5）获取客户的贷款卡，打印贷款卡中全部信息，检查其中有关应付票据的信息与明细账合计数、总账数、报表数是否相符。

3. 选择应付票据的重要项目（包括零账户），函证其余额和交易条款，对未回函的再次发函或实施替代的检查程序（检查原始凭单，如合同、发票、验收单，核实票据的真实性）。

询证函通常应包括出票日、到期日、票面金额、未付金额、已付息期间、利息率以及票据的抵押担保品等项内容。

4. 查明逾期未兑付票据的原因，对于逾期的银行承兑汇票是否转入短期借款，对于逾期的商业承兑汇票是否已经转入应付账款，带息票据是否已经停止计息，是否存在抵押票据的情形。

5. 复核带息应付票据利息是否足额计提，其会计处理是否正确。

6. 检查与关联方的应付票据的真实性，执行关联方及其交易审计程序。通常，应了解关联交易事项的目的、价格和条件，检查采购合同，并通过向关联方或其他注册会计师查询和函证等方法，以确认交易的真实性。

7. 检查应付票据是否已按照企业会计准则的规定在财务报表中作出恰当列报。

如果被审计单位是上市公司则其财务报表附注通常应披露持有5%以上（含5%）股份的股东单位的应付票据等内容，并按应付票据的种类分项列示其金额。

本 章 小 结

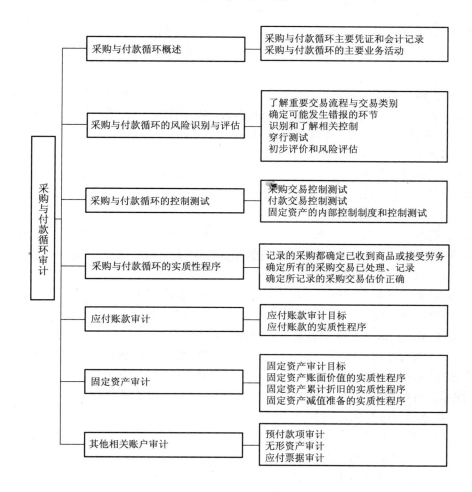

同 步 测 试

一、单项选择题

1. 在企业内部控制制度比较健全的情况下，下列可以证明有关采购交易的"发生"认定的凭据之一，同时也是采购交易轨迹的起点的是（　　）。
   A. 订购单　　　　　　B. 请购单　　　　　C. 验收单　　　　D. 付款凭单

2. 以下程序中，（　　）属于测试采购与付款循环中内部控制"存在性"目标的常用控制测试程序。
   A. 检查企业验收单是否有缺号　　　　B. 检查付款凭单是否附有卖方发票
   C. 检查卖方发票连续编号的完整性　　D. 审核采购价格和折扣的标志

3. 健全有效的内部控制要求由独立的采购部门负责（　　）。
   A. 编制请购单　　　　　　　　　　　B. 编制订购单

C. 挖掘存货水平以免出现积压　　　　　　D. 检验购入存货的数量、质量

4. 计算固定资产原值与本期产品产量的比率，并与以前期间比较，是对固定资产实施（　　）。
   A. 控制测试　　　B. 实质性程序　　　C. 细节测试　　　D. 分析程序

5. 在验证应付账款余额不存在漏报时，注册会计师张平获取的以下审计证据中，证明力最强的是（　　）。
   A. 供应商开具的销售发票　　　　　　　B. 供应商提供的月对账单
   C. 被审计单位编制的连续编号的验收报告　D. 被审计单位编制的连续编号的订货单

6. 内部控制健全的公司，在收到商品时，应由验收人员将商品同（　　）相核对。
   A. 供货商装运单及订货单　　　　　　　B. 验收单与供货商发运文件
   C. 请购单及订货单　　　　　　　　　　D. 验收单与订货单

7. 仓库或资产使用部门根据实际需要编制一式三联的（　　），并经有关负责人签字批准。
   A. 请购单　　　　B. 采购单　　　　C. 验收单　　　　D. 付款凭单

8. 在购货业务中，采购部门在收到请购单后，只能对经过批准的请购单发出订购单。订购单一般为一式四联，其副联无须送交（　　）。
   A. 编制请购单的部门　　　　　　　　　B. 验收部门
   C. 应付凭单部门　　　　　　　　　　　D. 供应商

9. 一般情况下，审计人员实地观察固定资产的重点是（　　）。
   A. 企业的所有固定资产　　　　　　　　B. 本年度增加的重要固定资产
   C. 以前年度增加的固定资产　　　　　　D. 在用固定资产

10. 注册会计师可将下列审计应付账款的程序完全交由被审计单位办理的有（　　）。
    A. 抽查应付账款明细账的贷方记录相关凭证
    B. 根据供货方对账单调节未付发票
    C. 编制应付账款明细表
    D. 就所选定的账户余额邮寄函证

二、多项选择题

1. 注册会计师在检查被审计单位已经发生的采购交易是否都入账时常用的控制测试有（　　）。
   A. 检查订货单连续编号的完整性　　　　B. 检查卖方发票连续编号的完整性
   C. 检查验收单连续编号的完整性　　　　D. 检查注销凭证的标记

2. 注册会计师对应付账款进行函证，通常的函证对象包括（　　）。
   A. 所有应付账款的付款对象
   B. 金额较大的应付账款债权人
   C. 应付账款明细账期末余额为零但为企业重要的供货商
   D. 所有应付账款的债权人都不需要函证

3. 注册会计师进行应付账款函证，根据函证结果分别作出的处理包括（　　）。
   A. 回函金额不符的，应查明原因
   B. 未回函的，进行再次函证

C. 未回函的重要项目应执行审计程

D. 回函金额相符的，应抽查有关原始凭证

4. 注册会计师对有必要进行函证的预付款项进行函证，如果未回函的，注册会计师下列做法正确的有（　　）。

A. 实施替代程序检查该笔债权的相关凭证资料

B. 直接将其作为一项误差，得出结论

C. 再次函证

D. 实施替代程序抽查资产负债表日后预付账款明细账及存货、在建工程明细账，核实是否已收到货物、转销预付账款

5. 被审计单位采购与付款循环中涉及的主要业务活动包括（　　）。

A. 处理订购单　　　　　　　　　B. 验收商品

C. 确认债务　　　　　　　　　　D. 处理和记录现金支出

6. 应付账款一般不需函证，但出现（　　）时，注册会计师还应实施函证。

A. 应付账款重大错报风险较高　　B. 应付账款金额较大

C. 被审计单位陷入财务困境　　　D. 被审计单位供货方内部挖掘薄弱

7. 下列各项中属于对采购与付款交易审计时涉及的凭证与会计记录是（　　）。

A. 请购单与订购单　　　　　　　B. 验收单

C. 购货发票　　　　　　　　　　D. 库存现金及银行存款日记账和总数

8. 检查是否存在未作会计记录的固定资产减少业务的程序有（　　）。

A. 复核本期是否有新增加的固定资产

B. 分析营业外收支等账户，查明有无处置固定资产所带来的收支

C. 若某种产品因故停产，追查其专用设备的处理情况

D. 向被审计单位的固定资产管理部门查询本期有无未记录的固定资产减少业务

实训案例分析

1. 注册会计师张平在审计 A 公司 2019 年度财务报表时，对 A 公司采购和付款循环内部控制制度及销售和收款循环内部控制制度进行了控制测试，测试结果为：销售和收款循环控制风险评价为低水平；采购和付款循环控制风险评价为高水平。A 公司总资产 3 000 万元中，应收账款项目列示为 1 000 万元；应付账款项目列示为 610 万元。

要求：分析注册会计师张平是否需要对应收账款、应付账款进行函证？试比较应收账款和应付账款函证审计程序的异同。

2. 注册会计师审计时发现企业于本年度以更新设备的名义淘汰了 6 台正常运转的机器设备，设备原值 100 万元，已提折旧 50 万元，企业作的会计处理为：

借：固定资产清理　　　　　　50 万
　　累计折旧　　　　　　　　50 万
　　贷：固定资产　　　　　　　　　100 万
借：营业外支出　　　　　　　50 万
　　贷：固定资产清理　　　　　　　50 万

注册会计师进一步审核得知，设备未到使用年限，有关账簿记录中没有清理费用和变价

收入或残料价格，经调查，此6台设备为假报废，仍在车间内运转。

要求：指出企业舞弊的动机，作出调整分录。

3. 注册会计师张平对A公司2019年度财务报表的"固定资产"和"累计折旧"项目时，进行审计发现下列情况：

（1）"生产用固定资产"中有固定资产——A设备已于2019年1月份停用，并转入"未使用固定资产"。

（2）公司所使用的单冷空调，当年计提折旧仅按实际使用的月份（5-9月）提取。

（3）5月份购入设备一台，价值65万元，当月达到预定可使用状态，8月份交付使用，A公司从9月份起开始计提折旧。

（4）公司对设备B采用平均年限法计提折旧。该设备预计可使用年限10年，预计净残值率为5%，公司确定的该设备的年折旧率为10%。

要求：针对上述情况，分别指出注册会计师应关注的可能存在或存在的问题。

4. 注册会计师在对A公司2019年度财务报表进行审计时，通过分析程序对被审计单位固定资产进行审计，请回答：

（1）对被审计单位固定资产进行审计时分析程序是否是必需的？为什么？

（2）对被审计单位固定资产进行分析程序，常用的分析指标有哪些？

5. 注册会计师对某企业2019年的固定资产进行了审计，得到以下资料：

（1）3月份，增加数控车床两台，每台50 000元。

（2）4月份，报废C620车床一台，原值8 000元，已提折旧4 000元。

（3）6月份，调出C620车床一台给某乡镇企业，作价1 000元，查明该车床原值8 000元，已提折旧3 600元。

（4）9月份，进行固定资产盘点，发现短少20 kW电动机一台，原值2 600元，已提折旧750元，做盘点处理。据该厂门卫反映，6月中旬有一台电动机由卡车运出，当时询问，经手人称因损坏需送出修理。

（5）10月份，某乡镇企业借用柴油机一台，原值28 000元，未收取押金。

要求：指出该企业在固定资产内部控制方面存在的问题，应如何进行进一步的审查？

思考与练习

1. 试述采购交易的控制测试。
2. 你认为注册会计师函证应付账款同函证应收账款一样吗？为什么？
3. 试述固定资产的账面余额的实质性审计程序。
4. 试述无形资产实施实质性审计程序。
5. 试述应付票据实施实质性审计程序。

第十一章

存货与生产循环审计

知识目标

1. 了解存货与生产循环相关的主要凭证、会计记录及主要经济业务活动。
2. 掌握存货与生产循环的风险识别与评估方法。
3. 掌握存货与生产循环中内部控制要点及控制测试程序。
4. 掌握存货与生产循环的交易类别测试程序。
5. 掌握存货项目的分析程序、存货的监盘程序以及存货监盘结果对审计报告的影响。

技能目标

1. 能运用审计基础知识识别存货与生产循环的重要交易流程与交易类别，确定可能错报的环节。
2. 能运用审计方法对存货的存在认定、完整性认定以及权利和义务认定设计与执行实质性程序。

第一节 存货与生产循环概述

存货与生产循环同其他业务循环的联系非常密切，因而十分独特。原材料经过采购与付款循环进入存货与生产循环，存货与生产循环又随销售与收款循环中产成品、商品的销售环节而结束。存货与生产循环涉及的内容主要是存货的管理及生产成本的计算等。考虑财务报表项目与业务循环的相关程度，该循环所涉及的资产负债表项目主要是存货、应付职工薪酬等；所涉及的利润表项目主要是营业成本等项目。其中，存货又包括：材料采购或在途物资、原材料、材料成本差异、库存商品、发出商品、商品进销差价、委托加工物资、委托代销商品、受托代销商品、周转材料、生产成本、制造费用、劳务成本、存货跌价准备等。

一、存货与生产循环的主要凭证和会计记录

以制造业为例。存货与生产循环由将原材料转化为产成品的有关活动组成。该循环包括制定生产计划，控制、保持存货水平以及与制造过程有关的交易和事项，涉及领料、生产加工、销售产成品等主要环节。存货与生产循环所涉及的凭证和记录主要包括：

（一）生产指令

生产指令又称"生产任务通知单"，用以通知生产车间组织产品制造，供应部门组织材

料发放，会计部门组织成本计算。

（二）领发料凭证

领发料凭证是企业控制材料发出的领料单、限额登记簿、退料单、材料发出汇总表等。

（三）产量和工时记录

产量和工时记录是登记工人或生产班组在出勤内完成产品数量、质量和生产这些产品所耗费工时数量的原始的记录。包括工作通知单、工序进程单、工作班产量报告、产量通知单、产量明细表、废品通知单等。

（四）工薪汇总表及工薪费用分配表

工薪汇总表是为了反映企业全部工薪的结算情况，并据以进行工薪结算总分类核算和汇总整个企业工薪费用而编制的，它是企业进行工薪费用分配的依据。工薪费用分配表反映了各生产车间各产品应负担的生产工人工薪及福利费。

（五）材料费用分配表

材料费用分配表是用来汇总反映各生产车间各产品所耗材料费用。

（六）制造费用分配表

制造费用分配表是用来汇总反映各生产车间各产品所应负担的制造费用的原始记录。

（七）产品入库单及成本计算单

产品入库单是产品完工后应填制的入库单；成本计算表是用来归集某一成本计算对象所应承担的生产费用，确定该成本计算对象的总成本和单位成本。

（八）存货明细账

存货明细账用来反映各种存货增减变动情况和期末库存数量及相关成本信息的会计记录。

存货与生产循环涉及的账户及其关系，如图11-1所示。

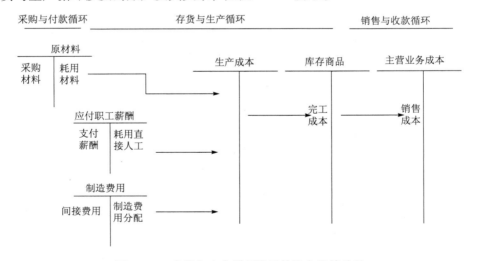

图 11-1　存货与生产循环涉及的账户及其关系

二、存货与生产循环的主要业务活动

同样以制造业为例，存货与生产循环所涉及的主要业务活动如图11-2所示。

主要业务活动及对应的凭证见表11-1。

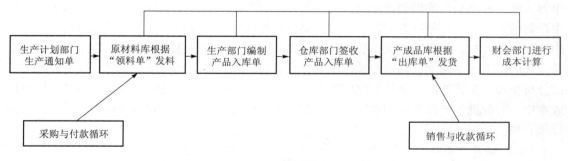

图 11-2 存货与生产循环所涉及的主要业务活动

表 11-1 主要业务活动及对应的凭证

主要业务活动	对应的凭证
计划和安排生产	生产指令
发出原材料	领发料凭证
生产产品	产量和工时记录
核算产品成本	工资汇总表、人工费用分配表、材料费用分配表、制造费用分配汇总表、成本计算单
储存产成品	存货明细账
发出产成品	存货明细账

(一) 计划和安排生产

生产计划部门的职责是根据顾客订单或者对销售预测和产品需求的分析来决定生产授权。如决定授权生产,即签发预先编号的生产通知单。该部门通常应将发出的所有生产通知单编号并加以记录控制。此外,还需要编制一份材料需求报告,列示所需要的材料和零件及其库存。

(二) 发出原材料

仓库部门的责任是根据从生产部门收到的领料单发出原材料。领料单上必须列示所需的材料数量和种类,以及领料部门的名称。领料单可以一料一单,也可以多料一单,通常需一式三联。仓库发料后,将其中一联连同材料交给领料部门,其余两联经仓库登记材料明细账后,送会计部门进行材料收发核算和成本核算。

(三) 生产产品

生产部门在收到生产通知单及领取原材料后,便将生产任务分解到每一个生产工人,并将所领取的原材料交给生产工人,据以执行生产任务。生产工人在完成生产任务后,将完成的产品交生产部门查点,然后转交检验员验收并办理入库手续;或是将所完成的产品移交下一个部门,做进一步加工。

(四) 核算产品成本

为了正确核算并有效控制产品成本,必须建立健全成本会计制度,将生产控制和成本核算有机结合在一起。一方面,生产过程中的各种记录、生产通知单、领料单、计工单、入库单等文件资料都要汇集到会计部门，由会计部门对其进行检查和核对，了解和控制生产过程中存货的实物流转；另一方面，会计部门要设置相应的会计账户，会同有关部门对生产过程中的成本进行核算和控制。成本会计制度可以非常简单，只是在期末记录存货余额；也可以是完善的标准成本制度，它持续地记录所有材料处理、在产品和产成品，并形成对成本差异的分析报告。完善的成本会计制度应该提供原材料转为在产品，在产品转为产成品，以及按成本中心、分批生产任务通知单或生产周期所消耗的材料、人工和间接费用的分配与归集的详细资料。

（五）储存产成品

产成品入库，须由仓库部门先行点验和检查，然后签收。签收后，将实际入库数量通知会计部门。据此，仓库部门确立了本身应承担的责任，并对验收部门的工作进行验证。除此之外，仓库部门还应根据产成品的品质特征分类存放，并填制标签。

（六）发出产成品

产成品的发出须由独立的发运部门进行。装运产成品时必须持有经有关部门核准的发运通知单，并据此编制出库单。出库单至少式四联，一联交仓库部门；一联发运部门留存；一联送交顾客；一联作为给顾客开发票的依据。

第二节 存货与生产循环的风险识别与评估

一、了解重要交易流程与交易类别

注册会计师应当对存货与生产的交易流程进行了解。了解的程序包括检查被审计单位相关控制手册和其他书面指引，询问各部门的相关人员，观察操作流程等。并利用文字表述法、流程图法等把了解的情况记录下来。

二、确定可能发生错报的环节

注册会计师需要确认和了解存货与生产循环的错报在什么环节发生，即确定被审计单位应在哪些环节设置控制，以防止或发现并纠正各项重要业务流程可能发生的错误。以下列举部门在生产交易中的可能错报环节，见表11-2。

表11-2　生产交易中的可能错报环节

交易流程	可能的错报	关键控制点
计划和控制生产	生产没有计划	由生产计划部门批准生产单
发出原材料	未经授权领用原材料	按已批准的生产单和签字的发料单发出原材料
生产产品	生产工时未计入生产单	使用记工单记录完成生产单的工时
完工产品入库	仓库声称从未收到产成品	产成品仓库保管员收到产品时在入库单上签字
存货分类	以次等品冒充优等品；以廉价物品换贵重物品；以旧充好；混淆不同批号、不同产地、不同价格的物资等	定期进行存货盘点

续表

交易流程	可能的错报	关键控制点
存货成本计价	随意变更存货计价方法;存货成本项目的不合理分摊;虚假在产品完工程度	采用适当的成本核算方法,并且前后期一致;采用适当的费用分配方法,并且前后各期一致;采用适当的成本核算流程和账务处理流程;独立检查
存货存储	保管人员与记录、批准人员不独立;存货保护措施不力	存货保管人员与记录人员等职务相分离;做好实物防护,例如仓库要加锁等

三、识别和了解相关控制

注册会计师通常通过编制内部控制调查表来识别和了解相关控制。存货与生产循环的内部控制调查表:一是存货内部控制调查表;另一个是生产循环内部控制调查表,分别见表 11-3、表 11-4。

表 11-3 存货内部控制调查表

被审计单位名称:××
财务报表时间:[截止×年×月×日]
审计项目名称:××

	签名	日期	索引号
编制人			
复核人			页次
项目质量控制复核人			

调查问题	是	否	不适用	备注
1. 是否对存货采取实物防护措施?				
2. 存货记录人员、批准人员、仓储保管员是否相互独立?				
3. 是否设置了永续存货记录?				
4. 在进行永续存货记录时,是否采用了预先编号的入库单和出库单等单据,并对其进行定期清点?				
5. 是否所有的存货项目都需要运送到仓储部门呢?				
6. 从仓储部门提取货物是否需要填制申请单?				
7. 存货是否至少每年进行一次实地盘点?				
8. 存货盘点结果是否需要由不负责存货记录的人员进行复核验证?				
9. 在存货盘点以后,是否对盘点记录(盘点标签、盘点表)做出了充分控制?				
10. 是否所有的盘点差异都经过调查并获得批准?能否对永续存货记录进行及时调整?				
11. 是否编制生产报告?				
12. 是否存在适当程序来控制生产过程中的存货流转?				

续表

调查问题	是	否	不适用	备注
13. 存货的验收入库和销售截止是否恰当?				
14. 是否存在适当程序对过时存货、毁损存货或周转缓慢的存货做出确认并报告?				
15. 是否存在控制废料的适当程序?				
16. 存货投保范围是否充分?				

表 11 – 4　生产循环内部控制调查表

被审计单位名称：××
财务报表时间：[截止×年×月×日]
审计项目名称：××

	签名	日期	索引号
编制人			
复核人			页次
项目质量控制复核人			

调查问题	是	否	不适用	备注
1. 在正式接受订单之前，生产部门是否对订单要求进行核查?				
2. 生产计划对产品的工艺要求、制造日期、工时、设备、人员、和材料的配备是否有详细的说明?				
3. 在产品正式生产前是否对产品成本进行估算?				
4. 生产计划编制后是否受到计划部门主管的审查批准?				
5. 生产通知单是否以生产计划为依据加以填制?				
6. 生产通知单是否由适当的被授权人士签发?				
7. 生产通知单是否予以连续编号控制?				
8. 在产品在各个部门之间的转移是否都予以记录?				
9. 有无成本核算制度? 成本核算制度是否复核生产经营特点?				
10. 采用的成本计算方法是否严格执行? 有无素以变更现象?				
11. 是否制定和执行先进合理的定额和预算，有无以估计代实的计算成本现象?				
12. 对各种或各类产品是否分别设置分离账户?				
13. 各成本项目的核算、制造费用的归集、产成品的结转是否严格按规定执行、前后期是否一致?				
14. 完工产品成本与在产品成本的分配方法是否严格执行?				
15. 产品质量是否由独立于生产部门的职员来进行检查?				

四、穿行测试

执行穿行测试，以证实对交易流程和相关控制的了解是否正确和完整。

五、初步评价和风险评估

注册会计师通过了解存货与生产循环的内部控制，对相关控制的设计和是否得到执行进行评价，同时结合对被审计单位其他方面的了解，识别和评估重大错报风险，已决定进一步程序的性质、时间和范围。如果了解到被审计单位的内部控制不存在或不值得信赖，注册会计师可考虑执行实质性程序，而不进行控制测试。

第三节 存货与生产循环的控制测试

存货与生产循环的内部控制主要包括存货的内部控制、成本会计制度的内部控制及工薪的内部控制三项内容。

一、成本会计制度的控制测试

成本会计制度的测试，包括直接材料成本测试、直接人工成本测试、制造费用测试和生产成本在当期完工产品与在产品之间分配的测试四项内容。

（一）直接材料成本测试

对采用定额单耗的企业，可选择并获取某一成本报告期若干种具有代表性的产品成本计算单，获取样本的生产指令或产量统计记录及其直接材料单位消耗定额，根据材料明细账或采购业务测试工作底稿中各该直接材料的单位实际成本，计算直接材料的总消耗量和总成本，与该样本成本计算单中的直接材料成本核对。

对非采用定额单耗的企业，可获取材料费用分配汇总表、材料发出汇总表（或领料单）、材料明细账（或采购业务测试工作底稿）中各该直接材料的单位成本，作如下检查：成本计算单中直接材料成本与材料费用分配汇总表中该产品负担的直接材料费用是否相符，分配标准是否合理；将抽取的材料发出汇总表或领料单中若干种直接材料的发出总量和各该种材料的实际单位成本之积，与材料费用分配汇总表中各该种材料费用进行比较，并注意领料单的签发是否经过授权批准，材料发出汇总表是否经过适当的人员复核，材料单位成本计价方法是否适当，在当年有何重大变更。

（二）直接人工成本测试

对采用计时工资制的企业，获取样本的实际工时统计记录、职员分类表和职员工薪手册（工资率）及人工费用分配汇总表。作如下检查：成本计算单中直接人工成本与人工费用分配汇总表中该样本的直接人工费用核对是否相符；样本的实际工时统计记录与人工费用分配汇总表中该样本的实际工时核对是否相符；抽取生产部门若干天的工时台账与实际工时统计记录核对是否相符；当没有实际工时统计记录时，则可根据职员分类表及职员工薪手册中的工资率，计算复核人工费用分配汇总表中该样本的直接人工费用是否合理。

对采用计件工资制的企业，获取样本的产量统计报告、个人（小组）产量记录和经批准的单位工薪标准或计件工资制度，检查下列事项：根据样本的统计产量和单位工薪标准计算的人工费用与成本计算单中直接人工成本核对是否相符；抽取若干个直接人工（小组）的产量记录，检查是否被汇总计入产量量统计报告。

对采用标准成本法的企业获取样本的生产指令或产量统计报告、工时统计报告和经批准的单位标准工时、标准工时工资率、直接人工的工薪汇总等资料，检查下列事项：根据产量和单位标准工时计算的标准工时总量与标准工时工资率之积同成本计算单中直接人工成本核对是否相符；直接人工成本差异的计算与账务处理是否正确，并注意直接人工的标准成本在当年内有何重大变更。

（三）制造费用测试

获取样本的制造费用分配汇总表、按项目分列的制造费用明细账、与制造费用分配标准有关的统计报告及其相关原始记录，作如下检查：制造费用分配汇总表中，样本分担的制造费用与成本计算单中的制造费用核对是否相符；制造费用分配汇总表中的合计数与样本所属成本报告期的制造费用明细账总计数核对是否相符；制造费用分配汇总表选择的分配标准（机器工时数、直接人工工资、直接人工工时数、产量数）与相关的统计报告或原始记录核对是否相符，并对费用分配标准的合理性做出评估；如果企业采用预计费用分配率分配制造费用，则应针对制造费用分配过多或过少的差额，检查其是否作了适当的账务处理；如果企业采用标准成本法，则应检查样本中标准制造费用的确定是否合理。计入成本计算单的数额是否正确，制造费用差异的计算与账务处理是否正确，并注意标准制造费用在当年度内有何重大变更。

（四）生产成本在当期完工产品与在产品之间分配的测试

检查成本计算单中在产品数量与生产统计报告或在产品盘存表中的数量是否一致；检查在产品约当产量计算或其他分配标准是否合理；计算复核样本的总成本和单位成本，最终对当年采用的成本会计制度做出评价。

二、工薪内部控制的测试

在测试工薪内部控制时，首先，应选择若干月份工薪汇总表，作如下检查：计算复核每一份工薪汇总表；检查每一份工薪汇总表是否业经授权批准；检查应付工薪总额与人工费用分配汇总表中的合计数是否相符；检查其代扣款项的账务处理是否正确；检查实发工薪总额与银行付款凭单及银行存款对账单是否相符，并正确过入相关账户。其次，从工资单中选取若干个样本（应包括各种不同类型人员），作如下检查：检查员工工薪卡或人事档案，确保工薪发放有依据；检查员工工资率及实发工薪额的计算；检查实际工时统计记录（或产量统计报告）与员工个人钟点卡（或产量记录）是否相符；检查员工加班加点记录与主管人员签证的月度加班汇总表是否相符；检查员工扣款依据是否正确；检查员工的工薪签收证明；实地抽查部分员工，证明其确在本公司工作如已离开本公司，需获得管理层证实。

【例11-1】注册会计师张盛对A公司的存货进行审计时，进行了内部控制测试，有以下事项：

（1）以前年度没对存货实施盘点，但有完整的存货会计记录和仓库记录；

（2）销售发出的彩电为全部按顺序记录；

（3）生产彩电所需的零星材料由其他公司代管，故该公司没对这些材料的变动进行会计记录；

（4）公司每年12月25日会计结账后发出的存货在仓库明细账上的记录，财务做账务处理。

分析要点：

事项（1）有严重缺陷。

保证存货账实相符是其内控的重要目标，定期盘点是实现该目标的重要控制措施。

事项（2）有缺陷。发出产品的原始凭证不连续编号，会导致销售业务记录不完整；没按顺序记录可能出现销货业务提前或推后入账。

事项（3）有缺陷。只要是公司的存货，就应在账上记录，该公司不作记录则不能反映材料的购入和发出，会导致存货成本不正确，也不能保证材料的安全、完整。

事项（4）有缺陷。在一个会计期间，实物保管明细账应与财务部门的会计记录完全相符，12月25日后发出的存货在仓库记录而财务部门不入账，会使账账、账实不符，且会计记录不及时、不完整。

第四节　存货与生产循环的实质性程序

在存货与生产循环中，存货的实质性程序通常占有重要位置。这是因为，存货是资产负债表中的主要项目，通常也是流动资产中余额最大的项目。而且存货流动性强、周转快，受市场因素和生产计划的影响很大，在各年度之间往往不平衡，对各年度末的资产和各年度的损益有很大的影响。在会计核算上，存货对应的会计账项很多，存货项目的真实性与正确性，直接影响到其他会计账项。

生产与存货的实质性程序可区分为实质性分析程序、相关余额的细节测试：

一、存货与生产交易实质性分析程序

（1）根据对被审计单位的经营活动、供应商的发展历程、贸易条件、行业惯例和行业现状的了解，确定营业收入、营业成本、毛利以及存货周转和费用支出项目的期望值。

（2）根据本期存货余额组成、存货采购、生产水平与以前期间和预算的比较，定义营业收入、营业成本和存货可接受的重大差异额。

（3）比较存货余额与预期周转率。

（4）计算实际数和预计数之间的差异，并同管理层使用的关键业绩指标进行比较。

（5）通过询问管理层和员工，调查实质性分析程序得出的重大差异额是否表明存在重大错报风险，是否需要涉及恰当的细节测试程序以识别和应对重大错报风险。

（6）形成结论，即实质性分析程序是否能够提供充分、适当的审计证据，或需要对交易和余额实施细节测试以获取进一步的审计证据。

二、存货与生产交易和相关余额的细节测试

（一）交易的细节测试

（1）注册会计师应从被审计单位存货业务流程层面的主要交易流中选取一个样本，检查其支持性证据。例如：从存货采购、完工产品的转移、销售和销售退回记录中选取一个样本。

（2）对期末前后发生的主要交易流，实施截止测试。例如：对采购、销售退回等实施截止测试。

确认本期末存货收发记录的最后一个顺序号码，并详细检查随后的记录，以检测在本会计期间的存货收发记录中是否存在更大的顺序号码，或因存货收发交易被漏记或错计入下一会计期间而在本期遗漏的顺序号码。

(二) 存货余额的细节测试

存货余额的细节测试内容很多，比如，观察被审计单位存货的实地盘存；通过询问确定现有存货是否存在寄存的情形，检查、计算、询问和函证存货价格；检查存货的抵押合同和寄存合同等等，这在以下章节具体阐述。

第五节 存货审计

一、存货审计目标

(1) 确定资产负债表中的存货在资产负债表日是否确实存在，其余额是否正确。
(2) 确定资产负债表中的存货是否为被审计单位所拥有。
(3) 确定在特定期间内发生的存货增减变动业务是否予以记录。
(4) 确定存货的品质状况、存货跌价准备的计提是否合理，计价方法是否恰当。
(5) 确定存货在财务报表上的列报与披露是否恰当。

二、存货实质性程序

(一) 获取或编制各存货项目明细表

对其复核加计，并分别与各存货项目明细账、总账核对相符；同时抽查各存货明细账与仓库台账、卡片记录，检查是否核对相符。

(二) 执行实质性分析程序

(1) 分类编制与上年对应的存货增减变动表，分析其变动规律，并与上期比较，如果存在差异，分析原因。
(2) 编制全年各月存货产销计划与执行情况对照表，对于重大波动进行分析。
(3) 计算存货周转率，分析是否存在残次冷背存货超额库存等不合理现象。
(4) 计算毛利率，与上期或同业比较，确定期末存货的价值或销售成本计算是否正确。
(5) 按供货商或货物分离，比较各期购货数量，分析异常购货（数额大或次数多）。
(6) 对主要存货项目如原材料、库存商品的本年内各月间及上年的单位成本进行比较，分析其波动原因，对异常项目进行调查并记录。

【例 11-2】注册会计师刘一收集了 AC 有限责任公司 2019 年的主营业务收入、主营业务成本和制造费用的数据（本年增加生产设备一套，折旧费用计算无误），见表 11-5。

表 11-5　　　　　　　　　　　　　　　　　　　单位：万元

项目	主营业务收入	主营业务成本	制造费用					
			折旧	修理	水电	房租	薪酬	合计
本年数	14 300	11 800	3.69	0.48	1.35	0.84	5.01	11.37
上年数	11 000	10 300	1.56	1.29	1.37	0.70	5.01	9.93

分析要点：

将本年与上年制造费用的各项目进行简单对比分析，除薪酬与上年保持一致，修理费和水电费有所下降外，其余项目均有一定幅度增长，其原因主要是本年度收入增长所致，说明制造费用的变动基本正常且制造费用占收入的比例较小，审计时对制造费用进行一般关注即可。主营业务毛利率由上年的 6.4% 上升到本年的 17.5%，属于异常变动，可能是产品销售结构、产品价格、材料与人工生产成本等某些因素发生了较大的变化所致。故注册会计师应重点审查生产过程中的材料、人工费用的耗费，以及新增设备所生产产品的销售、价格、收入确认。

（三）进行存货监盘

存货监盘是指注册会计师现场观察被审计单位存货的盘点，并对已盘点的存货进行适当的检查。监盘是存货审计的必要程序。

定期盘点存货，合理确定存货的数量和状况是被审计单位管理层的责任。实施存货监盘，获取有关期末存货数量和状况的充分、适当的审计证据是注册会计师的责任。

1. 监盘目的。确定存货是否存在；确定被审计单位拥有的存货是否都已完整记录；取得存货是否归被审计单位所有；确定存货的状况（例如毁损、陈旧、残次、短缺等）是否恰当描述。验证存货的完整性与所有权还需要实施其他审计程序。

2. 监盘计划。存货监盘计划应当包括存货监盘的目标、范围及时间安排；存货监盘的要点及关注事项；参加存货监盘人员的分工；检查存货的范围。

在可能的情况下，盘点时间应尽量安排在接近年终结账日。盘点前存货要分类摆放，并编制连续编号的盘点标签。对存放在不同地点的相同存货项目要同时盘点。

3. 监盘程序。监盘程序观察程序和检查程序：

（1）观察程序。在被审计单位盘点存货前，注册会计师应当观察盘点现场，确定应纳入盘点范围的存货是否已经适当整理和排列，并附有盘点标识，防止遗漏或重复盘点。对未纳入盘点范围的存货，注册会计师应当查明未纳入的原因。

对所有权不属于被审计单位的存货，注册会计师应当取得其规格、数量等有关资料，并确定这些存货是否已分别存放、标明且未被纳入盘点范围。

注册会计师应当观察被审计单位盘点人员是否遵守盘点计划并准确地记录存货的梳理和状况。当发现盘点错误时，应及时给予纠正。

（2）检查程序。注册会计师应当对盘点的存货进行适当检查，将检查结果与被审计单位盘点记录相核对，并形成相应记录。需要注意的是，注册会计师应避免让被审计单位预见到将检查的存货项目。

在检查已盘点的存货时，注册会计师应当从存货盘点记录中选取项目追查至存货实物，以测试盘点记录的准确性；注册会计师还应当从存货实物中选取项目追查至存货盘点记录，以测试存货盘点记录的完整性。

如果检查时发现差异，注册会计师应当查明原因，及时提请被审计单位更正。如果差异较大，注册会计师应当扩大检查范围或提请被审计单位重新盘点。

4. 盘点结束时的后续工作。再次检查现场并检查盘点表单，确定其是否连续编号。复核盘点结果汇总记录。关注盘点日与资产负债日之间存货的变动情况。

5. 特殊情况的处理。如果由于被审计单位存货的性质或位置等原因导致无法实施存货监盘，注册会计师应当考虑实施替代审计程序，获取有关期末存货数量和状况的充分、适当的审计证据。

存货监盘的替代审计程序主要包括：检查进货交易凭证或生产记录以及其他相关资料；检查资产负债表日后发生的销货交易凭证；向顾客或供应商函证。

(1) 特别关注的问题。

注册会计师应当特别关注存货的移动情况,防止遗漏或重复盘点;特别关注存货的状况,观察被审计单位是否已经恰当区分所有的毁损、陈旧、过时及残次的存货;特别关注存货的截止,获取盘点日前后存货收发及移动的凭证,检查库存记录与会计记录期末截止是否正确。

(2) 特殊类型存货的监盘。

某些特殊类型的存货,通常或者没有标签,或者其数量难以估计,或者其质量难以确定,或者盘点人员无法对其移动实施控制。在这种情况下,注册会计师需要运用职业判断,根据存货的实际情况,设计恰当的审计程序,对存货的数量和状况获取审计证据。

【例11-3】 注册会计师杨杰对某公司进行存货监盘时,面临以下问题:

(1) 木材、电缆线、镀锌水管不能确定结存的数量或等级;
(2) 煤、废钢材在估计存货数量时存在困难;
(3) 液体、气体、谷类粮食、流体存货等在估计存货数量、确定存货质量时存在困难;
(4) 贵金属、玉器、艺术品与收藏品在存货辨认与质量确定方面存在困难;
(5) 牲畜、高山中的木材蓄积量在存货辨认与数量确定方面存在困难,可能无法对此类存货的移动实施控制;
(6) 使用磅秤的存货项目在估计存货数量时存在困难。注册会计师应如何进行存货的监盘?

分析要点:

(1) 可利用被审计单位企业内有经验的人员。
(2) 可运用工程估测、几何计算、高空作业调研;如果存货堆不高可进行实地盘点,或通过旋转存货堆加以估计。
(3) 使用容器进行盘点、几何计算加以确定。
(4) 选择样品进行化验与分析,或利用专家的工作。
(5) 通过高空摄影证实其存在性,并可提供不同时点的比较,信赖永续存货记录。
(6) 在盘点前和盘点过程中均应检验磅秤的精确度、留意磅秤的位置移动与重新调校程序,并与重新称量程序相结合;检查重量尺度的换算问题。

(四) 存货计价测试

存货计价测试的方法如下:

1. 选择测试样本。取得标有数量、单价、金额的存货明细表,从中选择计价测试样本。重点选择结存余额较大且价格变化较频繁的项目,抽样方法一般采用分层抽样法。

2. 确定计价方法。注册会计师应了解企业存货的计价方法,确定选用的存货计价方法是否符合企业会计准则、是否适合自身特点、是否一贯。

3. 进行计价测试。

(1) 结合采购及生产循环审计,对存货价格的组成予以测试。比如将其单位成本与购货发票或生产成本计算单核对。

(2) 结合销售及生产循环审计,对发出存货进行计价测试。检查发出存货的计价方法前后期是否一贯,并复核其计算是否正确。将测试结果与账面记录对比,编制对比分析表,分析形成差异的原因。若存货以计划成本计价，还应检查"材料成本差异"账户的发生额、转销额是否正确，以及年末余额是否正确。

（3）对期末存货进行计价测试。

① 检查资产负债表日存货是否按成本与可变现净值孰低计量；

② 检查存货可变现净值的确定是否正确并有确凿证据，是否充分考虑存货的品质、变现能力、持有存货的目的等；

③ 检查存货跌价准备计提依据和计提方法是否合理，是否按单个存货项目计提；

④ 已计提存货跌价准备是否充分；

⑤ 存货跌价准备的计提、转回和结账的会计处理是否正确。

（4）审查特定行业存货的借款费用的处理是否正确，对符合条件的存货的借款费用是否进行资本化，计入了存货成本。

此外，注册会计师应获取存货的盘盈盘亏调整和损失处理记录，对于重大存货盘盈盘亏和损失情况，应该查明原因，相关的会计处理是否经授权审批，是否正确及时入账。

（五）存货截止测试

存货截止测试，就是检查截止到资产负债表日（12月31日）已记录，并已包括在12月31日存货盘点范围内的存货，是否含有尚未购入或者已售出的部分。即检查有无跨期现象。存货截止测试的关键是检查存货实物纳入盘点范围的时间与存货引起的借贷会计科目的入账时间是否处于同一会计期间。

存货截止测试的方法如下：

1. 抽查存货截止日前后的购货发票（销货发票），并与验收报告或入库单（出库单）核对，每张发票均附有验收报告或入库单（出库单）。

如果12月底入账的销货发票附有12月31日或之前的出库单，则存货不会包括在本年的存货盘点范围内；如果出库单日期为次年1月份，则存货可能未纳入本年盘点范围。当然若未将年终在途货物列入当年存货盘点范围内，只要将相应的负债亦同时记入次年账内，对账务报表的影响并不重要。

同年，如果12月底入账的销货发票附有12月31日或之前的出库单，则存货不会包括在本年的存货盘点范围内；如果出库单日期为次年1月份，则存货可能纳入本年盘点范围了。

2. 检查验收部门验收报告（或仓库的入库单、出库单）凡是接近年底（包括次年年初）购入与销售的货物，必须查明其相对应的购货发票（销售发票）是否在同期入账；对于年底未收到购货发票的入库存货，应检查是否将入库单分开存放，每一验收报告（或入库单）上面是否加盖暂估入库印章，并以暂估价记入当年存货账内，待次年年初以红字冲销。对于年底尚未开具销货发票的出库单，应检查其是否纳入了当年盘点范围。

（六）查看明细账有无长期挂账的存货

（七）确定存货的列报与披露是否恰当

【例11-4】注册会计师在对A公司年终决算报表中的存货项目进行审计时，发现接近结账日时存在下列问题：

（1）年终存货实地盘点时将其他单位及存放代销的物品误记其中。

（2）实际有1 000个单位，年终盘点时误记为100个单位。

(3) 某物品销售时未做销售记录，因其实物尚存在仓库，已将其列入期末存货中。
(4) 某物品销售时未做销售记录，仅仅结转了销售成本。
请根据以上资料，逐一分析这些错误对本期财务报表所产生的影响。

分析要点：
(1) 由于其他单位寄存代销的物品误计入期末存货中，影响到存货项目高估，本期利润虚增。
(2) 由于盘点时存货少计，影响到存货项目低估和本期利润虚减。
(3) 由于销售时未及时作销售成本处理，并将所有权已转移的货物计入期末存货，最终影响应收账款项目低估、存货项目高估，销售收入、销售成本和本期利润虚减。
(4) 由于仅仅是结转了销售成本而未记录销售收入，最终影响账款项目低估，销售收入和本期利润虚减。

【例11-5】 注册会计师在对 XYZ 公司存货进行审计时，发现一笔摘要为"材料盘亏"的经济业务，会计分录为：

借：生产成本　　　　　　　　　　　　　　　　　　　6 000
　　贷：原材料——甲　　　　　　　　　　　　　　　　3 000
　　　　　　——乙　　　　　　　　　　　　　　　　2 000
　　　　　　——丙　　　　　　　　　　　　　　　　1 000

该记账凭证所付的原始凭证为盘点表一张。盘亏材料为什么要记入产品成本，为什么盘亏材料的进项税额不及时转出。注册会计师通过调查了解到，有3 000元的材料是专项工程领用的；有2 000元的材料是主管部门"借用的"，根本就不想归还，又不让在账上体现；还有1 000元实际并不缺，为的是核销后变卖，仓储部门用于应酬招待。

分析要点： 注册会计师认为被审计单位存货管理存在问题，并要求其对账项进项调整。
调整分录：
将专项工程领用的材料，记入在建工程账户，并将相应的进项税额转出。

借：在建工程　　　　　　　　　　　　　　　　　　　3 510
　　贷：生产成本　　　　　　　　　　　　　　　　　　3 000
　　　　应交税费——应交增值税（进项税额转出）　　　510

将主管部门"借用"的材料按销售入账。

借：在建工程　　　　　　　　　　　　　　　　　　　2 340
　　贷：生产成本　　　　　　　　　　　　　　　　　　2 000
　　　　应交税费——应交增值税（销项税额转出）　　　340

虚假的盘亏更正过来。

借：原材料——甲　　　　　　　　　　　　　　　　　1 000
　　贷：生产成本　　　　　　　　　　　　　　　　　　1 000

第六节 存货成本审计

一、生产成本的实质性程序

（一）直接材料成本的审计

直接材料成本的审计一般应从审阅材料和生产成本明细账入手，抽查有关的费用凭证，验收企业产品耗用直接材料的数量、计价和材料费用分配是否真实、合理。

1. 审查直接材料耗用量的真实性。

（1）审查材料用途。抽查领料凭证，并与发料凭证汇总表核对是否相符，审查材料是否按用途分配。参加有无将在建工程、福利部门支出、捐赠支出等非生产用材料计入直接材料费用。

（2）注意已领未用材料是否办理了假退料手续；废料、边角料是否办理了退库或变价处理，并冲减了本期耗用量。

2. 审查直接材料的计价的正确性。

（1）直接材料按实际成本计价的，应生产其计价方法是否一贯，有关计算是否正确。

（2）直接材料按计划成本计价的，重点审查材料成本差异的形成和分配。检查材料成本差异的发生额是否正确，有无将不应计入材料采购成本的费用计入材料采购成本；抽查若干月发出材料汇总表，检查材料成本差异是否按月分摊，使用的差异率是否为当月实际差异率，检查差异率的计算是否正确，差异的分配是否正确，分配方法前后期是否一贯。

3. 审查直接材料费用分配的正确性。审查发出材料汇总分配表、成本计算单、生产成本明细账，检查直接材料成本的计算、分配依据、分配方法、分配结果及有关账务处理的正确性，是否与材料费用分配汇总表中该产品分摊的直接费用相符，并注意分配标准是否合理和一贯。

4. 分析程序。将同一产品本年度的直接材料成本与上年度比较，将本年度若干期的直接材料成本进行对比分析检查有无异常波动。

（二）直接人工的成本审计

获取劳动人事资料、薪酬结算表、人工费用分配表、成本计算单、生产成本明细账、产量或工时记录、考勤记录等，检查并计算。

（1）检查有无将非产品生产人员的薪酬计入直接人工费用。

（2）结合应付职工薪酬的审查，检查薪酬的计算及汇总是否正确。

（3）检查直接人工费用的分配标准与计算方法的合理性，分配率和分配结果计算的正确性。注意是否与人工费用分配汇总表相符。

（4）审查直接人工费用账务处理的正确性。

（5）分析程序。将同一产品本年度的直接人工成本与上年度比较，将本年度若干期的直接人工成本进行对比分析，检查有无重大变动。

（三）制造费用的审计

1. 审查制造费用的真实性、合法性。获取或编制制造费用汇总表，并与明细账、总账核对是否相符。

（1）审查制造费用的组成项目是否合规，有无将本部门的制造费用和不应列入成本费用的支出计入制造费用。

(2) 抽查制造费用中的大额项目、升降幅度大的项目，注意是否存在异常会计事项。

(3) 必要时，对制造费用实施截止测试，确定有无跨期入账的情况。

2. 审查制造费用归集和分配的正确性。

(1) 对制造费用汇总表进行重新计算、加总，以验证所归集的制造费用总额的正确性。

(2) 审查制造费用分配方法是否适合企业自身的生产特点，是否体现受益的原则；分配率和分配的计算是否正确。

3. 分析程序。将本年度的制造费用及其构成项目与上年度比较，将本年度各期的制造费用以及各组成项目所占比例进行对比分析，检查有无重大变动。

(四) 审查费用在完工产品和在产品之间分配的审计

1. 审查完工产品入库数量的真实性。检查产品入库凭证与完工记录是否相符，仓库的记录与财务部门的记录在品种、数量上是否相符，查明其数量的真实性。检查产品入库凭证是否附有产品检查合格证明，有无将为经验产品或不合格产品充当合格产品入库。

2. 审查在产品数量的真实性。检查主要产品的在产品台账，计算、核实在产品的数量，并注意审查在产品的加工程度、投料程度及耗用工时记录，以查明其数量的真实性。

3. 审查生产费用在完工产品与在产品之间分配的合理性。审查产品成本计算单、在产品台账和生产成本明细账，核对成本计算单中完工产品的品种数量、在产品的品种数量、加工程度和投料程度是否和产品入库凭证、在产品台账记录相符，检查其分配方法的选用是否符合企业的生产特点和管理上的要求，审查成本计算方法的合理性、一贯性，验证成本计算数据的正确性，检查产成品入库的实际成本是否与"生产成本"科目的结转额相符。审查有无虚报或虚减在产品数量、提高或降低在产品的加工程度以调节成本的现象。

二、主营业务成本的实质性程序

(1) 获取或编制主营业务成本明细表，复核加计是否正确，并与报表数、总账数和明细账合计数核对相符。

(2) 编制生产成本及主营业务成本倒轧表，并与总账核对是否核对相符。

(3) 检查主营业务成本的内容和计算方法是否符合有关规定，前后期是否一贯。尤其应注意发出商品的计划方法是否恰当，有无随意变更。

(4) 对主营业务成本执行实质性分析程序，检查本期各月间及前期同一产品的单位成本是否存在异常波动，是否存在调节成本的现象。

(5) 抽取若干月份的主营业务成本结转明细清单，结合成本的审计，检查销售成本结转数额的正确性，比较计入主营业务成本的商品品种、规格、数量与计入主营业务收入的口径是否一致，是否符合配比原则。

(6) 检查主营业务成本中重大事项（如销售退回）的会计处理是否正确。

(7) 在采用计划成本、定额成本、标准成本或售价核算存货的情况下，检查产品成本差异或商品进销差价的计算、分配和会计处理是否正确。

(8) 检查主营业务成本的列报与披露是否恰当。

【例11-6】注册会计师对某公司的生产成本及主营业务成本进行审计，有关数据见表11-5的"未审数"。经审计后发现以下事项：料到单未到的材料5 000元未暂估入账；车间月末剩余材料1 000元，未作假退料处理；修建厂房的工资2 000元，列入了直接人工成本；本月支付的财产保险费6 000元，全额列入了制造费用，经审查应按3个月摊销；月末在产品盘点实际结存37 000元。

要求：编制生产成本及主营业务成本倒轧表，并得出审计结论。

分析要点：

注册会计师首先应根据被审计单位的账面记录，填制表11-6中的"未审数"（已知）；然后根据上诉审计中存在的问题填制"调整或重分类金额"和"审定数"，最后作出审计结论。

表11-6 生产成本及主营业务成本倒轧表

项　目	未审数	调整或重分类金额（借或贷）	审定数
原材料期初余额	80 000		80 000
加：本期购进	150 000	借5 000（暂估）	155 000
减：原材料期末余额	60 000	借1 000（假退料）	61 000
其他发出额	10 000		10 000
直接材料成本	160 000	借4 000	164 000
加：直接人工	15 000	贷2 000（修建厂房）	13 000
制造费用	42 000	贷4 000（财产保险）	38 000
生产成本	217 000	贷2 000	215 000
加：在产品期初余额	23 000		23 000
减：在产品期末余额	30 000	借7 000	37 000
完工产品生产成本	210 000	贷9 000	201 000
加：产成品期初余额	28 000		28 000
减：产成品期末余额	27 000		27 000
主营业务成本	211 000	贷9 000	202 000

审计结论：上述事项影响了以下会计账户，原材料少计1 000元；生产成本少计7 000元；预付账款少计4 000元，在建工程少计2 000元；应付账款少计5 000元；主营业务成本多计9 000元。

故：资产少计14 000元、负债少计5 000元、虚减利润总额9 000元。

【例11-7】 XYZ公司2019年的利润表"主营业务成本"列示数额为6 020 000元，经审计发现，XYZ公司产品实行加权平均法，在对产成品进行计价测试时发现11月份甲产品少结转成本540 000元，应作调整分录。

借：主营业务成本——甲产品　　　　　　　　　　　　　　　　540 000
　　贷：存货（库存商品——甲产品）　　　　　　　　　　　　　　540 000

第七节　应付职工薪酬审计

一、应付职工薪酬审计目标

(1) 确定资产负债表中记录的应付职工薪酬是否存在。

（2）所有应当记录的应付职工薪酬是否均已记录。

（3）确定记录的应付职工薪酬是否为被审计单位应当履行的现时义务。

（4）确定应付职工薪酬是否以恰当的金额包括在财务报表中，与之相关的计价调整是否已恰当记录。

（5）确定应付职工薪酬是否已按照企业会计准则的规定在财务报表中作出恰当列报。

二、应付职工薪酬的实质性程序

（一）获取或编制应付职工薪酬明细表

对其复核加计是否正确，并与报表数、总账数和明细账合计数核对是否相符。

（二）实施实质性分析程序

1. 针对已识别需要运用分析程序的有关项目，并基于对被审计单位及其环境的了解，通过进行以下比较，同时考虑有关数据间关系的影响，以建立有关数据的期望值：

（1）比较被审计单位员工人数的变动情况，检查被审计单位各部门各月工资费用的发生额是否有异常波动，若有，则查明波动原因是否合理。

（2）比较本期与上期工资费用总额，要求被审计单位解释其增减变动原因，或取得公司管理当局关于员工工资标准的决议。

（3）结合员工社保缴纳情况，明确被审计单位员工范围，检查是否与关联公司员工工资混淆列支。

（4）核对下列相互独立部门的相关数据：

① 工资部门记录的工资支出与出纳记录的工资支付数；

② 工资部门记录的工时与生产部门记录的工时。

（5）比较本期应付职工薪酬余额与上期应付职工薪酬余额，是否有异常变动。

2. 确定可接受的差异额。

3. 将实际的情况与期望值相比较，识别需要进一步调查的差异。

4. 如果其差额超过可接受的差异额，调查并获取充分的解释和恰当的佐证审计证据（如通过检查相关的凭证）。

5. 评估分析程序的测试结果。

（三）检查工资、奖金、津贴和补贴

1. 计提是否正确，依据是否充分，将执行的工资标准与有关规定核对，并对工资总额进行测试；被审计单位如果实行工效挂钩的，应取得有关主管部门确认的效益工资发放额认定证明，结合有关合同文件和实际完成的指标，检查其计提额是否正确，是否应作纳税调整。

2. 检查分配方法与上年是否一致，除因解除与职工的劳动关系给予的补偿直接计入管理费用外，被审计单位是否根据职工提供服务的受益对象，分下列情况进行处理：

（1）应由生产产品、提供劳务负担的职工薪酬，计入产品成本或劳务成本；

（2）应由在建工程、无形资产负担的职工薪酬，计入建造固定资产或无形资产；

（3）作为外商投资企业，按规定从净利润中提取的职工奖励及福利基金，是否相应计入"利润分配——提取的职工奖励及福利基金"科目；

（4）其他职工薪酬，计入当期损益。

3. 检查发放金额是否正确，代扣的款项及其金额是否正确。

4. 检查是否存在属于拖欠性质的职工薪酬，并了解拖欠的原因。

（四）检查社会保险费、住房公积金、工会经费和职工教育经费

检查社会保险费、住房公积金、工会经费和职工教育经费等计提（分配）和支付（或使用）的会计处理是否正确，依据是否充分。

（五）检查辞退福利项目

（六）检查非货币性福利

（七）检查以现金与职工结算的股份支付

（八）检查应付职工薪酬的期后付款情况

（九）检查应付职工薪酬列报是否恰当

检查应付职工薪酬是否已按照企业会计准则的规定在财务报表中作出恰当的列报。

1. 检查是否在附注中披露与职工薪酬有关的下列信息：
（1）应当支付给职工的工资、奖金、津贴和补贴，及其期末应付未付金额；
（2）应当为职工缴纳的医疗、养老、失业、工伤和生育等社会保险费，及其期末应付未付金额；
（3）应当为职工缴存的住房公积金，及其期末应付未付金额；
（4）为职工提供的非货币性福利，及其计算依据；
（5）应当支付的因解除劳动关系给予的补偿，及其期末应付未付金额；
（6）其他职工薪酬。

2. 检查因自愿接受裁减建议的职工数量、补偿标准等不确定而产生的预计负债（应付职工薪酬），是否按照《企业会计准则第13号——或有事项》进行披露。

第八节 相关账户审计

一、发出商品的实质性程序

（1）获取或编制发出商品明细表，复核加计是否正确，并与总账数、明细账合计数核对是否相符。

（2）检查发出商品有关的合同、协议和凭证，分析交易实质，检查其会计处理是否正确。

（3）检查发出商品品种、数量和金额与库存商品的结转额核对一致，并作交叉索引。

（4）了解被审计单位对发出商品的结转的计价方法，并抽取主要发出商品检查其计算是否正确；若发出商品以计划成本计价，还应检查产品成本差异发生和结转金额是否正确。

（5）编制本期发出商品发出汇总表，与相关科目勾稽核对，并抽查复核月度发出商品发出汇总表的正确性。

（6）必要时，对发出商品的期末余额应函询核实。

（7）检查发出商品退回的会计处理是否正确。

（8）查阅资产负债表日前后若干天发出商品增减变动的有关账簿记录和有关的合同、协议和凭证、出库单、货运单等资料，检查有无跨期现象，如有，则应作出记录，必要时建议作审计调整。

（9）审核有无长期挂账的发出商品，如有，应查明原因，必要时提出调整建议。

（10）检查发出商品的披露是否恰当。

二、委托加工物资的实质性程序

（1）获取或编制委托加工物资明细表，复核加计是否正确，并与总账数、明细账合计数核对是否相符。

（2）抽查一定数量的委托加工业务合同，检查有关发料、加工费、运费结算的凭证，核对成本计算是否正确，会计处理是否及时、正确。

（3）抽查加工完成物资的验收入库手续是否齐全，会计处理是否正确；需要缴纳消费税的委托加工物资，由受托方代收代缴消费税的会计处理是否正确。

（4）编制本期委托加工物资发出汇总表，与相关科目勾稽核对，并抽查复核月度委托加工物资发出汇总表的正确性。

（5）对期末结存的委托加工物资，应现场察看或函询核实。

（6）审核有无长期挂账的委托加工物资，如有，应查明原因，必要时提出调整建议。

（7）查阅资产负债表日前后若干天委托加工物资增减变动的有关账簿记录和有关的合同、协议和凭证、出库单、入库单、货运单、验收单等资料，检查有无跨期现象，如有，则应作出记录，必要时建议作审计调整。

（8）确定委托加工物资的披露是否恰当。

本 章 小 结

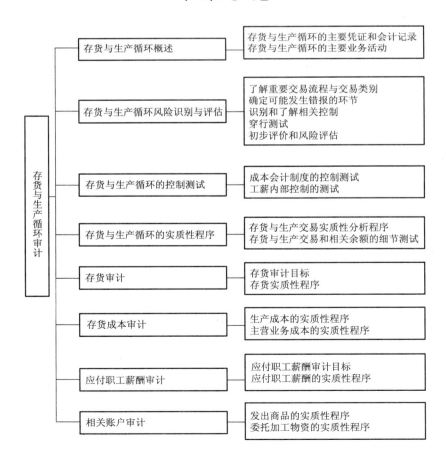

同步测试

一、单项选择题

1. 下列属于被审计单位健全有效的存货内部控制需要由独立的采购部门负责的是（　　）。
   A. 编制购货订单　　　　　　　　　　B. 编制请购单
   C. 检验购入货物的数量、质量　　　　D. 控制存货水平以免出现积压

2. 某注册会计师派往乙公司实施存货监盘的外勤人员，在乙公司盘点存货之前，该注册会计师应当（　　）。
   A. 跟随被审计单位的盘点人员
   B. 观察存货盘点计划的执行情况
   C. 确定存货数量和状况记录的准确性
   D. 观察盘点现场存货的排列情况以及是否附有盘点标示

3. 注册会计师在选择存货计价测试的样本时，一般采用的抽样方法是（　　）。
   A. 随机抽样法　　B. 系统抽样法　　C. 分层抽样法　　D. 随意抽样法

4. 注册会计师观察客户存货的主要目的是为了（　　）。
   A. 注册会计师观察客户存货项目　　　B. 查明存货的计价是否正确
   C. 了解盘点指示是否贯彻执行　　　　D. 获得存货是否实际存在的证据

5. 应付职工薪酬的审计目标一般不包括（　　）。
   A. 确定记录的应付职工薪酬是否为被审计单位应当履行的现时义务
   B. 确定所有应当记录的应付职工薪酬是否均已记录
   C. 确定应付职工薪酬是否实际发放
   D. 确定应付职工薪酬是否以恰当的金额包括在财务报表中，与之相关的计价调整是否已恰当记录

6. 注册会计师在企业存货的盘点工作中，应当（　　）。
   A. 亲自进行独立的存货盘点
   B. 参与企业盘点，完全不必亲自盘点
   C. 观察企业盘点，完全不必亲自盘点
   D. 制定盘点计划，由企业进行盘点，将盘点结果汇入工作底稿

7. 注册会计师李龙审计 W 公司 2019 年度财务报表时，将其交易和账户划分为销售与收款循环、采购与付款循环、存货与生产循环、筹资与投资循环。在一般情况下，下列项目中应划入存货与生产循环的是（　　）。
   A. 应付账款　　　B. 其他应收款　　C. 主营业务成本　　D. 无形资产

8. 存货成本审计不应包括的内容有（　　）。
   A. 制造费用的审计　　　　　　　　　B. 人工成本的审计
   C. 直接材料成本　　　　　　　　　　D. 管理费用的审计

9. 仓库部门根据从生产部门收到的（　　）向生产部门发货。
   A. 领料单　　　　B. 发料单　　　　C. 验收单　　　　D. 保管单

10. 下列各项中，属于生产成本审计实质性程序的是（   ）。
    A. 对成本执行分析程序
    B. 审查有关凭证是否经过适当审批
    C. 审查有关记账凭证是否附有原始凭证，以及这些原始凭证的顺序编号是否完整
    D. 询问和观察存货的盘点及接触

二、多项选择题

1. 如果注册会计师采用以控制测试为主的方式进行存货监盘，并准备信赖被审计单位存货盘点的控制措施与程序，则其实施的绝大部分审计程序将限于（   ）。
    A. 询问   B. 重新执行   C. 观察   D. 抽查

2. 下列属于注册会计师对被审计单位存货监盘时应特别关注的问题有（   ）。
    A. 注册会计师应当特别关注存货的状况，观察被审计单位是否已经恰当地区分了所有毁损、陈旧、过时及残次的存货
    B. 注册会计师应当获取盘点日前后存货收发及移动的凭证，检查库存记录与会计记录期末截止日期是否正确
    C. 注册会计师应当特别关注存货的移动情况，防止遗漏或重复盘点
    D. 在存货监盘过程中，注册会计师应当获取存货验收入库、装运出库以及内部转移截止等信息，以便将来追查至被审计单位的会计记录

3. 审查直接材料费需要检查下列文件（   ）。
    A. 领退料单   B. 材料费用分配表
    C. 材料成本并异计算分配表   D. 采购合同和购货发票

4. 存货截止测试的方法有（   ）。
    A. 抽查存货截止日前后的购货发票，并与验收报告核对
    B. 检查验收部门的验收报告，查明其相对应的购货发票是否在同期入账
    C. 检查成本计算单
    D. 检查材料费用分配表

5. 存货是指企业在生产经营过程中为销售或耗用而储存的各种资产，包括（   ）。
    A. 产成品   B. 半成品
    C. 原材料   D. 包装物

6. 被审计单位将存货账面余额全部转入当期损益，注册会计师认可的情况有（   ）。
    A. 已霉烂变质的存货
    B. 企业使用该项原材料生产的产品成本大于产品的销售价格
    C. 已过期不可退货的存货
    D. 生产中已不再需要，并且无转让价值的存货

7. 审查直接人工成本需要依据下列（   ）有关资料。
    A. 职工考勤表   B. 职工工薪等级
    C. 薪酬计算表   D. 人工成本分配表

8. 下列应计入职工薪酬的项目有（   ）。
    A. 职工工资   B. 奖金
    C. 职工福利费   D. 社会保险费

9. 直接材料成本实质性程序的主要内容包括（   ）。
   A. 审查直接材料耗用量的真实性 B. 审查直接材料的计价
   C. 审查直接材料费用的分配   D. 审查直接材料费用的定额成本
10. 存货与生产循环的内部控制包括（   ）。
    A. 成本会计制度   B. 存货存储控制
    C. 存货的监盘   D. 工薪的内部控制

实训案例分析

1. 某企业仓库保管员负责登记存货明细账，以便对仓库中所有存货项目的收、发、存进行永续记录。当收到验收部门送交的存货和验收单后，根据验收单登记存货明细账。平时，各车间或其他部门如果需要领取原材料，都可以填写领料单，仓库保管员根据领料单发出原材料。公司辅助材料的用量很少，因此领取辅助材料时，没有要求使用领料单。各车间经常有辅助材料剩余（根据每天特定工作购买而未消耗掉，但其实还可再为其他工作所用的），这些材料由车间自行保管，无须通知仓库。如果仓库保管员有时间，偶尔也会对存货进行实地盘点。

根据上述描述，回答以下问题：
（1）你认为上述描述的内部控制有什么缺陷？并简要说明该缺陷可能导致的错弊。
（2）针对该企业存货循环上的弱点，提出改进建议。

2. 李涛注册会计师是华昌公司 2019 年度财务报表审计的外勤负责人，在审计过程中，需对负责负债项目审计的助理人员提出的相关问题予以解答。请代李涛注册会计师为审计的助理人员解释。
（1）现金监盘与存货监盘有哪些不同？
（2）存货截止的主要方法是什么？注册会计师在对期末存货进行截止测试时，通常应当关注的内容有哪些？

3. 注册会计师赵丽在对 ABC 股份有限公司存货项目的相关内部控制进行研究评价后，发现 ABC 公司存在以下六种可能存在导致错误的情况：
（1）所有存货都未经认真盘点；
（2）接受资产报表日前入库的产成品可能已计入存货项目，但可能未进行相关的会计记录；
（3）由 XYZ 公司代管的 A 材料可能并不存在；
（4）XYZ 公司存放于 ABC 公司仓库内的 B 材料可能已计入 ABC 公司的存货项目；
（5）存货方法已作变更；
（6）ABC 公司以前年度未曾接近过审计。

要求：针对上述情况，请将你认为赵丽列出为证实上述情况是否真正导致错误而实施的实质性测试程序。

4. 注册会计师李敏在对 ABC 公司存货进行审计时，发现以下两种情况：
（1）公司有 40 万元的存货存放在外地仓库，未能观察实地盘点，向存放地发出的询证函也未收到任何答复，也无法实施替代程序。
（2）无监盘存货中发现有一部分存货已经毁损，账面价值为 50 万元，公司仍作为正常存货列示,该损失属一般经营损失。

要求:针对上述两种情况,注册会计师应提出何种处理意见?若需提请调整的,请列示调整分录。

5. 审计人员在审查某公司 2019 年 12 月份产品成本时,发现下列情况:

(1) 2 月 28 日曾以假投料办法多转直接材料 32 500 元;

(2) 12 月份直接人工多记 3 600 元;

(3) 12 月份多摊低值易耗品 4 000 元;

(4) 根据账面资料,12 月份生产乙产品 2 000 件,月末在产品盘存 200 件,在产品投料程序为 100%,加工程序为 50%,据此计算的产品成本计算单见表 11 - 7。

表 11 - 7 产品成本计算单

2019 年 12 月   单位:元

成本项目	月初在产品成本	本月生产费用	生产费用合计	产成品成本	月末在产品成本
直接材料	50 000	170 000	220 000	200 000	20 000
直接人工	10 600	41 000	51 600	49 142.86	2 457.14
制造费用	5 000	35 000	40 000	38 095.24	1 904.76
合计	65 600	246 000	311 600	287 238.1	24 361.9

经审查,12 月末在产品盘存数应为 500 件,加工程度为 80%,在产品投料程度和产成品数量正确。

要求:根据上述资料,纠正有关错误并重编产品成本计算单,指出企业如此做的意图。

思考与练习

1. 试述成本会计制度的测试内容。
2. 为什么说存货审计在整个会计报表审计中非常重要?
3. 试述存货审计的实质性测试程序。
4. 应付职工薪酬的审计目标是什么?实施的审计程序包括哪些?
5. 简述委托加工物资的实质性审计程序。

第十二章

筹资与投资循环审计

知识目标

1. 了解筹资循环、投资循环相关的主要凭证、会计记录及主要经济业务活动。
2. 掌握筹资与投资循环的风险识别与评估方法。
3. 掌握筹资活动、投资活动的内部控制和控制测试。
4. 掌握借款相关项目、所有者权益相关项目和投资相关项目的实质性程序。

技能目标

1. 能运用审计基础知识识别筹资与投资循环的重要交易流程与交易类别,确定可能错报的环节。
2. 能运用审计方法对短期借款、长期借款、实收资本、资本公积与盈余公积进行实质性测试。

第一节 筹资与投资循环概述

筹资活动是指企业为满足生存和发展的需要,通过改变企业资本及债务规模和构成而筹集资金的活动。投资活动是指企业为享有被投资单位分配的利润,或为谋求其他利益,将资产让渡给其他单位而获得另一项资产的活动。

筹资与投资循环中所涉及的资产负债表项目主要包括:交易性金融资产、应收利息、应收股利、可供出售金融资产、持有至到期投资、长期股权投资、投资性房地产、短期借款、交易性金融负债、应付利息、应付股利、长期借款、应付债券、实收资本(或股本)、资本公积、盈余公积、未分配利润等;筹资与投资循环中所涉及的利润表项目主要包括:财务费用、投资收益等。

一、筹资循环的主要凭证与会计记录

筹资活动主要由借款交易和股东权益交易组成。筹资循环所涉及的凭证和记录主要包括:

(一)债券

债券是公司依据法定程序发行、约定在一定期限内还本付息的有价证券。

(二)股票

股票是公司签发的证明股东所持股份的凭证。

（三）债券契约

债券契约是一张明确债券持有人与发行企业双方所拥有的权利与义务的法律性文件，其内容一般包括：债券发行的标准；债券的明确表述；利息或利息率；受托管理人证书；登记和背书；如系抵押债券，其所担保的财产；债券发生拖欠情况如何处理，以及对偿债基金、利息支付、本金返还等的处理。

（四）股东名册

发行记名股票的公司应记载的内容一般包括：股东的姓名或者名称及住所；各股东所持股份数；各股东所持股票的编号；各股东取得其股份的日期。发行无记名股票的，公司应当记载其股票数量、编号及发行日期。

（五）公司债券存根簿

发行记名公司债券应记载的内容一般包括：债券持有人的姓名或者名称及住所；债券持有人取得债券的日期及债券的编号；债券总额、债券的票面金额、债券的利率、债券还本付息的期限和方式；债券的发行日期。发行无记名债券的应当在公司的债券存根簿上记载债券总额、利率、偿还期限和方式、发行日期和债券编号。

（六）承销或包销协议

公司向社会公开发行股票或债券时，应当由依法设立的证券经营机构承销或包销，公司应与其签订承销或包销协议。

（七）借款合同或协议

公司向银行或其他金融机构借入款项时与其签订的合同或协议。

（八）有关记账凭证

（九）有关会计科目的明细账和总账

二、投资循环的主要凭证和会计记录

（1）股票或债券。

（2）经纪人通知书。

（3）债券契约。

（4）企业的章程及有关协议。

（5）投资协议。

（6）有关记账凭证。

（7）有关会计科目的明细账和总账。

三、筹资与投资循环的主要业务活动

（一）筹资所涉及的主要业务活动

1. 审批授权。企业通过借款筹集资金需经管理层的审批，其中债券的发行每次均要由董事会授权；企业发行股票必须依据国家有关法规或企业章程的规定，报经企业最高权力机构（如董事会）及国家有关管理部门批准。

2. 签订合同或协议。向银行或其他金融机构融资须签订借款合同，发行债券须签订债券契约和债券承销或包销合同。

3. 取得资金。企业实际取得银行或金融机构划入的款项或债券、股票的融入资金。

4. 计算利息或股利。企业应按有关合同或协议的规定，及时计算利息或股利。

5. 偿还本息或发放股利。银行借款或发行债券应按有关合同或协议的规定偿还本息，融入的股本根据股东大会的决定发放股利。

筹资循环主要业务如图 12-1 所示。

（二）投资所涉及的主要业务活动

1. 审批授权：投资业务应由企业的高层管理机构进行审批。
2. 取得证券或其他投资。企业可以通过购买股票或债券进行投资，也可以通过与其他单位联合形成投资。
3. 取得投资收益。企业可以取得股权投资的股利收入、债券投资的利息收入和其他投资收益。
4. 转让证券或收回其他投资。企业可以通过转让证券实现投资的收回；其他投资已经投出，除联营合同期满，或由于其他特殊原因联营企业解散外，一般不得抽回投资。

投资循环主要业务如图 12-2 所示。

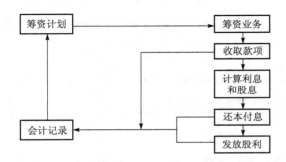

图 12-1　筹资循环主要业务

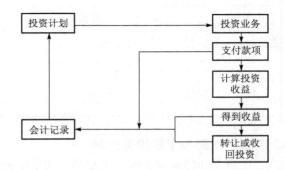

图 12-2　投资循环主要业务

第二节　筹资与投资循环的风险识别与评估

一、了解重要交易流程与交易类别

注册会计师可以通过下列方法了解筹资与投资循环的重要交易流程：检查被审计单位的手册和其他书面指引；询问被审计单位的适当人员；观察所运用的处理方法和程序。

二、确定可能发生错报的环节

注册会计师需要确认和了解错报在什么环节发生，即确定被审计单位应在哪些环节设置控制，以防止或发现并纠正各重要业务流程可能发生的错报。表 12-1、表 12-2 分别列举了部分在筹资、投资中可能错报的环节。

表 12-1　筹资活动可能错报环节情况一览

交易流程	可能的错报	关键控制点
筹资计划	借款或发行股票没有经过授权审批	借款或发行股票履行必要的授权批准，建立相关批准程序、文件
收取款项	所筹款项没有按照规定用途使用	借款合同由专人保管、定期检查借款使用

续表

交易流程	可能的错报	关键控制点
计算利息、股息	利息、股息空间处理不正确	建立严密的账簿体系和记录制度
归还借款	提前冲减银行借款，少计负债	企业与银行定期对账，编制银行存款余额调节表

表12-2　投资活动可能错报环节情况一览

交易流程	可能的错报	关键控制点
投资计划	投资活动没有经过授权批准	建立投资授权批准程序、支付
支付款项	款项支付没有执行投资计划	投资业务计划、执行、保管等方面职责分开
计算投资收益	虚价或少计投资收益	建立详尽的会计核算制度
投资资产保管	投资证券丢失	委托专门机构保管，或者由内部建立至少两名人员以上的联合控制制度

三、识别和了解相关控制

注册会计师通过询问、观察等方法了解筹资与投资循环内部控制，并通过文字表述法、调查表法和流程图法把相关内部控制描述出来。下面以调查表的形势来说明对筹资与投资循环内部控制的了解与记录，见表12-3、表12-4、表12-5。

表12-3　筹资循环内部控制调查表1

被审计单位名称：A公司
财务报表时间：［截止×年×月×日］
审计项目名称：长期债券

	签名	日期	索引号
编制人			
复核人			页次
项目质量控制复核人			

调查的问题	是	否	不适用	备注
1. 债券发行是否根据董事会授权和有关法律规定进行				
2. 债券发行是否履行审批手续				
3. 债券的发行收入是否及时送存银行				
4. 是否按债券契约的规定及时支付债券利息				
5. 是否将应付债券记入恰当的账户				
6. 债券持有人明细账是否定期核对				
7. 债券持有人明细账是否指定专人妥善保管				
8. 债券的偿还和回购是否根据董事会授权办理				

表 12-4　筹资循环内部控制调查表 2

被审计单位名称：A 公司
财务报表时间：[截止×年×月×日]

	签名	日期	索引号
编制人			
复核人			页次
项目质量控制复核人			

调查的问题	是	否	不适用	备注
1. 是否所有的股票发行、收回及股利分配都得到授权				
2. 是否发行和未发行的股票都事前登记并采取相应的防护措施				
3. 各类股票业务的记录是否都得以保存				
4. 发行股票的授权、执行及记录人员是否做到了职责分离				
5. 股利支付是否定期重新计算				

表 12-5　投资循环内部控制调查表

被审计单位名称：A 公司
财务报表时间：[截止×年×月×日]
审计项目名称：××

	签名	日期	索引号
编制人			
复核人			页次
项目质量控制复核人			

调查的问题	是	否	不适用	备注
1. 投资业务的授权、执行、记录及投资资产的保管是否都有明确的分工				
2. 投资资产由企业自行保管的，是否至少由两名以上人员共同控制				
3. 是否由独立的专门机构（如证券公司）对投资资产进行保管				
4. 投资业务是否经过授权审批				
5. 是否取得了投资证明和交易凭证				
6. 股权持有期间的股权变动和投资收益是否正确、及时记录和复核				
7. 对于有价证券的存取，是否将其名称、数量、价值及存取的日期、数量等详细记录于证券登记簿，并由所有在场经手人员签字				
8. 是否对有价证券定期进行盘点核对				

四、穿行测试

执行穿行测试，以证实对交易流程和相关控制的了解。

五、初步评价和风险评估

注册会计师通过了解筹资与投资循环的内部控制，对相关控制的设计和是否得到执行进行评价,同时结合对被审计单位其他方面的了解,识别和评估重大错报风险,以决定进一步审计程序的性质、时间和范围。如果了解到被审计单位的内部控制不存在或不值得信赖,注册会计师可考虑执行实质性程序,而不进行控制测试。

第三节 筹资与投资循环的控制测试

一、筹资活动的内部控制和控制测试

筹资活动主要由借款交易和股东权益交易组成。股东权益增减变动的业务较少而金额较大,注册会计师在审计中一般直接进行实质性程序。企业的借款交易涉及短期借款、长期借款和应付债券,这些内部控制基本类似。因此,这里我们以应付债券为例说明筹资活动的内部控制和控制测试。

无论是否依赖内部控制,注册会计师均应对筹资活动的内部控制获得足够的了解。以识别错报的类型、方式及发生的可能性。一般来讲,应付债券内部控制的主要内容包括:① 应付债券的发行要有正式的授权程序,每次均要由董事会授权。② 申请发行债券时,应履行审批手续,向有关机关递交相关文件。③ 应付债券的发行,要有受托管理人来行使保护发行人和持有人合法权益的权利。④ 每种债券发行都必须签订债券契约。⑤ 债券的承销或包销必须签订有关协议。⑥ 记录应付债券业务的会计人员不得参与债券发行。⑦ 如果企业保存债券持有人明细分类账,应同总分类账核对相符,若这些记录由外部机构保存,则须定期同外部机构核对。⑧ 未发行的债券必须有人负责。⑨ 债券的回购要有正式的授权程序。

二、投资活动的内部控制和控制测试

一般来讲,投资内部控制的主要内容包括下列几个方面:

(一)合理的职责分工

这是指合法的投资业务,应在业务的授权、业务的执行、业务的会计记录以及投资资产的保管等方面都有明确的分工,不得由一人同时负责上述任何两项工作。比如,投资业务在企业高层管理机构核准后,可由高层负责人员授权签批,由财务经理办理具体的股票或债券的买卖业务,由会计部门负责进行会计记录和财务处理,并由专人保管股票或债券。这种合理的分工所形成的相互牵制机制有利于避免或减少投资业务中发生错误或舞弊的可能性。

(二)健全的资产保管制度

企业对投资资产(指股票和债券资产)一般有两种保管方式:一种是由独立的专门机构保管,如在企业拥有较大的投资资产的情况下,委托银行、证券公司、信托投资公司等机构进行保管。这些机构拥有专门的保存和防护措施,可以防止各种证券及单据的失窃或毁损,并且由于它与投资业务的会计记录工作完全分离,可以大大降低舞弊的可能性。另一种方式是由企业自行保管,在这种方式下,必须建立严格的联合控制制度,即至少要由两名以上人员共同控制,不得一人单独接触证券。对于任何证券的存入或取出,都要将债券名称、数量、价值及存取的日期、数量等详细记录于证券登记簿内,并由所有在场的经手人员签名。

(三)详尽的会计核算制度

企业的投资资产无论是自行保管还是由他人保管,都要进行完整的会计记录,并对其增

减变动及投资收益进行相关会计核算。具体而言,应对每一种股票或债券分别设立明细分类账,并详细记录其名称、面值、证书编号、数量、取得日期、经纪人(证券商)名称、购入成本、收取的股息或利息等;对于联营投资类的其他投资,也应设置明细分类账,核算其他投资的投出及其投资收益和投资收回等业务,并对投资的形式(如流动资产、固定资产、无形资产等)、投向(即接受投资单位)、投资的计价以及投资收益等做出详细的记录。

(四)严格的记名登记制度

除无记名证券外,企业在购入股票或证券时应在购入的当日尽快登记于企业名下,切忌登记于经办人员名下,防止冒名转移并借其他名义牟取私利的舞弊行为发生。

(五)完善的定期盘点制度

对于企业所拥有的投资资产,应由内部审计人员或不参与投资业务的其他人员进行定期盘点,检查是否确实存在,并将盘点记录与账面记录相互核对以确认账实的一致性。

投资的控制测试一般包括如下内容:

(1)检查控制执行留下的轨迹。注册会计师应抽查投资业务的会计记录和原始凭证,确定各项控制程序运行情况。

(2)审阅内部盘核报告。注册会计师应审阅内部审计人员或其他授权人员对投资资产进行定期盘核的报告。应审阅其盘点方法是否恰当、盘点结果与会计记录相核对情况以及出现差异的处理是否合规。

(3)分析企业投资业务管理报告。对于企业的长期投资,注册会计师应对照有关投资方面的文件和凭证,分析企业的投资业务管理报告。注册会计师应认真分析这些投资业务管理报告的具体内容,并对照前述的文件和凭证资料,从而判断企业长期投资的管理情况。

第四节 借款相关项目审计

一、借款审计

(一)借款的审计目标

(1)确定期末借款是否确实存在。

(2)确定期末借款是否被审计单位应履行的偿还义务。

(3)确定借款的借入、偿还及计息的记录是否完整,有无遗漏。

(4)确定借款的期末余额是否正确。

(5)确定借款的列报与披露是否恰当。

(二)借款的实质性程序

(1)获取或编制有关借款明细表。

(2)检查借款的增减变动。

(3)检查借款的使用。

(4)函证借款。借款余额较大,或认为必要时应向银行或其他债权人发函询证借款额、借款利率、已偿还金额及利息支付情况。

(5)检查年末有无到期未偿还的借款。检查相关记录和原始凭证,看有无到期未偿还的借款,逾期借款是否办理延期手续;分析逾期贷款的金额、比率和期限,判断被审计单位的资信程度和偿债能力。

(6) 检查借款费用的会计处理是否正确。重新计算借款利息，并与财务费用等相关记录核对，看有无高估或低估借款费用的情况；检查借款费用的会计处理是否正确，借款费用资本化和费用化的处理是否正确。

(7) 检查借款列报与披露是否恰当。检查短期与长期借款在资产负债表上是否单独列示；一年内到期的长期借款是否从长期借款项目扣除，并在流动负债下的"一年内到期的非流动负债"项目反映；借款的抵押和担保等是否已在附注中充分披露。

二、财务费用的审计

（一）财务费用的审计目标

(1) 确定记录的财务费用是否已发生，且与被审计单位有关。
(2) 确定财务费用记录是否完整。
(3) 确定与财务费用有关的金额及其他数据是否已恰当记录。
(4) 确定财务费用是否已记录于正确的会计期间。
(5) 确定财务费用的内容是否正确。
(6) 确定财务费用的列报与披露是否恰当。

（二）财务费用的实质性程序

(1) 获取或编制财务费用明细表，复核加计，与报表、总账及明细账核对相符。
(2) 执行分析程序。将本期、上期财务费用各明细项目做比较分析，比较本期各月份财务费用，看有无重大波动和异常情况。
(3) 检查利息支出明细账，确认利息支出的真实性及正确性。
(4) 检查汇总损益明细账，看汇总损益计算是否正确，核对所用汇率是否正确、一贯。
(5) 检查"财务费用——其他"明细账，注意大额金融机构手续费的真实性与正确性。
(6) 实施截止测试，检查财务费用各项目有无跨期入账的现象。
(7) 检查财务费用的列报与披露是否恰当。

【例 12-1】 某企业为建造新厂房，于 2018 年 1 月 1 日向银行借款 600 万元，年利息率为 10%，借款期限为 3 年。该厂房于 2018 年 1 月 1 日动工，于 2019 年 12 月 31 日完工，并达到预定可使用状态。该企业 2018 年将该项借款所有的利息费用都计入财务费用。

分析要点： 专门借款在固定资产达到预定可使用状态之前的利息应予以资本化。该企业这样的会计处理，一方面虚减了资产，另一方面虚增了财务费用，减少了当期的利润，少交所得税。

第五节　所有者权益相关账户审计

一、实收资产（股本）的审计

（一）实收资本（股本）的审计目标

(1) 确定实收资本（股本）是否存在。
(2) 确定实收资本（股本）的增减变动是否符合法律、法规和合同、章程的规定，记录是否完整。
(3) 确定实收资本（股本）期末余额是否正确。

(4) 确定实收资本（股本）的列报与披露是否恰当。

（二） 实收资本（股本）的实质性程序

(1) 获取或编制实收资本（股本）增减变动情况明细表，复核加计正确，与报表数、总账数和明细账合计数核对相符。

(2) 查阅公司章程、股东大会、董事会会议记录中有关实收资本（股本）的规定。收集与实收资本（股本）变动有关的董事会会议纪要、合同、协议、公司章程及营业执照，公司设立批文、验资报告等法律文件，并更新永久性档案。

(3) 检查实收资本（股本）增减变动的原因，查阅其是否与董事会纪要、补充合同、协议及其他有关法律性文件的规定一致，逐笔追查至原始凭证，检查其会计处理是否正确。注意有无抽资或变相抽资的情况，如有，应取证核实，作恰当处理。对首次结算委托的客户，除取得验资报告外，还应检查并复印记账凭证及进账单。

(4) 对于以资本公积、盈余公积和未分配利润转增资本的，应取得股东（大）会等资料，并审核是否符合国家有关规定。

(5) 根据证券登记公司提供的股东名录，检查被审计单位及其子公司、合营企业与联营企业是否有违法的持股情况。

(6) 以非记账本位币出资的，检查其折算汇率是否符合规定。

(7) 检查认股权证及有关交易，确定委托人及认股人是否遵守认股合约或认股权证中的有关规定。

(8) 检查实收资本（股本）的列报与披露是否恰当。

二、资本公积的审计

（一） 资本公积的审计目标

(1) 确定资本公积是否存在。

(2) 确定资本公积的增减变动是否符合法律、法规和合同章程的规定，记录是否完整。

(3) 确定资本公积期末余额是否正确。

(4) 确定资本公积的列报与披露是否恰当。

（二） 资本公积的实质性程序

(1) 获取或编制资本公积明细表，复核加计正确，并与报表数、总账数和明细账合计数核对相符。

(2) 收集与资本公积变动有关的股东（大）会决议、董事会会议纪要、资产评估报告等文件资料，更新永久性档案。首次接受委托的，应检查期初资本公积的原始发生依据。

(3) 根据资本公积明细账，对股本溢价、其他资本公积各明细的发生额逐项审查，对股本溢价，检查会计处理是否正确，注意发行股票溢价收入的计算是否已扣除股票发行费用。检查以权益法核算的被投资单位除净损益以外的所有者权益的变动，被审计单位是否已按其享有的份额入账，会计处理是否正确；处置该项投资时，注意是否已转销与其相关的资本公积。

(4) 对可供出售的金融资产形成的资本公积，结合相关科目，检查金额和相关会计处理是否正确。

(5) 被审计单位将回购的本单位股票予以注销、用于奖励职工或转让，其会计处理是否正确。

(6) 对于资本公积转增资本,应取得股东(大)会决议、董事会会议纪要和政府批文等,检查资本公积转增资本是否符合有关规定,会计处理是否正确。

(7) 检查资本公积的列报与披露是否恰当。

【例12-2】某股份公司2018年资本公积数额是44 617万元,而2019年骤增至110 351万元。一年之间,增加了65 734万元;注册会计师对资本公积有如此大幅度的增加,并未引起重视,没有取得能够说明此项异常变动的可靠证据,也未认真检查原始凭证和会计记录,审核资产评估是否经有关部门批准、估价方法是否合规。实际上,该公司新增资本公积是在未取得土地使用权,未经国家有关部门批准立项和确认的情况下,对四个投资项目的资产进行评估而产生的增值,如执行相应的程序,是可以发现的。

三、盈余公积的审计

(一) 盈余公积的审计目标

(1) 确定期末盈余公积是否存在。

(2) 确定盈余公积的新增变动是否符合法律、法规和合同、章程的规定,记录是否完整。

(3) 确定盈余公积期末余额是否正确。

(4) 确定盈余公积的披露是否恰当。

(二) 盈余公积的实质性程序

1. 获取或编制盈余公积明细表,复核加计正确,并与报表数、总账数和明细账合计数核对相符。

2. 收集与盈余公积有关的董事会会议纪要、股东(大)会决议以及政府主管部门,财政部门批复等文件资料,进行审阅,并更新永久性档案。

3. 对法定盈余公积和任意盈余公积的发生额逐项审查至原始凭证。

(1) 审查法定盈余公积和任意盈余公积的计提顺序、计提基数、计提比例是否符合有关规定,会计处理是否正确。

(2) 审查盈余公积的减少是否符合有关规定,取得董事会会议纪要、股东(大)会决议,予以核实,检查有关会计处理是否恰当。

4. 检查盈余公积列报与披露是否恰当。

【例12-3】注册会计师2019年1月对某企业2018年的资产负债表和该年度的利润表、现金流量表进行审计。在审计过程中,发现"盈余公积"总账下的任意盈余公积明细账贷方有一笔记录,摘要为"收到股利收入",金额为250 000元。注册会计师怀疑是错列盈余公积,于是做进一步审查。依据账中摘要查阅记账凭证,记账凭证记为:

借:银行存款   250 000

  贷:盈余公积   250 000

股利收入应记录投资收益账户,不能作为盈余公积。调整分录为:

借:盈余公积   250 000

  贷:投资收益   250 000

四、未分配利润的审计

（一）未分配利润的审计目标

（1）确定期末未分配利润是否存在。

（2）确定未分配利润增减变动的记录是否完整。

（3）确定未分配利润期末余额是否正确。

（4）确定未分配利润的列报与披露是否恰当。

（二）未分配利润的实质性程序

（1）获取或编制未分配利润明细表，复核加计正确，与报表数、总账数及明细账合计数相对符合。

（2）检查未分配利润期初数与上期审定数是否相符，涉及损益的上期审计调整是否正确入账。

（3）收集和检查与利润分配有关的董事会会议纪要、股东（大）会决议以及政府部门批文及有关合同、协议、公司章程等文件资料，更新永久性档案。对照有关规定确认利润分配的合法性。

（4）检查本期未分配利润变动除净利润转入以外的全部相关凭证，结合所获取的文件资料，确定其会计处理是否正确。

（5）了解本年利润弥补以前年度亏损的情况，如果已超过税前弥补期限，且已因为抵扣亏损而确认递延所得税资产的，应当进行调整。

（6）结合以前年度损益调整科目的审计，检查以前年度损益调整的内容是否真实、合理，注意对以前年度所得税的影响。对重大调整事项应逐项核实其发生原因、依据和有关资料、复核数据的正确性。

（7）检查未分配利润的列报与披露是否恰当。

【例12-4】某股份公司2019年实现利润30 000元（无纳税调整项目），所得税税率为33%，向股东分配利润前该企业的所有者权益结构为：普通股股本100 000股，每股面值5元，计500 000元；资本公积——股本溢价100 000元；盈余公积140 000元；未分配利润200 000元。经董事会决定，以每5股普通股增发1股普通股股票为股利，已按规定办理转增手续。分配后股权结构为：普通股股本120 000股，每股面值5元；计600 000元；资本公积——股本溢价100 000元；盈余公积为170 150元；未分配利润为270 850元。

分析要点：

该股份公司2009年分配股票股利后确定的所有者权益不正确，正确的做法是：

缴纳所得税 = (300 000 × 33%) = 99 000（元）

提取法定公积金 = (300 000 - 99 000) × 10% = 20 100（元）

提取法定公益金 = (300 000 - 99 000) × 5% = 10 050（元）

分配股票股利的股数 = 100 000 × 1/5 = 200 009（股）

分配股票股利总额 = 20 000 × 6 = 120 000（元）

分配后的股权结构为：普通股股本120 000股，每股面值5元，计600 000元；资本公积——股本溢价为120 000元；盈余公积为170 150（140 000 + 20 100 + 10 050）元；未分配利润为250 850（200 000 + 300 000 - 99 000 - 30 150 - 120 000）元。

第六节 投资相关项目审计

与投资相关项目包括：交易性金融资产、可供出售金融资产、持有至到期投资、长期股权投资、交易性金融负债等。下面介绍这些项目的审计。

一、交易性金融资产的审计

（一）交易性金融资产的设计目标

（1）确定交易性金融资产是否存在且归被审计单位所有。

（2）确定交易性金融资产的计价是否正确。

（3）确定交易性金融资产的增减变动及其损益的记录是否完整。

（4）确定交易性金融资产期末余额是否正确。

（5）确定交易性金融资产的列报与披露是否恰当。

（二）交易性金融资产的实质性程序

（1）获取或编制交易性金融资产明细表，复核加计正确，并与报表数、总账数和明细账合计数核对相符。

（2）对期末结存的相关交易性金融资产，向被审计单位核实其持有目的，检查本科目核算范围是否恰当。

（3）获取股票、债券及基金等交易流水单及被审计单位证券投资部门的交易记录，与明细账核对，检查会计记录是否完整、会计处理是否正确。

（4）监盘库存交易性金融资产，并与相关账户余额进行核对，如有差异，应查明原因，并作出记录或进行适当调整。

（5）向相关金融机构发函询证交易性金融资产期末数量以及是否存在变现限制。

（6）抽取交易性金融资产增减变动的相关凭证，检查其原始凭证是否完整合法，会计处理是否正确。

（7）复核与交易性金融资产相关的损益计算是否正确，并与公允价值变动损益及投资收益等有关数据核对。

（8）复核股票、债券及基金等交易性金融资产的期末公允价值是否合理，相关会计处理是否正确。

（9）关注交易性金融资产是否存在重大的变现限制。

（10）检查交易性金融资产的列报与披露是否恰当。

二、可供出售金融资产的审计

（一）可供出售金融资产的审计目标

（1）确定可供出售金融资产是否存在且归被审计单位所有。

（2）确定可供出售金融资产的计价是否正确。

（3）确定可供出售金融资产增减变动及其损益的记录是否完整。

（4）确定可供出售金融资产减值准备的计提方法是否恰当，计提是否充分。

（5）确定可供出售金融资产减值准备的增减变动记录是否完整。

（6）确定可供出售金融资产及其减值准备期末余额是否正确。

（7）确定可供出售金融资产及减值准备的列报与披露是否恰当。

(二) 可供出售金融资产的实质性程序

(1) 获取或编制可供出售金融资产明细表，复核加计正确，并与总账和明细账核对相符。

(2) 获取可供出售金融资产对账单，与明细账核对，并检查其会计处理是否正确。

(3) 检查库存可供出售金融资产，并与相关账户余额进行核对，如有差异，应查明原因，并做出记录或进行适当调整。

(4) 向相关金融机构发函询证可供出售金融资产期末数量。取得回函时应检查相关签章是否符合要求。

(5) 对本期结存的可供出售金融资产，向被审计单位核算其持有目的，检查本科目核算范围是否恰当。

(6) 抽取可供出售金融资产增减变动的相关凭证，检查其原始凭证是否完整合法，会计处理是否正确。

(7) 复核可供出售金融资产的期末公允价值是否合理，检查会计处理是否正确。

(8) 如果可供出售金融资产的公允价值发生较大幅度下降，并且预期这种下降趋势属于非暂时性的，应当检查被审计单位是否计提资产减值准备，计提金额和相关会计处理是否正确。

(9) 已确认减值损失的可供出售金融资产，当公允价值回升时，检查其相关会计处理是否正确。

(10) 若债券等债务工具类可供出售金融资产发生减值，检查相关利息的计算和会计处理是否正确。

(11) 检查可供出售金融资产出售时，其相关损益计算及会计处理是否正确，已计入资本公积的公允价值累计变动额是否转入投资收益科目。

(12) 复核可供出售金融资产划转为持有至到期投资的依据是否充分，会计处理是否正确。

(13) 检查债券投资计入损益的利息收入计算所采用的利率是否正确。

(14) 结合银行借款等科目，了解是否存在已用于债券担保的可供出售金融资产，是否恰当披露。

(15) 检查可供出售金融资产的列报与披露是否恰当。

三、持有至到期投资审计

(一) 持有至到期投资审计的目标

(1) 确定持有至到期投资是否存在，且归被审计单位所有。

(2) 确定持有至到期投资的增减变动及其损益的记录是否完整。

(3) 确定持有至到期投资的计价是否正确。

(4) 确定持有至到期投资减值准备的计提方法是否恰当，计提是否充分。

(5) 确定持有至到期投资减值准备的增减变动的记录是否完整。

(6) 确定持有至到期投资及其减值准备期末余额是否正确。

(7) 确定持有至到期投资及其减值准备的列报与披露是否恰当。

(二) 持有至到期投资的实质性程序

(1) 获取或编制持有至到期投资明细表，复核加计正确，并与总账和明细账相对相符。

（2）获取持有至到期投资对账单，与明细账核对，并检查其会计处理是否正确。

（3）检查库存持有至到期投资，并与账面余额进行核对。

（4）向相关金融机构发函询证持有至到期投资期末数量。

（5）对期末结存的持有至到期投资，核算被审计单位持有的目的和能力，检查本科目核算范围是否恰当。

（6）抽取持有至到期投资增加与减少的记账凭证，注意其原始凭证是否完整合法，会计处理是否正确。

（7）根据相关资料，确定债券投资的计息类型，结合投资收益科目，复核计算利息采用的利率是否恰当，相关会计处理是否正确，检查持有至到期投资持有期间收到的理想会计处理是否正确。

（8）结合投资收益科目，复核处理持有至到期投资的损益计算是否准确，已计提的减值准备是否同时结转。

（9）检查当持有目的改变时，持有至到期投资划转为可供出售金融资产的会计处理是否正确。

（10）结合银行借款等科目，了解是否存在已用于债务担保的持有至到期投资。如有，是否恰当披露。

（11）当有客观证据表明持有至到期投资发生减值的，应当复核相关资产项目的预计未来现金流量现值，并与其账面价值进行比较，检查相关减值准备计提是否充分；检查相关利息的计算及处理是否正确。

（12）检查持有至到期投资的列报与披露是否恰当，注意一年内到期的持有至到期投资是否列入"一年内到期的非流动资产"。

四、长期股权投资审计

（一）长期股权投资审计的目标

（1）确定长期股权投资是否存在，且归被审计单位所有。

（2）确定长期股权投资的增减变动及投资损益的记录是否完整。

（3）确定长期股权投资的核算方法是否正确。

（4）确定长期股权投资减值准的计提方法是否恰当。

（5）确定长期股权投资减值准备增减变动的记录是否完整。

（6）确定长期股权投资及其减值准备期末余额是否正确。

（7）确定长期股权投资及其减值准备的列报与披露是否恰当。

（二）长期股权投资的实质性程序

（1）获取或编制长期股权投资明细表，复核加计正确，并与总账和明细账核对相符；结合长期股权投资减值准备科目与报表数核对相符。

（2）根据有关合同和文件，确认股权投资的股权比例和持有时间，检查长期股权投资核算方法是否正确。

（3）对于重大的投资，向被投资单位函证被审计单位的投资额、持股比例及被投资单位发放股利等情况。

（4）对于应采用权益法核算的长期股权投资，获取被投资单位已经注册会计师审计的年度财务报表，如果未经注册会计师审计，则应考虑对被投资单位的财务报表实施适当的审计或审阅程序。

（5）对于采用成本法核算的长期股权投资，检查股利分配的原始凭证及分配决议等资料，确定会计处理是否正确。

（6）对于成本法和权益法相互转换的，检查其投资成本的确定是否正确。

（7）检查长期股权投资的增减变动的记录是否完整，相关会计处理是否正确。

（8）对长期股权投资进行逐项检查，以确定长期股权投资是否已经发生减值，是否正确计提长期股权投资减值准备，检查有无违规转回的现象。

（9）结合银行借款等的检查，了解长期股权投资是否存在质押、担保情况，如有，是否确定披露。

（10）检查长期股权投资的列报与披露是否恰当。

五、交易性金融负债审计

（一）交易性金融负债的审计目标

（1）确定期末交易性金融负债是否存在。

（2）确定期末交易性金融负债是否为被审计单位应履行的偿还义务。

（3）确定交易性金融负债的发生、偿还及计息的记录是否完整。

（4）确定交易性金融负债期末余额是否正确。

（5）确定交易性金融负债的列报与披露是否恰当。

（二）交易性金融负债的实质性程序

（1）获取或编制交易性金融负债明细表，复核加计，并与报表、总账和明细账核对相符。

（2）根据相关的债券交易资料，审查交易性金融负债内容的真实性和完整性。

（3）必要时，向对方单位函证。

（4）审查交易性金融负债的会计处理是否正确，特别注意公允价值的合理性，是否存在低估公允价值调增利润的情况。

（5）检查交易性金融负债的列报与披露是否恰当。

第七节　其他相关项目审计

一、其他应付款审计

（一）其他应付款的审计目标

（1）确定资产负债表中记录的其他应付款是否存在。

（2）确定所有应当记录的其他应付款是否均已记录。

（3）确定记录的其他应付款是否为被审计单位应当履行的现时义务。

（4）确定其他应付款是否以恰当的金额包括在财务报表中，与之相关的计价调整是否已恰当记录。

（5）确定其他应付款是否已按照企业会计准则的规定在财务报表中作出恰当列报。

（二）其他应付款的实质性程序

（1）获取或编制其他应付款明细表，复核加计是否正确，并与报表数、总账数和明细账合计数核对是否相符；分析有借方余额的项目，查明原因，必要时作重分类调整；结合应付账款、其他应付款明细余额，查明是否有双方同时挂账的项目，核算内容是否重复，必要时作重分类调整；标出应付关联方（包括持股5%以上的股东）的款项，并注明合并报表时应抵消的金额。

（2）请被审计单位协助，在其他应付款明细表上标出截至审计日已支付的其他应付款项，抽查付款凭证、银行对账单等，并注意这些凭证发生日期的合理性。

（3）判断选择一定金额以上和异常的明细余额，检查其原始凭证，并考虑向债权人发函询证。

（4）对非记账本位币结算的其他应付款，检查其折算汇率是否正确。

（5）审核资产负债表日后的付款事项，确定有无未及时入账的其他应付款。

（6）检查长期未结的其他应付款，并作妥善处理。

（7）检查其他应付款中关联方的余额是否正常，如数额较大或有其他异常现象，应查明原因，追查至原始凭证并作适当披露。

（8）检查其他应付款的列报是否恰当。

二、管理费用的审计

（一）管理费用的审计目标

（1）确定记录的管理费用是否已发生，且与被审计单位有关。

（2）确定管理费用记录是否完整。

（3）确定管理费用的内容是否正确。

（4）确定管理费用的列报与披露是否恰当。

（二）管理费用的实质性程序

（1）获取或编制管理费用明细表，并与明细账和总账核对相符；检查其明细项目的设置是否合规。

（2）运用分析程序，将本年度与上年度的管理费用各明细项目进行比较，并将本年度与各个月份的管理费用进行比较，看有无重大波动和异常情况。

（3）审查管理费用的分类，重点查明各项费用、支出的资本性支出与收益性支出的划分是否合理；是否存在将本来应该计入其他费用支出的项目计入了管理费用的现象。

（4）选择重要或异常的管理费用项目，检查其原始凭证，确定费用支出是否正常，会计处理是否正确。

（5）对管理费用实施截止测试，检查有无跨期入账的现象。

（6）检查管理费用的列报与披露是否恰当。

【例12-5】2017—2019年，某公司共发生管理费用8 300万元，其中，2017年为1 440万元，2018年2 730万元，2019年为4 310万元，按照会计准则规定，管理费用应当作为期间费用，列入当年损益。某该公司却将管理费用或列作开办费挂账，或分摊给下属公司，下属公司摊不了的作为长期待摊费用等挂账。利用这种收到虚增利润8 300万元。

三、所得税费用审计

（一）所得税费用的审计目标

（1）确定记录的所得税费用是否已发生，且与被审计单位有关。

（2）确定所得税费用记录是否完整。

（3）确定所得税费用是否已记录正确的会计期间。

(4) 确定所得税费用的内容是否正确。

(5) 确定所得税费用的列报与披露是否恰当。

(二) 所得税费用的实质性程序

(1) 获取或编制所得税费用明细表、递延所得税资产明细表、递延所得税负债明细表，与明细账、总账及报表核对相符。

(2) 核实当期的纳税调整事项，确定应纳税所得额，计算当期所得额费用。

(3) 根据期末资产及负债的账面价值与其计税基础之间的差异，以及为作为资产和负债确认的项目的账面价值与按照税法的规定确定的计税基础的差异，计算递延所得税资产、递延所得税负债期末应有余额，并根据递延所得税资产、递延所得税负债期初余额，倒轧出递延所得税费用（收益）。

(4) 将当期所得税费用与递延所得税费用之和与利润表上的"所得税费用"项目金额相核对。

(5) 确定所得税费用、递延所得税资产、递延所得税负债是否恰当列报与披露。

本 章 小 结

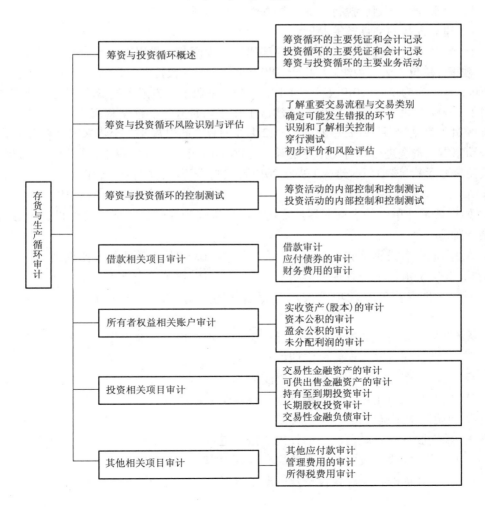

同 步 测 试

一、单项选择题

1. 在投资活动内部控制良好的前提下，对投资业务具有审批授权的是（　　）。
   A. 财务经理　　　　B. 高层管理机构　　　　C. 股东大会　　　　D. 证券投资部经理

2. 筹资与投资循环的特征是，影响本循环账户余额的业务数量较少，但每笔业务的金额通常都很大。基于这个特点，在审计时，可以采用的审计方法是（　　）。
   A. 抽样　　　　　　　　　　　　　　B. 实质性分析程序
   C. 大量的控制测试　　　　　　　　　D. 细节测试

3. 注册会计师审计应付债券丢失，不涉及的凭证与记录有（　　）。
   A. 债券承销协议　　　　　　　　　　B. 债券契约
   C. 公司债券存根簿　　　　　　　　　D. 股东名册

4. 为防止投资证券丢失，企业应当设置的关键控制点是（　　）。
   A. 建立投资授权批准程序、文件
   B. 投资业务计划、执行、保管等方面职责分开
   C. 建立详尽的会计核算制度
   D. 委托专门机构保管，或者由内部建立至少两名人员以上的联合控制制度

5. 被审计单位 A 公司为建造厂房于 2019 年 4 月 1 日从银行借入 2 000 万元专门借款，借款期限为 2 年，年利率为 6%。2019 年 7 月 1 日，A 公司采取出包方式委托 B 公司为其建造该厂房，并预付了 1 000 万元工程款，厂房实体建造工作于当日开始。该工程因发生施工安全事故在 2019 年 8 月 1 日至 11 月 30 日中断施工，12 月 1 日恢复正常施工，至年末工程尚未完工。2019 年将未动用借款资金进行暂时性投资获得投资收益 10 万元（其中资本化期间内闲置资金获得投资收益 7 万元），该项厂房建造工程在 2019 年度应予资本化的利息金额为（　　）万元。
   A. 80　　　　　　　B. 13　　　　　　　C. 53　　　　　　　D. 10

6. 如果被审计单位的投资证券是委托专门机构代为保管，为证实这些投资证券的存在，注册会计师应（　　）。
   A. 实地盘点投资证券　　　　　　　　B. 向代保管机构发函询证
   C. 获取被审计单位管理层声明　　　　D. 逐笔检查被审计单位相关会计记录

7. 针对可能存在筹集款项没按规定用途使用的情况，企业应当设置的关键控制点是（　　）。
   A. 借款或发行股票履行必要的授权手续，建立相关批准程序、文件
   B. 借款合同由专人保管，定期检查借款使用
   C. 建立严密的账簿体系和记录制度
   D. 企业与银行定期对账，编制银行存款余额调度节表

8. 下列说法中正确的是（　　）。
   A. 长期股权投资减值准备的计提要按月进行
   B. 计提长期股权投资减值准备的会计处理需要借记管理费用
   C. 已经计提的长期股权投资减值准备可以次年随时冲回

D. 注册会计师的检查被审计单位长期股权投资期末是否减值及是否正确计提减值准备

9. 注册会计师审查股票发行费用的会计处理，若股票溢价发行，应查实被审计单位是否按照规定将各种发行费用作为（　　）。
   A. 从溢价中抵消　　　　　　　　B. 长期待摊费用
   C. 开办费　　　　　　　　　　　D. 当期管理费用

10. 注册会计师检查被审计单位本期、上期财务费用各明细项目并作比较，将本期各月份财务费用作比较，看有无重大波动和异常情况，则其执行的是（　　）审计程序。
    A. 检查记录或文件　　　　　　　B. 观察
    C. 分析程序　　　　　　　　　　D. 截止测试

11. 注册会计师在对 A 公司 2019 年度财务报表进行审计时，发现该公司 2017 年初按投资份额出资 180 万元对 B 公司进行长期股权投资，占 B 公司股权比例的 40%，A 公司没有对 B 公司的其他长期权益。当年 B 公司亏损 100 万元；2018 年 B 公司亏损 400 万元；2019 年 B 公司实现净利润 30 万元。则注册会计师认为 2019 年 A 公司应计入投资收益的金额为（　　）万元。
    A. 12　　　　B. 10　　　　C. 8　　　　D. 0

12. 审计发现被审计单位可供出售金融资产的公允价值发生较大幅度下降，并且预期这种下降趋势属于非暂时性的，注册会计师最应（　　）。
    A. 检查被审计单位是否提资产减值准备，计提金额和相关会计处理是否正确
    B. 判定可供出售金融资产价值被低估
    C. 判定是否由突然事件导致的系统性风险，使可供出售金融资产发生了减值
    D. 不必在意

13. 确定持有至到期投资的列报与披露是否恰当时，要注意一年内到期的持有至到期投资是否列入（　　）。
    A. 持有至到期投资　　　　　　　B. 一年内到期的非流动负债
    C. 一年内到期的非流动资产　　　D. 财务报表附注

14. 下列注册会计师应不可被审计单位纳入营业外收入核算范围的是（　　）。
    A. 非流动资产处置利得　　　　　B. 非货币性资产交换利得
    C. 债务重组利得　　　　　　　　D. 出售半成品

15. 下列项目中，不应列示在资产负债表非流动负债项目的是（　　）。
    A. 被审年度取得的二年期银行借款　　B. 被审年度发行的五年期公司债券
    C. 一年内将要到期的长期负债　　　　D. 其他长期负债

二、多项选择题

1. 注册会计师审查企业长期借款抵押资产时，应查明（　　）。
   A. 抵押资产的所有权是否属于企业
   B. 抵押资产的价值状况与抵押契约是否一致
   C. 抵押资产的账面原值是否属实
   D. 抵押资产的情况是否在资产负债表的附注中予以披露

2. 下列属于管理费用的实性程序有（　　）。
   A. 将本年度与上年度的管理费用各明细项目进行比较，看有无重大波动和异常情况

B. 审查管理费用的分类是否合理
C. 选择重要或异常的管理费用项目，检查其原始凭证，确定支出是否正常
D. 对管理费用实施截止测试，检查有无跨期入账的现象

3. 注册会计师可以通过下列方法了解筹资与投资循环的重要交易流程（　　）。
   A. 进行函证
   B. 检查被审计单位的手册和其他书面指引
   C. 询问被审计单位的适当人员
   D. 观察所运用的处理方法和程序

4. 对于实收资本的增减变动的原因，注册会计师应（　　）。
   A. 查阅其是否与董事会纪要、补充合同、协议及其他有关法律性文件的规定一致
   B. 注册会计师还应逐笔追查至原始凭证检查其会计处理是否正确
   C. 注意有无抽逃资金或变相抽逃资金的情况
   D. 对首次接受委托的客户除了取得验资报告外，还应检查并复印记账凭证及进账单

5. 被审计单位的下列业务中，注册会计师认为应通过"资本公积"科目核算的有（　　）。
   A. 权益法下被投资企业增发股票形成的股本溢价
   B. 自用房地产或存货转换为投资性房地产引起的直接计入所有者权益的利得或损失
   C. 可供出售金融资产公允价值的变动引起的直接计入所有者权益的利得或损失
   D. 金融资产的重分类引起的直接计入所有者权益的利得或损失

6. 为确定"应付债券"的真实性或完整性，可直接（　　）进行函证。
   A. 债权人　　　　B. 债务人　　　　C. 承销人　　　　D. 证监会

7. 下列属于筹资循环职责分离控制方面的内容有（　　）。
   A. 筹资计划的编制与审批分离　　　　B. 业务的执行人员与记录人员分离
   C. 相关明细账与总账登记职务分离　　D. 收取款项与还本付息分离

8. 企业如果自行保管证券投资资产，应当建立起严格的保管制度，具体包括（　　）。
   A. 证券必须由两个人共同保管
   B. 一人不能单独接触证券
   C. 证券的存入，取出应有严格的批准手续，并由经办人员签字
   D. 合理设计各种投资账簿，除建立明细账和总账外还应建立证券投资登记簿

9. 执行下列各项审计程序中，能够证实长期借款完整性的是（　　）。
   A. 根据有关借款的原始凭证，追查至长期借款明细表
   B. 向被审计单位所有的银行发函询证
   C. 将长期借款明细汇总表与明细账与总账核对
   D. 检查借款利息与本金是否相符

10. 下列说法中正确的是（　　）。
    A. 实收资本审计要注意检查有无抽资或变相抽资的情况
    B. 检查对可供出售金融资产形成的资本公积，要注意结合相关科目，检查金额和相关会计处理是否处理
    C. 盈余公积审计要注意检查盈余公积的减少是否符合有关规定
    D. 未分配利润审计不必检查未分配利润期初数与上期审定数是否相符，只需询问

涉及损益的上期审计调整是否正确入账，以提高审计效率

11. 对于重大的投资，注册会计师应向被投资单位函证（　　）。
   A. 被审计单位的投资额情况　　B. 被审计单位的持股比例情况
   C. 被投资单位发放股利情况　　D. 被投资单位经营效益情况

12. 注册会计师为了确定应付债券账户期末余额的真实性，应向（　　）对象函证应付债券相关内容。
   A. 债权人　　B. 债券的承销人　　C. 证券公司　　D. 债券包销人

13. 注册会计师对所得税费用进行审计，需要编制或获取的明细表包括（　　）。
   A. 所得税费用明细表　　B. 纳税申报表
   C. 递延所得税资产明细表　　D. 递延所得税负债明细表

14. 注册会计师为检查被审计单位投入资本的真实性而实施的下列实质性程序中，有效的有（　　）。
   A. 投入的实物是否办理了验收手续并列入登记清单
   B. 检查投入的现金是否经过盘点并正确计入盘点表
   C. 投入的无形资产是否已办理了产权转移手续
   D. 检查房地产类固定资产所有权的证明文件

15. 所有者权益审计的主要内容包括（　　）。
   A. 实收资本审计　　B. 资本公积审计
   C. 盈余公积审计　　D. 利润分配审计

实训案例分析

1. 2019年2月8日通达会计师事务所接受委托对昌盛公司2018年度财务报表进行审计，注册会计师张怡在对昌盛公司2018年度财务报表进行预审过程中，发现以下事项，应当如何处理？
   （1）实收资本与验资报告及营业执照不一致。
   （2）盈余公积不合法转增资本（如亏损没有弥补前转增，不按原出资比例转增，不达到注册资本的25%转增）。
   （3）长期股权投资账面价值为200万元，被投资企业已破产。
   （4）被投资企业为海外公司，长期股权投资占股权份额为40%，累计确认投资收益600万元，其中本年度确认200万元，没有获取被投资企业的财务报表。
   （5）2018年1月1日对华清公司进行股权投资，所占份额为60%，但昌盛公司按照权益法对华清公司进行核算。

2. 某注册会计师和一位助理人员对某公司2018年12月31日财务报表进行审计。该公司用剩余现金购置了数量较大的有价证券（作为长期投资），存放于当地某银行的保险箱，并规定只有公司总经理或财务部经理可以开启保险箱。由于12月31日公司的总经理和财务经理不能陪同注册会计师去银行盘点有价证券，经约定，2019年1月11日由助理审计人员和财务经理一同去银行盘点。

   要求：假定该助理人员以前未进行过有价证券盘点，该注册会计师应要求其在盘点时至少执行哪些审计步骤？

3. 审计人员在2019年7月份对甲公司进行期中审计时发现，该公司2019年4月1日向商业银行取得流动资金借款500 000元，为期一个月，以补充流动资金不足，借款月利率为5‰，甲公司的会计处理为：

（1）取得借款时

借：银行存款　　　　　　　　　　　　　　　　　　　　　　500 000
　　贷：短期借款　　　　　　　　　　　　　　　　　　　　　　500 000

（2）月末计提利息时

借：营业外支出　　　　　　　　　　　　　　　　　　　　　　2 500
　　贷：短期借款　　　　　　　　　　　　　　　　　　　　　　2 500

（3）5月份用银行存款归还时

借：短期借款　　　　　　　　　　　　　　　　　　　　　　502 500
　　贷：银行存款　　　　　　　　　　　　　　　　　　　　　　502 500

要求：分析存在的问题，提出处理意见，并作相应调整。

4. 审计人员依据审计工作的安排于2019年2月10日对甲公司进行审查，在对应付债券业务进行审查时，了解到该公司为了购进第二条生产线而于2018年7月1日以1 080 000元的价格发行面值为1 000 000元的四年期债券，票面利率为10%。筹集的资金在7月1日一次性支付，该生产线尚未完工交付使用。甲公司年底计提利息费用的会计分录为：

借：财务费用　　　　　　　　　　　　　　　　　　　　　　40 000
　　应付债券——债券溢价　　　　　　　　　　　　　　　　　10 000
　　贷：应付债券——应计利息　　　　　　　　　　　　　　　50 000

要求：分析存在的问题，提出处理意见，并作相应调整（假定甲公司适用的所得税税率为25%，盈余公积提取率为10%）。

5. 2019年审计人员在审查A公司交易性金融资产时，发现以下问题：该公司于2018年12月购入B公司股票50 000股，预计持有时间为4个月。每股面值1元，每股购入价1.2元，实际支付金额为62 000元，其中包含已宣告发放的但尚未领取的股利2 000元。该公司账务处理为：

借：交易性金融资产　　　　　　　　　　　　　　　　　　60 000
　　投资收益　　　　　　　　　　　　　　　　　　　　　　2 000
　　贷：银行存款　　　　　　　　　　　　　　　　　　　　　62 000

要求：分析存在的问题，提出处理意见，并作相应调整（假定A公司适用的所得税税率为25%，盈余公积提取率为10%）。

思考与练习

1. 试述筹资业务的内部控制制度的主要内容。
2. 试述投资业务的内部控制制度的主要内容。
3. 如何测试借款业务的内部控制？
4. 如何测试投资业务的内部控制？
5. 如何审查资本公积的增减变动业务？
6. 如何审查投资资产的真实存在？

第十三章

货币资金审计

知识目标

1. 理解货币资金和销售与收款环节、采购与付款环节、存货与生产环节、筹资与投资环节的关系。
2. 了解货币资金的循环过程相关的会计凭证、会计记录及主要经济业务活动。
3. 明确货币资金内部控制的内容。
4. 掌握货币资金的风险识别与评估的要领。
5. 掌握货币资金的控制测试方法。
6. 设计与执行货币资金循环过程的实质性程序。

技能目标

1. 能运用货币资金的风险识别与评估知识，识别和了解货币资金循环过程的相关控制，确定该循环过程中可能发生的错报环节。
2. 能运用货币资金的控制测试方法，对库存现金、银行存款和其他货币资金进行控制测试。
3. 能运用货币资金循环过程的审计方法，对库存现金、银行存款和其他货币资金进行具体审计。

第一节　货币资金审计概述

一、货币资金的循环过程

货币资金作为一种流通手段，是企业资产中最活跃的部分，为了更好地进行货币资金审计，有必要了解货币资金的循环过程。图13-1列示了货币资金同销售与收款循环、筹资与投资循环、存货与生产循环和购货与付款循环的关系。图13-2列示了企业货币资金的循环情况。

从货币资金与四个循环的关系中，我们可以看出：销售与收款循环中现销或赊销将来取得的货款，是货币资金增加的主要来源；购货与付款循环中预付或应付账款的支付会使货币资金减少；存货与生产循环中购入存货或支付职工工资也会使货币资金减少；筹资与投资循环中借款或发行股票、出售股票、取得股利等使货币资金增加，但购买股票、归还借款和支

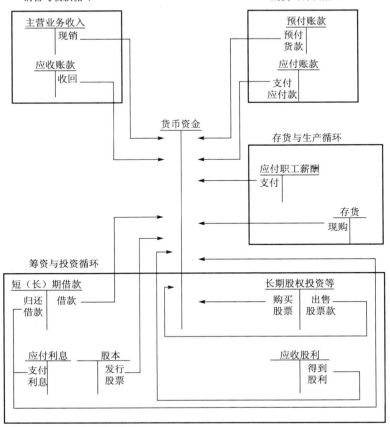

图 13-1 货币资金与四个循环的关系

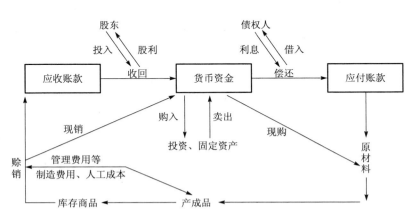

图 13-2 企业货币资金的循环情况

付利息等又使货币资金减少。

由此可见,企业的货币资金循环与企业的购货与付款循环、存货与生产循环、销售与收款循环以及筹资与投资循环有着密不可分的关系,它们是一个有机整体。因此,货币资金审计需要与其他相关内容结合起来学习。

二、货币资金及其审计的特点

货币资金是企业资产的重要组成部分，是流动性最强的资产。与其他资产相比，货币资金审计具有固有风险较高的特点，这是因为：

（1）货币资金受其他循环交易的影响大。这是因为货币资金与其他业务循环有着直接关系。如在销售与收款循环中，现销和赊销款的收回会使货币资金增加；在采购和付款业务中，现购、预付和应付货款的支付会使货币资金减少；在生产循环中，支付工薪、发生各种费用等会使货币资金减少；在筹资与投资循环中，长短期资金的取得、筹资费用的支付、债务的偿还、长短期投资的支出及投资收益的获取等都会涉及货币资金的增减变化。可以说，货币资金的收付涉及所有的业务循环。

（2）货币资金频繁的收付业务增加了出错的概率。货币资金收付业务量大、发生频繁，其增减变化的数额往往超过其他账户，因而可能导致记账差错的可能性增大。

（3）货币资金流动性强的特点增大了保管风险。货币资金体积小，易携带，作为流通和支付手段，具有极大的诱惑力，比其他资产更容易被贪污、盗窃和挪用。因此，尽管货币资金在资产总额中所占的比重较小，但货币资金的审计是财务报表审计的重要内容。

三、货币资金涉及的主要凭证与会计记录

货币资金涉及的主要凭证和会计记录如下：

(1) 库存现金盘点表；
(2) 银行对账单；
(3) 银行存款余额调节表；
(4) 收款凭证与付款凭证；
(5) 现金、银行存款日记账和总账；
(6) 其他相关原始凭证与账簿。

四、货币资金的内部控制

为了保证货币资金的安全完整，保证货币资金核算与管理的正确性、合规性，企业必须建立健全各项内部控制。良好的货币资金内部控制一般应达到以下几点：① 货币资金收支与记账的岗位分开；② 货币资金的收付要有合理、合法的凭证；③ 及时根据已完成的现金收付业务及已编号并加盖现金收付戳记的记账凭证登记，有关支出要有核准手续；④ 当日收入现金应及时送存银行，不得随意坐支现金；⑤ 按月盘点现金，编制银行存款余额调节表，做到账实相符；⑥ 加强对货币资金收支业务的内部审计。

货币资金的内部控制包括以下内容：

（一）岗位分工及授权批准

（1）单位应当建立货币资金业务的岗位责任制，明确相关部门和岗位的职责权限，确保办理货币资金业务的不相容岗位相互分离、制约和监督。出纳人员不得兼任稽核、会计档案保管和收入、支出、费用、债权债务账目的登记工作。单位不得由一人办理货币资金业务的全过程。

（2）单位办理货币资金业务，应当配备合格的人员，并根据单位具体情况进行岗位轮换。

（3）单位应当对货币资金业务建立严格的授权批准制度，明确审批人对货币资金业务

的授权批准方式、权限、程序、责任和相关控制措施，规定经办人办理货币资金业务的职责范围和工作要求。审批人应当根据货币资金授权批准制度的规定，在授权范围内进行审批，不得超越审批权限。经办人应当在职责范围内，按照审批人的批准意见办理货币资金业务。对于审批人超越授权范围审批的货币资金业务，经办人员有权拒绝办理，并及时向审批人的上级授权部门报告。

（4）严禁未经授权的机构或人员办理货币资金业务或直接接触货币资金。

【例13-1】 甲公司的王某为会计兼出纳，他利用职务上的便利，擅自从开户行提取现金16万元，并篡改账簿，给公司造成了严重损失。

分析要点： 此案发生的主要原因是会计和出纳岗位没有分离，给王某以可乘之机。

【例13-2】 甲公司为严格控制货币资金的开支，对在年度预算内的资金支付进行规定：日常经济业务开支2万元以下由财务经理审批；2万元以上（含2万元）至10万元以下由总会计师审批；10万元以上（含10万元）由总会计师签署意见，总经理审批。各部门一律按授权范围严格执行，违者受到责任追究与处理，直至除名。

分析要点： 该公司对货币资金的支出制定了严格的授权审批制度，并建立责任追究制度，可以有效防范贪污、侵占、挪用货币资金的行为。

（二）现金和银行存款的管理

（1）单位应当加强现金库存限额的管理，超过库存限额的现金应及时存入银行。

（2）单位必须根据《现金管理暂行条例》的规定，结合本单位的实际情况，确定本单位现金的开支范围。不属于现金开支范围的业务应当通过银行办理转账结算。

（3）单位现金收入应当及时存入银行，不得用于直接支付单位自身的支出。因特殊情况需坐支现金的，应事先报经开户银行审查批准。单位借出款项必须执行严格的授权批准程序，严禁擅自挪用借出货币资金。

（4）单位取得的货币资金收入须及时入账，不得私设"小金库"，不得账外设账，严禁收款不入账。

（5）单位应当严格按照《支付结算办法》等国家有关规定，加强银行账户的管理，严格按照规定开立账户，办理存款、取款和结算。单位应当定期检查、清理银行账户的开立及使用情况，发现问题，及时处理。单位应当加强对银行结算凭证的填制、传递及保管等环节的管理与控制。

（6）单位应当严格遵守银行结算纪律，不准签发没有资金保证的票据或远期支票，套取银行信用；不准签发、取得和转让没有真实交易和债权债务的票据，套取银行和他人资金；不准无理拒绝付款，任意占用他人资金；不准违反规定开立和使用银行账户。

（7）单位应当指定专人定期核对银行账户，每月至少核对一次，编制银行存款余额调节表，使银行存款账面余额与银行对账单调节相符。如调节不符，应查明原因，及时处理。

（8）单位应当定期和不定期地进行现金盘点，确保现金账面余额与实际库存相符。发现不符，及时查明原因，作出处理。

【例13-3】 20××年12月28日，甲公司收到当地一家公司交来的购货款10 000元。当天该公司购入原材料一批需要付款，于是该公司以收到的货款直接支付了购入原材料的货款。

分析要点：这是坐支现金行为，违反了《中华人民共和国现金管理暂行条例》。

（三）票据及有关印章的管理

（1）单位应当加强与货币资金相关的票据的管理，明确各种票据的购买、保管、领用、背书转让、注销等环节的职责权限和程序，并专设登记簿进行记录，防止空白票据的遗失和被盗用。

（2）单位应当加强银行预留印鉴的管理。财务专用章应由专人保管，个人印章必须由本人或其授权人员保管。严禁一人保管支付款项所需的全部印章。按规定需要有关负责人签字或盖章的经济业务，必须严格履行签字或盖章手续。

【例13-4】甲公司的银行印鉴、银行支票等均由张某一人保管。张某利用管理印鉴的方便，私自开出现金支票，任意提取现金，一年间先后作案十几次，共贪污公款25万元，挪用公款20万元。

分析要点：该公司印鉴管理混乱，张某一人负责管理印鉴和支票，是货币资金内部控制的一大漏洞。

（四）监督检查

（1）单位应当建立对货币资金业务的监督检查制度，明确监督检查机构或人员的职责权限，定期和不定期地进行检查。

（2）对监督检查过程中发现的货币资金内部控制中的薄弱环节，应当及时采取措施，加以纠正和完善。

【例13-5】注册会计师在对某被审计单位进行监督检查时，发现该企业设置了以下关于货币资金的内部控制程序：① 每日所收入的现金应当日存入银行。② 报销费用时应将所有的附件、单据打孔或盖章注销。③ 由独立人员核对银行存款日记账和银行对账单，并针对未达账项编制银行存款余额调节表。④ 开票和收款工作由不同人员来担任。问被审计单位设置上述各项控制措施有何特定目的？

分析要点：① 将收入尽快地存入银行是为了避免因现金存量太高而保管不慎被盗或被有关人员贪污、挪用或者以收抵支等情况的发生。② 打孔或盖章注销，可以避免日后重复报销流失资金。③ 由独立人员编制银行存款余额表，可以验证银行日记账中的记录有否多记或少记，期末账面余额的计算是否正确，避免利用编制银行存款调节表的机会掩盖监守自盗或挪用的行为。④ 开票与收款工作的职责分离，可以防止少开票多收款这种直接贪污资金行为的发生。

第二节　货币资金的风险识别与评估

注册会计师可以通过检查被审计单位有关规章制度等重要文件、观察有关业务活动和内部控制的运行情况、询问有关人员、穿行测试等方法来了解被审计单位货币资金交易流程，确定被审计单位的薄弱环节。

一、识别和了解相关控制

注册会计师通常通过编制内部控制调查表来了解货币资金的相关内部控制。例如，调查

表13-1列举的货币资金内部控制中的有关问题。

表13-1 货币资金内部控制调查表

被审计单位名称：××公司
财务报表期间：截止××年×月×日
审计项目名称：××

	签名	日期	索引号
编制人			
复核人			页次
项目质量控制复核人			

调查问题	是	否	不适用	备注
1. 出纳人员是否不兼任相关总账和明细账的记账员？				
2. 是否控制现金坐支，收到的现金是否及时存入银行？				
3. 现金收支是否及时入账？				
4. 是否将收款总额与银行进账单和现金收款账户相核对？				
5. 收取现金后是否开出收款收据？				
6. 支出是否均有核准手续？				
7. 是否有独立的人员对现金付款记录进行复核？				
8. 收付款后是否在收付款凭证上加盖"收讫""付讫"戳记？				
9. 现金是否妥善保管？是否做到日清月结？是否做到账实相符？				
10. 是否有支票申领、签发制度？				
11. 签发支票的印章是否妥善保管？				
12. 未使用的支票是否被妥善保管，并且签发被严格控制？				
13. 是否只有在相关的支持性文件（发票、采购单等）备齐后才开支票？				
14. 银行存款日记账与总账是否每月末核对相符？				
15. 是否按月由独立人员编制银行存款余额调节表？				
16. 是否由一个独立的人负责定期清点现金？				

根据以上调查表，可以了解被审计单位在货币资金内部控制方面存在哪些薄弱环节，这为下一步确定可能发生的错报的环节奠定了基础。

二、确定可能发生的错报的环节

根据以上调查了解，表13-2列举了部分在货币资金循环中可能发生的错报的环节。

表13-2 货币资金内部控制的关键控制点

可能的错报	关键控制点
现金收入不入账	通过观察、检查和询问等发现是否有"小金库"
挪用，白条抵库	检查相关凭证是否真实并经过授权
贪污公款，如假发票等	检查发票或收据的真实性和是否连续编号

续表

可能的错报	关键控制点
以现金支付回扣或好处费	抽取并检查付款凭证，检查支出是否有授权批准
存入的收入来源不合法，如出租账户	抽取并检查收款凭证
坐支	观察出纳的工作，并且检查相关凭证
非法挪用资金	抽取一定期间的银行存款日记账和对账单核对

在确定被审计单位的货币资金内部控制可能存在的薄弱环节和确定可能发生的错报的环节后，执行穿行测试以证实对交易流程和相关控制的了解。

注册会计师应当通过了解货币资金内部控制，对相关控制的设计和是否得到执行进行评价；同时，结合对被审计单位其他方面的了解，评估重大错报风险，以确定进一步程序的性质、时间和范围。如果了解到被审计单位的内部控制不存在或不值得信赖，注册会计师可执行实质性程序，而不进行控制测试。

第三节 货币资金的控制测试

一、库存现金的控制测试

（一）抽取并检查收款凭证和付款凭证

为测试现金收款的内部控制，注册会计师应按现金的收款凭证分类，选取适当的样本量，作如下的检查：

（1）核对现金日记账的收入金额是否正确；

（2）核对收款凭证与应收账款明细账的有关记录是否相符；

（3）核对实收金额与销货发票是否一致等；

（4）抽取并检查收款凭证。

为测试现金付款内部控制，注册会计师应按照现金付款凭证分类，选取适当的样本量，作如下检查：

（1）检查付款的授权批准手续是否符合规定；

（2）核对现金日记账的付出金额是否正确；

（3）核对付款凭证与应付账款明细账的记录是否一致；

（4）核对实付金额与购货发票是否相符。

（二）抽取一定期间的库存现金日记账与总账核对

注册会计师应抽取一定期间的库存现金日记账，检查其加总是否正确无误，库存现金日记账是否与总分类账核对相符。

（三）检查外币现金的折算方法是否符合有关规定，前后各期是否一致

对于有外币现金的被审计单位，注册会计师应检查外币库存现金日记账及"财务费用""在建工程"等账户的记录，确定企业有关外币现金的增减变动是否采用交易发生日的即期汇率将外币金额折算为记账本位币金额，或者采用按照系统合理的方法确定的、与交易发生日即期汇率近似的汇率折算为记账本位币，以及确定企业选择采用汇率的方法前后各期是否

一致；检查企业的外币现金期末余额是否采用期末即期汇率折算为记账本位币金额；折算差额的会计处理是否正确。

（四）评价库存现金内部控制

注册会计师在完成上述程序之后，即可对库存现金的内部控制进行评价。评价时，注册会计师应首先确定库存现金内部控制可信赖的程度以及存在的薄弱环节和缺点，然后据以确定在库存现金实质性程序中对哪些环节可以适当减少审计程序，哪些环节应增加审计程序，进行重点检查，以减少审计风险。

二、银行存款的控制测试

（一）抽取并检查收款凭证和付款凭证

对于抽取和检查收款凭证，注册会计师应选取适当的样本量，作如下检查：

（1）核对收款凭证与存入银行账户的日期和金额是否相符；
（2）核对银行存款日记账的收入金额是否正确；
（3）核对收款凭证与银行对账单是否相符；
（4）核对收款凭证与应收账款明细账的有关记录是否相符；
（5）核对实收金额与销货发票是否一致等。

对于抽取并检查付款凭证，以测试银行存款付款内部控制，注册会计师应选取适当的样本量，作如下检查：

（1）检查付款的授权批准手续是否符合规定；
（2）核对银行存款日记账的付出金额是否正确；
（3）核对付款凭证与银行对账单是否相符；
（4）核对付款凭证与应付账款明细账的记录是否一致；
（5）核对实付金额与购货发票是否相符等。

（二）抽取一定期间的银行存款日记账与总账核对

注册会计师应抽取一定期间的银行存款日记账，检查其有无计算错误，并且与银行存款总分类账核对。为证实银行存款记录的正确性，注册会计师必须抽取一定期间的银行存款余额调节表，将其同银行对账单、银行存款日记账及总账进行核对，确定被审计单位是否按月正确编制并复核银行存款余额调节表。

（三）检查外币银行存款的折算方法是否符合有关规定

对于有外币银行存款的被审计单位，注册会计师应检查外币银行存款日记账及"财务费用""在建工程"等账户的记录，确定有关外币银行存款的增减变动是否采用交易发生日的即期汇率将外币金额折算为记账本位币金额，或者采用按照系统合理的方法确定的、与交易发生日即期汇率近似的汇率折算为记账本位币，以及企业选择采用汇率的方法前后各期是否一致；检查企业的外币银行存款的余额是否采用期末即期汇率折算为记账本位币金额；折算差额的会计处理是否正确。

（四）评价银行存款内部控制

注册会计师在完成上述程序之后，即可对银行存款的内部控制进行评价。评价时，注册会计师应首先确定银行存款内部控制可信赖的程度以及存在的薄弱环节和缺点，然后据以确定在银行存款实质性程序中对哪些环节可以适当减少审计程序，哪些环节应增加审计程序，进行重点检查，以减少审计风险。

三、其他货币资金的控制测试

（一）抽取并检查收支凭证

注册会计师应选取适当的样本量，作如下检查：检查授权批准手续是否符合规定；检查原始凭证是否充分、恰当；检查入账金额是否正确；检查入账时间是否及时。

（二）抽取一定期间的其他货币资金明细账与总账核对

注册会计师应抽取一定期间的其他货币资金明细账，检查其有无计算错误，并且与其他货币资金总分类账核对。

（三）评价其他货币资金的内部控制

注册会计师在完成上述程序之后，即可对其他货币资金的内部控制进行评价。企业的其他货币资金业务通常较少，注册会计师可以直接实施其他货币资金的实质性程序。

第四节　库存现金审计

一、库存现金审计目标

库存现金审计的目标如下：

（1）确定库存现金在资产负债表日是否确实存在。（存在性认定）

（2）确定库存现金是否为被审计单位所拥有。（权利和义务认定）

（3）确定在特定期间内发生的库存现金收支业务是否均已记录完整，有无遗漏。（完整性认定）

（4）确定库存现金的余额是否正确。（正确性认定）

（5）确定库存现金是否以恰当的金额包括在财务报表的货币资金项目中，与之相关的计价调整是否已恰当记录。（计价与分摊认定）

（6）确定库存现金的列报与披露是否恰当。（列报认定）

库存现金审计中常见弊端有：

（1）现金短缺和挪用现金。现金短缺或挪用现金通常表现为采用"白条抵库"或将短缺数计入其他应收款，表面上保持账款相符。

（2）账外现金（也称小金库、小钱柜）。

（3）以少报多或以多报少。出纳人员在汇总原始凭证时，对现金支出多计账，现金收入少记账，将差额据为己有。该弊端通常在汇总原始凭证记账时发生。

（4）无证无账。相关人员对现金收入，不开收据、发票，不记账，直接侵吞现金。此类弊端通常在对方交款不需报销的情况下发生。

（5）重复报账。对一笔现金支出业务两次或多次报账，这是贪污现金的常用方法。重复报账采用的手段为：采取正本、副本二次或多次报账；用以往年度签字齐全的已报账单据重复报账；以单据遗失为由，请对方单位或经手人补开单据或证明再次报账。

（6）现金日记账余额差错。该种错误的原因为出纳员登记现金日记账时，少列收入（或多列支出），减少账面余额，将多余现金据为己有，并且为保持账目平衡，在其他账户中制造相应余额，或者在月终汇总时，在其他科目错汇相应的余额。

（7）分录差错。会计分录与经济业务不符是常见现象，其中有无意错误，也有故意作弊，后者较前者更为隐蔽。

【例 13 – 6】 审计人员在审查某企业的现金付款凭证时，发现本年 10 月 10 日有一张摘要是退回甲企业包装物押金 1 500 元。所附原始凭证为邮局汇款的收款收据。审计人员认为记账依据不全。

分析要点： 应查找退还押金的收款收据为何缺了。经查证，发现相关人员 11 月 5 日又以甲企业收到退还押金的收款收据为原始凭证再次报销出账，金额为 1 500 元。审计人员将邮局汇款的收款收据与甲企业收到退回押金的收款收据核对，查实相关人员一笔支出的原始凭证分作两处重复报账，贪污现金 1 500 元。

二、库存现金的实质性程序

库存现金审计是对库存现金及其收付业务和保管情况的真实性、合法性进行的审查和核实。由于现金流动性大，收付业务繁多，容易被不法分子所侵吞。因此，企业必须把它列为审计的重点。对库存现金进行审计，对巩固和严格现金管理制度，维护结算纪律，揭露错弊，保护库存现金的安全，都具有重要意义。

库存现金的实质性程序一般包括：

（一）核对库存现金日记账与总账的余额是否相符

注册会计师测试现金余额首先是核对库存现金日记账与总账的余额是否相符。如果不相符，应查明原因并作适当调整。

（二）监盘库存现金

监盘库存现金是证实资产负债表中所列现金是否存在的一项重要程序。企业盘点库存现金，通常包括对已收到但未存入银行的现金、零用金、找换金等的盘点。盘点库存现金的时间和人员应视被审计单位的具体情况而定，但必须有出纳员和被审计单位会计主管人员参加，并且由注册会计师进行监盘。盘点和监盘库存现金的步骤和方法主要有：

（1）制定库存现金监盘计划，实施突击性的检查。盘点时间最好选择在上午上班前或下午下班时进行，盘点的范围一般包括企业各部门经管的现金。在进行现金盘点前，应由出纳员将现金集中起来存入保险柜，必要时可加以封存，然后由出纳员把已办妥现金收付手续的收付款凭证登入库存现金日记账。

（2）审阅库存现金日记账并同时与现金收付凭证相核对。审计人员一方面应检查日记账的记录与凭证的内容和金额是否相符；另一方面应了解凭证日期与日记账日期是否相符或接近。

（3）由出纳员根据库存现金日记账加计累计数额，结出现金结余。

（4）盘点保险柜的现金实存数，同时编制"库存现金盘点表"（格式参见表 13 – 3）。

（5）在非资产负债表日进行盘点和监盘时，应调整至资产负债表日的金额。

（6）将盘点金额与库存现金日记账余额进行核对，如有差异，应查明原因并做记录或适当调整。

（7）若有冲抵库存现金的借条、未提现支票、未作报销的原始凭证应在"库存现金盘点表"中注明或作必要的调整。

【例 13 – 7】 2019 年 12 月 31 日，某注册会计师对甲企业库存现金进行审计。据查库存现金日记账当日账面余额为 3 500 元，采购员张三预借差旅费 1 500 元、变卖废旧报纸收入 400 元、职工李四借款白条 500 元、收到销售产品款 800 元（已开销售发票）均未入账。库存现金盘点结果为：实有数额 2 631 元，其中 100 元币 10 张，50 元币 10 张，20 元币 20 张，10 元币 40 张，5 元币 40 张，1 元币 100 张，0.5 元币 50 张，0.1 元币 60 张。银行对该企业核定的库存限额为 2 000 元。审计人员据此编制库存现金盘点表（见表 13-3）。

表 13-3　库存现金盘点表

客户：甲企业　　　　　　　　　　编制人：　　日期：　　　　　　　　索引号：
项目：库存现金监盘　　　　　　　复核人：　　日期：　　　　　　　　页次：
会计期间：2019 年度
盘点日期：2019 年 12 月 31 日

检查账目记录			现金盘点记录		
项　目		金额	面额	数量	金额
盘点日现金账面余额		3 500	100	10	1 000
加：未记账收款金额			50	10	500
1. 变卖废旧报纸收入		400	20	20	400
2. 小额产品销售收入		800	10	40	400
			5	40	200
			1	100	100
减：未记账付款金额			0.5	50	25
1. 采购员张三预借差旅费		1 500	0.1	60	6
盘点日账面应有余额		3 200			
盘点日现金实有金额		2 631			
盘点日现金短缺		569	合计		2 631
差异原因分析	1. 白条抵库（职工李四借款）	500	审计说明及审计结论： 1. 白条抵库违反规定 2. 收付款入账不及时 3. 超库存限额 4. 保管不善		
	2. 丢失或错发	69			
追溯调整	加：报表日至盘点日现金付出总额 减：报表日至盘点日现金收入总额 报表日库存现金应有金额 报表日库存现金账面金额 审计差异				
库存限额		2 000			

盘点人：　　　　　　　　　　　监盘人：　　　　　　　　　　　复核人：

分析要点：根据库存现金盘点表，注册会计师可得出如下结论：① 职工李四借款白条 500 元，违反规定；② 采购员张三预借差旅费 1 500 元、变卖废旧报纸收入 400 元、收到销售产品款 800 元（已开销售发票）均未入账，即收付款入账不及时；③ 银行对该企业核定的库存限额为 2 000 元，而盘点日实有现金 2 631 元，超库存限额 631 元；④ 丢失或错发现金 69 元，属于保管不善，应加强管理。

（三）抽查大额现金收支

注册会计师应抽查大额现金收支的原始凭证是否齐全、内容是否完整、有无授权批准、记账凭证与原始凭证是否相符、账务处理是否正确、是否记录于恰当的会计期间、是否记录于相关账户、是否有与被审计单位生产经营业务无关的收支事项等。在实务中,审计人员通常需编制大额现金收支抽查表(见表13-4)。

表13-4 大额现金收支抽查表

抽查凭证内容					*测试内容			
日期	凭证号	摘要	对方科目	金额	1	2	3	…

*测试内容:
① 原始凭证是否齐全;　　② 原始凭证内容是否完整;
③ 有无授权批准;　　　　④ 记账凭证与原始凭证是否相符;
⑤ 账务处理是否正确;　　⑥ 是否记录于恰当的会计期间;
⑦ 是否记录于相关账户;　⑧ 与生产经营有无关系。

(四)检查现金收支的正确截止

被审计单位资产负债表货币项目中的库存现金数额,应以结账日实有数额为准。因此,注册会计师必须验证现金收支的截止日期。通常,注册会计师可考虑对结账日前后一段时期内的现金收支凭证进行审计,以确定是否存在跨期事项,是否应考虑提出调整建议。实务中,审计人员通常需编制库存现金截止日期测试表(见表13-5)。

表13-5 库存现金截止日期测试表

项目	抽查凭证内容					收支是否归属本审计年度	
	日期	凭证号	摘要	对方科目	金额	是	否
资产负债表日前的库存现金收支							
合计							
资产负债表日后的现金收支							
合计							

(五)检查外币现金的折算方法是否合理合规

(六)检查库存现金是否在资产负债表上恰当披露

【例13-8】注册会计师于2019年12月20日对某公司的现金管理进行专项审计。他们首先清查核对了现金保险柜,发现一个余额为85 678元的私人活期存款,存折上已显示有五笔支出。注册会计师通过对现金日记账和有关收付款凭证认真的审阅查对,发现下列事实：公司将一栋闲置房屋出租收入以私人名义存入银行，作为企业的"小金库"，用于职工福利、奖金、企业往来招待及其他不符合规定的支出。存款所显示的五笔支出去向是：给职工发放资金两笔计 25 000 元；公司领导到外地出差和买礼品支出各一笔计 36 800 元；报销不合理招待费 23 000 元。

分析要点：该企业截留收入，私设"小金库"的做法是严重违反财经法纪的行为，对违反规定的责任人应追究其责任，对活期存折上的余额立即取出存入公司银行账户，已支出部分限期全部退回。

调整分录：

借：银行存款　　　　　　　　　　　　　　　　　　　　　　　85 678
　　贷：其他业务收入　　　　　　　　　　　　　　　　　　　　85 678
借：其他应收款——某某责任人　　　　　　　　　　　　　　　84 800
　　贷：其他业务收入　　　　　　　　　　　　　　　　　　　　84 800

【例 13-9】假设 2020 年 1 月 20 日注册会计师对甲公司进行审计，查得该公司 2019 年 12 月 31 日资产负债表"货币资产"项目中的库存现金为 3 000 元，经核对 1 月 1—20 日的收付款凭证和库存现金日记账，核实 1 月 1—20 日收入现金数为 12 000 元、支出现金数为 13 000 元。假设 1 月 20 日盘点日调整后余额为 2 800 元。

分析要点：注册会计师应根据追溯调整法进行如下调整：

库存现金盘点日调整后余额 2 800 元
加：审计截止日至现金盘点日的支出 13 000 元
减：审计截止日至现金盘点日的收入 12 000 元
报表日库存现金应有余额为 3 800 元
报表日库存现金账面余额为 3 000 元
审计差异为 800 元

可见，该企业对 2019 年度资产负债表中"货币资金"项目包含的库存现金没有进行恰当披露。

第五节　银行存款审计

一、银行存款审计目标

银行存款审计目标如下：

(1) 确定银行存款在资产负债表日是否确实存在（存在认定）。

(2) 确定银行存款是否为被审计单位所拥有（权利与义务认定）。

(3) 确定在特定期间内发生的银行存款收支业务是否均已记录完整，有无遗漏（完整性）。

(4) 确定银行存款以恰当的金额包括在财务报表的货币资金项目中，与之相关的计价调整已恰当记录（计价和分摊认定）。

(5) 确定银行存款的列报与披露是否恰当（列报认定）。

注册会计师在银行存款审计中常见的错弊如下：

1. 账外存款。
2. 私领存款。出纳员私自签发现金支票领款后,不留现金支票存根,也不记账,或者签发转账支票套购商品。该种情况一般是在支票管理制度不健全时发生的,即支票存根不单独保管,附在记账凭证后面,以致不易发现支票存根缺号,并且月终由出纳员核对对账单与日记账,以及编制银行存款余额调节表。
3. 虚报冒领。会计人员用伪造的和不经审批的自制假凭证,登记银行存款日记账,虚列开支,然后开出支票,或者用银行本票、银行汇票或汇兑等结算方式支出存款或转移资金。
4. 转借银行账号。被审单位通过自己的银行账户为其他单位或个人进行结算,通常是为外地关系户转账,或者借用本单位银行账号套购物资或转移资金。其表现形式是:银行对账单一收一付,收付相抵,日记账不作反映,或者在日记账中一收一付,不体现余额。
5. 金额差错。会计人员为弥补漏洞或保持银行存款余额调节表的平衡,故意算错日记账余额,而后再在有关账户的对方制造相同金额的差错,以求账目的虚假平衡,或者月终试算不平时,乘机制造存款余额差错,为日后贪污做准备。
6. 涂改对账单。会计人员为掩饰日记账中的问题,采取涂改对账单,保持日记账与对账单相符。该种情况下,审计人员需向开户行发询证函,取得对账单。
7. 抵减现金。会计人员通过银行账户,故意用错对方科目,抵减账面现金,然后从库存中取出现金占为己有,这是贪污公款的常用方法。
8. 贪污利息。企业的借款利息支出,按规定抵减存款利息收入后,差额应列入财务费用。如果月终结算利息时,会计人员只记借款利息不计存款利息,日记账余额会小于对账单余额;而后,对支出存款不记账,余额自动平衡,利息被贪污。该弊端在对账单和调节表由一人负责的情况下很难发现。

【例13-10】审计人员审查10月份银行存款余额调节表时,发现一笔未达账项:银行已收、企业未收的存款利息1 200元,而11月份银行存款日记账中没有此项记录。

分析要点: 审计人员可将11月银行对账单与当月银行存款日记账进行核对便可发现问题所在。经核对发现该出纳员用现金支票提取现金1 200元,日记账未记录,属于贪污利息行为。

二、银行存款的实质性程序

按照国家有关规定,凡是独立核算的企业都必须在当地银行开设账户。企业收入的款项,除国家另有规定外,都应在当日解交银行。企业在生产经营过程中发生的一切货币收支业务,除规定可以用现金支付外,必须都通过银行办理转账结算。

银行存款的实质性程序一般包括以下方面:

(一) 核对银行存款日记账与总账的余额是否相符

(二) 实施实质性分析程序

银行存款的实质性分析程序包括:计算定期存款占银行存款的比例,了解被审计单位是否存在高息资金拆借,如存在高息资金拆借,应进一步分析拆出资金的安全性,检查高额利差的入账情况;计算存放于非银行金融机构的存款占银行存款的比例,分析这些资金的安全性。

（三）取得并检查银行存款余额调节表

银行存款余额调节表通常应由被审计单位根据不同的银行账户及货币种类分别编制，其格式见表 13-6。

表 13-6　银行存款余额调节表

2019 年 12 月 31 日

户别：基本户　　　　　　　　　　　　　　　　　　　　　　　　　　　　　　　　币别：人民币

项　目	金额/元	项　目	金额/元
银行对账单	78 000	企业银行存款日记账	93 000
加：企业已收，银行未入账金额	20 000	加：银行已收，企业尚未入账金额	30 000
其中：1. 企业收到转账支票余额	20 000	其中：1. 银行托收到销货款	30 000
2.……		2.……	
减：企业已付，银行未入账金额	10 000	减：银行已付，企业尚未入账金额	35 000
其中：1. 企业开出转账支票金额	10 000	其中：1. 银行代扣电话费	35 000
2.……		2.……	
调整后银行对账单余额	88 000	调整后银行存款日记账余额	88 000

经办会计人员：张三会计　　　　　　　　　　　　　　　　　　　　　　　　　　主管：李四

说明：① 本表应按不同的银行账户及货币种类由被审计单位分别编制。

② 审计人员应对未达账项进行分析并确定是否需要调整及其原因，将此调整原因反映在该账户具体审计工作底稿中。

③ 调节后银行对账单余额应与企业银行存款日记账余额一致。

注册会计师对银行存款余额调节表的审计应包括以下内容：

（1）重新计算银行存款余额调节表中的数字，核实调节表数据计算的正确性。

（2）检查调节后的银行存款余额存在差异的原因。

（3）检查未达账项的真实性与来龙去脉。

（4）检查资产负债表日后的进账情况。

（5）核对银行存款总账余额与银行对账单加总金额。

（四）函证银行存款余额

银行存款函证是指注册会计师在执行审计业务过程中，需要以被审计单位的名义向有关单位发函询证，以验证被审计单位的银行存款是否真实、合法、完整。按照国际惯例，财政部和中国人民银行于 1999 年 1 月 6 日联合印发了《关于做好企业的银行存款、借款及往来款项函证工作的通知》（以下简称《通知》），《通知》对函证工作提出了明确的要求并规定：各商业银行、政策性银行、非银行金融机构要在收到询证函之日起 10 个工作日内，根据函证的具体要求，及时回函并可按照国家的有关规定收取询证费用；各有关企业或单位根据函证的具体要求回函。

1. 函证目的。函证的目的是为了证实资产负债表所列银行存款是否真实存在，而且还能帮助审计人员发现企业未登记的银行借款，了解企业欠银行的债务。这也是向已结清账户的银行函证的原因。

2. 函证对象。注册会计师应向被审计单位在本年存过款（含外埠存款、银行汇票存款、银行本票存款、信用卡存款、信用证保证金存款）的所有银行发函，其中包括企业存款账户已结清的银行。因为有可能存款账户已结清，但仍有银行借款或其他负债存在。虽然注册会计师已直接从某一银行取得了银行对账单和所有已付支票，但仍应向这一银行进行函证。

3. 函证的控制与评价。审计人员应直接向银行发询证函，并且直接从银行取得回函，将银行确认的余额与银行存款余额调节表、银行对账单的余额核对无误，同时确认函证中银行所提供的相关信息已在报表中得到披露。

银行询证函（积极式）参考格式见表 13-7。

表 13-7 银行询证函
（企业与银行之间）

××（银行）：　　　　　　　　　　　　　　　　　　　　　　　　　　编号：

本公司聘请的××会计师事务所正在对本公司××年度财务报表进行审计，按照中国注册会计师审计准则的要求，应当询证本公司与贵行的存款、借款往来等事项。下列数据出自本公司账簿记录，如与贵行记录相符，请在本函下端"信息证明无误"处签章证明；如有不符，请在"信息不符"处列明不符项目；如存在与本公司有关的未列入本函的其他项目，请在"数据不符"处列出这些项目的金额及详细资料。回函请直接寄至××会计师事务所。

回函地址：_____

邮编：_____　电话：_____　传真：_____　联系人：_____

截至××年×月×日，本公司银行存款、借款账户余额等列示如下：

1. 银行存款

账户名称	银行账号	币种	利率	余额	起止日期（活期/定期/保证金）	是否被抵押或质押或其他限制	备注

除上述所列示的银行存款，本公司并无其他在贵行的存款。

2. 银行借款

账户名称	币种	余额	借款日期	还款日期	利率	其他借款条件	抵（质）押品/担保人	备注

除上述所列示的银行借款，本公司并无其他自贵行的借款。

注：此项仅函证截止资产负债日本公司尚未归还的借款。

3. 截至函证日止的 12 个月内已注销的账户

账户名称	银行账号	币种	注销账户日

除以上所述,本公司并无其他截至函证日止的一个年度内已注销的账户。

4. 委托存款

账户名称	银行账号	借款方	币种	利率	余额	存款起止日期	备注

除以上所述,本公司并无其他通过贵行办理的委托存款。

5. 委托贷款

账户名称	银行账号	贷款方	币种	利率	余额	贷款起止日期	备注

除以上所述,本公司并无其他通过贵行办理的委托贷款。

6. 担保(如采用抵押或质押方式提供担保的,应在备注中说明抵押或质押物的情况)

被担保人	担保方式	担保金额	担保期限	担保事由	备注

除以上所述,本公司并无其他向贵行提供的担保。

7. 尚未支付之银行承兑汇票

银行承兑汇票号码	票面金额	出票日	到期日

除以上所述,本公司并无其他由贵行承兑而尚未支付的银行承兑汇票。

8. 已贴现而尚未到期的商业汇票

商业汇票号码	付款人名称	承兑人名称	票面金额	票面利率	出票日	到期日	贴现日	贴现率	贴现净额

除以上所述,本公司并无其他向贵行已贴现而尚未到期的商业汇票。

9. 贵行托收的商业汇票

商业汇票号码	承兑人名称	票面金额	出票日	到期日

除以上所述,本公司并无其他由贵行托收的商业汇票。

10. 未完成的、已开具而不能撤销的信用证

信用证号码	受益人	信用证金额	到期日	未使用金额

除以上所述,本公司并无其他由贵行开具而不能撤销的信用证。

11. 未完成的外汇买卖合约

类别	合约号码	买卖币种	未履行之合约买卖金额	汇率	交收日期

除以上所述,本公司并无其他与贵行未完成的外汇买卖合约。

12. 存放于银行的有价证券或其他产权文件

有价证券或其他产权文件名称	产权文件编号	数量	金额

除以上所述，本公司并无其他存放在贵行的有价证券或其他产权文件。
13. 其他重大事项

注：此项应填列注册会计师认为重大且应予以函证的其他事项，如信托存款等，若无则应填写"不适用"。

（公司盖章）
年　月　日
经办人：

以下仅供被询证单位使用

结论：1. 信息证明无误。

（银行盖章）
年　月　日
经办人：

2. 信息不符，请列明不符项目及具体内容（其他未在本函列出的项目，请列出金额及其详细资料）。

（银行盖章）
年　月　日
经办人：

（五）检查银行存款账户存款人是否为被审计单位

（六）审查定期存款或限定用途的存款

（1）对已质押的定期存款，审计人员应检查定期存单，并且与相应的质押合同核对，同时关注定期存单对应的质押借款有无入账。

（2）对未质押的定期存款，审计人员应检查开户证书原件。

（3）对审计外勤工作结束日前已提取的定期存款，审计人员应核对相应的兑付凭证、银行对账单和定期存款复印件。

（七）抽查大额银行存款的收支

注册会计师应抽查大额银行存款（含外埠存款、银行汇票存款、银行本票存款、信用证存款）收支的原始凭证内容是否完整，有无授权批准，并且核对相关账户的进账情况。

如有与被审计单位生产经营业务无关的收支事项，审计人员应查明原因并作相应的记录。

（八）关注质押、冻结等款项

（九）检查银行存款收支的截止是否正确

选取资产负债表日前后若干张、一定金额以上的凭证实施截止测试，关注业务内容及对于项目，如有跨期收支事项，应考虑是否提请被审计单位进行调整。

（十）检查外币银行存款的折算是否正确

（十一）对不符合现金及现金等价物条件的银行存款在审计工作底稿中予以列明

（十二）确定银行存款的列报与披露是否恰当

三、其他货币资金审计

其他货币资金包括外埠存款、银行汇票存款、银行本票存款、信用卡存款、信用证保证金存款和存出投资款等。

（一）其他货币资金审计目标

其他货币资金审计的目标如下：

（1）确定其他货币资金在资产负债表日是否确实存在。

（2）确定其他货币资金是否为被审计单位所拥有。

（3）确定在特定期间内发生的其他货币资金收支业务是否均已记录完整，有无遗漏。

（4）确定其他货币资金的余额是否正确。

（5）确定其他货币资金的列报与披露是否恰当。

（二）其他货币资金的实质性程序

其他货币资金的实质性程序主要包括：

1. 核对外埠存款、银行汇票存款、银行本票存款、信用卡存款、信用证保证金存款和存出投资款等各明细账期末合计数与总账数是否相符。

2. 获取所有其他货币资金明细的对账单，与账面记录核对，如果存在差异应查明原因，必要时应提出调整建议，其中：

（1）对于保证金账户，审计人员应将取得的对账单与相应的交易进行核对，检查保证金与相关债务的比例和合同约定是否一致；特别关注是否存在有保证金发生，而被审计单位账面无对应保证事项的交易情形。

（2）若信用卡持有人是被审计单位职员，审计人员应取得该职员提供的确认书，必要时提出调整建议。

（3）审计人员应获取存出投资款的全部交易流水单，从中抽取若干笔资金存取记录，审查有关原始凭证，关注资金的来源和去向是否正常，是否已正确入账。

3. 函证其他货币资金期末余额并记录函证过程。

4. 关注是否有质押、冻结等对变现有限制，或者存放在境外，或者有潜在回收风险的款项。

5. 对于非记账本位币的其他货币资金，应检查其采用的折算汇率是否正确。

6. 检查期末余额中有无较长时间未结清的款项。

7. 抽取若干大额的或有疑问的原始凭证进行测试，检查内容是否完整、有无授权批准，并且核对相关账户的进账情况。

8. 抽取资产负债表日前后若干天的其他货币资金收支凭证实施截止测试，如有跨期收支事项，应考虑是否应提出调整建议。

9. 对不符合现金及现金等价物条件的其他货币资金在审计工作底稿中予以列明。
10. 确定其他货币资金的披露是否恰当。

本章小结

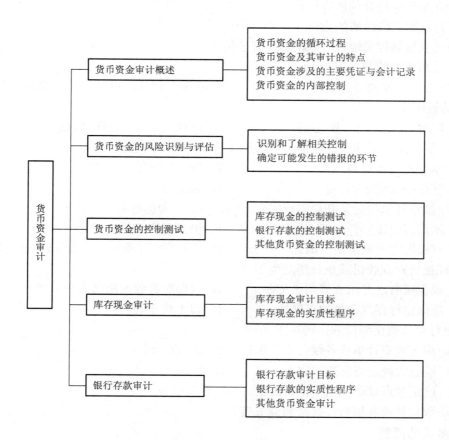

同步测试

一、单项选择题

1. 监盘库存现金是注册会计师证实资产负债表所列现金是否存在的一项重要程序，被审计单位必须参加盘点的人员是（　　）。
   A. 会计主管人员和内部审计人员　　B. 出纳员和会计主管人员
   C. 现金出纳员和银行出纳员　　　　D. 出纳员和内部审计人员

2. 若有冲抵库存现金的借条、未提现支票，未作报销的原始凭证，应在"库存现金盘点表"中注明或（　　）。
   A. 向有关人员查询　　B. 在工作底稿上记录
   C. 重新盘点　　　　　D. 作出必要的调整

3. 对库存现金实有数额的审计应通过对库存现金实施（　　）来进行的。

A. 审阅 B. 核对 C. 分析 D. 监盘

4. 造成银行对账单和企业银行存款日记账余额不等的原因，不可能的是（　　）。

A. 企业错记 B. 坐支 C. 未达账项 D. 舞弊行为

5. 下列不属于银行存款函证对象的是（　　）。

A. 在本年存过款的所有银行
B. 存款账户已结清的银行
C. 已直接取得了银行对账单和所有已付支票的银行
D. 往来单位的开户银行

6. 核实银行存款的实有数额，采用（　　）或派人到开户银行取得决算日企业在银行存款数额的证明。

A. 审阅 B. 函证 C. 核对 D. 监盘

7. 货币资金审计不涉及的凭证与记录是（　　）。

A. 库存现金盘点表 B. 银行对账单
C. 银行存款余额调节表 D. 现金对账单

8. 如果被审计单位的某开户银行账户余额为零，注册会计师（　　）。

A. 不需再向该银行函证 B. 仍需向该银行函证
C. 可根据需要确定是否函证 D. 可根据审计业务约定书的要求确定是否函证

9. 验证银行存款收付截止日期是为了（　　）。

A. 确保所有已开出支票均已记账 B. 确保所有收款均已入账
C. 确保银行存款余额的正确性 D. 以上均正确

10. 银行存款截止测试的关键在于（　　）。

A. 确定被审计单位各银行账户最后一张支票的号码
B. 检查大额银行存款的收支
C. 确定被审计单位当年记录的最后一笔存款业务
D. 取得并检查银行存款余额调节表

二、多项选择题

1. 为证实资产负债表所列的现金是否存在，应采用监盘库存现金的程序。参与盘点人员至少有（　　）。

A. 被审计单位出纳人员 B. 被审计单位管理层
C. 注册会计师 D. 被审计单位会计机构负责人

2. 注册会计师寄发的银行询证函（　　）。

A. 是以被审计单位的名义发往开户银行的
B. 属于积极式、有偿询证函
C. 要求银行直接回函至会计师事务所
D. 包括银行存款和借款余额

3. 注册会计师实施的下列各项审计程序中能够证实银行存款是否存在的有（　　）。

A. 分析定期存款占银行存款的比例 B. 检查银行存款余额调节表
C. 函证银行存款余额 D. 分析银行存款占货币资金的比例

4. 函证银行存款的目的是（　　）。

A. 证实银行存款余额的正确性 B. 了解企业欠银行的债务
C. 发现企业未记账的银行借款 D. 确定被审计单位银行存款使用的合法性

5. 为了做到银行存款在财务报表上正确截止，对于以下未达账项，注册会计师应当要求被审计单位编制会计分录调整的有（　　）。
A. 银行已付，企业未入账的支出 B. 银行已收，企业未入账的收入
C. 企业已付，银行未入账的支出 D. 企业已收，银行未入账的收入

6. 影响银行存款的循环包括（　　）。
A. 销售与收款循环 B. 采购与付款循环
C. 筹资与投资循环 D. 存货与生产循环

7. 资产负债表日后盘点库存现金时，注册会计师应（　　）调整至资产负债表日的金额。
A. 扣减资产负债表日至盘点日库存现金增加额
B. 扣减资产负债表日至盘点日库存现金减少额
C. 加计资产负债表日至盘点日库存现金增加额
D. 加计资产负债表日至盘点日库存现金减少额

8. 下列审计程序中，属于库存现金、银行存款账户实质性程序的有（　　）。
A. 盘点库存现金，编制库存现金盘点表
B. 抽查大额现金和银行存款收支
C. 抽取银行存款余额调节表并作检查
D. 向开户银行函证银行存款余额

实训案例分析

1. 某会计师事务所的注册会计 A 和 B 接受委托，审计 XYZ 公司 2019 年度的财务报表。根据以往经验，决定依赖客户的内部控制，为此决定对相关内部控制进行了解和控制测试。通过了解，A 和 B 注册会计师发现以下情况：

（1）关于银行存款的内部控制：财务处处长负责支票的签署，外出时其职责由副处长代为履行；副处长负责银行预留印鉴的保管和财务专用章的管理，外出时其职责由处长代为履行；财务人员乙负责空白支票的管理，仅在出差期间交由财务处长管理。负责签署支票的财务处长的个人名章由其本人亲自掌管仅在出差期间交由副处长临时代管。

（2）关于货币资金支付的规定：部门或个人用款时，应提前向审批人提交申请，注明款项的用途、金额、支付方式、经济合同或相关证明；对于金额在 10 000 元以下的用款申请，必须经过财务副处长的审批，金额在 10 000 元以上的用款申请，应经过财务处长的审批；出纳人员根据已经批准的支付申请，按规定办理货币资金支付手续，及时登记现金和银行存款日记账；货币资金支付后，应由专职的复核人员进行复核，复核货币资金的批准范围、权限、程序、手续、金额、支付方式、时间等，发现问题后及时纠正。

要求：请指出上述内控存在的问题并提出改进建议。

2. 2019 年 1 月 8 日 16 时，注册会计师对 ABC 公司的库存现金进行突击盘点。相关记录如下：

（1）人民币：100 元币 11 张，50 元币 9 张，20 元币 5 张，10 元币 16 张，5 元币 19 张，

2元币22张，1元币25张，5角币30张，2角币20张，1角币4张，硬币5角8个。

(2) 已收款尚未入账的收款凭证2张，计130元。

(3) 已付款尚未入账的付款凭证3张，计820元，其中有500元白条。

(4) 2019年1月8日现金日记账余额为1 890.20元，2019年1月1日至2019年1月8日收入现金4 560.16元；付出现金3 730元，2018年12月31日库存现金账面余额为1 060.04元。

(5) 开户银行核定的库存限额为1 000元。

要求：根据上述资料编制库存现金盘点表，指出该公司管理存在的问题。

3. 2019年1月15日上午8时，审计人员对某公司2018年12月31日的资产负债表进行审计，查得货币资金中的库存现金为780元。1月15日上午8时，审计人员、被审计单位的财务主管和出纳对库存现金进行清点，该企业1月15日现金日记账余额为700元，清点结果如下：

(1) 实点库存现金为600元；

(2) 保险柜中有下列单据已收付但未入账：2018年5月4日职工A预借差旅费500元，经批准；职工B白条借据一张200元，未经批准；去年12月30日，收款凭证两张共600元，未入账。

(3) 经银行核定该公司库存现金限额为800元；

(4) 经核对1月1日至1月15日收付款凭证和现金日记账，现金收入、支出正确无误，其中现金收入2 200元，现金支出2 400元。

要求：

(1) 根据以上资料，编制库存现金盘点表，核实库存现金实有数，调整账面价值；

(2) 核实2018年12月31日资产负债表中所列数字的真实性；

(3) 对现金收支、留存管理的合法性提出审计建议。

4. 2019年6月15日上午8时，审计人员参加了对某公司库存现金的清点工作。

(1) 实点库存现金为635.58元；

(2) 查明当年6月14日库存现金账面余额为1 075.58元；

(3) 查出当年6月14日已办理收款手续尚未入账的收款凭证余额合计100元；

(4) 查出当年6月14日已办理付款手续尚未入账的付款凭证余额合计270元；

(5) 查出当年5月10日出纳员以白条借给某职工150元；

经核对原始凭证和其他记录，还发现两笔业务：

(6) 5月3日从银行提取100元作备用金，现金日记账未作记录；

(7) 5月5日厂部办事员小张经批准借支现金120元，购买办公用品，忘记入账。

要求：

(1) 根据清点结果编制库存现金盘点表；

(2) 指出清查库存现金中发现并进一步审查的问题。

5. 注册会计师在对ABC公司的银行存款进行审计时，经查该公司2019年12月31日银行存款日记账的余额为84 000元，银行对账单的余额为111 000元，经过逐笔核对有如下未达账项：

(1) 企业收到销货款3 000元已登账，银行尚未入账。

（2）企业支付购料款 27 000 元已登账，银行尚未入账。
（3）银行收到购货方汇来货款 15 000 元已登账，企业尚未入账。
（4）银行代企业支付购料款 12 000 元已登账，企业尚未入账。
要求：编制银行存款余额调节表。

思考与练习

1. 简述货币资金和销售与收款环节、采购与付款环节、存货与生产环节、筹资与投资环节的关系。
2. 简述货币资金内部控制的内容。
3. 简述银行存款的实质性程序。
4. 简述函证银行存款账户余额的主要目的以及如何函证。
5. 如何进行银行存款的截止测试？

第十四章

审 计 报 告

知识目标

1. 了解审计报告编制前的工作。明确审计报告编制过程。
2. 明确审计报告的含义及特征,了解审计报告的作用,熟悉审计报告的种类及其基本内容。
3. 掌握简式审计报告编制的基本要求和编制方法。

技能目标

1. 能运用审计报告的有关知识,区分不同类型的审计报告。
2. 能运用审计报告的有关知识,编制简式审计报告。

第一节 审计报告编制前的工作

在审计终结阶段,审计人员应对审计实施阶段收集到了相应的审计证据,进行汇总、分析、复核和评价并与被审计单位沟通审计结果的情况,为编写审计报告做准备。因此,审计终结的工作应包括以下内容:审计调整;获取声明书;审计意见的形成;与管理当局沟通等。

一、审计调整

(一) 编制审计差异调整表

注册会计师发现的被审计单位财务报表的整体反映或个别项目在余额、分类、表达、披露等方面与会计制度不一致,就是审计差异。审计差异内容按是否需要调整账户记录可分为核算错误和重分类错误。核算错误是因企业对经济业务进行了不正确的会计核算而引起的错误,用审计重要性原则来衡量每一项核算错误,又可把这些核算错误区分为建议调整的不符事项和不建议调整的不符事项(即未调整不符事项);重分类错误是因企业未按企业会计准则列报财务报表而引起的错误。例如,企业在应付账款项目中反映的预付款项、在应收账款项目中反映的预收款项等。

无论是建议调整的不符事项和重分类错误,还是未调整不符事项,在审计工作底稿中通常都是以会计分录的形式反映的。由于审计中发现的错误往往不止一两项,为便于审计项目的各级负责人综合判断、分析和决定,也为了便于有效编制试算平衡表和代编经审计的财务报表,通常需要将这些建议调整的不符事项、重分类错误以及未调整不符事项分别汇总至

"账项调整分录汇总表""重分类调整分录汇总表"与"未更正错报汇总表"。三张汇总表的参考格式分别见表 14-1、表 14-2 和表 14-3。

表 14-1　账项调整分录汇总表

序号	内容及说明	索引号	调整内容				影响利润表 +（-）	影响资产负债表 +（-）
			借方项目	贷方项目	借方项目	贷方项目		

与被审计单位的沟通：
参加人员：
被审计单位：_____
审计项目组：_____
被审计单位的意见：_____
_____
_____
结论：
是否同意上述审计调整：_____
被审计单位授权代表签字：_____日期：_____

表 14-2　重分类调整分录汇总表

序号	内容及说明	索引号	调整内容				备注
			借方项目	贷方项目	借方项目	贷方项目	

与被审计单位的沟通：
参加人员：
被审计单位：_____
审计项目组：_____
被审计单位的意见：_____
_____
_____
结论：
是否同意上述审计调整：_____
被审计单位授权代表签字：_____日期：_____

表 14-3 未更正错报汇总表

序号	内容及说明	索引号	调整内容				备注
			借方项目	贷方项目	借方项目	贷方项目	

未更正错报的影响：

项目	金额	百分比	计划百分比
1. 总资产	_____	_____	_____
2. 净资产	_____	_____	_____
3. 销售收入	_____	_____	_____
4. 费用总额	_____	_____	_____
5. 毛利	_____	_____	_____
6. 净利润	_____	_____	_____

结论：

被审计单位授权代表签字：_____ 日期：_____

在确定哪些审计差异应当调整时，注册会计师应当考虑以下因素：① 审计差异金额是否超过重要性标准。② 审计差异是否影响财务报表的公允表达与披露。③ 审计差异的性质是否涉及非法业务及舞弊行为，并注意其对审计意见的潜在影响。④ 审计差异产生的原因由于一时疏忽所造成，还是由于内部控制本身的固有限制所造成。对于后一种情况，还应考虑是否有必要采用追加审计程序，以保证审计结果的可靠性，或者向被审计单位管理当局提交管理建议书。⑤ 衡量审计差异的精确度。⑥ 其他可能影响审计结论的重要因素。

注册会计师确定了建议调整的不符事项和重分类错误后，应以书面方式及时征求被审计单位对需要调整财务报表事项的意见。若被审计单位予以采纳，应取得被审计单位同意调整的书面确认；若被审计单位不予采纳，应分析原因，并根据未调整不符事项的性质和重要程度，确定是否在审计报告中予以反映，以及如何反映。

（二）编制试算平衡表

试算平衡表是注册会计师在被审计单位提供未审财务报表的基础上，考虑调整分录、重分类分录等内容以确定已审数与报表披露数的表式。有关资产负债表和利润表的试算平衡表的参考格式分别见表 14-4 和表 14-5。需要说明以下几点：

（1）试算平衡表中的"期末未审数"和"审计前金额"列，应根据被审计单位提供的未审计财务报表填列。

（2）试算平衡表中的"账项调整"和"调整金额"列，应根据经被审计单位同意的"账项调整分录汇总表"填列。

(3) 试算平衡表中的"重分类调整"列,应根据经被审计单位同意的"重分类调整分录汇总表"填列。

表14-4 资产负债表试算平衡表工作底稿

被审计单位: 索引号:_____
项目: 财务报表截止日/期间:_____
编制: 复核:_____
日期: 日期:_____

项目	期末未审数	账项调整		重分类调整		期末审定数	项目	期末未审数贷方	账项调整		重分类调整		期末审定数
		借方	贷方	借方	贷方				借方	贷方	借方	贷方	
货币资金							短期借款						
交易性金融资产							交易性金融负债						
应收票据							应付票据						
应收账款							应付账款						
预付款项							预收款项						
应收利息							应付职工薪酬						
应收股利							应交税费						
其他应收款							应付利息						
存货							应付股利						
一年内到期的非流动资产							其他应付款						
其他流动资产							一年内到期的非流动负债						
可供出售金融资产							其他流动负债						
持有至到期投资							长期借款						
长期应收款							应付债券						
长期股权投资							长期应付款						

续表

项目	期末未审数	账项调整		重分类调整		期末审定数	项目	期末未审数贷方	账项调整		重分类调整		期末审定数
		借方	贷方	借方	贷方				借方	贷方	借方	贷方	
投资性房地产							专项应付款						
固定资产							预计负债						
在建工程							递延所得税负债						
工程物资							其他非流动负债						
固定资产清理							实收资本						
无形资产							资本公积						
开发支出							盈余公积						
商誉							未分配利润						
长期待摊费用													
递延所得税资产													
其他非流动资产													
合计							合计						

（4）在编制完试算平衡表后，应注意核对相应的勾稽关系。例如，资产负债表试算平衡表左边的"期末未审数"列合计数、"期末审定数"列合计数应分别等于其右边相应各列合计数；资产负债表试算平衡表左边的"账项调整"列中的借方合计数与贷方合计数之差应等于右边的"账项调整"列中的贷方合计数与借方合计数之差；资产负债表试算平衡表左边的"重分类调整"列中的借方合计数与贷方合计数之差应等于右边的"重分类调整"列中的贷方合计数与借方合计数之差等。

表 14-5　利润表试算平衡表工作底稿

被审计单位：　　　　　　　　　　　　　索引号：_____
项目：　　　　　　　　　　　　　　　　财务报表截止日/期间：_____
编制：　　　　　　　　　　　　　　　　复核：_____
日期：　　　　　　　　　　　　　　　　日期：_____

项　目	审计前金额	调整金额		审定金额
		借方	贷方	
一、营业收入				
减：营业成本				
营业税金及附加				
销售费用				
管理费用				
财务费用				
资产减值损失				
加：公允价值变动损益				
投资收益				
二、营业利润				
加：营业外收入				
减：营业外支出				
三、利润总额				
减：所得税费用				
四、净利润				

二、获取管理层声明书和律师声明书

注册会计师在出具审计报告前，应当向被审计单位管理当局和被审计单位的律师获取声明书。

（一）获取管理层声明书

管理层声明，是指被审计单位管理层向注册会计师提供的关于财务报表的各项陈述。这些陈述是在审计过程中，注册会计师与被审计单位管理层就财务报表审计相关的重大事项不断进行沟通而形成的。注册会计师在出具审计报告前应向被审计单位索取管理层声明。

1. 管理层声明的作用
（1）明确管理层的责任。
（2）提供审计证据。
2. 管理层声明的形式
管理层声明包括书面声明和口头声明。书面声明作为审计证据通常比口头声明可靠，其具体形式包括：
（1）管理层声明书。管理层声明书是列示管理层所作声明的书面文件。

（2）注册会计师提供的列示其对管理层声明的理解并经管理层确认的函证。

（3）董事会及类似机构的相关会议纪要，或已签署的财务报表副本。

3. 管理层声明书的基本内容

（1）标题。即"管理层声明书"。

（2）收件人。即接受委托的会计师事务所及签署审计报告的注册会计师。

（3）声明内容。管理层声明一般包括以下三个方面的内容：① 关于财务报表：管理层认可其对财务报表的编制责任；管理层认可其设计、实施和维护内部控制以防止或发现并纠正错报的责任；管理层认为注册会计师在审计过程中发现的未更正错报，无论是单独还是汇总起来考虑，对财务报表整体均不具有重大影响。② 关于信息的完整性：所有财务信息和其他数据的可获得性；所有股东会和董事会会议记录的完整性和可获得性；就违反法规行为这一事项，被审计单位与监管机构沟通的书面文件的可获得性；与未记录交易相关的资料的可获得性；涉及下列人员舞弊行为或舞弊嫌疑的信息的可获得性：管理层、对内部控制产生重大影响的雇员、对财务报表的编制具有重大影响的其他人员。③ 关于确认、计量和列报：对资产或负债的确认或列报具有重大影响的计划或意图；关联方交易，以及涉及关联方的应收或应付款项；需要在财务报表中披露的违反法规行为；需要确认或披露的或有事项，对财务报表具有重大影响的承诺事项和需要偿付的担保等；对财务报表具有重大影响的合同的遵循情况；对财务报表具有重大影响的重大不确定事项；被审计单位对资产的拥有或控制情况，以及抵押、质押或留置资产；持续经营假设的合理性；需要调整或披露的期后事项。

上述事项，因其复杂程度和重要程度的不同，注册会计师可以将其全部列入管理层声明书中，也可以就此向管理层获取专项声明。

（4）签署人。通常由被审计单位负责人及其财务机构负主要责任的人员签署。

（5）签署日期。管理层声明书标明的日期通常与审计报告日一致，以免日期不一致可能发生误解。但某些交易或事项单独的声明书日期，可以是注册会计师获取该声明书的日期。

4. 管理层声明对审计意见的影响

如果管理层拒绝提供注册会计师认为必要的声明，注册会计师应当将其视为审计范围受到限制，考虑无法获取该声明对审计意见的影响，出具保留意见或无法表示意见的审计报告。

管理层声明书参考格式如下：

管理层声明书

×××会计师事务所并×××注册会计师：

本公司已委托贵事务所对本公司20××年12月31日的资产负债表，20××年度的利润表、现金流量表和股东权益变动表以及财务报表附注进行审计，并出具审计报告。

为配合贵事务所的审计工作，本公司作如下声明：

1. 本公司承诺，按照《企业会计准则》和《××企业会计制度》的规定编制财务报表是我们的责任。

2. 本公司已按照《企业会计准则》和《××企业会计制度》的规定编制20×8年度财务报表，财务报表的编制基础与上年度保持一致，本公司管理层对上述财务报表的真实性、合法性和完整性承担责任。

3. 设计、实施和维护内部控制,保证本公司资产安全和完整,防止或发现并纠正错报,是本公司管理层的责任。

4. 本公司承诺财务报表符合适用《企业会计准则》和《××企业会计制度》的规定,公允反映本公司的财务状况、经营成果和现金流量情况,不存在重大错报,包括漏报。贵事务所在审计过程中发现的未更正错报,无论是单独还是汇总起来,对财务报表整体均不具有重大影响。未更正错报汇总表附后。

5. 关于信息的完整性,本公司已向贵事务所提供了:
(1) 全部财务信息和其他数据;
(2) 全部重要的决议、合同、章程、纳税申报表等相关资料;
(3) 全部股东会和董事会的会议记录。

6. 关于确认、计量和列报,本公司所有经济业务均已按规定入账,不存在账外资产或未计负债。

7. 本公司认为所有与公允价值计量相关的重大假设是合理的,恰当地反映了本公司的意图和采取特定措施的能力;用于确定公允价值的计量方法符合《企业会计准则》的规定,并在使用上保持了一贯性;本公司已在财务报表中对上述事项作出恰当披露。

8. 本公司不存在导致重述比较数据的任何事项。

9. 本公司已提供所有与关联方和关联方交易相关的资料,并已根据《企业会计准则》和《××企业会计制度》的规定识别和披露了所有重大关联方交易。

10. 本公司已提供全部或有事项的相关资料。除财务报表附注中披露的或有事项外,本公司不存在其他应披露而未披露的诉讼、赔偿、承兑、担保等或有事项。

11. 除财务报表附注披露的承诺事项外,本公司不存在其他应披露而未披露的承诺事项。

12. 本公司不存在未披露的影响财务报表公允性的重大不确定事项。

13. 本公司已采取必要措施防止或发现舞弊及其他违反法规行为,不存在对财务报表产生重大影响的舞弊和其他违反法规行为。

14. 本公司严格遵守了合同规定的条款,不存在因未履行合同而对财务报表产生重大影响的事项。

15. 本公司对资产负债表上列示的所有资产均拥有合法权利,除已披露事项外,无其他被抵押、质押资产。

16. 本公司编制财务报表所依据的持续经营假设是合理的,没有计划终止经营或破产清算。

17. 本公司已提供全部资产负债表日后事项的相关资料,除财务报表附注中披露的资产负债日后事项外,本公司不存在其他应披露而未披露的重大资产负债表日后事项。

18. 本公司管理层确信:
(1) 未收到监管机构有关调整或修改报表的通知;
(2) 无税务纠纷。

19. 其他事项:
〔注册会计师认为重要而需声明的事项,或者管理层认为必要而声明的事项。例如:

① 本公司在银行存款或现金运用方面未受到任何限制。② 本公司对存货均已按照企业会计准则的规定予以确认和计量；受托代销商品或不属于本公司的存货均未包括在会计记录内；在途物资或由代理商保管的货物均已确认为本公司存货。③ 本公司不存在未披露的大股东及并联方占用资金和担保事项。]

××公司（盖章）

法定代表人：（签名并盖章）

财务负责人：（签名并盖章）

二〇××年×月×日

（二）获取律师声明书

律师声明书是被审计单位法律顾问和律师对注册会计师函证问题的答复和说明。注册会计师在出具审计报告前应向被审计单位律师索取律师声明书，以了解被审计单位的期后事项和或有事项。

1. 律师声明书的作用。律师声明书可以提供有力的审计证据，帮助注册会计师合理确定有关的期后事项和或有事项。但是律师声明不能作为注册会计师形成审计意见的直接根据。

2. 律师声明书的格式与内容。对律师的函证，通常以被审计单位的名义，通过寄发审计询证函的方式实施。律师声明书的格式和措辞没有定式，内容主要是律师针对注册会计师询问的期后事项和或有事项所作的答复和说明。如声明被审计单位有关期后事项和或有事项的陈述是否真实完整，并评价管理层对有关期后事项，或有事项情况的说明。

3. 律师声明对审计意见的影响

（1）如果律师声明书指出或有事项可能引起不利结果，或者潜在损失发生的金额和范围都具有重大不确定性，在这种情况下，如果被审计单位的资产负债表上充分披露了这一不确定事项，注册会计师可能在审计报告中增加强调事项段的说明。

（2）若律师对函证拒绝回答，或律师声明书表明或暗示律师拒绝提供信息或隐瞒信息，或者对被审计单位叙述的情况应予修正而不加修正，一般应认为审计范围受到限制。注册会计师应视其影响的严重程度表示保留意见或无法表示意见。

律师询证函参考格式如下：

律师询证函

××律师事务所并××律师：

本公司已聘请××会计师事务所对本公司　　年　　月　　日（以下简称资产负债表日）的资产负债表以及截至资产负债表日的该年度利润表、股东权益变动表和现金流量表进行审计。为配合该项审计，谨请贵律师基于受理本公司委托的工作（诸如常年法律顾问、专项咨询和诉讼代理等），提供下述资料，并函告××会计师事务所：

一、请说明存在于资产负债表日并且自该日起至本函回复日止本公司委托贵律师代理进行的任何未决诉讼。该说明中谨请包含以下内容：

1. 案件的简要事实经过与目前的发展进程；

2. 在可能范围内，贵律师对于本公司管理层就上述案件所持看法及处理计划（如庭外和解设想）的了解，及您对可能发生结果的意见；

3. 在可能范围内，您对损失或收益发生的可能性及金额的估计。

二、请说明存在于资产负债表日并且自该日起至本函回复日止，本公司曾向贵律师咨询的其他诸如未决诉讼、追索债权、被追索债务以及政府有关部门对本公司进行的调查等可能涉及本公司法律责任的事件。

三、请说明截至资产负债表日，本公司与贵律师事务所律师服务费的结算情况（如有可能，请依服务项目区分）。

四、若无上述一及二事项，为节省您宝贵的时间，烦请填写本函背面《律师询证函复函》并签章后，按以下地址，寄往××会计师事务所（地址：××市××竭各××号；由F编××××××）。

谢谢合作！

××公司（盖章）

公司负责人（签章）

年　　月　　日

律师询证函复函参考格式如下：

律师询证函复函

××会计师事务所：

本律师于××期间，除向××公司提供一般性法律咨询服务，并未有接受委托，代理进行或咨询如前述一、二项所述之事宜。

另截至　　年　　月　　日止，该公司

□ 未积欠本律师事务所任何律师服务费。

□ 尚有本律师事务所的律师服务费计人民币 _____ 元，未予付清。

_____律师事务所

律师：_____（签章）

年　　月　　日

三、执行分析程序

分析程序不仅被广泛应用于计划审计阶段和财务报表项目的实质性程序阶段，也被应用于审计报告阶段对财务报表进行总体复核，以帮助注册会计师评价审计过程中形成审计结论的恰当性和财务报表整体反映的公允性。

在对财务报表进行总体性分析时，注册会计师首先应当全面审阅财务报表及其附注，考虑针对实质性程序中发现的异常差异或未预期差异所获取的证据是否充分、恰当，以及这些异常差异或未预期差异与计划审计阶段的预计之间的关系，然后审计人员应将分析程序运用于财务报表上，以确定是否还可能存在其他的异常或未预期关系。如果识别出以前未识别的重大错报风险，注册会计师应当重新考虑对于全部或部分各类交易、账户余额、列报评估的风险，并且在此基础上重新评价之前计划的审计程序。

审计人员在对财务报表实施整体分析程序时，可以运用比率法以及其他比较技术。但由于这一审计程序的实施有一定难度,需要比较丰富的审计经验,因而,这一审计程序应由全面了解被审计单位及其环境的审计项目经理、部门经理甚至主任会计师来进行。而且,这种分析程序的对象应集中在注册会计师认定的重大错报风险审计领域和考虑了所有建议调整的不符事项和重分类误差后的财务报表方面。比较的一方是被审计单位的资料,比较的另一方则是预期的被审计单位的结果、可获得的行业资料,或者产量、销售和员工人数等相关的一些非财务资料。

四、复核审计工作底稿

编制审计报告前,注册会计师需要复核审计工作底稿。首先应对财务报表进行总体性复核,分析其是否还可能存在其他异常情况,以确定是否追加实施额外的审计程序。然后,对具体的审计工作底稿进行复核。

会计师事务所应当建立和实行审计工作底稿三级复核制度。第一级复核是由审计项目负责人在审计过程中对助理人员编写的审计工作底稿进行即时详细复核,主要是评价已完成的审计工作、所收集的证据及初步形成的结论。第二级复核是在外勤工作结束时,由审计部门经理对审计工作底稿进行的重点复核。第三级复核是在完成审计工作、签发审计报告前由会计师事务所的主任会计师对整套审计工作底稿进行的最终复核。

最终复核是对审计工作质量的最后把关。通过最终复核,可以了解审计过程中可能存在遗漏重大审计问题或对具体审计工作理解不透彻的情况,是否存在没有严格执行工作标准而发生疏忽的情况,是否存在分析和判断不够客观的情况等。最终目的是为发表恰当的审计意见提供一个合理的基础。最终复核的主要内容一般包括:

(一) 审计程序的恰当性

复核按审计计划预定的审计程序是否全部完成,并符合计划要求,在工作底稿上给予恰当记录。若有未完成的审计程序,是否执行了补偿的审计程序,特别查明重要的审计程序如存货监盘和应收账款函证等是否无遗漏。

(二) 审计工作底稿的充分性

复核已编制的审计底稿是否足以支持所发表的审计意见,包括已收集的客户的基本资料、内部控制及会计分录、审计计划、审计程序以及所采用的审计步骤、方法,是否都已编入审计工作底稿;每份审计工作底稿的标题、日期、资料来源及其性质等基本要素是否完整。

(三) 审计过程中是否存在重大遗漏

复核是否存在会导致进一步查询和追加审计程序的事项;是否存在涉及未遵循会计准则或会计制度或未遵循管理机构要求的重大事项;所有例外事项是否已经查清并已记录;是否存在审计步骤不完善或存在未解决的问题;是否存在前期审计中注明的至今未解决的重大事项;是否存在与被审计单位未达成一致意见的尚未解决的会计事项;是否存在严重影响被审计单位会计报表反映的其他事项。

(四) 审计工作是否符合会计师事务所的质量要求

复核和检查注册会计师在审计活动中是否遵守职业道德规范,恪守独立、客观、公正原则;对助理人员的审计工作是否进行了指导和监督;对超越注册会计师知识范围的审计事项是否向有关专家咨询,并对咨询结果作了恰当的利用;复核是否已经实现了审计目标,运用的重要性水平是否恰当,审计风险水平是否可以接受;提出的审计结论是否与工作结果相一致等。

对于上市公司，在出具审计报告前，会计师事务所可根据需要委派未直接参与审计的其他主任会计师对会计报表进行独立审查和复核，对各级复核人员所认同的事项提出质疑，以保证审计报告的正确性。

五、评价审计结果

评价审计结果的目的主要为了确定将要发表的审计意见的类型以及在整个审计工作中是否遵循了独立审计准则。这一过程主要工作是对重要性和审计风险的最终评价。对重要性和审计风险的最终评价，就是确定和汇总可能的审计差异，并分析审计差异汇总数对会计报表的影响程度，进而评价审计风险。

（一）按会计报表项目确定可能的审计差异

可能的审计差异即是会计报表项目可能的错报金额，它由四部分组成：① 通过交易和会计报表项目的实质性程序所确认的未更正错报，即"已知错报"。这部分"已知错报"既包含注册会计师考虑报表项目层次重要性水平而未建议被审计单位予以调整的未调整不符事项，也包括被审计单位拒绝按注册会计师的建议进行调整而形成的未调整不符事项。② 通过运用审计抽样技术所估计的未更正预计错报。③ 通过运用分析性复核程序发现和运用其他审计程序所量化的其他估计错报。④ 上一期间未更正的对本期会计报表产生影响的错报。

（二）分析各会计报表项目审计差异汇总数的影响

即分析审计差异汇总数对会计报表层次重要性水平和其他与这些错报有关的会计报表总额（比如流动资产或流动负债）的影响程度。一方面将审计差异与会计报表层次的重要性水平比较，确定是否可以接受审计差异汇总数；另一方面通过计算某类会计项目的审计差异占该类会计项目总额的比例（如流动资产差异数占流动资产总额的比例），确定该会计项目内的审计差异数是否可以接受。应当注意的是，这里所用的会计报表层次的重要性水平是指在审计的实施阶段修正后的会计报表层次重要性水平。

（三）评价根据审计证据得出的审计结论

注册会计师应当评价根据审计证据得出的结论，以作为对财务报表形成审计意见的基础。在对财务报表形成审计意见时，注册会计师应当根据已获取的审计证据，评价是否已对财务报表整体不存在重大错报获取合理保证。

审计证据是指注册会计师为了得出审计结论、形成审计意见而使用的所有信息，包括财务报表依据的会计记录中含有的信息和其他信息。因此，注册会计师应当获取充分、适当的审计证据，以得出合理的审计结论，作为形成审计意见的基础。

注册会计师对审计结论的评价贯穿于审计的全过程。例如：

（1）注册会计师应当根据实施的审计程序和获取的审计证据，评价对认定层次重大错报风险的评估是否仍然适当。

（2）财务报表审计是一个累积和不断修正信息的过程。随着计划的审计程序的实施，如果获取的信息与风险评估时依据的信息有重大差异，注册会计师应当考虑修正风险评估结果，并据以修改原计划的其他审计程序的性质、时间和范围。

（3）在实施控制测试时，如果发现被审计单位控制运行出现偏差，注册会计师应当了解这些偏差及其潜在后果，并确定已实施的控制测试是否为信赖控制提供了充分、适当的审计证据，是否需要实施进一步的控制测试，或实施实质性程序以应对潜在的错报风险。

(4) 注册会计师不应将审计中发现的舞弊或错误视为孤立发生的事项，而应当考虑其对评估的重大错报风险的影响。在完成审计工作前，注册会计师应当评价是否已将审计风险降至可接受的低水平，是否需要重新考虑已实施审计程序的性质、时间和范围。

(5) 在形成审计意见时，注册会计师应当从总体上评价是否已经获取充分、适当的审计证据，以将审计风险降至可接受的低水平。注册会计师应当考虑所有相关的审计证据，包括能够印证财务报表认定的审计证据和与财务报表认定相矛盾的审计证据。

（四）评价财务报表的合法性

在评价财务报表是否按照适用的会计准则和相关会计制度的规定编制时，注册会计师应当考虑下列内容：

(1) 选择和运用的会计政策是否符合适用的会计准则和相关会计制度，并适合被审计单位的具体情况。

(2) 管理层做出的会计估计是否合理，确定会计估计的重大错报风险是否是特别风险，是否采取了有效的措施予以应对。

(3) 财务报表反映的信息是否具有相关性、可靠性、可比性和可理解性，是否符合信息质量特征。

(4) 财务报表是否做出充分披露，使财务报表使用者能够理解重大交易和事项对被审计单位财务状况、经营成果和现金流量的影响。

（五）评价财务报表的公允性

在评价财务报表是否做出公允反映时，注册会计师应当考虑下列内容：

(1) 经管理层调整后的财务报表，是否与注册会计师对被审计单位及其环境的了解一致。在完成审计工作后，如果财务报表存在重大错报，注册会计师应当要求管理层进行调整。管理层做出调整或拒绝调整后，注册会计师可以确定已审计财务报表是否还存在重大错报，并形成恰当的审计意见。

(2) 财务报表的列报、结构和内容是否合理。

(3) 财务报表是否真实地反映了交易和事项的经济实质。

（六）评价审计风险

注册会计师在审计计划阶段已确定了审计风险的可接受水平。随着可能错报总和的增加，会计报表可能被严重错报的风险也会增加。如果注册会计师得出结论，审计风险处在一个可接受的水平，那么他可以直接提出审计结果所支持的意见；如果注册会计师认为审计风险不能接受，那么他应追加实施进一步审计程序或者说服被审计单位作必要调整，以便使重要错报的风险被降低到一个可接受的水平。否则，注册会计师应慎重考虑该审计风险对审计报告的影响。

注册会计师应当评价根据审计证据得出的结论，以作为对财务报表形成审计意见的基础。注册会计师应当根据已获取的审计证据，评价是否已对财务报表整体不存在重大错报获取合理保证，以发表适当的审计意见，并草拟审计报告。

六、与被审计单位治理层沟通

在财务报表审计中，注册会计师应注意与治理层和管理层的沟通，尤其是在审计终结阶段。具体来说，治理层是指董事会、监事会和股东大会，并且需履行财务报告过程的监督职责。而管理层则是指经理和高级管理人员，承担编制财务报表的责任，并接受治理层的监督。注册会计师应当就与财务报表审计相关,且根据职业判断认为与治理层、管理层责任相关的重大事项,以适当的方式及时沟通。

(一) 沟通的目的与形式

1. 沟通的目的。与治理层、管理层沟通是财务报表审计工作中不可缺少的部分,是贯穿于整个审计过程的一项重要工作。实际上,从接受审计委托至出具审计报告的整个过程中,在审计计划、审计实施和审计报告的各个阶段都要不断与治理层、管理层进行沟通。沟通的目的在于:

(1) 明确责任。注册会计师通过与管理当局进行适当的沟通,可以明确各自的责任与义务,促使双方认真履行职责,保护有关各方的合法权益,也避免注册会计师可能受到不公正的指责或控告。

(2) 建立有效的双向沟通关系。注册会计师在恪守独立、客观、公正原则前提下,与治理层、管理层进行必要的沟通,有利于与客户建立良好的工作关系,加强相互间的协作与配合,促进各种必要的审计程序顺利实施,最终实现审计目标。注册会计师也应当提请治理层以同样的方式与注册会计师沟通,建立有效的双向沟通关系。

(3) 保证执业质量,提高审计效果和效率。与管理当局进行沟通,可以使注册会计师获取更多的相关信息,了解各种复杂、疑难问题的具体情况,既节约审计时间,提高审计工作效率,又能据此进行正确的分析判断,从而降低审计风险,保证审计工作质量。

(4) 为客户提供更好的服务。注册会计师在审计活动过程中会发现客户的内部控制、经营管理等方面存在的问题,通过适当的沟通,可以帮助客户改善内部控制、提高经营效率和管理效果,从而为客户提供更好的审计服务。

2. 沟通的形式。注册会计师应当根据审计准则、有关法规和审计业务约定书的要求,合理运用专业判断,确定与治理层、管理层沟通的形式。有效的沟通形式可以是正式声明、书面报告,也可以是口头形式。对于在审计工作中发现的重大问题、涉及注册会计师的独立性等,应当采用书面形式。对于一般事项,可以采用口头形式,这样可以沟通更多内容,而且做到及时沟通。

(二) 沟通的内容

注册会计师与治理层、管理层沟通的事项可以包括以下四大方面:一是注册会计师的责任;二是计划的审计范围和时间;三是审计工作中发现的问题;四是注册会计师的独立性。

注册会计师应当就其责任直接与治理层沟通。具体来说,注册会计师通常考虑将有关沟通事项包含在审计业务约定书中,并向治理层、管理层说明,注册会计师的责任是按照审计准则的规定执行审计业务,对管理层在治理层监督下编制的财务报表发表审计意见,对财务报表的审计并不能减轻管理层和治理层的责任。

注册会计师应当就计划的审计范围和时间直接与治理层作简要沟通。在审计计划阶段,注册会计师应当就如何应对由于舞弊或错误导致的重大错报风险、内部控制测试方案、审计重要性的概念等事项,与治理层、管理层进行沟通。与治理层、管理层的沟通有助于注册会计师计划审计范围和时间,但并不改变注册会计师独自承担制定总体审计策略和具体审计计划的责任。

注册会计师应当就审计工作中发现的问题与治理层直接沟通。在审计实施阶段,注册会计师应当将对被审计单位会计处理质量的看法;在审计工作中遇到的重大困难;尚未更正的错报;以及在审计中发现的、根据职业判断认为重大且与治理层履行财务报告过程监督责任直接相关的事项等,与治理层、管理层进行适当的沟通。

注册会计师还应与治理层就注册会计师独立性进行沟通。例如,应对审计人员按照法律法规和职业道德规范的规定保持了独立性作出声明;为消除对独立性的威胁或将其降至可接受的水平,已经采取的相关防护措施。如果出现了违反与注册会计师独立性有关的职业道德规范的情形,注册会计师应当尽早就该情形及已经或拟采取的补救措施与治理层直接沟通。

在形成正式的审计意见之前,会计师事务所通常要与被审计单位召开沟通会。在会上,注册会计师可口头报告本次审计所发现的问题,并说明建议被审计单位作必要调整或表外披露的理由。当然,管理当局也可以在会上申辩其立场。最后,通常会对需要被审计单位作出的改变达成协议。如双方达成协议,注册会计师即可签发标准审计报告。否则,注册会计师则可能不得不出具其他类型的审计意见。

第二节 审计报告的种类

一、审计报告的含义及特征

审计报告是指注册会计师根据中国注册会计师审计准则的规定,在实施审计工作的基础上对被审计单位财务报表发表审计意见的书面文件。

审计报告是注册会计师在完成审计工作后向委托人提交的最终产品,具有以下特征:

(1) 注册会计师应当按照中国注册会计师审计准则(以下简称审计准则)的规定执行审计工作。审计准则是用以规范注册会计师执行审计业务的标准,包括一般原则与责任、风险评估与应对、审计证据、利用其他主体的工作、审计结论与报告以及特殊领域审计等六个方面的内容,涵盖了注册会计师执行审计业务的整个过程和各个环节。

(2) 注册会计师在实施审计工作的基础上才能出具审计报告。注册会计师应当实施风险评估程序,以此作为评估财务报表层次和认定层次重大错报风险的基础。风险评估程序本身并不足以为发表审计意见提供充分、适当的审计证据,注册会计师还应当实施进一步审计程序,包括实施控制测试(必要时或决定测试时)和实质性程序。注册会计师通过实施上述审计程序,获取充分、适当的审计证据,得出合理的审计结论,作为形成审计意见的基础。

(3) 注册会计师通过对财务报表发表意见履行业务约定书约定的责任。财务报表审计的目标是注册会计师通过执行审计工作,对财务报表的合法性和公允性发表审计意见。因此,在实施审计工作的基础上,注册会计师需要对财务报表形成审计意见,并向委托人提交审计报告。

(4) 注册会计师应当以书面形式出具审计报告。审计报告具有特定的要素和格式,注册会计师只有以书面形式出具报告,才能清楚表达对财务报表发表的审计意见。

注册会计师应当根据由审计证据得出的结论,清楚表达对财务报表的意见。财务报表是指对企业财务状况、经营成果和现金流量的结构化表述,至少应当包括资产负债表、利润表、所有者(股东)权益变动表、现金流量表和附注。无论是出具标准审计报告,还是非标准审计报告,注册会计师一旦在审计报告上签名并盖章,就表明对其出具的审计报告负责。

注册会计师应当将已审计的财务报表附于审计报告后。审计报告是注册会计师对财务报表合法性和公允性发表审计意见的书面文件,因此,注册会计师应当将已审计的财务报表附于审计报告之后,以便于财务报表使用者正确理解和使用审计报告,并防止被审计单位替换、更改已审计的财务报表。

二、审计报告的作用

审计报告是审计工作的最终成果,具有法定证明效力。注册会计师签发的审计报告,主要具有鉴证、保护和证明三方面的作用。

(一) 鉴证作用

注册会计师签发的审计报告,是以超然独立的第三者身份,对被审计单位会计报表合法性、公允性及会计处理方法的一贯性发表意见。这种意见,具有鉴证作用,得到了政府及其各部门和社会各界的普遍认可。会计报表是否合法、公允,主要依据注册会计师的审计报告作出判断。上市公司的股东以及潜在的投资者,主要依据注册会计师的审计报告,来判断上市公司的会计报表是否公允地反映了财务状况和经营成果,以进行投资决策等。

(二) 保护作用

注册会计师通过审计,可以对被审计单位出具不同类型审计意见的审计报告,以提高或降低会计报表信息使用者对会计报表的依赖程度,能够在一定程度上对被审计单位的财产、债权人和股东的权益及公司利害关系人的利益起到保护作用。在进行投资之前,投资者必须查阅投资公司的会计报表和注册会计师的审计报告,了解上市公司的经营情况和财务状况。

(三) 证明作用

审计报告是对注册会计师任务完成情况及其结果所做的总结,它可以表明审计工作的质量并明确注册会计师的审计责任。因此,审计报告可以对审计工作质量和注册会计师的审计责任起证明作用。注册会计师的审计责任,是指注册会计师应对其出具的审计报告的真实性、合法性负责。通过审计报告,可以证明注册会计师在审计过程中是否实施了必要的审计程序,是否以审计工作底稿为依据发表审计意见,发表的审计意见是否与被审计单位的实际情况相一致,审计工作质量是否符合要求。通过审计报告,可以证明注册会计师审计责任的履行情况。

三、审计报告的种类

审计报告的种类是按照不同标准对审计报告所作的分类。通常可以按照审计报告的目的和内容、按照审计报告的形式、按照审计报告的使用目的和详略程度等进行分类。

(一) 按照审计报告的目的和内容分类

按照审计报告的目的和内容分,可分为财务审计报告、经济效益审计报告、财经法纪审计报告等。

财务审计报告是对被审计单位财务报表所反映的财务状况、经营成果及现金流量进行审查验证后出具的报告。

经济效益审计报告是指对被审计单位的经营管理的效益状况进行审计后所提出的报告。这类审计报告,应根据评价经济效益的标准,衡量被审计单位经济效益的优劣,从中找出差距,分析原因,挖掘提高经济效益的潜力,并且提出切实可行的建议。

财经法纪审计报告是对被审计单位严重违反财经政策、财经法规、财经纪律行为进行审计后所出具的审计报告,这是一种专案审计报告。

(二) 按照审计报告使用的目的分类

审计报告按其使用的目的不同,可分为公布目的的审计报告和非公布目的的审计报告。

公布目的的审计报告,一般是用于对企业股东、债权人等非特定利益关系者公布的附送会计报表的审计报告。

非公布目的的审计报告,一般是为经营管理、合并或业务转让、融通资金等特定目的而实施的审计报告。这类审计报告是分发给特定使用者,如经营者、合并或业务转让的关系人、提供信用的金融机构等。

(三) 按照审计报告的详略程度分类

审计报告按照其详略程度不同,可分为简式审计报告和详式审计报告。

简式审计报告,其特点是报告语言精练,内容简明扼要。注册会计师进行财务报表审计后所编制的审计报告,便属此类。简式审计报告反映的内容是非特定多数的利害关系人共同认为必要的审计事项,其所载事项具有法令或审计准则所规定的特征,从形式到内容都比较规范。

详式审计报告,是指对被审计项目情况做详细分析和说明的审计报告。详式审计报告通常没有统一的格式,主要用来指出被审计单位经营管理等方面存在的问题,并提出相关的改进建议,以帮助改进工作。政府审计机关、内部审计机构所编写的综合性或专项审计报告多属此类。

(四) 按照审计报告的形式分类

审计报告按其形式不同,可分为标准审计报告和非标准审计报告。

当注册会计师出具的无保留意见的审计报告不附加说明段、强调事项段或任何修饰性用语时,该报告称为标准审计报告。标准审计报告包含的审计报告要素齐全,属于无保留意见,且不附加说明段、强调事项段或任何修饰性用语。否则,不能称为标准审计报告。

非标准审计报告,是指标准审计报告以外的其他审计报告,包括带强调事项段的无保留意见的审计报告和非无保留意见的审计报告。非无保留意见的审计报告包括保留意见的审计报告、否定意见的审计报告和无法表示意见的审计报告。

四、审计报告的基本内容

不同种类的审计报告,其内容和格式不尽相同。下面以注册会计师财务报表审计报告为例,介绍简式审计报告的内容和格式。

《中国注册会计师审计准则第 1501 号——审计报告》规定了简式审计报告的基本内容:

1. 标题。注册会计师财务报表审计报告的标题应当统一规范为"审计报告"。

2. 收件人。审计报告的收件人是指注册会计师按照业务约定书的要求致送审计报告的对象,一般是指审计业务的委托人。审计报告应当载明收件人的全称。

3. 引言段。审计报告的引言段应当说明被审计单位的名称和财务报表已经过审计,并包括下列内容:

(1) 指出构成整套财务报表的每张财务报表的名称;

(2) 提及财务报表附注;

(3) 指明财务报表的日期和涵盖的期间。

引言段举例如下:

"我们审计了后附的 ABC 股份有限公司(以下简称 ABC 公司)财务报表,包括 20××

年12月31日的资产负债表,20××年度的利润表、股东权益变动表和现金流量表以及财务报表附注。"

4. 管理层对财务报表的责任段。管理层对财务报表的责任段应当说明,编制财务报表是管理层的责任,这种责任包括:

(1) 按照适用的财务报告编制基础编制财务报表,并使其实现公允反映;

(2) 设计、执行和维护必要的内部控制,以使财务报表不存在由于舞弊或错误导致的重大错报。

管理层对财务报表的责任段举例如下:

"一、管理层对财务报表的责任编制和公允列报财务报表是甲公司管理层的责任,这种责任包括:(1) 按照企业会计准则的规定编制财务报表,并使其实现公允反映;(2) 设计、执行和维护必要的内部控制,以使财务报表不存在由于舞弊或错误导致的重大错报。"

在审计报告中指明管理层的责任,有利于区分管理层和注册会计师的责任,降低财务报表使用者误解注册会计师责任的可能性。

5. 注册会计师的责任段。注册会计师的责任段应当说明下列内容:

(1) 注册会计师的责任是在实施审计工作的基础上对财务报表发表审计意见。注册会计师按照中国注册会计师审计准则的规定执行了审计工作。中国注册会计师审计准则要求注册会计师遵守职业道德规范,计划和实施审计工作以对财务报表是否不存在重大错报获取合理保证。

(2) 注册会计师按照中国注册会计师审计准则的规定执行了审计工作。中国注册会计师审计准则要求注册会计师遵守中国注册会计师职业道德守则,计划和执行审计工作以对财务报表是否不存在重大错报获取合理保证。

(3) 审计工作涉及实施审计程序,以获取有关财务报表金额和披露的审计证据。选择的审计程序取决于注册会计师的判断,包括对由于舞弊或错误导致的财务报表重大错报风险的评估。在进行风险评估时,注册会计师考虑与财务报表编制相关的内部控制,以设计恰当的审计程序,但目的并非对内部控制的有效性发表意见。审计工作还包括评价管理层选用会计政策的恰当性和做出会计估计的合理性,以及评价财务报表的总体列报。

(4) 注册会计师相信已获取的审计证据是充分、适当的,为其发表审计意见提供了基础。

如果接受委托,结合财务报表审计对内部控制的有效性发表意见,注册会计师应当省略第(3)项中"但目的并非对内部控制的有效性发表意见"的术语。

"二、注册会计师的责任

我们的责任是在实施审计工作的基础上对财务报表发表审计意见。我们按照中国注册会计师审计准则的规定执行了审计工作。中国注册会计师审计准则要求我们遵守职业道德规范,计划和实施审计工作以对财务报表是否不存在重大错报获取合理保证。

审计工作涉及实施审计程序,以获取有关财务报表金额和披露的审计证据。选择的审计程序取决于注册会计师的判断,包括对由于舞弊或错误导致的财务报表重大错报风险的评估。在进行风险评估时,我们考虑与财务报表编制相关的内部控制,以设计恰当的审计程序,但目的并非对内部控制的有效性发表意见。审计工作还包括评价管理层选用会计政策的恰当性和做出会计估计的合理性,以及评价财务报表的总体列报。

我们相信，我们获取的审计证据是充分、适当的，为发表审计意见提供了基础。"

6. 审计意见段。审计意见段应当说明，财务报表是否按照适用的会计准则和相关会计制度的规定编制，是否在所有重大方面公允反映了被审计单位的财务状况、经营成果和现金流量。

财务报表审计的目标是注册会计师通过执行审计工作，对财务报表的下列方面发表审计意见：① 财务报表是否按照适用的会计准则和相关会计制度的规定编制；② 财务报表是否在所有重大方面公允反映了被审计单位的财务状况、经营成果和现金流量。因此，当注册会计师完成审计工作，获取了充分、适当的审计证据，应当就上述内容对财务报表发表审计意见。

当注册会计师对财务报表发表无保留意见，除非法律法规另有规定，审计意见应当使用"财务报表在所有重大方面按照［适用的财务报告编制基础（如企业会计准则等）］编制，公允反映了……"的措辞，不能附加说明段、强调事项段或任何修饰性用语。当注册会计师出具非标准审计报告时，应当遵守《中国注册会计师审计准则第1502号——在审计报告中发表非无保留意见》《中国注册会计师审计准则第1503号——在审计报告中增加强调事项段和其他事项段》的相关规定。

7. 注册会计师的签名和盖章。审计报告应当由注册会计师签名并盖章。注册会计师在审计报告上签名并盖章，有利于明确法律责任。《财政部关于注册会计师在审计报告上签名盖章有关问题的通知》（财会〔2001〕1035号）明确规定：

"一、会计师事务所应当建立健全全面质量控制政策与程序以及各审计项目的质量控制程序，严格按照有关规定和本通知的要求在审计报告上签名盖章。

二、审计报告应当由两名具备相关业务资格的注册会计师签名盖章并经会计师事务所盖章方为有效。

（一）合伙会计师事务所出具的审计报告，应当由一名对审计项目负最终复核责任的合伙人和一名负责该项目的注册会计师签名盖章。

（二）有限责任会计师事务所出具的审计报告，应当由会计师事务所主任会计师或其授权的副主任会计师和一名负责该项目的注册会计师签名盖章。"

8. 会计师事务所的名称、地址及盖章。审计报告应当载明会计师事务所的名称和地址，并加盖会计师事务所公章。

根据《中华人民共和国注册会计师法》的规定，注册会计师承办业务，由其所在的会计师事务所统一受理并与委托人签订委托合同。因此，审计报告除了应由注册会计师签名并盖章外，还应载明会计师事务所的名称和地址，并加盖会计师事务所公章。

注册会计师在审计报告中载明会计师事务所地址时，标明会计师事务所所在的城市即可。在实务中，审计报告通常载于会计师事务所统一印刷的、标有该所详细通信地址的信笺上，因此，无须在审计报告中注明详细地址。此外，根据国家工商行政管理部门的有关规定，在主管登记机关管辖区内，已登记注册的企业名称不得相同。因此在同一地区内不会出现重名的会计师事务所。

9. 报告日期。审计报告应当注明报告日期。审计报告的日期不应早于注册会计师获取充分、适当的审计证据（包括管理层认可对财务报表的责任且已批准财务报表的证据），并在此基础上对财务报表形成审计意见的日期。

注册会计师在确定审计报告日期时,应当考虑:① 应当实施的审计程序已经完成;② 应当提请被审计单位调整的事项已经提出,被审计单位已经作出调整或拒绝作出调整;③ 管理层已经正式签署财务报表。

审计报告的日期非常重要。注册会计师对不同时段的资产负债表日后事项有着不同的责任,而审计报告的日期是划分时段的关键时点。在实务中,注册会计师在正式签署审计报告前,通常把审计报告草稿和已审计财务报表草稿一同提交给管理层。如果管理层批准并签署已审计财务报表,注册会计师即可签署审计报告。注册会计师签署审计报告的日期通常与管理层签署已审计财务报表的日期为同一天,或晚于管理层签署已审计财务报表的日期。在审计报告日期晚于管理层签署已审计财务报表日期时,注册会计师应当获取自管理层声明书日到审计报告日期之间的进一步审计证据,如补充的管理层声明书。

第三节 简式审计报告

简式审计报告就其形式来说,包括标准审计报告和非标准审计报告。其中,注册会计师出具的无保留意见的审计报告不附加说明段、强调事项段或任何修饰性用语时,该报告称为标准审计报告。而非标准审计报告是指标准审计报告以外的其他审计报告,包括带强调事项段的无保留意见的审计报告和非无保留意见的审计报告。并且,非无保留意见的审计报告又包括保留意见的审计报告、否定意见的审计报告和无法表示意见的审计报告。

一、标准审计报告的编制

标准审计报告是说明注册会计师对被审计单位的财务报表出具无保留意见。无保留意见的审计报告意味着,注册会计师通过实施审计工作,认被审计单位财务报表的编制符合合法性和公允性的要求,合理保证财务报表不存在重大错报。无保留意见是审计业务委托人最希望获得的审计意见,表明被审计单位的内部控制制度较为完善,可以使审计报告的使用者对被审计单位的财务状况、经营成果和现金流量情况具有较高的信赖。

如果认为财务报表符合下列所有条件,注册会计师应当出具无保留意见的审计报告:

(1) 财务报表已经按照适用的会计准则和相关会计制度的规定编制,在所有重大方面公允反映了被审计单位的财务状况、经营成果和现金流量;

(2) 注册会计师已经按照中国注册会计师审计准则的规定计划和实施审计工作,在审计过程中未受到限制。

当出具无保留意见的审计报告时,注册会计师应当以"我们认为"作为意见段的开头,并使用"在所有重大方面""公允反映"等术语。

标准审计报告的参考格式如下:

审计报告(1-标题)

ABC 股份有限公司全体股东:(2-收件人)

我们审计了后附的 ABC 股份有限公司(以下简称甲公司)财务报表,包括20××年12月31日的资产负债表,20××年度的利润表、现金流量表和股东权益变动表以及财务报表附注。(3-引言段)

一、管理层对财务报表的责任(4-责任段)

编制和公允列报财务报表是甲公司管理层的责任，这种责任包括：（1）按照企业会计准则的规定编制财务报表，并使其实现公允反映；（2）设计、执行和维护必要的内部控制，以使财务报表不存在由于舞弊或错误导致的重大错报。

二、注册会计师的责任（5－责任段）

我们的责任是在执行审计工作的基础上对财务报表发表审计意见。我们按照中国注册会计师审计准则的规定执行了审计工作。中国注册会计师审计准则要求我们遵守中国注册会计师职业道德守则，计划和执行审计工作以对财务报表是否不存在重大错报获取合理保证。

审计工作涉及实施审计程序，以获取有关财务报表金额和披露的审计证据。选择的审计程序取决于注册会计师的判断，包括对由于舞弊或错误导致的财务报表重大错报风险的评估。在进行风险评估时，注册会计师考虑与财务报表编制和公允列报相关的内部控制，以设计恰当的审计程序，但目的并非对内部控制的有效性发表意见。审计工作还包括评价管理层选用会计政策的恰当性和作出会计估计的合理性，以及评价财务报表的总体列报。

我们相信，我们获取的审计证据是充分、适当的，为发表审计意见提供了基础。

三、审计意见（6－审计意见段）

我们认为，甲公司财务报表在所有重大方面按照企业会计准则的规定编制，公允反映了甲公司20××年12月31日的财务状况以及20××年度的经营成果和现金流量。

××会计师事务所	中国注册会计师：×××
（盖章）	（签名并盖章）
	中国注册会计师：×××
	（签名并盖章）
	（7－签名和盖章）
中国××市	二○××年×月×日
（8－名称、地址和盖章）	（9－报告日期）

二、带强调事项段的无保留意见审计报告的编制

审计报告的强调事项段是指审计报告中含有的一个段落，该段落提及已在财务报表中恰当列报或披露的事项，根据注册会计师的职业判断，该事项对财务报表使用者理解财务报表至关重要。

需要增加强调事项段的情形举例：①异常诉讼或监管行动的未来结果存在不确定性。②提前应用（在允许的情况下）对财务报表有广泛影响的新会计准则。③存在已经或持续对被审计单位财务状况产生重大影响的特大灾难。

增加强调事项段时应当采取的措施：①将强调事项段紧接在审计意见段之后；②使用"强调事项"或其他适当标题；③明确提及被强调事项以及相关披露的位置，以便能够在财务报表中找到对该事项的详细描述；④指出审计意见没有因该强调事项而改变。

带强调事项段的无保留意见的审计报告参考格式如下：

审计报告

ABC股份有限公司全体股东：

我们审计了后附的ABC股份有限公司（以下简称甲公司）财务报表，包括20××年12月31日的资产负债表、20××年度的利润表、现金流量表和股东权益变动表以及财务报表附注。

一、管理层对财务报表的责任

编制和公允列报财务报表是甲公司管理层的责任,这种责任包括:(1)按照企业会计准则的规定编制财务报表,并使其实现公允反映;(2)设计、执行和维护必要的内部控制,以使财务报表不存在由于舞弊或错误导致的重大错报。

二、注册会计师的责任

我们的责任是在执行审计工作的基础上对财务报表发表审计意见。我们按照中国注册会计师审计准则的规定执行了审计工作。中国注册会计师审计准则要求我们遵守中国注册会计师职业道德守则,计划和执行审计工作以对财务报表是否不存在重大错报获取合理保证。

审计工作涉及实施审计程序,以获取有关财务报表金额和披露的审计证据。选择的审计程序取决于注册会计师的判断,包括对由于舞弊或错误导致的财务报表重大错报风险的评估。在进行风险评估时,注册会计师考虑与财务报表编制和公允列报相关的内部控制,以设计恰当的审计程序,但目的并非对内部控制的有效性发表意见。审计工作还包括评价管理层选用会计政策的恰当性和作出会计估计的合理性,以及评价财务报表的总体列报。

我们相信,我们获取的审计证据是充分、适当的,为发表审计意见提供了基础。

三、审计意见

我们认为,甲公司财务报表在所有重大方面按照企业会计准则的规定编制,公允反映了甲公司20××年12月31日的财务状况以及20××年度的经营成果和现金流量。

四、强调事项

我们提醒财务报表使用者关注,如财务报表附注×所述,ABC公司在20××年发生亏损×万元,在20××年12月31日,流动负债高于资产总额×万元。ABC公司已在财务报表附注×充分披露了拟采取的改善措施,但其持续经营能力仍然存在重大不确定性。本段内容不影响已发表的审计意见。

××会计师事务所　　　　　　　　　　中国注册会计师:×××
（盖章）　　　　　　　　　　　　　　（签名并盖章）
　　　　　　　　　　　　　　　　　　中国注册会计师:×××
　　　　　　　　　　　　　　　　　　（签名并盖章）

中国××市　　　　　　　　　　　　　二〇××年×月×日

三、非无保留意见审计报告的编制

当存在下列情形之一时,如果认为对财务报表的影响是重大的或可能是重大的,注册会计师应当出具非无保留意见的审计报告:(一)根据获取的审计证据,得出财务报表整体存在重大错报的结论;(二)无法获取充分、适当的审计证据,不能得出财务报表整体不存在重大错报的结论。

当出具非无保留意见的审计报告时,注册会计师应当在注册会计师的责任段之后、审计意见段之前增加说明段,清楚地说明导致所发表意见或无法发表意见的所有原因,并在可能情况下,指出其对财务报表的影响程度。

审计报告的说明段是指审计报告中位于审计意见段之前用于描述注册会计师对财务报表

发表保留意见、否定意见或无法表示意见理由的段落。

表14-6列示了注册会计师对导致发表非无保留意见的事项的性质和这些事项对财务报表产生或可能影响的广泛性作出的判断，以及注册会计师的判断对审计意见类型的影响。

表14-6 重要性和审计意见类型之间的关系

导致发表非无保留意见的事项的性质	这些事项对财务报表产生或可能产生影响的广泛性	
	重大但不具有广泛性	重大且具有广泛性
财务报表存在重大在错报	保留意见	否定意见
无法获取充分、适当的审计证据	保留意见	无法表示意见

（一）保留意见的审计报告

保留意见是注册会计师对会计报表的反映有所保留的审计意见。即注册会计师对被审计单位会计报表的总体反映表示同意或认可，而对其中存在的影响报表表达的个别重要项目等持有异议而予以保留。

如果认为财务报表整体是公允的，但还存在下列情形之一，注册会计师应当出具保留意见的审计报告：

（1）在获取充分、适当的审计证据后，注册会计师认为错报单独或汇总起来对财务报表影响重大，但不具有广泛性；

（2）注册会计师无法获取充分、适当的审计证据以作为形成审计意见的基础，但认为未发现的错报（如存在）对财务报表可能产生的影响重大，但不具有广泛性。

当出具保留意见的审计报告时，注册会计师应当在审计意见段中使用"除……的影响外"等术语。如果因审计范围受到限制，注册会计师还应当在注册会计师的责任段中提及这一情况。

只有当注册会计师认为财务报表就其整体而言是公允的，但还存在对财务报表产生重大影响的情形，才能出具保留意见的审计报告。如果注册会计师认为所报告的情形对财务报表产生的影响极为严重，则应出具否定意见的审计报告或无法表示意见的审计报告。

当出具保留意见的审计报告时，注册会计师应当在审计意见段中使用"除……的影响外"等术语。如果因审计范围受到限制，注册会计师还应当在注册会计师的责任段中提及这一情况。

保留意见的审计报告（审计范围受到限制）参考格式如下：

审计报告

ABC股份有限公司全体股东：

我们审计了后附的ABC股份有限公司（以下简称ABC公司）财务报表，包括20××年12月31日的资产负债表，20××年度的利润表、股东权益变动表和现金流量表以及财务报表附注。

一、管理层对财务报表的责任

编制和公允列报财务报表是甲公司管理层的责任，这种责任包括：（1）按照企业会计准则的规定编制财务报表，并使其实现公允反映；（2）设计、执行和维护必要的内部控制，以使财务报表不存在由于舞弊或错误导致的重大错报。

二、注册会计师的责任

我们的责任是在执行审计工作的基础上对财务报表发表审计意见。我们按照中国注册会计师审计准则的规定执行了审计工作。中国注册会计师审计准则要求我们遵守中国注册会计师职业道德守则，计划和执行审计工作以对财务报表是否不存在重大错报获取合理保证。

审计工作涉及实施审计程序，以获取有关财务报表金额和披露的审计证据。选择的审计程序取决于注册会计师的判断，包括对由于舞弊或错误导致的财务报表重大错报风险的评估。在进行风险评估时，注册会计师考虑与财务报表编制和公允列报相关的内部控制，以设计恰当的审计程序，但目的并非对内部控制的有效性发表意见。审计工作还包括评价管理层选用会计政策的恰当性和作出会计估计的合理性，以及评价财务报表的总体列报。

我们相信，我们获取的审计证据是充分、适当的，为发表审计意见提供了基础。

三、导致保留意见的事项

甲公司20××年12月31日资产负债表中存货的列示金额为×元。管理层根据成本对存货进行计量，而没有根据成本与可变现净值孰低的原则进行计量，这不符合企业会计准则的规定。公司的会计记录显示，如果管理层以成本与可变现净值孰低来计量存货，存货列示金额将减少×元。相应地，资产减值损失将增加×元，所得税、净利润和股东权益将分别减少×元、×元和×元。

四、保留意见

我们认为，除"三、导致保留意见的事项"段所述事项产生的影响外，甲公司财务报表在所有重大方面按照企业会计准则的规定编制，公允反映了甲公司20××年12月31日的财务状况以及20××年度的经营成果和现金流量。

××会计师事务所　　　　　　　　　　　　中国注册会计师：×××

（盖章）　　　　　　　　　　　　　　　　（签名并盖章）

　　　　　　　　　　　　　　　　　　　　中国注册会计师：×××

　　　　　　　　　　　　　　　　　　　　（签名并盖章）

中国××市　　　　　　　　　　　　　　　二〇××年×月×日

（二）否定意见的审计报告

否定意见是指与无保留意见相反，提出否定会计报表公允地反映被审计单位财务状况、经营成果和现金流量情况的审计意见。在注册会计师出具的审计报告中，无保留意见的审计报告或保留意见的审计报告较为常见，发表否定意见的审计报告则不常遇到。无论是注册会计师还是被审计单位，都不希望发表此类意见的审计报告。

只有当注册会计师认为财务报表存在重大错报会误导使用者，以致财务报表的编制不符合适用的会计准则和相关会计制度的规定，未能从整体上公允反映被审计单位的财务状况、经营成果和现金流量，注册会计师才出具否定意见的审计报告。

因此，在获取充分、适当的审计证据后，如果认为错报单独或汇总起来对财务报表的影响重大且具有广泛性，注册会计师应当发表否定意见。

当出具否定意见的审计报告时，注册会计师应当在审计意见段中使用"由于上述问题造成的重大影响""由于受到前段所述事项的重大影响"等术语。

否定意见的审计报告参考格式如下：

审计报告

ABC 股份有限公司全体股东：

我们审计了后附的 ABC 股份有限公司（以下简称 ABC 公司）财务报表，包括20××年12月31日的资产负债表，20××年度的利润表、股东权益变动表和现金流量表以及财务报表附注。

一、管理层对财务报表的责任

编制和公允列报财务报表是甲公司管理层的责任，这种责任包括：(1) 按照企业会计准则的规定编制财务报表，并使其实现公允反映；(2) 设计、执行和维护必要的内部控制，以使财务报表不存在由于舞弊或错误导致的重大错报。

二、注册会计师的责任

我们的责任是在执行审计工作的基础上对财务报表发表审计意见。我们按照中国注册会计师审计准则的规定执行了审计工作。中国注册会计师审计准则要求我们遵守中国注册会计师职业道德守则，计划和执行审计工作以对财务报表是否不存在重大错报获取合理保证。

审计工作涉及实施审计程序，以获取有关财务报表金额和披露的审计证据。选择的审计程序取决于注册会计师的判断，包括对由于舞弊或错误导致的财务报表重大错报风险的评估。在进行风险评估时，注册会计师考虑与财务报表编制和公允列报相关的内部控制，以设计恰当的审计程序，但目的并非对内部控制的有效性发表意见。审计工作还包括评价管理层选用会计政策的恰当性和作出会计估计的合理性，以及评价财务报表的总体列报。

我们相信，我们获取的审计证据是充分、适当的，为发表审计意见提供了基础。

三、导致否定意见的事项

如财务报表附注×所述，20××年甲公司通过非同一控制下的企业合并获得对乙公司的控制权，因未能取得购买日乙公司某些重要资产和负债的公允价值，故未将乙公司纳入合并财务报表的范围，而是按成本法核算对乙公司的股权投资。甲公司的这项会计处理不符合企业会计准则的规定。如果将乙公司纳入合并财务报表的范围，甲公司合并财务报表的多个报表项目将受到重大影响。但我们无法确定未将乙公司纳入合并范围对财务报表产生的影响。

四、否定意见

我们认为，由于"三、导致否定意见的事项"段所述事项的重要性，甲公司的合并财务报表没有在所有重大方面按照企业会计准则的规定编制，未能公允反映甲公司及其子公司20××年12月31日的财务状况以及20××年度的经营成果和现金流量。

××会计师事务所	中国注册会计师：×××
（盖章）	（签名并盖章）
	中国注册会计师：×××
	（签名并盖章）
	二○××年×月×日

（三）无法表示意见的审计报告

无法表示意见是指注册会计师说明其对被审计单位的会计报表不能发表意见，即注册会计师对被审计单位的会计报表不发表包括肯定、否定和保留的审计意见。

注册会计师出具无法表示意见的审计报告，是注册会计师实施了必要的审计程序后发表意见的一种方式，不是不愿意发表意见。如果注册会计师能确定发表审计意见，出具保留意见或否定意见的审计报告，不得以无法表示意见的审计报告来代替。保留意见或否定意见是注册会计师在取得充分、适当的审计证据后形成的，而无法表示意见，则是说明注册会计师由于某些限制而不能对某些重要事项进行审计取证，没有完成取证工作，无法对重要的被审计事项作出判断。

因此，如果无法获取充分、适当的审计证据以作为形成审计意见的基础，但认为未发现的错报（如存在）对财务报表可能产生的影响重大且具有广泛性，注册会计师应当发表无法表示意见。

当出具无法表示意见的审计报告时，注册会计师应当删除注册会计师的责任段，并在审计意见段中使用"由于审计范围受到限制可能产生的影响非常重大和广泛""我们无法对上述财务报表发表意见"等术语。

无法表示意见的审计报告参考格式如下：

审计报告

ABC 股份有限公司全体股东：

我们接受委托，审计后附的甲股份有限公司（以下简称甲公司）财务报表，包括20××年12月31日的资产负债表，20××年度的利润表、现金流量表和股东权益变动表以及财务报表附注。

一、管理层对财务报表的责任

编制和公允列报财务报表是甲公司管理层的责任，这种责任包括：（1）按照×财务报告准则的规定编制财务报表，并使其实现公允反映；（2）设计、执行和维护必要的内部控制，以使财务报表不存在由于舞弊或错误导致的重大错报。

二、注册会计师的责任

我们的责任是在按照中国注册会计师审计准则的规定执行审计工作的基础上对财务报表发表审计意见。但由于"三、导致无法表示意见的事项"段中所述的事项，我们无法获取充分、适当的审计证据以为发表审计意见提供基础。

三、导致无法表示意见的事项

我们于20××年1月接受甲公司的审计委托，因而未能对甲公司20××年初金额为×元的存货和年末金额为×元的存货实施监盘程序。此外，我们也无法实施替代审计程序获取充分、适当的审计证据。并且，甲公司于20××年9月采用新的应收账款电算化系统，由于存在系统缺陷导致应收账款出现大量错误。截至审计报告日，管理层仍在纠正系统缺陷并更正错误，我们也无法实施替代审计程序，以对截至20××年12月31日的应收账款总额×元获取充分、适当的审计证据。因此，我们无法确定是否有必要对存货、应收账款以及财务报表其他项目作出调整，也无法确定应调整的金额。

四、无法表示意见

由于"三、导致无法表示意见的事项"段所述事项的重要性，我们无法获取充分、适当的审计证据以为发表审计意见提供基础，因此，我们不对甲公司财务报表发表审计意见。

××会计师事务所　　　　　　　　　　　　　中国注册会计师：×××
（盖章）　　　　　　　　　　　　　　　　　（签名并盖章）
　　　　　　　　　　　　　　　　　　　　　中国注册会计师：×××
　　　　　　　　　　　　　　　　　　　　　（签名并盖章）

中国××市　　　　　　　　　　　　　　　　二○××年×月×日

四、确定审计报告类型时的重要性考虑

通常情况下审计人员在审计工作中多多少少都会查出被审计单位存在在一些问题，面对这些问题审计人员是不是都要出具非标准审计报告呢？回答应该是否定的。那么应该根据什么判断、确定审计意见的类型呢？重要性是在这种条件下需要考虑的关键因素。简单来说，如果问题不重要，就可以出具标准审计报告；如果问题重要，就要出具非标准审计报告。

所以，重要性成了关键的判断和决策标准。那么，什么是重要性呢？重要性是指被审计单位财务报表中错报或漏报的严重程度。一般来说，这个严重程度是从财务报表使用者的角度来考虑的，如果被审计单位财务报表中错报或漏报的严重程度可能影响一个正常财务报表使用者的判断或决策，这时就说被审计单位财务报表中错报或漏报是重要的。

注册会计师在运用重要性概念确定审计报告类型时通常分三种情况。

第一种情况是不很重要。财务报表中存在的错报或漏报不影响正常使用者的判断或决策，这时可视为问题不很重要，因而可出具无保留意见审计报告。

第二种情况是比较重要，但并不影响财务报表整体。财务报表中存在的错报或漏报会影响使用者的判断或决策，但财务报表整体仍是公允的，这时审计师可以出具保留意见审计报告（使用"除……之外"的术语）。

第三种情况是非常重要，财务报表中存在的错报或漏报对财务报表整体的公允性有严重影响。如果使用者信赖了整体财务报表，就有可能做出错误的判断或决策。这时，审计师必须依据具体情况出具无法表示意见或否定意见审计报告。

以上三种情况反映的重要性与审计意见类型之间的关系概括为表14-7。

表14-7　重要性和审计意见类型之间的关系

重要性水平	从正常使用者的决策角度考察重要性水平	审计意见类型
不很重要	使用者的决策不会受影响	无保留意见
比较重要	有问题的信息对使用者具体决策具有重要影响，但财务报表整体仍然是公允反映的	保留意见
非常重要	大部分或所有使用者基于财务报表所作的决策都会受到严重影响，财务报表整体有失公允	无法表示意见或否定意见

根据重要性水平确定应出具的审计意见类型在概念上是很清楚的，然而在实际应用中，对重要性水平的判断却是一件非常困难的事情，目前并没有一个简单明确的、使注册会计师能够确定某一事项不很重要、比较重要或非常重要的统一标准和指南，所以重要性的判断会

因人而异、因时而异、因事务所而异。重要性的确定需要很高的职业判断水平。

实务中确定重要性水平通常从以下几方面判断：

（1）金额大小。被审计单位出现的错报漏报的金额有多大，这一考虑通常要有某一基数作参照，以相对数进行判断。例如，一项10万元的错报对小公司来说可能是重要的，而对大公司来说则不一定重要。因此，在对重要性程度做出决策之前，须先将该错报或漏报与某一衡量基数相比较。通常采用的基数有净收益、资产总额、流动资产等。有时个别的错报或漏报金额可能不大，但若干个别的错报或漏报金额加起来会对报表产生重要影响，这时审计师必须将所有未调整的错报或漏报金额合并起来判断重要性水平，以便对财务报表整体做出评价。

某些错报或漏报的金额大小不能被准确地加以计量，例如，被审计单位漏报应披露的诉讼案件，其影响金额不能准确加以计量。在这种情况下，注册会计师必须评价没有进行该项披露对报表使用者的影响会有多大。

（2）项目性质。被审计单位出现的错报或漏报项目的性质如何，其金额可能不大，但性质是严重的。例如，反映出内部控制存在重大缺陷，业务是非法或欺诈性的，对当前可能影响不大但对以后各期会产生重要影响的，具有"心理"影响和社会影响的，有可能"触发"某些契约条款的，等等。

在审计范围受到限制的情况下，注册会计师要根据审计范围受限造成的潜在错报或漏报项目的金额和性质决定应出具无保留意见报告，还是保留意见报告或是无法表示意见报告。这里的重要性水平考虑是对无法审查项目中存在错报或漏报项目的影响大小进行分析判断，错报或漏报是否存在并不是已知的。例如，注册会计师如果对某一地点的存货无法进行监盘，则需分析判断其中存在错误的可能性及金额大小和性质如何，并估计该项潜在错报对财务报表影响的程度，以及对财务报表使用者的判断和决策的影响程度。你可以想一想，注册会计师在审计范围受到限制的情况下运用重要性概念进行判断是不是更加困难？

会计师事务所一般都有审计报告编制指南，这种指南是会计师事务所多年实践经验的总结，里面包括出具各种不同意见审计报告的条件和正确措辞，以帮助审计师撰写审计报告。

第四节 审计报告的编制程序

编制审计报告是一项严格而细致的工作，为确保审计报告的质量，审计人员应掌握编制审计报告的步骤和要求，认真做好审计报告的编制与复核工作。

一、编制审计报告的步骤

（一）整理和分析审计工作底稿

在编制审计报告时，审计人员必须对审计工作底稿进行整理和分析，以便对审计证据的证明力进行评估。审计人员及其助理人员都应整理好自己的工作底稿，检查是否有遗漏的环节，着重分析审计中发现的问题。审计项目负责人应对全部审计工作底稿进行综合分析，并对审计人员在审计过程中是否遵循了执业准则的要求进行检查，对审计工作底稿作出综合结论，形成书面记录。

（二）确定审计中发现的重要事项

在复核和分析审计工作底稿的基础上，应根据审计的重要性原则，列明审计中查证的主要问题，应予调整会计报表的事项及其他需要充分揭示的重要事项，为发表审计意见提供依据。

（三）与被审计单位管理当局沟通

审计人员在整理和分析审计工作底稿的基础上，应当向被审计单位通报审计情况、应调整会计报表的事项和初步审计结论，提请被审计单位加以调整。对于被审计单位会计记录或会计处理方法上的错误，审计人员应提请被审计单位改正，并相应调整会计报表的有关项目。审计人员对于被审计单位的会计处理不当、期后事项和或有负债，根据情况提请被审计单位或者调整会计报表，或者在会计报表附注中加以披露，或者在审计报告中予以说明。如审计报告用于对外公布目的，除被审计单位会计报表不需调整者外，审计人员应同时附送被审计单位调整后的会计报表。

（四）确定审计意见的类型和措辞

审计项目负责人应当根据审计证据的情况，并根据被审计单位接受审计调整或披露意见的情况，依照有关规定确定审计意见的类型和措辞。如果被审计单位会计报表已根据审计意见做了调整或披露，对其合法性、公允性予以确认之后，除专门要求说明者外，审计报告不必将被审计单位已调整或披露的事项再加说明。如果被审计单位不接受审计调整或披露建议，审计人员应当根据需要调整或披露事项的性质及其重要程度，确定审计意见的类型和措辞。

对于被审计单位资产负债表日与审计报告日之间发生的期后事项，审计人员应当根据其性质和重要程度，确定审计意见的类型和措辞。对于被审计单位截至报告日仍然存在的未确定事项，审计人员应当根据其性质、重要程度和可预知的结果对会计报表的影响程度，确定审计意见的类型和措辞。所委托的审计项目中，如果有一部分或某项内容，委托人已聘请其他会计师事务所进行了审计，确定审计意见时应注意划清与其他会计师事务所及其注册会计师之间的责任，不应对委托项目的全部内容发表审计意见，并在审计报告中予以说明。

（五）编制和出具审计报告

确定审计意见类型之后，审计项目负责人应拟定审计报告提纲，概括和汇总审计工作底稿所提供的资料。标准审计报告可以只拟定简单的提纲，根据提纲进行文字加工，编制审计报告。标准审计报告应按前述规定的审计意见类型、措辞和结构来表述，以便于各使用单位的理解。审计报告完稿后，应经审计机构的业务负责人进行复核并提出修改意见。如审计证据不足以发表审计意见，则应要求审计人员追加审计程序，以确保审计证据的充分性与适当性。

二、编制和使用审计报告的要求

（1）实事求是，客观公正。

（2）内容完整，责任分明。

（3）文字简练，措辞严谨。

本章小结

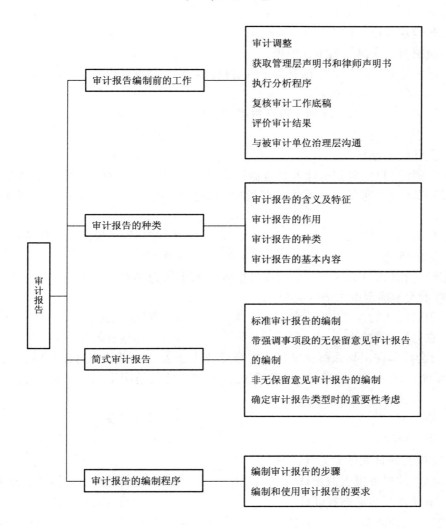

同步测试

一、单项选择题

1. ××股份有限公司委托会计师事务所审计,则其审计报告的收件人应为(   )。
   A. ××股份有限公司董事会　　　　B. ××股份有限公司董事长
   C. ××股份有限公司全体股东　　　D. ××股份有限公司全体职工

2. 注册会计师在编制审计差异调整表时,无论是建议调整的不符事项、未调整的不符事项,还是重分类误差,都应(   )。
   A. 提请被审计单位调整　　　　　　B. 以会计分录的形式形成工作底稿
   C. 发表无保留意见　　　　　　　　D. 发表保留意见或无法表示意见

3. 如果在审计报告发出后，注册会计师发现了一些审计报告日已经存在的可能导致修正审计报告的事实，且被审计单位同意修改原来提供的有关资料，则注册会计师应当（　　）。

  A. 与被审计单位讨论

  B. 撤销前一次出具的审计报告

  C. 在实施必要审计程序的基础上针对修改后的资料重新出具审计报告

  D. 出具补充审计报告

4. （　　）是指注册会计师在审计过程中发现的，能够准确计量的错报。

  A. 已识别错报   B. 推断错报

  C. 会计核算差异   D. 重分类差异

5. 如果被审计单位限制审计人员监盘构成总资产 50% 的存货，尽管对财务报表的其他项目都取得了满意的证据，但无法对存货运用替代审计程序，则审计人员应出具（　　）审计报告。

  A. 标准   B. 带强调事项段的无保留意见

  C. 保留意见   D. 无法表示意见

6. 注册会计师出具无保留意见的审计报告，如果认为必要，可以在（　　）增加强调事项段，对重大不确定事项加以说明。

  A. 引言段之后   B. 意见段之后

  C. 意见段之前   D. 审计报告附注中

7. 注册会计师在出具保留意见、否定意见或无法表示意见的审计报告时，应在意见段之前增加说明段，说明所持意见的全部理由，并在可能的情况下指出其对（　　）的影响程度。

  A. 审计意见   B. 财务报表

  C. 审计风险   D. 被审计单位现金流量

8. 审计报告的日期可能为（　　）。

  A. 已审的财务报表截止日   B. 管理层已经正式签署财务报表日

  C. 审计业务约定书签订日   D. 审计报告完稿日期

9. 在资产负债表试算平衡表中，左方"调整金额"栏中（　　）的金额应等于右方同栏中的金额。

  A. 借方合计数   B. 借方合计数－贷方合计数

  C. 贷方合计数   D. 借方合计数＋贷方合计数

10. 由于未能取得充分、适当的审计证据，注册会计师对被审计单位财务报表整体不能发表意见，应当（　　）。

  A. 拒绝接受委托   B. 拒绝提供审计报告

  C. 出具无法表示意见的审计报告   D. 出具否定意见的审计报告

二、多项选择题

1. 注册会计师在审计报告阶段应当与管理当局沟通的主要事项包括（　　）。

  A. 注册会计师与管理当局就会计报表编制与披露方面存在的不同意见

  B. 审计意见的类型及审计报告的措辞

C. 审计程序的选用及实施

D. 重大审计调整事项

2. 注册会计师在出具会计报表组成部分的审计报告时应（　　）。

　　A. 指明会计报表组成部分所依据的编制基础

　　B. 说明所审组成部分在所有重大方面是否按权责发生制进行了公允表达

　　C. 若对会计报表整体发表否定意见，只要会计报表组成部分不构成会计报表整体的主要部分，注册会计师就对该组成部分出具审计报告

　　D. 提请被审计单位不应在会计报表组成部分的审计报告后附送整体会计报表

3. 索取被审计单位管理层声明书的作用主要有（　　）。

　　A. 明确管理层对财务报表的责任　　　　B. 确认注册会计师的审计范围

　　C. 保护注册会计师　　　　　　　　　　D. 提供审计证据

4. 下列各项中，通常包括在管理层声明书里的有（　　）。

　　A. 管理层认可其对财务报表的编制责任

　　B. 注册会计师应对财务报表的可靠程度提供绝对的保证

　　C. 对财务报表具有重大影响的重大不确定事项

　　D. 管理层声明财务会计资料已全部提供给注册会计师

5. 被审计单位管理当局声明书正文包括内容有（　　）。

　　A. 股东大会及董事会的会议记录已全部提供给注册会计师查阅

　　B. 对注册会计师在审计过程中提出的所有重大调整事项已作调整

　　C. 无违法违纪、舞弊现象

　　D. 期后事项和或有事项均已向注册会计师提供

6. 注册会计师在审计计划阶段已确定了审计风险的可接受水平，在终结阶段，如果实际审计风险高于可接受审计风险水平，即注册会计师认为审计风险不能接受，注册会计师应当（　　）。

　　A. 追加额外的控制测试　　　　　　　　B. 追加额外的实质性程序

　　C. 说服被审计单位做必要的调整　　　　D. 发表无保留意见

7. 在下列专业术语中，不属于发表保留意见时常用术语的是（　　）。

　　A. 由于上述问题造成的重大影响　　　　B. 除上述问题产生的影响外

　　C. 除存在上述问题外　　　　　　　　　D. 由于无法获取必要的审计证据

8. 如果被审计单位管理当局拒绝就对会计报表有重大影响的某类事项提供必要的书面声明，或拒绝就重要的口头声明予以书面确认，注册会计师应将其视为审计范围受到重大限制并出具（　　）审计报告。

　　A. 带强调段的无保留意见　　　　　　　B. 保留意见

　　C. 否定意见　　　　　　　　　　　　　D. 无法表示意见

9. 注册会计师出具的审计报告的作用有（　　）。

　　A. 鉴证作用　　　　　　　　　　　　　B. 保护作用

　　C. 证明作用　　　　　　　　　　　　　D. 减轻管理层的责任

10. 审计意见的基本类型有（　　）。

　　A. 无保留意见　　　　　　　　　　　　B. 否定意见

C. 保留意见 D. 无法表示意见

实训案例分析

1. X 会计师事务所接受 ABC 有限责任公司董事会的委托，派遣注册会计师 Y 和 Z 对该公司按照与 W 公司签订的专利技术合作协议编制的 2018 年度利润分配明细表进行了审计，并出具了下列特殊目的业务的审计报告：

利润分配表审计报告

ABC 有限责任公司董事会：

我们审计了贵公司后附的 2018 年度利润分配明细表，该明细表的编制是贵公司管理当局的责任，我们的责任是在实施审计工作的基础上对该明细表发表意见。

我们按照中国注册会计师独立审计准则计划和实施审计工作，以合理确信贵公司的利润分配明细表是否不存在重大错报审计工作包括在抽查的基础上检查支持利润分配明细表金额和披露的证据，评价管理当局在编制利润分配明细表时采用的会计政策和作出的重大会计估计，以及评价利润分配明细表的整体反映。

我们认为，上述会计报表在所有重大方面按照专利技术合作协议约定的基础，公允反映了贵公司 2018 年度的财务状况、经营成果和现金流量。

此外，我们提醒贵公司管理当局，不应在本审计报告后附送整体会计报表，以免会计报表使用者产生误解。

×会计师事务所（盖章） 　　　　　　　　　中国注册会计师 Y（签名并盖章）
中国××市 　　　　　　　　　　　　　　　　　　　　　2019 年×月×日

要求：请根据《独立审计实务公告第 6 号特殊目的业务审计报告》和《独立审计具体准则第 7 号审计报告》的要求，指出上述审计报告中存在的不当之处。

2. 某会计师事务所的注册会计师张扬、李力已于 2019 年 4 月 10 日完成了对 NEC 有限责任公司 2018 年财务报表的审计工作。注册会计师确定的财务报表层次重要性水平为 5 万元。在审计过程中，发现如下问题：

（1）2018 年 12 月预付 2019 年财产保险费 5 000 元，全部当作当月费用处理。该公司没有接受注册会计师的调整建议。

（2）2018 年 1 月从二级市场购入 10 万元股票，将其列入"管理费用"账户，造成资产、利润、所得税反映失实。注册会计师提出调整建议，该公司拒绝采纳。

（3）该公司管理层拒绝注册会计师参加存货盘点，该存货占总资产的 50%，注册会计师无法对存货运用替代审计程序。

要求：

（1）分别根据上述第一、二、三种情况，说明注册会计师应出具何种意见的审计报告。

（2）假如只存在第一种情况，试编写一份审计报告。

3. 注册会计师 Y 对 X 公司的年度会计报表进行审计后，决定出具保留意见的审计报告。在出具审计报告前，Y 注册会计师又发现了以下与保留事项无关的若干事项。

（1）X 公司年度报告的"主要财务数据和指标"中所列示的"净利润"为 1 200 万元，而同期已审计利润表中的对应数字应当为 200 万元；

（2）至外勤审计工作完成为止，被审计单位拒绝提供长期投资明细账；
（3）将应收账款坏账准备计提的比率由上期的百分比法改为本期的按账龄计提的方法；
（4）资产负债表日后，被审计单位所持有的短期投资的股票市价大幅下跌；
（5）注册会计师发现被审计单位是某个集团的子公司，该集团正酝酿改组。

要求：针对每个事项，注册会计师应当向被审计单位 X 公司提出何种建议？如果被审计单位接受了建议，Y 注册会计师是否在审计报告中反映？如何反映？

4. 北京大秦会计师事务所于 2019 年 5 月 5 日接受了 ABC 股份有限公司 2018 年度会计报表的审计委托。该公司注册资本为 2000 万元，2018 年 12 月 31 日未经审计的资产总额为 5 000 万元。大秦会计师事务所委派注册会计师李梁、吴琼执行 ABC 公司的审计业务。他们在计划阶段确定的重要性水平为 90 万元，在完成阶段确定的重要性水平为 100 万元，并于 2019 年 3 月 10 日完成了外勤审计工作。在复核工作底稿时，发现以下事项，提出了相应的处理建议，但 ABC 公司管理当局于 3 月 15 日正式答复李梁、吴琼，全部拒绝接受他们的处理建议。

（1）由于 ABC 公司一幢建于 1974 年、原值 200 万元、预计使用年限 50 年、已提折旧 136 万元的办公大楼因不明原因出现裂缝，经过专家鉴定后进行了及时维修，并将原预计使用年限改为 40 年，因此从 2018 年起改变年折旧率，并进行了必要的账务调整。但 ABC 公司拒绝在 2018 年末报表中作任何披露。

（2）ABC 公司在国外一家联营企业内据称有 65 万元的投资，当年取得投资收益为 25 万元，这些金额已列入 2018 年的净收益中，但李梁、吴琼未能取得联营企业经审计的会计报表及函证回函。此外，由于 ABC 公司拒绝提供与此项投资相关的协议、合同以及会计记录，李梁、吴琼也未能采取其他程序查明此项长期投资和投资收益的真实性。

（3）ABC 公司全部存货总额为 2 500 万元，放置于邻近单位仓库内。由于仓库倒塌，尚未清理完毕，不仅无法估计损失，也无法实施监盘程序。

（4）由于 ABC 公司存货使用受到仓库倒塌的限制，正常业务受到严重影响，因而无力支付 2019 年 4 月 10 日即将到期的 100 万元债务，也没有预付下年度的 50 万元广告费。这些情况均已在会计报表附注中进行了充分、适当的披露。

（5）2018 年 10 月，ABC 公司被控侵犯 X 公司的专利权，X 公司要求收取 ABC 公司专利权费和罚款。2019 年 3 月 5 日，经庭外调解，双方同意 ABC 公司向 X 公司赔偿 15 万元。ABC 公司拒绝就此调整 2008 年度会计报表。

要求：逐一分析上述情况，分别仅针对每种情况指出应出具的审计意见的类型，并简要说明理由。

5. 某会计师事务所注册会计师 A 与 B 于 2019 年 2 月 12 日对 ZTE 股份有限公司 2018 年度财务报表进行了审计，并于 2019 年 2 月 28 日完成了审计工作，获取了充分、适当的审计证据。2019 年 3 月 5 日审计报告完稿。注册会计师确定的财务报表层次重要性水平为 10 万元。复核工作底稿时发现：

（1）该公司对年度应调整的应收账款 500 万元作了调整，但对审计人员提出的应予调整的其他应收款 2 万元未予调整。

（2）该公司对机器设备计提折旧以前一直采用平均年限法，但自 2018 年 1 月 1 日起改为加速折旧法，此项变更已在财务报表附注中作了说明。

要求：

（1）上述事项是否会对审计意见类型产生影响，请简要说明理由。

（2）如果注册会计师出具了如下审计报告请逐项指出审计报告在内容和措辞上存在的问题，并提出相应的改正意见。

审 计 报 告

ZTE 股份有限公司董事会：

我们审计了后附的 ZTE 股份有限公司（以下简称 ZTE 公司）财务报表，包括 2018 年 12 月 31 日的资产负债表，2018 年度的利润表、股东权益变动表和现金流量表以及财务报表附注。

一、管理层对财务报表的责任

按照企业会计准则和《××会计制度》的规定编制财务报表是 ZTE 公司管理层的责任。这种责任包括：① 设计、实施和维护与财务报表编制相关的内部控制，以使财务报表不存在由于舞弊或错误而导致的重大错报；② 选择和运用恰当的会计政策；③ 作出合理的会计估算。

二、注册会计师的责任

我们的责任是在实施审计工作的基础上对财务报表发表审计意见。我们按照中国注册会计师审计准则的规定执行了审计工作。中国注册会计师审计准则要求我们遵守职业道德规范，计划和实施审计工作以对财务报表是否不存在重大错报获取合理保证。

审计工作涉及实施审计程序，以获取有关财务报表金额和披露的审计证据。选择的审计程序取决于注册会计师的判断，包括对由于舞弊或错误导致的财务报表重大错报风险的评估。在进行风险评估时，我们考虑与财务报表编制相关的内部控制，以设计恰当的审计程序，但目的并非对内部控制的有效性发表意见。审计工作还包括评价管理层选用会计政策的恰当性和作出会计估计的合理性以及评价财务报表的总体列报。

我们相信，我们获取的审计证据是充分、适当的，为发表审计意见提供了基础。

三、审计意见

我们认为，ZTE 公司财务报表已经按照企业会计准则和《企业会计制度》的规定编制，在所有重大方面公允反映了 ZTE 公司 2018 年 12 月 31 日的财务状况以及 2018 年度的经营成果和现金流量。

四、强调事项

我们提醒财务报表使用者关注，ZTE 公司对本年度应调整的收账款 500 万元作了调整，但对我们提出的应予调整的其他应收款 2 万元未予调整。本段内容不影响已发表的审计意见。

××会计师事务所   中国注册会计师：A（盖章）

（盖章）   二〇一九年三月五日

思考与练习

1. 简述管理层声明书的作用。
2. 影响发表非保留意见的情形有哪些？
3. 简述注册会计师审计报告的基本内容。
4. 试说明无保留意见、保留意见、否定意见和无法表示意见的区别。
5. 简述发表无保留意见审计报告的条件。

参 考 文 献

［1］中华人民共和国财政部．中国注册会计师审计准则（2012）．
［2］中国注册会计师协会．中国注册会计师执业准则指南（2012）．
［3］中国注册会计师协会．中国注册会计师审计准则问题解答第 1～13 号，2015．
［4］中国注册会计师协会．中国注册会计师职业道德守则（2012）．
［5］中国注册会计师协会．中国注册会计师职业道德守则问题解答（2015）．
［6］中国注册会计师协会．中国注册会计师职业判断指南（2015）．
［7］中国注册会计师协会．审计（2019 年度注册会计师全国统一考试教材）［M］．北京：经济科学出版社，2019．
［8］刘明辉．审计［M］．第 5 版．大连：东北财经大学出版社，2015．
［9］王英姿，朱荣恩．审计学［M］．第 4 版．北京：高等教育出版社，2017．
［10］秦荣生．审计学［M］．第 10 版．北京：中国人民大学出版社，2019．
［11］张蔚文．审计学［M］．成都：西南财经大学出版社，2014．
［12］俞校明．审计实务［M］．北京：清华大学出版社，2015．